高职高专经济管理类通用教材

国际贸易实务

GUOJI MAOYI
SHIWU

主　编◎　邢金虎　仇　静
副主编◎　李玉峻　汪春霞　王光华
刘　娟　孙　静　桑曼乘

暨南大學出版社
JINAN UNIVERSITY PRESS

中国·广州

图书在版编目（CIP）数据

国际贸易实务/邢金虎，仇静主编. —广州：暨南大学出版社，2011.8
（高职高专经济管理类通用教材）
ISBN 978-7-81135-879-7

Ⅰ. ①国… Ⅱ. ①邢…②仇… Ⅲ. ①国际贸易—贸易实务—高等职业教育—教材
Ⅳ. ①F740.4

中国版本图书馆 CIP 数据核字（2011）第 101605 号

出版发行：暨南大学出版社

地　址：中国广州暨南大学
电　话：总编室（8620）85221601
营销部（8620）85225284　85228291　85228292（邮购）
传　真：（8620）85221583（办公室）　85223774（营销部）
邮　编：510630
网　址：http：//www.jnupress.com　http：//press.jnu.edu.cn

排　版：广州市天河星辰文化发展部照排中心
印　刷：广东省农垦总局印刷厂

开　本：787mm×1092mm　1/16
印　张：21
字　数：520 千
版　次：2011 年 8 月第 1 版
印　次：2011 年 8 月第 1 次
印　数：1—3000 册

定　价：35.00 元

前　言

自我国加入世界贸易组织以来，对外经济贸易进入了崭新的阶段，出现了许多新的贸易特点和做法。为了适应我国对外贸易发展的形势，吸收新的成果以满足高职高专院校教学改革的需要，我们特组织编写了这本教材。

本书在编写过程中力求服务于高职高专教育教学实际，教材主要突出以下特点：

第一，从国际贸易实务的角度出发，突出知识性和实用性；

第二，以国际贸易进出口业务工作流程为主线，以工作任务为核心编写；

第三，与时俱进，采用最新的《2011 年国际贸易术语解释通则》。

参加本书的编写人员都是多年从事高职高专一线教学工作的大学教师。具体分工如下：邢金虎，模块一的工作流程一；仇静，模块二的工作流程一、工作流程三、工作流程十一；李玉峻，模块一的工作流程二、工作流程三，模块二的工作流程二；汪春霞，模块一的工作流程七、工作流程十，模块二的工作流程四；王光华，模块一的工作流程八、模块二的工作流程五；刘娟，模块一的工作流程四、工作流程十一，模块二的工作流程六、工作流程十；桑曼乘，模块一的工作流程九，模块二的工作流程七；孙静，模块一的工作流程五、工作流程六，模块二的工作流程八、工作流程九。香港马事达发展有限公司总经理罗汝添、广东海关管理学院陈维新副教授参与了部分章节的编写并参与了全书校稿。全书由邢金虎最后统一定稿。

在编写过程中，我们参考了诸多同类教材，在此难以一一列举，只能对这些教材的编者一并表示衷心的感谢！由于我们成稿时间仓促，编写水平有限，书中难免有不足和错误之处，敬请广大读者和专家批评指正。

编者

2011 年 5 月

前 言

编 者

目　录

模块二　进口贸易业务流程

模块一　出口贸易业务流程

工作流程一　出口交易前的准备

工作任务一　开展国际市场调研、寻找国外客户

引例

张明是一名刚毕业的大学生，应聘上了广州一家化妆品外贸公司的业务员。作为一位刚走出校门踏上工作岗位的外贸新人，想开展好自己的工作并不是一件很容易的事情。我们来看看他应如何开展他的工作吧！首先，张明要明确自己的岗位职责是负责业务操作全过程，包括开拓国际市场、协调生产和完成交货等事项。其次，他要学习与工作相关的知识，要全面了解自己所销售的产品，包括产品的品质、特点、价格、基本制作工艺、需求及国际竞争情况等相关信息。在进入公司的第一天，他就开始翻阅公司产品的相关资料，下生产车间了解制作工艺等。对产品有了大致了解，才能有的放矢地开拓国际市场。

案例简析

外贸业务员如果忽略对产品知识的了解，直接去做业务，给企业带来的不仅有物质上的损失，还有名誉上的损失。因为客户会觉得该公司不那么专业，不那么值得信赖。作为外贸行业新的从业者，必须从生产车间开始学起，学习包装、材料组成、规格、品质等。除了了解产品本身的品质、特点、价格外，还要了解样品制作时间、制作费用、交样时间、下达货需要的生产时间、日产量、机器数量、车间大小、车间员工的作息时间、管理制度，等等，因为外国客户是非常关心这些问题的。同时要对同类产品的国际行情及竞争情况有所掌握，找到自己产品的优势，才能自如地推销自己的产品，当然，这需要通过相关国际市场调研才能做到。

通过国际市场调研，业务员不仅要掌握相关产品的国际行情及竞争情况，同时还应确立自己将要开拓的目标市场和找到目标市场中的潜在客户，及对目标市场中的潜在客户进行相关调查。

知识链接

国际贸易的基本程序可以概括为交易前的准备、交易磋商、合同签订、合同履行四个阶段。交易前的准备是四个阶段中的第一个，也是整个交易的基础。开展国际市场调研和寻找外贸客户是外贸业务员做交易前准备时两个非常重要的内容。

一、开展国际市场调研

国际市场调研是对与商品和服务销售问题有关的资料进行系统的收集、记录和分析，以此来识别销售机会和解释销售问题，为选择目标市场提供信息和资料的工作。由于每个海外市场的销售渠道、客户行为和偏好、商业习惯、竞争方式、价格及销售条件都有着或多或少的差异，因此国际市场调研所收集的信息是经营者作出下一步决策的重要依据。

（一）国际市场调研内容

从国际贸易商品进出口角度看，国际市场调研主要包括国际市场环境调研、国际市场商品情况调研、国际市场营销情况调研、国外客户情况调研等。

1. 国际市场环境调研

如同军队作战需要先了解作战环境一样，企业开展国际商务活动进行商品进出口，需要先了解国际市场环境，做到知己知彼，才能百战不殆。企业对国际市场环境调研的主要内容为：

（1）国外经济环境。包括一国的经济结构、经济发展水平、经济发展前景、就业、收入分配等。

（2）国外政治和法律环境。包括政府的重要经济政策，政府对贸易实行的鼓励、限制措施，外贸方面的法律法规，如关税、配额、国内税收、外汇限制、卫生检疫、安全条例等。

（3）国外文化环境。包括使用的语言、教育水平、宗教、风俗习惯、价值观念等。

（4）其他。包括国外人口、交通、地理等情况。

2. 国际市场商品情况调研

企业要把产品打入国际市场或从国际市场进口产品，除需了解国际市场环境外，还需了解国际市场商品情况，主要有：

（1）国际市场商品的供给情况。包括商品供应的渠道、来源，国外生产厂家、生产能力、数量及库存情况等。

（2）国际市场商品需求情况。包括国际市场对商品需求的品种、数量、质量要求等。

（3）国际市场商品价格情况。包括国际市场商品的价格、价格与供求变动的关系等。

3. 国际市场营销情况调研

国际市场营销情况调研是对国际市场营销组合情况的调研，一般包括：

（1）商品销售渠道。包括销售网络的建立，批零商的经营能力、经营利润、消费者对他们的印象、售后服务等。

（2）广告宣传。包括消费者购买动机，广告内容、时间、方式、效果等。

（3）竞争情况分析。包括竞争者产品质量、价格、政策、广告、分配渠道、市场占有率等。

4. 国外客户情况调研

每种商品都有自己的销售（进货）渠道。销售（进货）渠道是由不同的客户组成的。企业进出口商品必须选择合适的销售（进货）渠道与客户，做好国外客户的调查研究。一般说来，外贸企业对国外客户的调查研究主要包括以下内容：

（1）客户政治情况。主要了解客户的政治背景、与政界的关系、企业负责人参加的党派及对我国的政治态度。

（2）客户资信情况。包括客户拥有的资本和信誉两个方面。资本指企业的注册资本、实有资本、公积金、其他财产以及资产负债等情况；信誉指企业的经营作风。

（3）客户经营业务范围。主要指客户经营的商品及其品种。

（4）客户业务性质。指客户是中间商还是使用户，是专营商还是兼营商等。

（5）客户经营能力。指客户业务活动能力、资金融通能力、贸易关系、经营方式和销售渠道等。

（二）国际市场调研的渠道、方法

国际市场调研是一项复杂、细致的工作，须有严格、科学的程序和方法。

1. 国际市场调研

企业进行国际市场环境、商品及营销情况调查一般可通过下列渠道、方法进行：

（1）派出国推销小组深入国外市场以销售、问卷、谈话等形式进行调查（一手资料）。

（2）通过各种媒体（报纸、杂志、新闻广播、计算机数据库等）寻找信息资料（二手资料）。

（3）委托国外驻华或我国驻外商务机构进行调查。

通过以上调查，企业基本上可以解决应选择哪个国家或地区作为自己的目标市场、企业应该出口（进口）哪些产品以及以什么样的价格或方法进出口的问题。

2. 国外客户调研

国外客户调研主要指对客户资信情况进行调查，一般通过以下途径进行：

（1）委托国内外咨询公司对客户进行资信调查。

（2）委托中国银行及其驻外分支机构对客户进行资信调查。

（3）通过我国外贸公司驻外分支机构或商务参赞、代表处对客户进行资信调查。

（4）通过交易会、洽谈会、客户来华谈判、派出国代表团、推销小组等对客户进行资信调查。

通过上述调查，企业可有针对性地选择客户进行交易。此外，企业在进行国外市场调查的同时，也应注意做好国内货源及需求方面的调查。

二、寻找外贸客户

（一）参加展览会

这是迄今为止最有效的出口营销方法，效果因展览会的举办地点、规模、影响力而异，故选择好的展览会至关重要。优先选择参加国内的国际性著名行业展览和综合展览，其次选择参加国外的行业展览。对于国外的行业展览首先要考虑是否与公司的目标市场相一致，要么举办国是公司的目标市场，同时该展览是该国行业内最专业的展览，要么展览的行业影响力、国际性很强。

1. 参展的步骤和要求

（1）招展程序：①选择合适的展会；②与主办方沟通；③签订参展合同。

（2）展会费用预算：参展费用包括展览费、展位装饰装修费、展品运输费、交通费和食宿费、会议室及必要设备租赁费、广告宣传费、资料印刷费和礼品制作费等。

（3）选择展位：展台的具体位置由主办方按照产品和服务的内容、行业以及地区等因素进行全盘规划。同时，主办方以展位费的多少体现位置的优劣。主办方在展位图上标出可供选择的展位，参展公司应派负责人与之进行沟通，选择适合公司需要的展台位置。

（4）展位特装：在一些国际会展上，经常可以看到一些大型展台，装修别出心裁，产品展出格外吸引人，我们称之为特装。

2. 参展前的准备工作

（1）展品：①选择有代表性、高品质的产品，产品应符合最新流行趋势，体现公司的技术水平、生产能力及行业特点；②建立商品档案；③制作样品条码。

（2）展示方式：展台设计与搭建在注重视觉冲击力的同时，还要与整体的贸易气氛协调一致，其目的是衬托产品，不能喧宾夺主。另外，可将展品与特定的图表、资料、照片、模型、道具、模特或解说员等有效结合，并借助装饰、布景、照明及视听设备等手段，加以说明、强调和渲染，达到吸引客户的效果。

（3）目标客户：参展前，应以制作邀请函、登门拜访、媒体广告、现场宣传以及派发资料等方式邀请新老客户，包括公司的重点客户和目标客户等。

（4）企业宣传：为提高企业知名度，需制作详细的推广策划书，做好企业的宣传册或样品目录。

3. 展会的现场管理

（1）产品的现场演示和广告宣传。

（2）参展工作人员保持良好的行为规范。

（3）收集客户资料：①制作观者登记表；②摆放名片收集箱；③设立重点客户接待处。

（二）互联网渠道

在互联网上找客户，有两种方式：一是发布广告，宣传自己的产品，同时留下自己的联系方式，吸引有需求的客户主动找上门；二是搜寻采购信息和买家信息，对潜在客户主动上门推销。互联网渠道主要有以下三种：

1. 搜索引擎

利用全球搜索导航 HOWSEEK、GOOGLE、YAHOO、MSN、AOL 等。使用这些搜索引擎时，关键词的选择至关重要。经常作为关键词用来搜索的有“产品名称 + Distributor”或“产品名称 + Importer”或“Price + 产品名称”或“Buy + 产品名称”，等等，也可以用主要产品相关域名作为关键词，以服饰行业为例，可用 www. ＊＊＊－apparel. com，www. ＊＊＊garment. com 作为关键词。

2. B2B 网站（如阿里巴巴、环球资源网等）

这些网站是既提供免费注册，也提供收费服务，既提供发布产品信息，又可搜索买家信息的平台。当然，国际贸易的客户不能只通过国内的一些 B2B 网站搜索，一定要去国外的贸易平台网站搜索。

3. 外贸论坛或博客

经常关注一些潜在客户可能关注的论坛或博客，看到和自己经营产品或生意有关系的帖子，可以查看发帖人有没有留下联系方式，通过主动跟帖或跟发帖人联系，都可能有意外的收获。当然，在这些网站上也可适当发布一些类似广告的信息。

（三）行业协会

基本上每个行业都有自己的行业协会，如软件行业协会、电子元件行业协会、仪器仪表行业协会等。虽然行业协会只是一种民间组织，但恐怕没有人能比行业协会更了解行业内的情况了。如果潜在客户恰好是某某协会的成员，寻求该协会的帮助是直接接触到该潜在客户的有效方法。

（四）海关数据

海关数据是出口营销各种数据名录的首选资料。通过海关数据能够比较全面地掌握某地区的买家资源，监测老客户，开发新客户；掌握竞争对手分布，监控其经营状况，帮助企业对相应产品有一个直观的价格判断；分析买家采购行为，有针对性地开发潜在客户，并了解市场需求量、同行销售情形、货品淡旺季以及买家采购周期。目前，市场上能够提供中国、美国、英国、印度、韩国、阿根廷、智利、秘鲁、乌拉圭等国家海关数据库，分为收费和免费两种。例如：由加拿大海关和财政总署提供的进口商免费查询数据库：http：//strategies. ic. gc. ca/sc _ mrkti/cid/engdoc/ ；新西兰的免费进出口商名录：www. nzimporters. co. nz ；波兰最大的免费在线进出口名录：www. bmb. pl。

（五）其他渠道

外汇、交单的银行记录，报关公司的记录，货代的单据及提单中存在着大量进口商信息。从国际性的物流公司、船公司、快递公司等处也可以搜集到很多进口商信息。如果有熟人或朋友的话，采集这些数据就会容易点，或者能花少量的钱就购买到。如果广布采购网从事这件事，则会收集到更多的数据。银行介绍客户是个很不错的法子，在欧盟，已有银行代替海关提供进口商数据的现象。当然，如果老客户能给介绍新客户就更好了。

【课堂讨论】

国际市场调研的主要内容有哪些及如何开展市场调研工作？

【课堂练习】

1. 国际市场环境包括哪些?

2. 国际市场调研的内容包括哪些?

【案例分析】

美国一家大型的软饮料公司决定，在东南亚地区选择印尼作为公司最畅销饮料的目标销售市场。印度尼西亚是世界第五大人口大国，人口近1.8亿。美国饮料公司的管理阶层无法抗拒这一巨大潜在市场的诱惑，因此，公司决定与印尼达成瓶装与分销协议来开发这一市场。公司决定把软饮料汁卖给一家瓶装商，由后者负责饮料的瓶装与分销。但不幸的是，销售状况非常糟糕，饮料根本不畅销。虽然公司的初期调研，包括对当地竞争情况和政府态度的调研，结果都非常乐观，但营销活动仍一蹶不振。后经了解，这是因为公司董事会主席和其项目经理忽视了两个重要因素：其一，印尼虽拥有近1.8亿人口，但绝大多数住在农村，处于前工业化阶段；其二，大多数印尼人喜欢甜饮料和以椰子汁为主要原料的软饮料，他们对美国风味的碳酸化合饮料甚感不习惯。在印尼，虽存在着一个美国饮料市场，但这几乎限于主要城市。欣赏美国风味并有足够可自由支配收入购买美国风味饮料的人，数量总共才800万。请根据本章所学到的知识，对此案作出评析。

（资料来源：http：//wlzy. aynu. edu. cn/jj/wlkc/gjmy/aljx/aljxz. html）

【实训项目】

2000年9月4日，天津泰佛纺织品进出口公司（TIANJIN TIFERT TEXTILES IMPORT & EXPORT CORP. 86，ZHUJIANG ROAD，HEXI DISTRICT，TIANJIN，CHINA）收到新加坡一新客户来函，表示对公司在网上发布的“三角”牌漂布感兴趣。请你以纺织品进出口公司业务员的身份模拟完成：

（1）客户资信调查。

（2）与客户建立业务关系。

工作任务二　熟悉国际贸易方式

任务1　经销、包销与代理

引例

1997年10月，甲公司与乙进出口公司（以下简称乙公司）签订代理出口协议一份。协议约定甲公司委托乙公司代理出口花生果1 000吨，出口单价随信用证，协议总金额约为720万元人民币。甲公司的主要义务是：组织货源，并负责装船前的一切工作。乙公司的主要义务是：对外签订出口合同；办理有关的出口手续；货物装船后，及时向银行提交有关单据，办理结汇手续，并根据当日银行汇率折人民币（扣除代理费及可能出现的有关费用）划拨到甲公司账户。在代理出口过程中，双方实际出口花生果554.485吨，乙公司先后共付给甲公司货款12.5万美元和18万美元，余款一直未付，甲公司遂于1999年将乙公司诉至法庭。

在审理过程中，甲公司向法庭提交了乙公司报检时先后向商检提交的出口合同（合同现实的交货方式均为CIF，付款方式分别有L/C，D/P和CAD），证明其已履行了全部义务。乙公司则辩称，此笔代理出口业务的销售方式为寄售，并向法庭提交了一份其与荷兰某进出口公司签订的寄售协议。但是乙公司无法证实曾将该协议送达甲公司并经甲公司确认该协议内容，也无法证实在代理出口协议履行过程中甲公司曾委托乙公司以寄售方式销售其货物。在审理过程中，一审法庭根据乙公司向法庭提交的海运提单依法从海关调取了乙公司出口报关时所提交的7份外销合同。7份外销合同显示的交货方式均为CIF，付款方式为L/C（7份外销合同均为格式合同，合同上只显示信用证一种付款方式）。法院经审理认为，甲乙两公司所签订的代理出口协议合法有效，法院所调取的海关档案材料系乙公司出口报关所提交，其证据力远远高于甲乙双方单方所举相关证据。根据海关档案材料证实，甲公司委托乙公司代理的554.485吨花生果已全部出口，并且在结汇问题上不存在任何障碍，甲公司如约履行了代理出口协议约定的全部义务，即应享有收取货款的权利。乙公司所述为甲公司代理的该批货物系寄售的主张依据不足，不予支持，乙公司应按照代理出口协议和外销合同原定的货款支付方式和价款，在扣除代理费和有关的费用后，付给甲公司剩余货款170多万元人民币，并承担逾期付款违约金及案件诉讼费等，共计200余万元人民币。

（资料来源：杨甫东．代理商切莫随意变更交易条款．国际商报，2001－10－14）

任务1：分析本案例中的代理出口协议的双方是什么关系？

任务2：总结进行出口代理应该注意的事项。

案例简析

1. 本案例中的双方签订了代理出口协议，双方的关系是委托代理关系。

2. 为了避免不必要的纠纷和损失，在协议的履行过程中作为代理方的出口商应注意以下几点：

（1）双方要认真签订代理出口协议，协议应对双方的权利和义务作出详细的规定。

（2）代理方（出口商）应严格按照双方所签订的代理出口协议和委托方的授权对外签订出口合同，并按照《关于对外贸易代理制的暂行规定》第十五条的规定及时将合同副本送达委托方。

（3）在协议的履行过程中，如需变更有关条款（尤其是交货方式和付款方式等），必须经委托方书面确认，或者另外签订补充协议。在外销合同的履行过程中，如果国外进口商对出口商品提出任何异议或索赔，代理方应及时通知委托方，由委托方拿出具体的解决方案。总之，在代理出口业务中，代理方必须按照委托方的“授权”办事，如果“越权”办事，将要承担由此而引起的一切损失。

知识链接

一、经销

（一）经销的概念

经销在国际贸易中是指经销商按照约定条件为国外供货商销售产品，双方订立协议或相互约定，由供货商向经销商定期、定量供应货物，经销商在本国市场上销售，属于转卖性质。

（二）经销的分类

1. 一般经销

在这种方式下，经销商不享有独家专营权，供货商可以在同一时间、同一地区，委派多家经销商来经销同类商品，这些经销商与国外供货商之间的关系同一般进口商与出口商之间的关系并无本质区别。

2. 独家经销（Sole Distribution）

亦称包销（Exclusive Sales）。它是指经销商在协议规定的期限和地域内，对指定的商品享有独家专营权。

（三）经销的特点

（1）出口商和进口商之间是一种买卖关系。

（2）进口商以自己的名义购进货物并销售货物，经营风险由进口商承担。

（3）进口商的当地客户与出口商之间不存在合同关系。

（4）出口商和进口商之间要签订经销协议，确定双方的权利和义务关系。

（5）经销协议本身不是销售合同，只是确定了进出口双方在一定期限内的合作关系，每一批货物的买卖，还要签订具体的销售合同。

（四）经销协议的主要内容

（1）当事人的名称、地址、电话、传真号和 E－mail。

（2）经销权的授予和双方的关系。一是要明确是一般经销还是独家经销；二是要明确是经销关系而不是代理关系。

（3）经销的商品种类、名称、规格。

（4）经销的地区和期限。

（5）最低进口数量和金额。

（6）作价方法。作价方法有两种，一种是一次作价，另一种是在规定的期限内分批作价。

（7）商标保护与促销。

（8）售后服务。

（9）市场调研。

（10）协议的修改与终止。

（11）纠纷的解决办法。

二、包销

（一）包销的含义

包销（Exclusive Sales）即独家经销，指出口商（委托人）通过协议把某一种商品或某一类商品在某一个地区和期限内的经营权给予国外某个客户或公司的贸易做法。

（二）包销协议的主要内容

（1）包销协议的名称、签约日期与地点。

（2）包销协议的前文。通常在前文条款中，明确包销商与委托人之间的关系是本人与本人的关系（Principal to Principal）即买卖关系。

（3）包销商品的范围。委托人（出口商）经营的商品种类繁多，即使是同一类或同一种商品，也有不同的牌号与规格，因此，在包销协议中，双方当事人必须约定包销商品的范围。

（4）包销地区。指包销商行使销售的地理范围。通常有以下几种约定方法：①确定一个国家或几个国家；②确定一个国家中的几个城市；③确定一个城市等。

（5）包销期限。包销期限可长可短。在我国的出口业务中，往往在签订包销协议时明确规定期限，通常为一年。其他国家市场的习惯做法是在包销协议中不规定期限，只是规定中止条款或续约条款等。

（6）专营权。专营权是指包销商行使专卖的权利和承担专买的义务，这是包销协议的重要内容。专营权包括专卖权和专买权。前者是委托人（出口商）将指定商品在规定的地区和期限内给予包销商独家销售的权利，出口商负有不向该区域内的客户直接售货的义务。后者是包销商承担向出口商购买商品，而不得向第三者购买的义务。

（7）包销数量或金额。包销协议中除规定上述内容外，还应规定数量或金额。此项数量与金额对协议双方有同等的约束力。在协议中规定数量与金额后，包销商必须承担向出口商购买规定数量和金额商品的义务，出口商必须承担向包销商出口上述数量和金额商品的义务。

（8）作价办法。包销商品的作价，有两种做法。一种做法是在规定的期限内，一次作价，即无论协议内包销商品价格上涨下落与否，均以协议规定价格为准。另一种做法是在规定的包销期限内分批作价。由于国际商品市场的价格变化多端，因此采用分批作价较为普遍。

（9）广告宣传、市场报道和商标保护。包销协议的双方是买卖关系，因此委托人（出口商）不实际涉足包销地区的销售业务，但他十分关心海外市场的开拓，为宣传其产品所用的商标，委托人通常要求包销商负责为他的商品刊登一定的广告。例如，有些包销协议规定买方负责和出资在其包销地区为卖方的机器设备举办展览，招揽订单，在当地报刊上登载广告；有些协议规定包销商应访问有希望达成交易的客户及尽量提供市场报道等。

三、代理

（一）代理的概念

代理（Agency）是指出口商（委托人）授权国外进口商（代理人）代表他在双方约定的地区和时间内代售商品、开拓市场并处理有关事宜，同时对代理人支付佣金作为报酬的一种贸易方式。

代理人在委托人授权的范围内行事，不承担销售风险和费用，不必垫付资金，通常按达成交易的数额提取约定比例的佣金而不管交易的盈亏。

（二）代理的性质

在国际贸易中，商业上的代理是指委托人（Principal）授权代理人（Agent）代表他向第三者招揽生意或签订合同或办理与交易有关的各项事宜。按照国际上的一般解释，代理人是委托人的国外代表，他和委托人的关系是委托代理关系而非买卖关系。

（三）代理的分类

1. 总代理（General Agent）

总代理人是委托人在指定地区的全权代表。不仅有权代表委托人进行代理协议规定的一般商务活动，还可以在本地设若干分代理人。

2. 独家代理（Exclusive Agent）

独家代理是指委托人给予代理人在指定区域和期限内独家代销指定商品的权利，委托人不能再委派其他代理人。委托人不能与第三者直接成交，如需成交，必须通过代理人。

3. 一般代理（Agent）

一般代理是指委托人可在同一区域和期限内委托几家代理人，并且自己也可以直接与买主签订合同，而无须付给代理商佣金。

（四）代理的特点

（1）委托人和代理人是一种委托与被委托的关系，而不是买卖关系。

（2）代理人必须在委托人的授权范围内从事代理活动，不得越权和从事与代理权限相抵触的行为。

（3）代理人必须以委托人的名义进行商务活动，而不得以自己的名义对外进行宣传和签订合同。

（4）代理人只负责开拓市场，签订合同，而并不承担代理行为的法律后果，其法律后果由委托人承担。

（五）代理协议的主要内容

（1）双方名称、地址、联系方式。

（2）双方约定的区域及期限。
（3）代理的商品名称、规格等。
（4）佣金条款。
（5）最低成交额条款。
（6）代理期限与终止条款。
（7）委托人的权利与义务。
（8）代理人的权利与义务。
（9）违约责任。
（10）仲裁条款。

【课堂讨论】

1. 经销和代理的区别是什么？
2. 经销和包销的区别是什么？
3. 独家经销和独家代理的区别是什么？

【案例分析】

1. 香港某进出口公司与内地 H 公司签订了 T 恤衫的独家经销协议，但 H 公司并未自己生产该 T 恤衫，而是委托内地 W 公司生产并向香港进出口公司供货，W 公司在向香港进出口公司供货的同时，自营部分进出口业务，又与香港另一家贸易公司签订了该 T 恤衫的独家经销协议。这样，就出现了一种商品在当地有两个独家经销商的现象。先取得独家经销权的公司得知这一情况后，立即向 H 公司交涉，要求赔偿损失。试问：应如何处理此案？

2. 德国 A 公司为李宁牌运动服装在汉堡地区的独家代理人，同时，该公司还独家经销耐克运动服。试问：这种做法是否合理？

【实训项目】

1. 如果一家服装公司请你做经销商，应如何签订协议？
2. 在广州市场包销某小家电产品，需要注意什么问题？
3. 请联系一家体育用品公司，申请做它的代理，并和对方签订具体协议。

任务 2　展卖和寄售

引例

某公司研制出一种产品，为打开产品的销路，公司决定将产品运往俄罗斯，采用寄售方式出售商品。在代售方出售商品后，该公司收到对方的结算清单，其中包括商品寄售前有关费用的收据。

任务 1：寄售方式下双方是什么关系？

任务2：寄售方式下，商品寄售前有关费用应由谁承担？

案例简析

1. 寄售协议中的双方当事人不是卖断或买断的买卖关系，而是委托和受托的关系。寄售业务的代销人介于委托人与实际买主之间。代销人有权以自己的名义与当地购货人签订购销合同，合同双方当事人之间的关系不涉及寄售人，如果当地购货人不履行合同，代销人有权以自己的名义起诉。因此寄售方式中代销人的权限往往大于代理方式中代理人的权限。关于委托人与代销人的权利和义务，由寄售协议作出具体规定。

2. 在寄售方式下，只有当货物在寄售地卖出时，风险才由寄售人转移到买方，风险转移前的各种费用一般都由寄售人负担。

知识链接

一、展卖

（一）展卖的概念

展卖（Fairs and Sales），是利用展览会、博览会及其他交易会形式，对商品实行展、销结合的一种贸易方式。

（二）展卖的性质

（1）将货物通过签约方式卖断给国外客户，双方是一种买卖关系，由客户在国外举办或参加展览会。货价有所优惠，货款可在展览会后结算或定期结算。

（2）双方是一种合作关系，展卖时货物所有权不变，展品出售的价格由货主决定。国外客户承担运输、保险、劳务等费用，货物出售后收取一定的手续费。展卖结束后，未售出的货物可以折价卖给合作的客户，或运往其他地方进行另一次展卖。

（三）展卖的优点

（1）有利于宣传出口产品，扩大影响，招揽潜在买主，促进交易。

（2）有利于建立和发展客户关系，扩大销售地区和范围。

（3）有利于开展市场调研，听取消费者的意见，改进商品质量，增强出口竞争力。

（四）展卖的方式

（1）按展卖地点分为国内和国外两种。在国外举行的展卖业务按其买卖方式可分为两种：一种是通过签约的方式将货物卖给国外客户，由客户在国外举办展览会或博览会，货款在展卖后结算；另一种是由货主与国外客户合作，在展卖时货物所有权仍属货主，并由货主决定价格，货物出售后，国外客户收取一定的佣金或手续费作为补偿，展卖结束后，未售出的货物折价处理或转为寄售。

（2）按展卖形式分为国际博览会和国际展览会。国际博览会是一种以国家组织形式在同一地点定期由有关国家或地区的厂商举行商品交易的贸易方式，参加者展出各种各样的产品和技术，以招揽国外客户签订贸易合同，扩大业务活动。国际展览会是不定期举行的，通常展示各国在产品、科技方面所取得的新成就。当代的国际博览会和展览会不仅仅是一个商品交易场所，更多地是一个介绍产品和新技术、进行广告宣传和打开销路的场所。参加展卖的各国商人除参加现场交易外，还大力地进行样品展览和广告宣传，以求在世界各地建立广泛的商业关系。

二、寄售

（一）寄售的概念

寄售（Consignment）是一种委托代售的贸易方式，也是国际贸易中习惯采用的方式之一。在我国进出口业务中，寄售方式运用得并不普遍，但在某些商品的交易中，为促进成交，扩大出口，也可适当运用寄售方式。寄售是一种有别于代理销售的贸易方式。它是指（出口商）委托人先将货物运往寄售地，委托国外一个代销人（受委托人）按照寄售协议规定的条件代替出口商进行销售，货物出售后，由代销人向出口商结算货款的一种贸易方式。

（二）寄售的特点

（1）寄售人先将货物运至目的地市场（寄售地），然后经代销人在寄售地向当地买主销售。因此，它是典型的凭实物进行买卖的现货交易。

（2）寄售人与代销人之间是委托代售关系，而非买卖关系。代销人只根据寄售人的指示处置货物。货物的所有权在寄售地出售之前仍属寄售人。

（3）寄售货物在售出之前，包括运输途中和到达寄售地后的一切费用和风险，均由寄售人承担。

（4）寄售货物装运出口后，在到达寄售地前也可使用出售路货的办法先行一销，即当货物尚在运输途中，如有条件即成交出售，出售不成则仍运至原定目的地。

（三）寄售的优点和缺点

寄售的优点有：①有利于调动代销人的积极性；②有利于寄售人商品的销售；③有利于买主选购。

寄售的缺点是寄售人要面临较大的风险，也要面临资金周转缓慢带来的一些困难。

【课堂讨论】

1. 展卖的性质是什么？
2. 国际博览会和国际展览会的区别是什么？
3. 寄售的特点是什么？

【案例分析】

1. 大朗的织交会、顺德的家电展、中山市黄圃镇的中国腊味食品展、中山古镇的灯饰展、顺德乐从的塑料展、东莞电博会、佛山机械展、阳江刀具展等展会和广交会的性质一样吗?

2. 我国某省实业有限公司拟向南亚某国出口一批轻工产品。由于该批货物在其仓库搁置很久，属于积压物资，因此双方当事人通过多次协商，决定以寄售方式在国外销售。货物经由我国公司运到目的地后，由于同类商品在当地市场竞争激烈，虽经代销商多方努力，货物销售情况仍非常不理想，最后只得再装运回国。试分析该案的经验教训。

（资料来源：冷柏军．国际贸易实务．北京：对外经济贸易大学出版社，2006）

【实训项目】

1. 实地了解每年4月和10月在广州召开的中国进出口商品交易会的展卖情况。
2. 请问一家公司在打开国际市场的初期选择寄售方式合适吗?
3. 开办一家服装寄售商店，总结经营模式的特色。

任务3　招标、投标和拍卖

引例

某工程项目经过有关部门批准后，业主决定自行组织施工公开招标。该工程项目为政府的公共工程，已经列入地方的年度固定资产投资计划，概算已经由主管部门批准，施工图及有关技术资料齐全，但征地工作尚未完成。因估计除本市施工企业参加投标外，还可能有外省市施工企业参加投标，因此业主委托咨询公司编制了两个标底，准备分别用于对本市和外省市施工企业投标的评定。业主要求将技术标和商务标分别封装。某承包商在封口处加盖了本单位的公章，由项目经理签字后，在投标截止日期的前一天将投标文件报送业主，当天下午，该承包商又递交了1份补充材料，声明将原报价降低5%，但是业主的有关人员认为，1个承包商不得递交2份投标文件，因而拒收承包商的补充材料。开标会议由市招投标管理机构主持，市公证处有关人员到会。开标前，市公证处人员对投标单位的资质进行了审查，确认所有投标文件均有效后正式开标。业主在评标之前组建了评标委员会，成员共8名，其中业主占5，招标工作主要内容如下：①发布投标邀请函；②发放招标文件；③进行资格后审；④召开投标质疑会议；⑤组织现场勘察；⑥接收投标文件；⑦开标；⑧定中标单位；⑨评标；⑩发出中标通知书；⑪签订施工合同。

（资料来源：http：//blog. zol. com. cn/970/article_ 969584. html）

任务1：招标中有哪些不当之处?

任务2：招标工作的内容是否正确?如果不正确请改正，并排出正确的顺序。

案例简析

1. 招标中的不当之处体现在：

（1）征地工作尚未完成，因此不能进行施工招标。

（2）一个工程不能编制两个标底，只能编制一个标底。

（3）在招标中，业主违反了《中华人民共和国招投标法》的规定，以不合理的条件排斥了潜在的投标人。

（4）承包商的投标文件不应由项目经理签字，应由法定代表人签发授权委托书。

（5）在投标截止日期之前的任何一天，承包商都可以递交投标文件，也可以对投标文件作出补充与修改，业主不得拒收。

（6）开标工作应由业主主持，而不应由招投标管理机构主持。

（7）市公证处人员无权对投标单位的资质进行审查。

（8）评标委员会必须是 5 人以上的单数，而且业主方面的专家最多占 1/3，本项目评标委员会不符合要求。

2. 招标工作内容中的不正确之处为：

（1）不应发布投标邀请函，因为是公开招标，应发布招标公告。

（2）应进行资格预审，而不能进行资格后审，施工招标的正确排序为：

①—③—②—⑤—④—⑥—⑦—⑨—⑧—⑩—⑪

知识链接

一、招标、投标

（一）招标、投标的概念

1. 招标（Invitation to Tender）

招标是指招标人（可以是买方，也可以是卖方）发出招标通告，提出拟购或拟销商品的具体交易条件，邀请投标人（交易的另一方）在规定的时间、地点，按照一定的程序进行投标，然后招标人择优选出中标人，与其达成商品交易的一种方式。

2. 投标（To Submit Tender）

投标是指投标人应招标人的邀请，根据招标的要求和条件，在规定的时间内向招标人发盘，争取中标并与其签约的行为。可见，招标与投标是一笔交易中缺一不可的两个方面。

（二）招标、投标的特点

招标投标方式属于竞卖性质，招标人在投标人的激烈竞争中居于有利地位。

（三）招标的形式

1. 竞争性招标（International Competitive Bidding，ICB）

竞争性招标是指招标人邀请几个乃至几十个投标人参加投标，通过多数投标人竞争，选择其中对招标人最有利的投标人达成交易，它属于兑卖的方式。

（1）公开招标（Open Bidding）。公开招标是一种无限竞争性招标（Unlimited Competitive Bidding）。采用这种做法时，招标人要在国内外主要报刊上刊登招标广告，凡对该项招标内容感兴趣的人均有机会购买招标资料进行投标。

（2）选择性招标（Selected Bidding）。选择性招标又称邀请招标，它是有限竞争性招标（Limited Competitive Bidding）。采用种做法时，招标人不在报刊上刊登广告，而是根据自己具体的业务关系和情报资料由招标人对客商进行邀请，进行资格预审后，再由投标人进行投标。

2. 谈判招标（Negotiated Bidding）

谈判招标又叫议标，它是非公开的，是一种非竞争性的招标。这种招标由招标人物色几家客商直接进行协商，谈判成功，交易即达成。

3. 两段招标（Two－stage Bidding）

两段招标是指无限竞争招标和有限竞争招标的综合方式。采用此类方式时，先用公开招标，再用选择招标，分两段进行。

政府采购物资大部分采用竞争性的公开招标办法。

（四）招标、投标的程序

招标、投标业务的基本程序包括招标前的准备工作、投标、开标、评标、决标及中标签约几个环节。

1. 招标

（1）发布招标公告（Announcement of Tender）。采用选择性招标或谈判招标方式时，一般不发布招标通知。而采用公开招标或两段招标时，应在国内报纸或权威杂志刊登招标广告。招标公告主要介绍招标项目的主要内容、要求条件和投标须知等。按照国际惯例，招标公告和招标广告应在招标前两日发出。

（2）资格预审。预审是指招标人对投标人的基本情况、财务状况、供应与生产能力、经营作风及信誉进行全面的预先审查。目前，国际上一般采用分发“资格预审调查表”的做法，由招标人根据投标人所提供的数据进行分项评分。

（3）编制招标文件。招标文件又称标书、标单。

2. 投标

（1）投标前的准备工作：编制投标资格审查表，分析招标文件，寻找投标担保单位。

（2）编制投标文件和提供保证函L/G。

（3）递送投标文件。投标文件须在投标截止日期之前送达招标人，逾期失效。递送投标文件，一般应密封后挂号邮寄，或派专人送达。

3. 开标、评标、决标

（1）开标。开标是指招标人在指定日期、时间和地点将收到的投标书中所列的标价和提出的交易条件进行比较，然后择优选定投标人。

（2）评标和决标。评标是指招标人组织人员从不同角度对投标进行评审。决标是指经过评标作出决定最后选定中标人的行为。在投标人的最低报价与其他投标人的报价相差很大，甚至低于主管部门预计的“底标价”的情况下，评标人可裁定其属于不合理报价，将标权授予其后报价较高的投标人。

4. 议标和商签合同

在国际招标业务中，招标文件应明确规定合同条件以及合同协议书的格式，而且中标者也要在投标书中明确表明接受投标书中的条件，并承诺在规定投标期限内不对投标书作出修改或撤销，承诺受其约束。

二、拍卖

（一）拍卖的概念

拍卖是一种现场实物交易，是由专营拍卖业务的拍卖行在规定的时间和地点，按照一定的规章，通过公开叫价或密封出价的方法，将货物逐件、逐批地卖给出价最高的买主的一种交易方式。它适用于规格复杂、不能根据标准品级或样品进行交易的商品。

（二）拍卖的方法

国际拍卖中的出价方法一般有三种：

1. 增价拍卖

增价拍卖也称买方叫价拍卖。这是最常用的一种拍卖方式。拍卖时，由拍卖人（Auctioner）提出一批货物，宣布预定的最低价格，估价后由竞买者（Bidder）相继叫价，竞相加价，有时规定每次加价的金额额度，直到拍卖人认为无人再出更高的价为止。

2. 减价拍卖

减价拍卖又称荷兰式拍卖（Dutchauction）。这种方法先由拍卖人喊出最高价格，然后逐渐减低叫价，直到有某一竞买者认为价格已经低到可以接受，表示买进。

3. 密封递价拍卖（Sealed Bids，Closed Bids）

密封递价拍卖又称招标式拍卖。采用这种方法时，先由拍卖人公布每批商品的具体情况和拍卖条件等，然后由竞买者在规定时间内将自己的出价密封递交拍卖人，以供拍卖人进行审查比较并决定将该货物卖给哪一个竞买者。这种方法不是公开竞买，拍卖人有时要考虑除价格以外的其他因素。有些国家的政府或海关在处理库存物资或没收货物时常常采用这种拍卖方法。

（三）拍卖的程序

拍卖程序是指拍卖操作的整体过程，主要可分为四个阶段，依次为拍卖委托、公告、拍卖、拍卖标的物的交付。

1. 拍卖的委托阶段

在此阶段需确定委托人的身份和权利、拍卖标的物的性质、保留价、佣金收取的比例及拍卖方式等，并签订《委托拍卖协议书》。

2. 拍卖的公告与展示

包括拍卖的公告、对拍卖标的的宣传、对竞买人咨询的解答以及拍卖标的物的展示。

3. 拍卖的操作过程

竞买人经过咨询和看样的过程后，为明确表示其参加竞买的意愿，就必须进行竞买登记，而后才能成为真正意义上的竞买人。竞买人交付保证金和领取竞价号牌后，按照公告规定的时间和地点参加拍卖会并参与竞买，当拍卖师落槌表示成交后，在众多竞买人中就会产生出买受人，并签署《拍卖成交确认书》。

4. 拍卖的结算和标的物的交付

包括买受人的结算、除买受人以外其他竞买人的结算、拍卖标的物的转移、委托人的结算、拍卖人的核算以及拍卖资料的整理归档。

【课堂讨论】

1. 如何理解招标和投标是一笔交易中缺一不可的两个方面?

2. 招标的方式有哪几种?

3. 拍卖的方式有哪几种?

【案例分析】

1. 招标机构接受委托，以国际公开招标形式采购一批机电产品。招标文件要求投标人制作规格和价格两份投标文件，开标时先开规格标，对符合条件者再定期开价格标确定中标者。共有15家企业投标。到了开标期先开规格标，经慎重筛选，初步选定9家，通知他们对规格标进行澄清，并要求将投标有效期延长两个月。在这9家中，有5家送来澄清函并同意延长有效期，另4家提出若延长有效期，将提高报价10%或更多，否则将撤销投标。招标机构拒绝了后4家的要求。到了价格标的开标日期，对仅有的5家开标后，却发现5家报价均过高，超过招标机构预订标底30%以上。无奈，招标机构只得依法宣布此次招标作废，重新招标。试分析此次招标失败的原因以及应吸取的教训。

（资料来源：冷柏军．国际贸易实务．北京：对外经济贸易大学出版社，2006）

2. 卖家有100朵鲜花，必须在一天内卖完，否则花就谢了。首先，卖家设定最高价为每朵100元，每两个小时降价10元。拍卖开始后没有人竞价。过了两个小时，降到每朵90元时，有个竞买人竞价。如果他买100朵，则拍卖到此结束，此竞买人成为买受人，100朵鲜花以每朵90元成交。如果他只买70朵，那么剩下的30朵继续拍卖。如果一天过去了，不再有人竞价，那么拍卖的结果是唯一的竞买人成为买受人，以每朵90元的成交价买走70朵花。但是，如果过了两小时又有人来竞买剩下的30朵花，而价格为每朵80元。这时结束拍卖，两个竞买人都成为买受人，都以每朵80元的价格成交。请分析本案例中的拍卖方式属于哪一种。

【实训项目】

1. 模拟实训招投标的程序。

2. 模拟实训拍卖的程序。以拍卖班级 08、18、28、38 学号为例，课堂上举行现场拍卖会。

3. 组织学生参观拍卖行。

任务 4 加工贸易和补偿贸易

引例

2000 年 10 月，中国甲公司与比利时乙公司签订了《补偿贸易合同》，合同规定由乙公司向甲公司提供一种生产设备，甲公司用该设备生产的产品分 3 年偿还全部设备款。合同生效后，乙公司按照合同规定交付了设备，甲公司依照合同规定用该设备生产的产品向乙公司偿还了第一年的设备款 50 万法郎。到了第二年，国际市场发生剧烈变化，该产品价格上涨幅度达 30%。甲公司认为，原合同对返销产品的作价不合理，要求修改合同或签订补充协执，提高返销产品的价格，乙公司不同意。于是，甲公司擅自将产品直接出口，在国际市场销售，并用所得外汇向乙公司偿还设备款 50 万法郎。为此，双方发生争议，经协商不能解决。2001 年 12 月 2 日，乙公司遂根据合同中的仲裁条款提起仲裁，要求甲公司交付产品或按 130% 支付设备款，并按合同规定支付 5% 的违约金。在仲裁庭辩论中，甲公司认为，其已如数支付了设备价款，就履行了合同。而乙公司则认为，合同规定用产品偿还，该产品国际市场价格上涨 30%，其转售产品应得的利益被剥夺，故甲公司应补偿 30%，并支付违约金。经调查审理，仲裁庭裁决支持乙公司的仲裁请求，甲公司按 130% 支付第二年的设备款，支付 5% 的违约金，第三年继续用产品偿还设备款，并支付仲裁费用。

任务 1：本案中的补偿贸易形式是什么？

任务 2：本案例的启示是什么？

案例简析

1. 本案中，乙公司向甲公司提供设备，由甲公司以该设备所生产的产品偿还设备价款的贸易方式属于补偿贸易中的返销形式，是补偿贸易的最基本形式。按照补偿贸易合同的规定，补偿贸易应以进口机器设备所生产的产品返销提供设备方，以偿还设备价款。甲公司用其向第三方出口所收取的外汇偿还乙公司的设备价款的做法，实际上是一般贸易的分期付款方式，已改变了补偿贸易的性质，完全违反了补偿贸易的规定和双方签订的合同，所以仲裁庭支持乙公司的请求主张。

2. 在签订补偿贸易合同时，双方均应考虑未来几年产品的国际市场价格变化因素，各自承担风险。如果确定要改变补偿方式，双方应重新谈判，签订补充协议，并报政府主管部门批准，单方面按有利于自己的做法改变补偿形式只能承担违约的后果。

知识链接

一、加工贸易

（一）加工贸易的概念

加工贸易是指由国外厂商提供原材料或零部件、元器件，委托国内企业按一定的技术、质量标准加工成成品交还对方，并对国内企业支付加工费的一种贸易方式。

（二）加工贸易的形式

1. 进料加工

进料加工又叫以进养出，是指用外汇购入国外的原材料、辅料，利用本国的技术、设备和劳动力，加工成成品后，销往国外市场。在这类业务中，经营的企业以买主的身份与国外签订购买原材料的合同，又以卖主的身份签订成品的出口合同。两个合同体现为两笔交易，它们都是以所有权转移为特征的货物买卖。进料加工贸易要注意所加工的成品在国际市场上要有销路，否则进口原料外汇很难平衡，从这一点看，进料加工要承担价格风险和成品的销售风险。

2. 来料加工

来料加工通常是指加工一方用国外另一方提供的原料、辅料和包装材料，按照双方商定的质量、规格、款式加工为成品交给对方，自己收取加工费。有的是全部由对方来料，有的是一部分由对方来料，一部分由加工方采用本国的原料、辅料。此外，有时对方只提出式样、规格等要求，而由加工方使用当地的原料、辅料进行加工生产。这种做法常被称为“来样加工”。

3. 装配业务

装配业务是指由一方提供装配所需设备、技术和有关元件、零件，由另一方装配为成品后交货。来料加工和来料装配业务包括两个贸易进程：一是进口原料，二是产品出口。但这两个过程是同一笔贸易的两个方面，而不是两笔交易。原材料的提供者和产品的接受者是同一家企业，交易双方不存在买卖关系，而是委托加工关系，加工方赚取的是劳务费，因而这类贸易属于劳务贸易范畴。它的好处是：加工方可以发挥本国劳动力资源丰富的优势，提供更多的就业机会；可以弥补国内原料不足的缺陷，充分发挥本国的生产潜力；可以通过引进国外的先进生产工艺，借鉴国外的先进管理经验，提高本国技术水平和产品质量，提高本国产品在国际市场的适销能力和竞争能力。当然，来料加工与装配业务只是一种初级阶段的劳务贸易，加工方只能赚取加工费，产品从原料转化为成品过程中的附加价值，基本被对方占有。由于这种贸易方式比进料加工风险小，目前在我国开展得比较广泛，获得了较好的经济效益。

4. 协作生产

协作生产是指一方提供部分配件或主要部件，而由另一方利用本国生产的其他配件组装成一件产品出口。商标可由双方协商确定，既可用加工方的，也可用对方的。所供配件的价款可在货款中扣除。协作生产的产品一般规定由对方销售全部或一部分，也可规定由第三方销售。

二、补偿贸易

（一）补偿贸易的概念

补偿贸易又称产品返销，是指交易的一方在对方提供信用的基础上进口设备技术，然后以该设备技术所生产的产品分期抵付进口设备技术的价款及利息。补偿贸易常与加工贸易相结合，通常称为“三来一补”。进行补偿贸易，双方须签订补偿贸易协议。

（二）补偿贸易的形式

1. 直接产品补偿

直接产品补偿即返销，双方在协议中约定，由设备供应方向设备进口方承诺购买一定数量或金额的由该设备直接生产出来的产品。这种做法的局限性在于，它要求生产出来的直接产品及其质量必须是对方所需要的，或者在国际市场上是可销的，否则不易为对方所接受。

2. 其他产品补偿

当所交易的设备本身并不生产物质产品，或设备所生产的直接产品并非对方所需或在国际市场上不好销时，可由双方根据需要和可能进行协商，用回购其他产品来代替。

3. 劳务补偿

这种做法常见于同来料加工或来件装配相结合的中小型补偿贸易中。其具体做法是：双方根据协议，由对方代为购进所需的技术、设备，货款由对方垫付，另一方按对方要求加工生产后，从应收的加工费中分期扣还所欠款项。

上述三种做法还可结合使用，即进行综合补偿。有时根据实际情况的需要还可以部分用直接产品或其他产品或劳务补偿，部分用现汇支付等。

（三）补偿贸易的特点

（1）信贷是进行补偿贸易不可缺少的前提条件。

（2）设备供应方必须同时承诺回购设备进口方的产品或劳务，这是构成补偿贸易的必备条件。

应当明确的是，在信贷基础上进行设备进口并不一定构成补偿贸易，补偿贸易不仅要求设备供应方提供信贷，同时还要承诺回购对方的产品或劳务，以使对方用所得货款还贷款。这两个条件必须同时具备，缺一不可。

【课堂讨论】

1. 进料加工和来料加工的区别有哪些？
2. 补偿贸易的特点是什么？
3. 我国进行加工贸易的优势是什么？

【案例分析】

1. 某外商想出口木材到中国，加工后再从中国出口。试问：他是否和来料加工工厂合作就可以了？需要在中国成立公司吗？办理海关、税务等手续是否由具有资质的来料加工工厂办理？有什么特别规定？

2. 某年3月，我国内地某乡镇企业通过当地贸易公司的介绍，匆匆与香港某厂商签订了加工生产某种轻工产品的补偿贸易合同。合同规定：由港商提供生产设备，某乡镇企业利用该设备生产的产品返销给港商以补偿设备价款，补偿期为五年。合同未明确规定设备的型号、产地、生产年代以及技术性能等方面的指标。后港商设备按期运到，但经检验，该设备是20世纪70年代末的产品，而且是二手货。由于合同对此未加规定，该乡镇企业只得接受并进行加工生产。五年之后，补偿期满，但设备已接近报废，该企业蒙受了巨大的损失。试分析该案例的教训。

（资料来源：http：//jpkc. hnjmxy. cn/gmsw/onews. asp？id =288）

【实训项目】

1. 实地调查广州的加工贸易企业。
2. 实地调查广州的补偿贸易企业。
3. 选定一家外贸加工厂，分析其贸易形式。

工作任务三　拟定合同中商品的标的物条款

任务1　合同中商品品名与商品品质条款

引例

资料1

商品名称引起的纠纷

我国某出口企业，出口一批农产品——土豆，以L/C的方式结汇。合同中商品的名称是土豆，发票等相关单据中用的也是土豆，但信用证中用的是马铃薯，我方业务员审证时没有在意品名条款，结汇时银行拒付，称单证不符。最终经过与买方协商，银行才接受单据付款。

资料2

商品品质引起的纠纷

某生产企业向马来西亚客户出口汽车配件，品名为YZ－8303R/L，但生产企业却提供了YZ－8301R/L。两种型号的产品在外形上非常相似，但却用在不同的车型上，因此客户不能接受，要求出口方调换产品或降低价格。出口方考虑到退货相当麻烦，费用很高，只好降低价格15%，了结此案。

任务1：在合同里为什么要约定品名条款？

任务2：合同中的商品品质条款有何重要性？

案例简析

1. 品名是合同及所有单据中的一项重要指标，因此必须要严格统一。对同一产品不能采用不同的名称，而应采用国际上惯用的名称，以免引起不必要的麻烦。

2. 商品的质量是国际货物买卖合同中不可缺少的主要条件之一，是十分重要的条款。此案中，卖方属于重大违约，因此赔偿对方损失是不可避免的。

知识链接

一、合同中商品品名及品名条款

（一）品名的定义

商品品名是合同中不可缺少的主要交易条件之一。品名代表了商品通常应具有的品质。在合同中，应尽可能使用国际上通用的名称。

（二）合同中的品名条款

1. 约定品名条款的意义

在国际贸易中，买卖双方商订合同时，必须列明商品名称。品名条款是买卖合同中不可缺少的一项主要交易条件。按照有关的法律和惯例，对成交商品的描述是构成商品说明（Description）的一个主要组成部分，是买卖双方交接货物的一项基本依据，它关系到买卖双方的权利和义务。

2. 品名条款的基本内容

品名条款的规定取决于成交商品的品种和特点。就一般商品而言，只要列明商品的名称即可。但有的商品具有不同的品种、等级和型号，为了明确起见，也把有关具体品种、等级或型号的概括性描述包括进去，作为进一步的限定。此外，有的品名条款甚至把商品的品质规格也包括进去，这实际是把品名条款与品质条款合并在一起。

3. 约定品名条款的注意事项

国际货物买卖合同中的品名条款是合同中的要件，因此在规定此条款时应注意下列事项：

（1）内容必须明确、具体，避免空泛、笼统的规定。

（2）条款中规定的品名必须是卖方能够供应且买方所需要的商品，凡做不到或不必要的描述性的词句，都不应列入。

（3）尽可能使用国际上通用的名称，若使用地方性的名称，交易双方应事先达成共识。对于某些新商品的定名及译名应力求准确、易懂，并符合国际上的习惯称呼。如土豆在国际上一般称马铃薯，交易时就应优先选择马铃薯作为品名。

（4）注意选用合适的品名，以利于降低关税，方便进出口和节省运费开支。

二、合同中商品的品质及品质条款

（一）商品品质的定义

商品的品质（Quality of Goods）是商品的内在素质和外在形态的综合。前者包括商品的物理性能、机械性能、化学成分和生物的物性等自然属性，后者包括商品的外形、色泽、款式等。

（二）商品品质的表示方法

外贸业务中，通常用两种方式表示商品的品质：一种是以实物样品来表示，另一种是用文字说明来表示。

1. 以实物表示品质

以实物表示品质，包括凭成交商品的实际品质（Actual Quality）和凭样品（Sample）两种表示方法，前者即指看货买卖，后者即指凭样品买卖。

（1）看货买卖。即买方或代理人通常先到卖方的工厂仓库验看货物，一旦达成交易，卖方就须按对方验看过的商品交货。只要卖方交付的是验看过的货物，买方就不能对货物的品质提出异议。

在国际贸易中，由于买卖双方分隔两地，交易洽谈多以函电方式进行，买方到卖方所在地验看货物有很多不便，此外，看货时也无法逐件查验，所以看货买卖这种做法，多用于寄售、拍卖和展卖业务中。

（2）凭样品买卖。样品通常是指从一批商品中抽出来的或由生产、使用部门设计加工出来的，足以反映和代表整批商品质量的少量实物。凡以样品表示商品品质并以此作为交货依据的买卖，称为“凭样品买卖”（Sale by Sample）。

在国际贸易中，按样品提供者的不同，可将样品分为以下几种：

①卖方样品（Sellers Sample）。由卖方提供的样品称为“卖方样品”。凡以卖方样品作为交货的品质依据者，称为“凭卖方样品买卖”。在此情况下，买卖合同中应订明：“品质以卖方样品为准”（Quality as sellers sample）。日后，卖方所交货物的品质必须与提供的样品相同。

②买方样品（Buyers Sample）。买方为了订购到符合自身要求的商品，有时提供样品交由卖方依样承制，如卖方同意按买方提供的样品成交，称为“凭买方样品买卖”。在此情况下，买卖合同中应订明：“品质以买方样品为准”（Quality as buyers sample）。日后，卖方所交货物的品质必须与买方样品相同。

③对等样品（Counter Sample）。在国际贸易中，卖方往往不愿意接受凭买方样品交货的交易，以免因交货品质与买方样品不符而招致买方索赔甚至退货的风险。在此情况下，卖方可根据买方提供的样品，加工复制出一个类似的样品交买方确认。这种经确认后的样品称为“对等样品”或“回样”，也称为“确认样品”（Confirming Sample）。对等样品被买方确认后，日后卖方所交货物的品质必须与对等样品相同。

此外，买卖双方为了发展贸易关系和增进对彼此商品的了解，往往采用互相寄送样品的做法，这种以介绍商品为目的而寄出的样品，应标明“仅供参考”（For Reference Only）字样，以免与标准样品混淆。

2. 凭说明表示品质

凭说明表示品质，即指用文字、图表、照片等方式来说明成交商品的品质。这类表示品质的方法，可细分为如下六种：

（1）凭规格买卖（Sale by Specification）。商品规格（Specification）是指一些足以反映商品品质的主要指标，如化学成分、纯度、性能、容量、长短、粗细等。例如，长城葡萄酒，糖分含量10%，酒精含量11%。在国际贸易中，买卖双方洽谈交易时，对于适合凭规格买卖的商品，应提供具体规格来说明商品的基本品质状况，并在合同中订明。凭规格买卖时，说明商品品质的指标因商品而异，即使是同一商品也会因用途不同而使对其规格的要求有差异。这种表示品质的方法，明确、具体、简单、易行，在国际贸易中被广泛地运用。

（2）凭等级买卖（Sale by Grade）。商品的等级（Grade Goods）是指同一类商品按规格上的差异分为品质优劣各不相同的若干等级。凭等级买卖时，由于不同等级的商品具有不同的规格，为了便于履行合同和避免争议，在品质条款列明等级的同时，也要规定每一等级的具体规格。

（3）凭标准买卖（Sale by Standard）。商品的标准是指将商品的规格和等级予以标准化。商品的标准有的由国家或有关政府主管部门规定，有的由行业公会、交易所或国际性的工商组织规定。有些商品适用于凭标准买卖，人们往往使用某种标准作为说明和评定商品品质的依据。

国际贸易采用的各种标准，有些具有法律上的约束力，凡品质不符合标准要求的商品不许进口或出口；有些不具有法律上的约束力，仅供交易双方参考使用，买卖双方洽谈商定交易时可另行商定对品质的具体要求。

在国际贸易中，对于某些品质变化较大而难以规定统一标准的农副产品，往往采用“良好平均品质”（Fair Average Quality，FAQ）这一术语来表示其品质。所谓“良好平均品质”是指一定时期内某地出口货物的平均品质水平，一般对中等货而言。在我国实际业务中，用FAQ来说明品质，一般对大路货而言，在标明大路货的同时，通常还约定具体规格作为品质依据。

（4）凭说明书和图样买卖（Sale by Description and Illustration）。在国际贸易中，有些机器、电器和仪表等技术密集型产品因结构复杂，对材料和设计的要求严格，用以说明性能的数据较多，很难用几个简单的指标来说明品质的全貌，且有些产品，即使其名称相同，但由于所使用的材料、设计和制造技术的某些差别，也可能导致其功能上的差异。因此，对这类商品的品质，通常以说明书并附以图样、照片、设计图纸、分析表及各种数据来说明具体性能和结构特点。按此方式进行交易，称为凭说明书和图样买卖。按这种表示品质的方法成交，卖方所交货物必须符合说明书和图样的要求，但由于对这类产品的技术要求较高，有时同说明书和图样相符的产品，在使用时不一定能发挥设计所要求的性能。买方为了维护自身的利益，往往要求在买卖合同中加订卖方品质保证条款和技术服务条款。

（5）凭商标或品牌买卖（Sale by Trade Mark or Brand Name）。商标（Trade Mark）是指生产者或商号用来识别所生产或出售的商品的标志，它可由一个或几个具有特色的单词、字母、数字、图形或图片等组成。品牌（Brand Name）是指工商企业给制造或销售的商品所冠的名称，以便与其他企业的同类产品区别开来，一个品牌可用于一种产品，也可用于一个企业的所有产品。

当前，国际市场上行销的许许多多商品，尤其是日用消费品、加工食品、耐用消费品等都标有一定的商标或品牌。不同商标的商品具有不同的特色。一些在国际上久负盛名的产品（如宝洁、雀巢、阿迪达斯等），都因其品质优良稳定、具有一定的特色并能显示消费者的社会地位，故售价远远高出其他同类产品。

名牌产品的制造者为了维护商标的声誉，对产品的品质进行严格控制，以保证其产品品质达到一定的标准。因此，商标或品牌实际上是一种品质象征，人们在交易中可以只凭商标或品牌进行买卖，而无需对品质提出详细要求。但是，如果一种品牌的商品同时有多种不同型号或规格，为了明确起见，就必须在规定品牌的同时明确规定型号或规格。

（6）凭产地名称买卖（Sale by Name of Origin）。在国际货物买卖中，有些产品因产区的自然条件、传统加工工艺等因素在品质上具有其他产区的产品所不具有的独特风格和特色。对于这类产品，一般可用产地名称来表示品质，如孝感麻糖、四川榨菜、清远麻鸡等。

上述各种表示品质的方法，一般是单独使用，有时也可混合使用。

（三）品质条款的主要内容

1. 订立品质条款的要点

（1）要从产、销实际出发，防止品质条件规定得过高或过低。

（2）要合理规定影响品质的各项重要指标，对于一些与品质无关的条件，不宜订入。

（3）品质条件应明确具体。不宜采用诸如“大约”、“左右”、“合理误差”之类的笼统、含糊字眼，以避免在交货的品质上引起争议。

2. 品质机动幅度的约定

在国际贸易中，为了避免因交货品质与买卖合同稍有不符而造成违约，保证合同顺利履行，可以在合同品质条款中作出某些变通规定。常见的有下列一些变通规定办法：

（1）交货品质与样品大体相等或其他类似条款。

（2）品质公差（Quality Tolerance）。品质公差是指国际上公认的产品品质的误差，为了明确起见，应在合同品质条款中订明一定幅度的公差。

（3）品质机动幅度。品质机动幅度有三种订法：①规定一定的范围，即对品质指标的规定允许有一定的差异范围。卖方交货只要在此范围内都算合格。②规定一定的极限，指对所交货物的品质规格规定上下限，即最大、最高、最多为多少，最小、最低、最少为多少，卖方交货只要没有超过规定的极限，买方就无权拒收，如大豆的水分含量最高8%，杂质含量最多2%等。③规定上下差异，如黄豆的含油量85%、水分6%、杂质2%均可以上下浮动1%。

为了体现按质论价，在使用品质机动幅度时，有些货物可根据交货情况调整价格，即所谓品质增减价款，是指对约定的机动幅度内的品质差异，可按照实际交货品质规定予以增价减价，如大豆的水分含量超过6%，每多1%价格下调0.5%。

3. 正确运用各种表示品质的方法

品质条款的内容必定涉及表示品质的方法，采用何种表示品质的方法应视商品特征而定。一般来说，凡能用科学的指标说明品质的商品，适于凭规格、等级或标准买卖；难以规格化和标准化的商品，如工艺品、家具等，适于凭样品买卖；性能复杂的机器设备、电器等，适于凭说明书和图样买卖；具有地方味和特色的产品，可凭产地名称买卖，如武汉热干面、广东凉茶等。上述这些表示品质的方法不能随意滥用，而应当合理选用。

【课堂讨论】

1. 凭买方样品销售时，为了争取主动，防止日后交货困难，卖方可把"回样"寄交给买方，这样就等于把来样成交转变为凭卖方样品销售了吗？

2. 对于家具、自行车、茶叶、大豆，你认为分别采用哪种品质表示方法比较好，说明原因。

【课堂练习】

简述表示商品品质的方法。

【案例分析】

一批出口到阿拉伯国家的冻鸡，合同中的品质条款规定由出口地伊斯兰教协会出具证明，证明该批冻鸡是按伊斯兰教的方法屠宰的。但货物到达目的港后，经检验发现，冻鸡的颈部没有任何刀口痕迹，不符合伊斯兰教的屠宰方法。因此，买方拒绝收货，并要求解除合同。试问：买方的行为是否合理？

（资料来源：黎孝先. 国际贸易实务. 北京：中国人民大学出版社，2007）

【实训项目】

以散装棉花、大米为例，拟定合同中的品质条款。

任务2　商品数量

引例

资料1

我国某出口公司向日本出口驴肉一批，合同规定：每箱净重16.6公斤，共1 500箱，合计24.9吨。但货抵国外后，经日本海关查验，每箱净重并非16.6公斤而是20公斤，共1 500箱，合计30吨。

资料2

某公司定购钢板400M/T，6英尺、8英尺、10英尺、12英尺四种规格各100M/T，并附每种数量可增减5%的溢短装条款，由卖方决定。今卖方交货为：6英尺，70M/T；8英尺，80M/T；10英尺，60M/T；12英尺，210M/T，总量未超过420M/T的溢短装上限的规定。

任务1：海关认为单货不符，进口商以多报少。对此你是怎样看待的？

任务2：对于出口商按实际装运数量出具的跟单汇票，进口商是否有权拒收拒付？

案例简析

1. 出口商品的数量必须与合同或信用证的数字相符。少了对方固然不干，多了进口国家的海关也不轻易放行。各国海关对进口货物的监管都很严。如果进口商申报的数量与到货数量不符，轻则被认为企图逃漏关税，重则被认为走私舞弊，海关不仅可以处以罚款或没收货物，还可能进一步追究进口商的刑事责任。另外，若遇上当地市场疲软或价格趋跌，进口商也会拒收，或要求降低价格，或要求多交的货物不再补钱。

2. 国际贸易中，一般对溢短装条款解释为不但总量受其约束，所列每种具体规格和数量亦受其约束。例中虽然总量符合要求，但卖方所交每种具体规格的钢板均与5%的约定相差甚大，其中12英尺钢板超量装运110%，这是违反合同的。所以买方对于其所开票据完全有理由拒收拒付。

知识链接

一、商品数量计量单位

由于各国度量衡制度不同，所以使用的计量单位也各异。因此，了解和熟悉计量单位之间的折算方法是非常重要的。目前，国际贸易中通常使用的计量单位有米制（Metric System）、英制（British System）和美制（U. S. System）3种。此外，还有在米制基础上发展起来的国际单位制（International System of Units，SI）。根据《中华人民共和国计量法》第三条规定："国家采用国际单位制。国际单位制计量单位和国家选定的其他计量单位，为国家法定计量单位。"在对外贸易中，出口货物除合同规定需采用米制、英制或美制计量单位外，应使用法定计量单位。一般不进口使用非法定计量单位的仪器设备，如有特殊需要，须经有关省、市、自治区以上的计量管理机构批准。

（一）计量单位的确定方法

1. 按重量（Weight）计算

农副产品、矿产品和工业制成品都按重量计算。计量单位有公吨（metric ton）、长吨（long ton）、短吨（short ton）、公斤（kilogram）、克（gram）、盎司（ounce）。

2. 按数量（Quantity）计算

大多数工业制成品，尤其是日用消费品、工业品、机械产品以及一部分土特产品，通常按数量进行买卖。计量单位有件（piece）、双（pair）、套（set）、打（dozen）、卷（roll）、令（ream）、罗（gross）、袋（bag）、包（bale）等。计量单位之间可相互转换，如：1 罗 =12 打，1 打 =12 件，1 令 =480 张。

3. 按长度（Length）计算

在金属绳索、丝绸、布匹等商品的交易中，通常采用长度计量单位。如：米（meter）、英尺（foot）、码（yard）等。

4. 按面积（Area）计算

在玻璃板、地毯、皮革等商品的交易中使用。计量单位有平方米（square meter）、平方英尺（square foot）、平方码（square yard）等。

5. 按体积（Volume）计算

仅用于木材、天然气和化学气体等。计量单位有立方米（cubic meter）、立方英尺（cubic foot）、立方码（cubic yard）等。

6. 按容积（Capacity）计算

适用于各种谷物和流体货物。计量单位有蒲式耳（bushel）、加仑（gallon）、公升（liter）等。

（二）各国度量衡制度

1. 常见的国际单位制

长度：1 毫米 millimeter（mm）=0. 001 米

1 厘米 centimeter（cm）=0. 01 米 =0. 3937 英寸

1 公里 kilometer（km）=1 000 米 =0. 6214 英里

1 米 meter（m）=3. 2808 英尺 =1. 0936 码

面积：1 公亩 are（a）=100 平方米 =0. 0247 英亩

1 公顷 hectare（ha）=100 公亩 =2. 4711 英亩

容积：1 毫升 milliliter（ml）=0. 001 升

1 升 liter（l）=0. 2642 加仑（美）=0. 2200 加仑（英）

重量：1 毫克 milligram（mg）=0. 001 克

1 克 gram（g）=0. 0353 盎司

1 千克（公斤）kilogram（kg）=1 000 克 =2. 2046 磅

1 吨 ton（t）=1 000 千克 =0. 9842 长吨（英吨）=1. 1023 短吨（美吨）

2. 常见的英美制

英寸 inch（pl. inches）=2. 5400 厘米

英尺 foot（pl. feet）=12 英寸 =0. 3048 米

码 yard =3 英尺 =0. 9144 米

英里 mile =1 760 码 =1. 6093 公里

链 cable length =185. 2 米

海里 sea mile =10 链 =1. 852 公里

英亩 acre =40. 4686 公亩

盎司 ounce =28. 3496 克

磅 pound =16 盎司 =0. 4536 千克

长吨（英吨）long ton =2 240 磅 =1 016.0470 千克
短吨（美吨）short ton =2 000 磅 =907.1849 千克
加仑 gallon =4.546 升（英） =3.785 升（美）

二、重量的计算方法

（一）按毛重（Gross Weight）计算

毛重是指货物本身的重量加上皮重，即加上包装物的重量。有些单位价值不高的货物，可采用按毛重计量的方法，也就是以毛重作为计算价格的基础。这种计量和计价的方法，在国际贸易中称作“以毛作净”（Gross for Net）或“以毛作净价”。

毛重 = 净重 + 皮重（包装的重量）

（二）按净重（Net Weight）计算

净重是指货物的本身重量，即不包括皮重的货物实际重量。如果在合同中未明确规定用毛重还是净重计量、计价，按惯例应以净重计。

净重 = 毛重 - 皮重

在国际贸易中去除皮重的方法：按实际皮重；按平均皮重；按习惯皮重；按约定皮重。

（三）其他计算重量的方法

（1）按公量计重（Conditioned Weight）。公量是指用科学方法抽出商品所含水分，再另加标准水分求得的重量。适用商品：羊毛、生丝等货物。

公量 = 净重 - 商品实际水分 + 标准水分
公量 = 实际重量 ×（1 + 标准回潮率）/（1 + 实际回潮率）

（2）按理论重量计重（Theoretical Weight）。根据件数计算有固定规格和体积的商品的总重量。适用商品：马口铁、钢板等。

（3）法定重量（Legal Weight）和净净重（Net Net Weight）。

法定重量 = 纯商品的重量 + 内包装的重量
净净重 = 纯商品的重量 - 包含杂物的重量

在国际贸易实务中，如果买卖双方没有明确采用何种方法计算重量，应按净重计量和计价。

三、买卖合同中的数量条款

（一）基本内容

英国法律规定：卖方交付货物的数量如果少于约定数量，买方可以拒收货物；卖方实际交货数量多于约定数量，买方可以只接受约定数量而拒收超过部分，也可以全部拒收。

《联合国国际货物销售合同公约》（以下简称《公约》）规定：如果卖方交货数量多于约定数量，买方可以收取，也可以拒绝收取多交部分货物的全部或一部分；如果卖方实际交货数量少于约定数量，卖方应该在规定的交货期届满前补交，但不得使买方遭受不合理的不便或承担不合理的开支，另外，买方保留要求损害赔偿的任何权利。

（二）数量的机动幅度条款

在实际业务中，对于大宗散装商品，如农副产品和工矿产品，由于商品本身的特点及运输的缘故，不能准确估计装船数量，为了方便履行合同，通常在合同中增加溢短装条款（More or Less Clause），即规定在交货时可溢装或短装（即多交或少交）合同数量的百分率。例如：矿砂500公吨，卖方可溢短装5%。

大多数情况下，溢短装由卖方决定（At Seller's Option）；买方派船装运时，由买方决定（At Buyer's Option）；租船运输时，由承运人决定（At Ship's Option）。

《跟单信用证统一惯例UCP600》规定：即使信用证没有溢短装条款，在支取金额不超过信用证金额的前提下对于那些以长度米、码、立方米、升、加仑、吨等单位来表示商品数量的，可以有5%的增减幅度。如果在商品数量前加有“大约”、“近似”一类的词语，而在信用证金额前没有“约”字样，虽然商品数量上有10%的增减幅度，但支取金额还是不能超过信用证金额，所以合同中要有溢短装条款，信用证中也要有溢短装条款。

【课堂讨论】

毛重、净重及以毛作净的主要区别。

【课堂练习】

1. 简述正确掌握出口数量应考虑的因素。
2. 简述正确掌握进口数量应考虑的因素。
3. 简述各种计量单位的主要适用范围。
4. 简述计算皮重的方法。

【案例分析】

1. 大连某出口公司向日本出口一批大米。在洽谈时，双方谈妥出口2 000公吨，每公吨US $ 280FOB大连口岸。但在签订合同时，在合同上只是笼统地写了2 000吨。我方当事人认为合同上的吨就是指公吨，但发货时日商要求按长吨供货。试问：外商的要求是否合理，应该如何处理此项纠纷？

2. 内蒙古某出口公司向韩国出口 10 公吨羊毛。在合同中规定按公量计算，标准回潮率定为 11%。经抽样证明，10 公斤纯羊毛用科学方法去掉水分净剩羊毛 8 公斤，即该批货物的实际回潮率为 25%。通过下式：公量 = 实际重量 ×（1 − 实际回潮率）/（1 + 标准回潮率），计算求得上述货物的公量为 8.325 公吨。试问：这一计算方法是否正确？

3. 某厂外销布匹 4 万米，合同上订明：红、白、黄、绿四种颜色各 1 万米，并附有允许卖方溢短装 10% 的条款。该厂实际交货数量为红色 10 400 米，白色 8 000 米，黄色 9 100米，绿色 9 000 米，共计 36 500 米。白布虽超过 10% 的溢短装限度，但就四种颜色布匹的总量来说，未超过限度。试问：在这种情况下，是只有白布部分违约还是全部违约？

（资料来源：余心之. 进出口贸易实务. 大连：东北财经大学出版社. 2007）

【实训项目】

写出下列合同的数量条款：

1. 电扇 1 000 台，货物数量准许有 5% 的增减幅度。
2. 合同规定每箱 60 双，共 100 箱。
3. 合同上订明：红、白、黄、绿四种颜色各 10 000 米，允许买方溢短装 10%。

任务 3　商品包装

引例

资料 1

英国穆尔公司以 CIF 伦敦的条件，从兰陀公司购买 300 箱澳大利亚水果罐头。合同的包装条款规定："箱装，每箱 30 听。"卖方所交货物中有 150 箱为每箱 30 听，其余 150 箱为每箱 24 听，买方拒收。卖方争辩说，"每箱 30 听"字样并非合同的重要部分，不论是 24 听还是 30 听，其品质均与合同相符，因此，买方应接受。

资料 2

菲律宾某公司与上海某自行车厂洽谈业务，打算从我国进口"永久"牌自行车 1 000 辆。但要求我方改用"剑"牌商标，并不得在包装上注明"Made in China"字样。

任务 1：资料 1 中的案例应如何处理？

任务 2：我方是否可以接受菲律宾某公司的要求？在处理此项业务时，应注意什么问题？

案例简析

1. 有些国家的法律规定，买卖分为两类，一类是凭样品买卖，另一类是凭说明买卖。后者所包括的范围很广，不仅涉及商品品质方面的问题，还包括数量，甚至包括合同中有关装运期、包装和货物花式搭配方面的陈述。按照英国买卖法的规定，凡合同中一切有关货物“说明”的事项都是合同的要件，如有违反，买方有权拒收货物，并可以提出索赔。本案例中，英国法认为，包装是属于“说明”的组成部分，属于要件，卖方违背合同要件，买方有理由拒收全部货物，也可以接受合乎规定部分，拒收不合规定部分，并提出损害赔偿。

2. 这是一笔外商要求采用中性包装的交易，我方一般可以接受。但是在处理该项业务时应注意下列问题：判明对方所用商标在国内外是否已有第三者注册，如果有，则不能接受；如果一时无法判明，则应在合同中写明“若发生工业产权争议，由买方负责”。

知识链接

一、运输包装

运输包装是指装纳货物的特定容器，或以特定方式成件或成箱的包装，又称大包装或外包装。它可以保护货物在长时间和远距离的运输过程中不被损坏和散失并且方便货物的搬运、储存和运输。

（一）运输包装的种类

运输包装的种类主要有箱、包、桶、袋等，此外还有篓、筐、坛、罐和集合运输包装（是指将一定数量的单件包装组合成一件大的包装或装入一个大的包装容器内，如托盘、集装袋等）。

（二）运输包装的标志

运输标志是指为了方便货物运输、装卸及储存保管，便于识别货物和防止货物损坏而在商品外包装上刷写的标志。

运输标志的三项基本内容：

（1）收/发货人的名称代号、简单的几何图形。

（2）目的港和目的地的名称。

（3）件号。

联合国欧洲经济委员会制定的标准运输标志的四要素：

（1）收货人或买方的名称字首或简称。

（2）参照号码。

（3）目的地。

（4）件数号码。

说明：标准运输标志不使用几何图形或其他图形。

（三）指示性标志

指示性标志是指根据商品的特性，对一些容易破碎、残损、变质的商品，在搬运、装卸操作和存放保管条件方面所提出的要求和注意事项，用图形或文字表示的标志。

图1　指示性标志

（四）警告性标志

警告性标志是指在装有爆炸品、易燃物品、腐蚀物品、氧化剂和放射物质的运输包装上用图形或文字表示各种危险品的标志。

图2　警告性标志

除上述三种包装标志外，商品的运输包装上一般还刷上包件的毛重、净重、体积尺码和商品的生产国别或地区。

二、销售包装

销售包装是指在商品制造出来以后以适当的材料或容器所进行的初次包装，又称内包装、小包装或直接包装。它除了保护商品外，还具有美化商品、宣传推广、便于销售和使用等作用。随着国际市场上竞争的加剧以及超级市场的发展，出口货物的销售包装显得日益重要，它的好坏直接关系到售价和销路。此外，衬垫物也是包装的重要组成部分，不容忽视。它的作用是防震、防碎、防潮、防锈等。衬垫物一般用纸屑、纸条、防潮纸和各种塑料制成。应该注意的是，我国禁止用报纸作为包装物。

常见的销售包装种类有挂式包装，堆叠式包装，便携式包装，一次用量包装，易开包装，喷雾包装，配套包装，礼品包装。

应注意，有些国家明文规定所有进口商品的文字说明必须使用本国文字。

总之，由于出口货物的包装关系到商品的售价和销路，并在一定程度上反映我国社会主义建设和改革开放的新面貌以及我国工业生产和艺术水平，因此必须加强研究，力求达到科学、经济、牢固、美观、适销的要求。运输包装要牢固，能适应长途运输的需要，体积和重量要便于搬运、装卸、仓储和节省运输和储存费用。销售包装要考虑适合对外销售的需要，做到便于陈列、展销、携带和使用。销售包装上除印上商标、牌号、品名、数量、产地外，一般还应根据商品种类，印上规格、成分用途及使用方法等中外文说明。

三、物品条码标志

随着国际上电子扫描自动化售货设备的使用日益广泛，条形码已经成为销售包装上不可或缺的标记。条形码是由一组规则排列的条、空及其相应字符组成的标记，它表示特定信息，是专供机器识读的一种特殊符号。在所有发达国家和许多发展中国家，条形码被广泛用作商品标志，在促进这些国家的经济发展，尤其在推动对外贸易方面，发挥了重要作用。条形码是商品能够流通于国际市场的前提条件，是商品身份证的国际统一编号，是商品进入商店的先决条件。随着国际物品编码协会（EAN）和美国统一编码委员会（UPC）会员在全世界范围的迅速发展和商店的迅猛增加，许多生产经营出口商品的企业如果不采用条形码，就会面临无法外销的危险。在不久的将来，没有条形码的商品不仅会在国际市场上失去立足之地，而且随着国内商业自动化的实现，也将会失去在国内市场的竞争力。

国家技术监督局于 1988 年成立了中国物品编码中心。1991 年 4 月 18 日，中国物品编码中心代表我国正式加入国际物品编码协会（EAN），并自同年 7 月 1 日起正式履行会员的权利和义务。该中心目前在各省、市、自治区设立了 40 多个分支机构，在未设分支机构的地区，中心指定和委托省级和计划单列市的标准化机构负责本地区的条形码工作。生产和经营出口商品的企业如需要使用条形码，可向上述物品编码机构提出申请，由中心统一向国际条形码组织申请办理注册手续。条形码字符的头 3 位数字代表生产国别（地区）。目前，国际物品编码协会给我国的国别号为“690”、“691”、“692”，凡标有以“690”、“691”、“692”为首的条形码的商品即是中国生产的商品。

四、定牌、无牌和中性包装

定牌和中性包装是国际贸易中的通常做法。我国在出口业务中有时也可应客户的要求采用这些做法。

（一）定牌

定牌是指买方要求在我方出口商品或包装上使用买方指定的商标或牌名的做法。我们同意采用定牌，是为了利用买主（包括生产厂家、大百货公司、超级市场和专业商店等）的经营能力和他们的企业商誉或名牌商誉，以提高商品售价和扩大销售数量。但是应特别注意有的外商利用向我方订购定牌商品来排挤使用我方商标的货物，从而影响我国自主品牌产品在国际市场树立名牌。在我国出口贸易中，采用定牌生产时，除非另有规定，出口商品或包装上均需标明“中国制造”字样。

（二）无牌

无牌是指买方要求在出口商品和/或包装上免除任何商标或牌名的做法。主要用于尚待进一步加工的半制成品，以避免浪费，降低费用成本。除非另有约定，采用无牌生产时，在我国出口商品和/或包装上须标明“中国制造”字样。

（三）中性包装

中性包装是指在商品上和内外包装上均不注明生产国别的包装，中性包装有定牌中性和无牌中性之分。定牌中性是指在商品或包装上使用买方指定的商标、牌名，但不注明生产国别。无牌中性是指在商品和包装上均不使用任何商标和牌名，也不注明生产国别。所以，中性是指不注明生产国别，与有无商标牌号无直接关系。采用中性包装是为了适应国外市场的特殊需要，如转口销售等，有利于扩大贸易。但需注意，近年来中性包装的做法在国际上屡遭非议，因此，在采用时必须谨慎从事。

应注意定牌生产和定牌中性包装的区别。定牌中性包装的商品未注明生产国别和厂商；而定牌生产的商品通常需注明生产国别和厂商。

五、买卖合同中的包装条款

如前所述，包装条款是主要贸易条件之一，是国际货物买卖合同的重要内容。买卖双方必须认真洽谈协商，取得一致意见，并在合同中作出明确具体的规定。订立包装条款时应注意如下问题：

（1）合同中包装条款的内容一般包括包装材料、包装方式和每件包装中所含物品的数量或者重量。

（2）除非买卖双方对包装方式的具体内容经事先充分交换意见或由于长时间的业务交往已取得一致认识，否则在合同中不宜采用笼统的规定方法。

（3）按国际贸易习惯，唛头一般由卖方决定。如买方要求由其决定，可在合同中具体规定。如买方要求在合同订立后由其指定，则应具体规定指定的最后时限，并订明若到时限尚未收到有关唛头通知，卖方可自行决定。

（4）在出口实践中，包装费用一般包括在货价以内。如买方要求特殊包装，除非事先明确包装费用包括在货价以内，其超出的包装费用原则上应由买方负担。

（5）在进口实践中，对包装技术性较强的商品，通常要在单价条款后注明“包括包装费用”，以免日后发生纠纷。

【课堂讨论】

1. 简述包装的重要性。
2. 简述销售包装上的标签内容。

3. 简述中性包装的性质和作用及采用中性包装时应注意的问题。
4. 简述定牌生产的具体做法及对出口方的利弊。

【课堂练习】

1. 简述包装的分类方法。
2. 目前国际上流行的销售包装有哪些类型？

【案例分析】

1. 国内某厂向国外出口一批灯具。合同上规定为每筐 30 只，共装 100 筐。我方工作人员为方便起见，改为每筐 50 只，共装 60 筐，总只数不变。试问：这种处理方式是否会构成违约？

（资料来源：邵作仁．国际贸易实务．大连：东北财经大学出版社，2007）

2. 信用证上规定了装船运输标志，但出口时疏忽，出口押汇时才发现。试问：对此情况应如何补救？

3. 货品上已打上进口商的特别商标，但该批货品进口时被拒付。试问：如果把这批货品转售给进口地的另一客户，是否构成侵犯他人商标权行为？

【实训项目】

1. 案例讨论：外贸商品包装的重要性和包装的种类。
2. 案例训练：（1）练习瓷器出口的包装标识及其唛头制作。
　　　　　　（2）起草瓷器出口的包装条款。

工作任务四　熟悉国际贸易术语

任务 1　国际贸易术语的含义与作用

引例

我国黑龙江某外贸公司某年以 FOB 条件签订了一批皮衣买卖合同。装船前检验时货物的品质良好且符合合同的规定，货到目的港后买方提货检验时发现部分皮衣有发霉现象。经调查确认是由于包装不良导致货物受潮所致，据此买方向卖方提出索赔要求。但是卖方认为货物在装船前品质是合格的，发霉是在运输途中发生的，因此拒绝承担赔偿责任。

（资料来源：黎孝先．国际贸易实务．北京：中国人民大学出版社，2007）

任务 1：买方的索赔要求是否合理？

任务 2：对此争议应该如何处理？

案例简析

1. 买方的索赔要求合理。

2. 要处理上述案例中的争议，关键是要明白贸易术语 FOB。尽管发霉是在运输途中发生的，但是产生发霉的原因，即包装不良则是在装船前已经存在了，因此卖方在履约过程中存在过失。按照有关 FOB 的风险转移规定，买方有理由提出索赔要求，卖方的拒绝是没有道理的。由此案例我们知道，贸易术语在国际贸易中是不可缺少的，是贸易成交的基础、解决争议的根据。

知识链接

一、国际贸易术语的含义

国际贸易术语（Trade Terms），又称贸易条件、价格条件（Price Terms），是指用一个简短的概念或三个英文字母缩写来说明商品的价格构成，交货地点，买卖双方有关费用、风险、手续及责任的划分及所有权转移的界限等问题，它是国际贸易中商品单价的一个重要组成部分。

贸易术语是在国际贸易的长期实践中产生的，随着国际贸易的发展变化，贸易术语也在不断地发展。一般来说，每个贸易术语都包含了以下三个方面的内容：第一，责任划分问题，包括买卖双方如何交货、收货，从卖方交货到买方收货过程中涉及的一些相关工作由谁负责，买卖双方需要交接哪些有关的单据等；第二，费用负担问题，指买卖双方在交接货物过程中需要支付的相关费用由谁负担；第三，风险划分问题，指买卖双方在交接货物过程中，尤其是长途运输过程中，货物可能遇到的风险由谁来承担。

因此，每种贸易术语都有其特定的含义，使用不同的贸易术语意味着买卖双方承担的责任、费用和风险不同。一般而言，卖方承担的责任、费用和风险小，商品售价就低；反之，售价就高。在贸易术语中，卖方承担的责任、费用和风险与商品价格成正比例关系。

二、国际贸易术语的作用

国际贸易术语主要有以下几方面的作用：

（1）简化了交易磋商的内容和交易手续，缩短了谈判时间，节省了业务费用，促进了交易尽快达成。

（2）便于买卖双方核算价格和成本，提高工作效率，提高经济效益。

（3）明确了买卖双方的权利和义务，有利于解决贸易争议，促进贸易的顺利发展。

【课堂讨论】

1. 什么是国际贸易术语？

2. 国际贸易术语有哪些作用？

【案例分析】

买卖双方按照FOB条件达成一笔大麦种子的买卖合同。合同规定大麦种子的发芽率必须在90%以上。卖方在装船前对货物进行了检验，结果符合合同的规定。然而，货到目的港，买方提货后由指定的检验机构进行检验，却发现大麦种子发芽率不到60%。于是，买方要求退货并提出索赔。卖方予以拒绝，其理由是：卖方在装船前进行检验，证明所交货物是合格的，买方在目的地检验发现质量有问题，说明货物品质的变化是在运输途中发生的。按照国际贸易惯例，在FOB条件下，货物在装运港装船时越过船舷，风险转移，运输途中货物品质变化的风险，应该由买方承担。双方协商后无法达成一致意见，遂将争议提交仲裁。仲裁庭审理时发现，大麦种子包装所用的麻袋上粘有虫卵，正是这些虫卵在运输途中孵化成虫，咬坏了种子胚芽，造成发芽率降低。但应由谁来承担这一后果，买卖双方仍各执一词。试问：买方提出的索赔要求是否合理？

（资料来源：黎孝先．国际贸易实务．北京：中国人民大学出版社，2007）

【实训项目】

对一份国内贸易合同和一份国际贸易合同进行比较，找出价格的不同表达方式，发现国际贸易术语的必要性和重要性。

任务2　关于国际贸易术语的国际惯例

引例

中国广州A公司从美国B公司进口一批电子元件，合同规定使用FOB New York。A公司在规定的时间到纽约的港口去接货，未果，同B公司联系，B公司告知说，货物已经放在纽约市区的一个货运站了。A公司认为货物应该放在纽约港口，因此，向B公司提出索赔。

（资料来源：张向先．国际贸易概论（第二版）．北京：高等教育出版社，2004）

任务1：A公司的索赔要求合理吗？

任务2：此案例应如何处理？

案例简析

1. A公司的索赔要求不合理，因为美国使用的FOB与《2000年国际贸易术语解释通则》中的FOB不同。

2. A公司若要B公司将货物放到纽约港口，那么就应该规定使用FOB Vessel New York才可以。所以，这个案例中B公司的做法是对的，A公司的做法不合理。

知识链接

目前，国际上影响较大的有关贸易术语的惯例有以下四种：

（一）《1932 年华沙——牛津规则》（Warsaw - Oxford Rules 1932，W. O. Rules 1932）

国际法协会于 1928 年在波兰华沙开会，就 CIF 术语制定了统一规则，称为《1928 年华沙规则》。后经多次修改，最后将此规则定名为《1932 年华沙——牛津规则》，全文共 21 条。这一规则规定了 CIF 术语下买卖双方的责任、义务，以及 CIF 术语所确定的买卖合同的性质和特点。其适用的前提是必须在买卖合同中明确表示采用此规则。目前，国际上已经很少采用此规则。

（二）《1941 年美国对外贸易定义修订本》（Revised American Foreign Trade Definitions 1941）

1919 年，美国九大商业团体在纽约以美国贸易惯用的 FOB 价格为基础，制定了《美国出口报价及其缩写条例》。1941 年，美国对这一条例进行了修订，改称《1941 年美国对外贸易定义修订本》。该修订本同年被美国商会、全国进出口商协会和全国对外贸易协会采用。本规则在美洲国家有较大影响，共包括六种贸易术语，它们是：

（1）产地交货，Ex Point of Origin，所报价格仅适用于原产地交货，卖方同意在规定日期或期限内在双方商定的地点将货物置于买方控制之下。

（2）在运输工具上交货，Free on Board（FOB），此术语又分为六种解释。

（3）在运输工具旁交货，Free Alongside Ship（FAS），是指卖方所报价格包括将货物交到各种运输工具旁边。如果在 FAS 后面加上 Vessel 字样，则表示“船边交货”。

（4）成本加运费，Cost and Freight（C&F），卖方所报价格包括将货物运到指定目的地的运输费用在内。

（5）成本加保险费、运费，Cost Insurance and Freight（CIF），卖方所报价格包括货物的成本、海洋运输保险费和将货物运到指定目的地的一切运输费用在内。

（6）目的港码头交货，Named Port of Importation（EX Dock），按此术语，卖方所报价格包括货物的成本和将货物运到指定进口港的码头所需的全部费用，并交纳进口税。

本定义主要适用于美洲国家，其使用范围和术语都较为有限，在很多解释上与其他惯例不同，除个别术语外，绝大多数与《2000 年国际贸易术语解释通则》（以下简称《2000 年通则》）中的解释有很大出入。因此，与该地区商人交易时要慎重，使用本定义时应注意区分有关术语。

（三）《2000 年国际贸易术语解释通则》（International Rules for the Interpretation of Trade Terms，INCOTERMS 2000）

《2000 年通则》是目前国际贸易中使用最为广泛的贸易术语惯例，国际商会于 1936 年制定后对此做过多次修订和补充。《2000 年通则》于 2000 年 1 月 1 日起生效。

1.《2000 年通则》的适用范围

《2000 年通则》只限于销售合同当事人的权利义务中与交货有关的事项。其货物是指“有形的”货物，不包括无形货物，如电脑软件等。只涉及与交货有关的事项，如货物的进出口清关、货物的包装、买方受领货物的义务以及提供履行各项义务的凭证等，而不涉及货物所有权和其他产权的转移、违约行为的后果以及某些情况下的免责等。有关违约的后果及免责事项，可通过买卖合同中的其他条款和适用的法律来解决。

2.《2000 年通则》对贸易术语的分类

《2000 年通则》将国际贸易中使用的贸易术语归纳为 13 个，分为 E、F、C、D 四个组。E 组只有一个 EXW 贸易术语；F 组包括 FCA、FAS 和 FOB 三个贸易术语；C 组包括 CFR、CIF、CPT 和 CIP 四个贸易术语；D 组包括 DAF、DES、DEQ、DDU 和 DDP 五个贸易术语。

（四）《2010 年国际贸易术语解释通则》（International Rules for the Interpretation of Trade Terms，INCOTERMS 2010）

2010 年 9 月 21 日国际商会发布《国际贸易术语解释通则 2010》（以下简称《2010 年通则》），新通则于 2011 年 1 月 1 日起实施。

《2010 年通则》相对于《2000 年通则》的几点变化如下：

（1）分组方法改为按运输方式分组，由四组减为两组：适用于所有运输方式的术语，包括 EXW，FCA，CPT，CIP，DAT，DAP，DDP；适用于水路运输的术语，包括 FAS，FOB，CFR，CIF。

（2）将原来的 13 个贸易术语，减为 11 个，新增了 2 个术语：DAT（Delivered at Terminal）在指定目的地或目的港的集散站交货，DAP（Delivered at Place）在指定目的地交货。即用 DAP 取代了 DAF、DES 和 DDU 三个术语，用 DAT 取代了 DEQ，且扩展至适用于一切运输方式。

（3）取消了“船舷”的概念，卖方承担货物装上船为止的一切风险，买方承担货物自装运港装上船后的一切风险。

（4）在 FAS、FOB、CFR 和 CIF 等术语中加入了货物在运输期间被多次买卖（连环贸易）的责任义务的划分。

（5）考虑到一些大的区域贸易集团内部贸易的特点，规定 INCOTERMS 2010 不仅适用于国际销售，也适用于国内销售。

（6）增加了大量的指导性解释以及图示，增加了电子交易程序（电子文件取代纸质文件）的应用及在国内使用贸易术语的建议等内容。

【课堂讨论】

1. 有关贸易术语的国际惯例主要有哪些？其中影响最大的是哪一种？
2. 怎样理解贸易惯例对合同当事人的约束力问题？
3.《2010 年通则》和《2000 年通则》相比主要有哪几项变化？

【案例分析】

1. 中国某公司出口一批货物到德国，途中货物因遭遇暴风雨而全部损失，买卖双方因买方是否该支付货款而发生争执：

卖方：我方已按规定交货，你方应付款。

买方：船已沉没，我方没有收到货物，如何付款？

卖方：合同规定适用《2000 年通则》，我方不承担运输途中的风险。

买方：可合同中规定“货物到达目的港时付款”。

卖方：按照惯例，你方应该付款。

买方：按照合同，我方无需付款。

试问：哪一方更有理?

2. 我方进口商以 FOB 条件从巴西进口橡胶，但是我方由于租船困难，不能在合同规定的时间内到装运港接运货物，从而出现了较长时期的货等船现象，于是巴西方面要求撤销合同并向我方进口商提出赔偿损失的要求。试问：巴西出口商的做法是否合理?

（资料来源：张向先．国际贸易概论（第二版）．北京：高等教育出版社，2004）

【实训项目】

模拟与美国客商使用 FOB 术语磋商合同。

任务 3　适用于水路运输的四种贸易术语

引例

某年某出口公司对加拿大魁北克某进口商出口 500 吨核桃仁。合同规定价格每吨4 800 加元 CIF 魁北克，装运期不得晚于 10 月 31 日，不得分批装运和转运，并规定货物应于 11 月 30 日前到达目的地，否则买方有权拒收，支付方式为 90 天远期信用证。对方于 9 月 25 日开来信用证。我方于 10 月 5 日装船完毕，但船到达加拿大东岸时已是 11 月 25 日，此时魁北克已经开始结冰，承运人担心船舶驶往魁北克后出不来，便根据自由转船条款指示船长将货物全部卸在哈利法克斯，然后从该港改装火车运往魁北克。待这批核桃仁运到魁北克时已是 12 月 2 日。于是进口商以货物晚到为由拒绝提货，除非我方降价 20% 以弥补其损失。双方几经交涉，最终以我方降价 15% 结案，我方共损失 36 万加元。

（资料来源：陈建华．国际贸易实务（第二版）．大连：大连理工大学出版社，2008）

任务 1：本案中的合同是否属于 CIF 合同?

任务 2：通过此案例能吸取什么教训?

案例简析

1. 本案中的合同已非真正的 CIF 合同。CIF 合同是装运合同，卖方只负责在装运港将货物装上船，装上船之后的一切风险、责任和费用均由买方承担。本案在合同中规定了货物到达目的港的时限条款，改变了合同的性质，使装运合同变成了到达合同，即卖方须承担货物不能按期到达目的港的风险。

2. 吸取的教训：

（1）在 CIF 合同中添加到货期等限制性条款将改变合同性质。

（2）像核桃仁等季节性很强的商品，进口方往往要求限定到货时间，卖方应采取措施减少风险。例如：提前估算好货轮在途时间，主动了解目的港的相关情况。

知识链接

一、FOB

FOB 的全称是 Free On Board (... named port of shipment)，即装运港船上交货（……指定装运港）。这一术语后面要注明装运港的名称，如 FOB Guangzhou，即在广州港的船上交货。FOB 俗称离岸价，是指卖方负责在合同规定的装运期内，在指定的装运港将货物装上买方指定的船上，并承担货物装上船前的一切费用和风险。

（一）买卖双方的义务

1. 卖方义务

（1）在合同规定的装运期内，在指定的装运港将货物装上买方指定的船上，并及时通知买方。

（2）办理货物出口清关手续，承担把货物在装运港装上船前的一切费用和风险。

（3）负责提供商业发票、清洁的已装船单据以及合同规定的其他单据或具有同等效力的电子信息。

2. 买方义务

（1）负责租船订舱和支付运费，并将船名、装船地和装船时间通知卖方。

（2）承担货物在装运港装上船后的一切费用和风险。

（3）按照合同规定支付货款，并收取符合合同规定的货物和单据。

（4）取得进口许可证或其他官方证件，办理进口报关手续。若要途经另一国，则需要办理过境海关手续，并支付上述有关费用。

（二）使用 FOB 术语时应注意的问题

1. “装上船”的要求和风险划分界限

根据《2000 年通则》的规定，FOB 合同的卖方必须及时在指定装运港将货物“交至船上（Deliver on Board）”或“装上船（Load on Board）”。当货物在装运港装上船（Passed the Ship's Rail）后，货物灭失或损坏的风险就从卖方转移到了买方。

2. 船货交接问题

按 FOB 术语成交的合同，卖方应在合同规定的装船期在指定的装运港将货物装上船。但订立运输合同并安排船只是买方的义务，买方应租船订舱，将船名和装船时间等及时通知卖方，以便卖方备货装船。这就存在船货衔接的问题，如果处理不好这一问题，发生货等船或船等货的情况，势必会影响合同的正常履行。根据《2000 年通则》的规定，如果买方按期派船到装运港并给予了卖方充分的通知，而卖方因货未备妥而未能及时装运，则卖方应承担未按合同履约的后果，包括负担空舱费（Dead Freight）或滞期费（Demurrage）等，买方甚至可以要求解除合同；反之，如果由于买方未按规定给予卖方通知，或由于买方指定的船只未能按时到达，或不能承载货物，或早于按规定通知的时间截止装货，则自约定的交货日期或约定的交货期间届满的日期起，由买方负担货物灭失或损坏的风险及发生的任何额外费用，但以该项货物已被适当地划归于本合同，即已被清楚地分开，或已经以其他方式被确定为本合同的货物为限。

（三）FOB术语的变形

按FOB条件成交时，《2000年通则》规定卖方要负责支付货物装上船前的一切费用，但是由于该术语历史悠久，很多国家或地区对于“装上船”的概念没有明确统一的解释，在装船过程中发生的各项具体费用，如将货物运到船边的费用、吊装上船的费用、理舱费和平舱费等到底应由谁承担，各国的惯例并不完全一致。

如果货物采用班轮运输，船方负责装卸，装卸费包含在班轮运费中，而FOB条件成交时由买方负责办理运输并支付运费，该装卸费自然由买方承担。但如果采用程租运输，船方一般不负责装卸，这就需要通过对贸易术语的变形来明确装船过程中的费用负担问题。但是贸易术语变形仅仅是为了明确买卖双方关于装卸费和手续费的划分界限，并不改变交货地点和风险划分的界限。

为了明确程租船运输时装船费用由何方负担，买卖双方往往在FOB术语后加列附加条件，从而形成FOB术语的变形。它们主要有：

（1）FOB Liner Terms（FOB班轮条件），装船费用按照班轮条件办理，由支付运费的一方承担，卖方不承担装船的有关费用。

（2）FOB Under Tackle（FOB吊钩下交货），卖方负责将货物交至买方指定的船只吊钩所及之处，吊装费用由买方承担。

（3）FOB Stowed（FOB包括理舱费），简称FOBS，卖方负责将货物装入船舱并承担包括理舱费在内的装船费用。理舱费是指货物入舱后进行安置和整理的费用。

（4）FOB Trimmed（FOB包括平舱费），简称FOBT，卖方负责将货物装入船舱并承担包括平舱费在内的装船费用。平舱费是指对入舱的散装货物进行平整所产生的费用。

（5）FOB Stowed and Trimmed（FOB包括理舱费和平舱费），简称FOBST，卖方负责将货物装入船舱并承担包括理舱费和平舱费在内的装船费用。

二、CFR

CFR的全称是Cost and Freight（... named port of destination），即成本加运费（……指定目的港），又称运费在内价，是指货物在装船时越过装运港船舷后卖方即完成交货，卖方必须支付将货物运至指定目的港所需的费用和运费，但交货后货物灭失或损坏的风险，以及由此造成的任何额外费用，均由买方承担。CFR术语后需要加注的是目的港的名称，如：CFR Guangzhou，这表明我方为进口方，目的港是广州。

（一）买卖双方的义务

1. 卖方义务

（1）负责租船订舱和支付运费，在约定期限内在装运港装船，并及时向买方发出已装船通知。

（2）承担货物在装运港装上船之前的一切费用和风险，办理货物出口清关手续。

（3）按合同规定向买方提供运输单据等有关单证或具有同等效力的电子信息。

2. 买方义务

（1）承担货物在装运港装上船之后的一切费用和风险。

（2）在指定目的港接受承运人所交货物并办理进口清关手续和缴纳进口关税。

（3）接受卖方提供的各种单证，按合同规定支付货款。

（二）使用 CFR 术语时应注意的问题

（1）按照 CFR 术语成交时，卖方在货物装船后必须及时发出装船通知，以便买方办理货运保险。

（2）采用 CFR 条件成交时，货物的风险转移点和 FOB 的相同，即货物的风险自越过装运港船舷时发生转移，越过装运港船舷前的风险由卖方承担，越过装运港船舷后的风险由买方承担。

（三）CFR 术语的变形

采用 CFR 术语成交时，在装运港的装船费应由卖方承担。由于各国港口的习惯做法不同，对于卸货费用由谁来承担的问题存在分歧。如果使用班轮运输，装卸费包含在班轮运费中，自然由承担运费的一方承担。但如果使用程租运输，由于船方一般不承担装卸费用，为了避免在此问题上引起纠纷，买卖双方须事先明确卸货费由谁承担，这便产生了 CFR 的几种变形。它们主要有：

（1）CFR Liner Terms（CFR 班轮条件），卸货费由支付运费的一方（卖方）承担。

（2）CFR Landed（CFR 卸到岸上），卖方承担将货物卸到目的港岸上的费用，包括驳船费和码头费。

（3）CFR Ex Tackle（CFR 吊钩交货），卖方负责将货物从船舱吊起，卸离吊钩。如果船舶不上码头，那么应由买方自费租用驳船，卖方只负责将货卸到驳船上。

（4）CFR Ex Ship's Hold（CFR 舱底交货），买方承担将货物从舱底吊起卸到码头的费用。

三、CIF

CIF 的全称是 Cost，Insurance and Freight（... named port of destination），即成本加保险费和运费（…… 指定目的港）。CIF 后面注明的港口名称是目的港，如：CIF Guangzhou，这里的广州是目的港。

（一）买卖双方的义务

1. 卖方义务

（1）签订从指定装运港承运货物的合同，在合同规定的时间和港口，将合同要求的货物装上船并及时通知买方，支付至目的港的运费。

（2）承担货物在装运港装上船之前的一切费用和风险。

（3）按照买卖合同的约定，承担办理水上运输保险的费用。

（4）自负风险和费用，取得出口许可证或其他官方批准证件，并办理货物出口所需的一切海关手续。

（5）提交商业发票和在目的港提货所用的通常的运输单据，或具有同等效力的电子信息，并且自费向买方提供保险单据。

2. 买方义务

（1）接受卖方提供的有关单据，受领货物，并按合同规定支付货款。

（2）承担货物在装运港装上船之后的一切风险和费用。

（3）自负风险和费用，取得进口许可证或其他官方证件，并且办理货物进口所需的海关手续，支付相应的进口税。

（二）使用 CIF 术语时应注意的问题

1. 卖方办理保险的责任规定

以 CIF 条件成交时，卖方负责办理投保、支付保险费，但货物的风险自越过装运港船舷发生转移，即卖方对运输途中的货物不拥有可保利益，也就是说卖方是为了买方的利益投保。《2000 年通则》对于卖方如何投保有明确规定：

（1）保险合同应与信誉良好的保险人或保险公司订立，在无相反明示协议时，卖方只需按协会货物保险条款或其他类似的保险条款中最低责任的保险险别投保。如买方要求，并由买方负担费用时，卖方须在可能情况下投保战争、罢工、暴动和民变险。

（2）最低保险金额应为合同规定的价款加 10%（即 110%）。

（3）保险时应以合同货币投保。

在实际业务中，为了明确责任，一般都须在订立合同时对保险险别、投保加成和保险金额等问题作出明确规定，以防发生争议。

2. 象征性交货问题

象征性交货是指卖方只要按期在约定地点完成装运，并向买方提交合同规定的包括物权凭证在内的有关单证，就算完成了交货义务，而无须保证到货。即卖方凭单据交货，买方凭单据付款。只要卖方在装船后提交齐全和正确的单据，买方就必须付款，即使货物在途中发生灭失或损坏，买方也不得拒付货款，只能凭所取得的货运单据，向轮船公司或保险公司交涉索赔。但这并不意味着卖方可以减轻自己的交货责任，卖方仍然必须交付合同规定的货物，同时也不影响买方对货物的检验权利。但如果单据不符合规定，即使卖方交付的是合同规定的货物，买方仍有权拒付货款。CIF 是典型的象征性交货。

（三）CIF 术语的变形

CIF 术语的变形与 CFR 术语的变形相同。

四、FAS

FAS 的全称是 Free Alongside Ship（... named port of shipment），即装运港船边交货（…… 指定装运港），是指卖方在约定的时间内将合同规定的货物交到指定的装运港买方所指派的船只的船边即完成交货义务。

买卖双方责任、费用和风险的划分均以装运港船边为界。如果买方所派的船只不能靠岸，卖方则要负责用驳船把货物运至船边，仍在船边交货。货物的出口清关手续由卖方负责办理，但装船的责任和费用由买方承担。

【课堂讨论】

1. 试分析 FOB、CFR、CIF 三种术语的异同点。
2. 如何理解 CFR 术语中的“装船通知”问题？
3. 什么是象征性效货？为何说 CIF 是典型的象征性交货？

【案例分析】

1. 中国 A 公司（买方）与澳大利亚 B 公司（卖方）于某年 3 月 20 日订立了 5 000 公斤羊毛的买卖合同，单价为 314 美元/KG，CFR 张家港，规格为型号 T56FNF，信用证付款，装运期为当年 6 月，我公司于 5 月 31 日开出信用证。7 月 9 日卖方传真我方称，货已装船，但要在香港转船，香港的船名为 Safety，预计到达张家港的时间为 8 月 10 日。但直到 8 月 18 日 Safety 轮船才到港，我方去办理提货手续时发现船上根本没有合同项下的货物，后经多方查找，才发现合同项下的货物已在 7 月 20 日由另一条船运抵张家港。但此时已造成我方迟报关和迟提货，被海关征收滞报金人民币 16 000 元。我方向出口方提出索赔。试问：我方的要求是否合理？

2. 某年 1 月份我国某一进口商与东南亚某国以 CIF 条件签订合同进口香米。由于考虑到海上运输距离较近，且运输时间段海上一般风平浪静，于是卖方在没有办理海上货运保险的情况下将货物运至我国某一目的港口。适逢国内香米价格下跌，我国进口商便以出口商没有办理货运保险、卖方提交的单据不全为由，拒收货物和拒付货款。试问：我方的要求是否合理，此案应如何处理？

（资料来源：陈建华．国际贸易实务（第二版）．大连：大连理工大学出版社，2008）

【实训项目】

1. 国内一家公司与德国一家公司以 FOB 条件成交一个出口合同，请你以该公司的名义明确本公司的义务。

2. 广州某外贸公司比较熟悉国际运输的业务，请问该公司在外贸业务中采用哪种术语比较合适？为什么？

任务 4　适用于所有运输方式的贸易术语

引例

我国东北地区某外贸公司某年 9 月按 DAF 满洲里条件与某俄罗斯商人签订了一笔矿产品的买卖合同。合同规定的数量为 8 000 吨，可分批装运，交货期限为当年 12 月底之前。签约后，卖方即开始备货，安排铁路运输，并于12月30日前将8 000吨产品分批发运出去。买方在满洲里接收了货物，经检验发现有短量现象，同时发现有一部分货物是在次年1月份到达满洲里的。于是买方向卖方提出异议，指出卖方违反交货期和短交货物，并就此提出索赔。但卖方以铁路承运人出具的运输单据证明自己按时交了货，并以商检证和铁路运单上所载明的数量说明自己是按量交货的，因此拒绝赔偿。试问：本案例中的争议应如何解决？

（资料来源：陈建华．国际贸易实务（第二版）．大连：大连理工大学出版社，2008）

案例简析

按照DAF条件成交的合同属于到达合同。在到达合同下，卖方要在规定的交货期内将符合合同规定的货物运到约定的交货地点，实际交给买方，才算完成交货义务。卖方要承担在此之前的有关风险、责任和费用，其中包括货物损坏、灭失以及短少的风险。本案中，合同约定的交货条件是DAF满洲里，说明交货地点在满洲里。卖方有义务在12月底之前将8 000吨货物交到满洲里，而实际上，一部分货物是在次年1月份到达满洲里的，这就违反了合同规定，构成违约。卖方凭铁路承运人出具的运输单据只是证明自己在12月底之前发运了货物，并不能证明按时完成了交货。另外，货物在到达满洲里时发现了短少，其责任也应该由卖方承担。上述分析表明，卖方拒赔是没有道理的。

知识链接

一、货交承运人的三种贸易术语

（一）FCA

FCA的全称是Free Carrier（... named place），即货交承运人（……指定地点），是指卖方必须在合同规定的期限内，在指定的地点将货物交给承运人，及时通知买方货物已交承运人监管，负责办理出口手续，并承担货交承运人之前的一切费用和风险。

1. 买卖双方的义务

（1）卖方的义务：①办理出口清关手续，在指定地点按约定如期将货物交给买方指定的承运人，并及时通知买方。②承担货物交给承运人之前的一切费用和风险。③向买方提供约定的单据或具有同等效力的电子信息。

（2）买方的义务：①自负费用订立自指定地点承运货物的合同，并将承运人名称及时通知卖方。②从卖方交付货物时起，承担货物丢失或损坏的一切风险。③按合同规定受领交货凭证或具有同等效力的电子信息。

2. 使用FCA术语时应注意的问题

（1）交货地点问题。根据《2000年通则》的规定，卖方必须在指定的交货地点，在约定的交货日期或期限内，将货物交给买方指定的承运人或其他人，或卖方选定的承运人或其他人。而交货在以下时候才算完成：若指定的地点是卖方所在地，则当货物被装上买方指定的承运人或代表买方的其他人提供的运输工具时；若指定的地点不是卖方所在地，而是其他任何地点，则当货物在卖方的运输工具上，尚未卸货而交给买方指定的承运人或其他人处置时。若在指定地点没有约定具体交货地点，且有几个交货地点可供选择时，卖方可以在指定的地点选择最适合其目的的交货点。

（2）指定承运人问题。根据《2000 年通则》的规定，该术语条件下一般是由买方自行订立指定地点承运货物的合同，但是，在买方有要求、并由买方承担风险和费用的情况下，卖方也可以代替买方指定承运人，并订立运输合同。当然，卖方可以拒绝订立运输合同，如果拒绝，应立即通知买方，以便买方及时安排。

（3）货物集合化的费用负担问题。在 FCA 术语中，卖方要承担在完成交货义务之前所发生的一切费用，而在其交货后所发生的费用由买方承担。鉴于在采用 FCA 术语时，货物大都作了集合化或成组化处理，如装入集装箱或装上托盘，因此，卖方应考虑将货物集合化所需要的费用也计算在价格之内。

（二）CPT

CPT 的全称是 Carriage Paid To（. . . named place of destination），即运费付至（…… 指定目的地），是指卖方自负费用订立将货物运至指定目的地的运输合同，在约定地点、规定日期或期限内，将货物交给第一承运人监管，负责办理出口手续，并承担货物交给第一承运人之前的一切费用和风险。

1. 买卖双方的义务

（1）卖方的义务：①办理出口清关手续，自费订立运输合同和保险合同，按期将货物交给承运人以运至指定目的地，并向买方发出货物已交付的通知。②承担货物交付给承运人之前的一切费用和货物丢失与损坏的一切风险以及从装运地至目的地的通常运费。③向买方提交约定的单证或具有同等效力的电子信息。

（2）买方的义务：①从卖方交付货物时起，承担货物丢失和损坏的一切风险。②支付除通常运费之外的有关货物在运输途中所产生的各项费用和卸货费。③在目的地从承运人那里受领货物，并按合同规定受领单据和支付货款。

2. 使用 CPT 术语时应注意的问题

（1）风险划分问题。CPT 术语虽然要求卖方负责办理货物的运输并支付运费，但并不要求卖方承担运输途中的风险和由此产生的额外费用。卖方只承担货物交给承运人控制之前的风险，在多式联运情况下，卖方只承担货物交给第一承运人之前的风险。

（2）装运通知问题。在 CPT 术语中，卖方负责安排运输，而买方由于承担货交承运人之后的风险，通常会投保运输保险。为了避免两者脱节造成货物装运后失去对货物必要的保险保障，卖方在交付货物后应及时向买方发出装运通知，否则卖方要承担违约损害赔偿责任。这一点和 CFR 条件下卖方的责任相同。

（三）CIP

CIP 的全称是 Carriage Insurance Paid to（. . . named place of destination），即货交承运人，运保费付至（…… 指定目的地），是指卖方自负费用订立将货物运至指定目的地的运输合同，自负费用办理货物运输保险，在约定地点、规定日期或期限内，将货物交给第一承运人监管，负责办理出口手续，并承担货物交给第一承运人之前的一切费用和风险。

1. 买卖双方的义务

（1）卖方的义务：①办理出口清关手续，自费订立运输合同和保险合同，按期将货物交给承运人以运至指定目的地，并向买方发出货物已交付的通知。②承担货物交付承运人以前的一切费用和货物丢失与损坏的一切风险。③向买方提交约定的单证或具有同等效力的电子信息。

（2）买方的义务：①从卖方交付货物时起，承担货物丢失和损坏的一切风险。②支付除通常运费之外的有关货物在运输途中所产生的各项费用和卸货费。③在目的地从承运人那里受领货物，并按合同规定受领单据和支付货款。

2. 使用 CIP 术语时应注意的问题

与 CIF 条件成交时的卖方一样，以 CIP 条件成交时的卖方要办理货物运输保险并支付保险费。根据《2000 年通则》的规定，如买卖双方未约定具体投保险别，卖方投保最低险别即可，保险金额为 CIP 价格加成 10%。

（四）FCA、CPT、CIP 和 FOB、CFR、CIF 术语的比较

1. 两类术语的相同点

（1）两者都属于象征性交货，相应的买卖合同都是装运合同。

（2）两者均由出口商负责出口清关，由进口商负责进口清关。

2. 两类术语的不同点

（1）适合的运输方式不同。FCA、CPT 和 CIP 适用于任何运输方式，包括多式联运，其承运人可以是船公司、铁路局和航空公司，也可以是安排多式联运的联合运输经营人；而 FOB、CFR 和 CIF 只适用于海运和内河运输，其承运人一般只限于船公司。

（2）风险划分点不同。以 FCA、CPT 和 CIP 条件成交时，买卖双方风险和费用的责任划分以“货交承运人”为界；而以 FOB、CFR 和 CIF 条件成交时，则以“货物装上船”为界。

（3）装卸费用负担不同。FCA、CPT 和 CIP 均由承运人负责装卸，无论采用何种运输方式均不需要通过贸易术语变形来明确装货费用和卸货费用的负担问题；而以 FOB、CFR 和 CIF 条件成交并采用程租船运输时，需通过贸易术语变形来规定装卸费用的负担问题。

（4）运输单据不同。在使用 FOB、CFR 和 CIF 术语时，卖方一般应向买方提交已装船清洁提单。而在使用 FCA、CPT 和 CIP 术语时，卖方提交的运输单据则视不同的运输方式而定：在海运和内河运输方式下，卖方应提供可转让的提单，有时也可提供不可转让的海运单和内河运单；在铁路、公路、航空运输或多式联运方式下，卖方应分别提供铁路运单、公路运单、航空运单或多式联运单据。

（5）投保险别不同。在使用 FOB、CFR 和 CIF 术语时投保的都是海洋货运险；而在使用 FCA、CPT 和 CIP 术语时则要根据具体采用的运输方式分别投保相应的海运险、陆运险和空运险等。

二、EXW 贸易术语

EXW 的全称是 Ex Works (... named place)，即工厂交货（……指定地点），是指卖方在其所在地（工厂、仓库等）将备妥的货物交给买方即履行了交货义务。

（一）买卖双方分别应承担的责任、费用和风险

根据《2000 年通则》的解释，采用 EXW 术语，卖方的责任是要在规定的时间和地点将合同规定的货物准备好，买方要自己安排运输工具到交货地点接受货物，承担一切风险、责任和费用，并将货物从交货地点运到目的地。卖方在自己的所在地完成交货，既不负责把货物装上买方备好的运输工具，也不负责办理货物出口清关手续，等于是买方上门接货。如果合同没有关于货物包装的约定，卖方一般无义务提供出口包装。

（二）使用 EXW 术语时应注意的问题

EXW 术语适用于任何运输方式，在陆地接壤国家间应用得比较普遍。按 EXW 术语达成的交易，在性质上类同于国内贸易。在《2000 年通则》中的 13 个贸易术语中，EXW 术语是唯一一个由买方负责办理出口清关手续的术语，也是卖方责任最小、买方责任最大的术语。因此，如果买方不能直接或间接办理出口清关手续，则不应使用该术语，而应使用 FCA 术语。

三、DAT

DAT (Delivered at Terminal) 是指在指定目的地或目的港的集散站交货，该术语类似于《2000 年通则》中的 DEQ 术语，是指卖方在指定目的地（包括港口）卸货后，将货物交给买方处置，即完成交货。卖方应承担将货物运至指定目的地的一切风险和费用（除进口费用外）。该术语适用于任何运输方式。

四、DAP

DAP (Delivered at Place) 术语类似于《2000 年通则》中的 DAF、DES 和 DDU 术语，是指卖方在指定的目的地（包括港口）交货，只需做好卸货准备无需卸货，即完成交货。卖方应承担将货物运至指定目的地的一切风险和费用（除进口费用外）。该术语亦适用于任何运输方式。

五、DDP

DDP 是 Delivered Duty Paid (... named place destination) 的缩写，译为完税后交货（指定目的地）。按此术语成交，卖方要负责把货物运至进口国指定的目的地并交付买方支配，以履行其交货义务。此术语是卖方承担责任、费用和风险最大的术语。在货物交由买方处置以前的所有责任、费用和风险，包括关税、捐税、有关交货的其他费用、货物在运输途中发生灭失损坏的风险以及办理货物出口和进口手续的费用等，均由卖方承担。

六、选用贸易术语应考虑的主要因素

（一）运输条件

在本身有足够运输能力或安排运输无困难，且经济上又合算的情况下，可争取按由自身安排运输的条件成交，如按 FCA、FAS 或 FOB 进口，按 CIP、CIF 或 CFR 出口；否则，则应争取按由对方安排运输的条件成交，如按 FCA、FAS 或 FOB 出口，按 CIP、CIF 或 CFR 进口。

（二）对货物的控制权

一般来说，为了避免进口商因为行情变化等原因不派船或不指派承运人，或者进口商指派的承运人无单放货，出口时鼓励采用按由自身安排运输的方式成交，如 CFR、CIF、CPT 和 CIP 等；反之，为了避免出口商和船方或其他运输方勾结诈骗，进口时鼓励采用按由自身安排运输的方式成交，如 FCA、FAS、FOB 等。

（三）运费

当运价看涨时，为了避免承担运价上涨的风险，可以选用由对方安排运输的贸易术语成交。如果因某种原因不得不采用按由自身安排运输的条件成交，则应将运价上涨的风险考虑到货价中去，以避免遭受运价变动的损失。

（四）运输途中的风险

国际贸易的货物在运输途中存在可能遭受自然灾害、意外事故等的风险，特别是当某个地区正处于战争或正常的国际贸易遭到人为阻碍与破坏的时期，则风险更大。因此，出口商一般都不愿意用目的地交货类的贸易术语，如 DDP；进口商一般不愿意用出口国内陆交货的贸易术语，如 EXW。

（五）办理进出口货物清关手续有无困难

如果出口国政府规定，买方不能直接或间接办理出口清关手续，则不宜按 EXW 条件成交，而应选用 FCA 条件成交。如果进口国政府规定，卖方不能直接或间接办理进口清关手续，此时则不宜采用 DDP。

【课堂讨论】

1. 试分析 FCA、CPT、CIP 与 FOB、CFR、CIF 的异同点。

2. 《2010 年通则》中的 11 种术语，哪个术语卖方承担的责任最小，哪个术语买方承担的责任最小？

【案例分析】

我方以 FCA 术语从意大利进口布料一批，双方约定最迟的装运期为 4 月 12 日。由于我方业务员的疏忽，导致意大利出口商在 4 月 15 日才将货物交给我方指定的承运人。我方收到货物后，发现部分货物有水渍，据查是货交承运人前两天大雨淋湿所致。据此，我方向意大利出口商提出索赔，但遭到拒绝。试问：我方的索赔是否有理？为什么？

【实训项目】

把学生分成两组，分别充当进口商和出口商，每组分别按照 FOB 和 CIF 贸易术语进行磋商。

工作任务五　核算商品价格

任务 1　单价的表示方法与商品的作价方法

引例

我国某外贸进出口公司急需一批工业原料，与德国某公司洽谈此项业务，德方报价每公吨 2 000 美元 FOB 上海。我方公司在考虑了该原料的进货成本、公司的利润率以及该原料在国际市场上的销售情况后，进行还价，几经周折，最终以每公吨 1 750 美元 FOB 上海成交。

任务 1：试想自己是该公司的一名业务人员，你认为讨价还价的依据、应考虑的因素是什么？

任务 2：进出口商品的价格构成是什么？

案例简析

1. 确定进出口商品的价格时，应坚持根据国际市场价格水平，结合国别（地区）政策购销意图的原则。同时，还要注意同一商品在不同情况下应有适当的差价。在对外磋商交易和签订合同时，必须注意选用适当的贸易术语、有利的计价货币并列明具体的作价办法。

2. 进出口业务中使用的单价比国内贸易中使用的单价要复杂一些，它的表述包括四项内容：货币名称、单价金额、计量单位、贸易术语。例如，USD1 750.00/MT FOB Shanghai，分解为四项：USD（货币名称）、1 750.00（单价金额）、MT（计量单位）、FOB Shanghai（贸易术语）。

知识链接

一、单价的表示方法

货物的价格，通常指单位商品的价格，简称单价（Unit Price）。它的表述包括四项内容：货币名称、单价金额、计量单位、贸易术语。

（一）货物的计价货币

计价货币是指合同中规定的用来计算价格的货币。计价货币可以是出口国或进口国的货币，也可以是第三国的货币，但必须是自由兑换货币。具体采用哪种货币，由双方协商确定。对那些与我国签订支付协定并限定使用某种货币的国家，应使用规定的货币。

表1　出口交易中常用的计价货币

货币名称	货币符号	简写
英镑	£	GBP
美元	US $	USD
港币	HK $	HKD
瑞士法郎	SF	CHF
加拿大元	Can. $	CAD
澳大利亚元	$ A	AUD
日元	¥	JPY
欧元	€	EURO

在国际上普遍实行浮动汇率的情况下，买卖双方都要承担一定的汇率风险。在出口贸易中，计价和结汇争取使用硬币（Hard Currency）（币值不够稳定且具有一定上浮趋势的货币）；在进口贸易中，计价和付汇争取使用软币（Soft Currency）（币值不够稳定且具有一定下浮趋势的货币）。在选择计价货币时，要对可供选用的硬币和软币分别进行比较、核算，确定使用哪一种货币更加合算，达到对方可以接受、我方又能减少风险的目的。同时还要注意订立外汇保值条款，以减少汇兑损失。

（二）计价货币的汇率折算

汇率是用一个国家的货币折算成另一个国家的货币的比率。汇率的折算有直接标价与间接标价两种方法，我国采用直接标价法，即用本国货币来表示外国货币的价格（外币是常数，本币是变量）。例如，100 美元 =647. 35 元人民币。

国家外汇管理总局对外公布的外汇牌价，一般列有买入价和卖出价两栏，买入价是银行买入外汇的价格，卖出价是银行卖出外汇的价格。出口结汇是银行付出本国货币，买入外汇，用买入价；进口付汇是银行买入本国货币，卖出外汇，用卖出价。

业务中，有时需要把本币折成外币，有时需要把外币折成本币，有时还需要将一种外币折成另一种外币。分别介绍如下：

1. 本币折成外币

出口商要把收取的外币卖给银行，换回所需本币，而银行是买入外币，因此用买入价。所以，当出口商以外币报价时，就只能以银行买入价进行本币与外币的换算。

$$外币=\frac{本币\times 100}{汇率（买入价）}$$

例：某公司出口一批玩具，价值人民币40 000元，客户要求以美元报价。当时外汇汇率为买入价100美元=827.21元，卖出价100美元=829.69元，那么，对外美元报价应为$\frac{40\ 000\times 100}{827.21}$=4 835.53美元。

2. 外币折成本币

在进口时，企业向银行购买外汇，银行卖出外汇时使用卖出价。所以，进口商以外币报价时，就只能以银行卖出价进行本币与外币的换算。

$$本币=\frac{外币\times 汇率（卖出价）}{100}$$

例：某公司进口一批价值4 835.53美元的货物，当时外汇汇率为买入价100美元=827.21元，卖出价100美元=829.69元，那么，付汇时需向银行支付人民币$\frac{4\ 835.53\times 829.69}{100}$=40 119.91元。

3. 一种外币折成另一种外币

按照银行外汇牌价（用买价则都用买价）将两种外币都折成人民币，然后间接地算出两种外币的兑换率。

例：某出口商品，对外报价每公吨300英镑CIF纽约。国外客户要求改为以美元报价。当日银行外汇牌价为：100英镑=1 473.05元（买入价）/1 484.89元（卖出价）；100美元=789.27元（买入价）/792.43元（卖出价）。则100英镑/100美元=1 473.05元/789.27元=1.8663，1英镑=1.8663美元。因此，我们对外可改报560美元CIF纽约（300×1.8663=559.89）。

二、商品的作价方法

（一）商品的作价原则

第一，国际货物买卖应参照国际市场价格水平作价。所谓国际市场价格，是以国际市场价值为基础，反映国际市场供求关系，在市场竞争中形成的并为交易双方所接受的价格，如商品交易所价格、主要出口国价格、大型货物集散地价格等。第二，应在国际市场价格基础上，根据销售意图，高于或低于国际市场价格对外报价。例如，对于独一无二的高科技产品、紧俏商品等，报价可略高于市场价格；对于库存商品、专项商品或新商品等，报价可低于市场价格。第三，应适当考虑国别、地区政策，使外贸配合外交。

（二）商品的作价方法

1. 固定价格

采用这种作价方法，买卖双方将价格确定下来之后，任何一方都不得擅自改动。这是业务中的常见做法，它意味着双方都要承担从订约到交货付款期间国际市场价格变动的风险。

2. 非固定价格

所谓非固定价格，是指业务上所说的“活价”。具体分为以下三种：

（1）具体价格待定。有两种做法：一种是规定定价时间和定价方法，例如，装运日前50天，参照当地及国际市场价格水平，确定正式价格；另一种是只规定定价时间，例如，由双方在××年××月××日协商确定价格。

（2）暂定价格。订立一个初步价格，作为开证和初步付款的依据，双方确定最后价格之后再进行清算，多退少补。

（3）部分固定价格，部分非固定价格。近期交货的商品采用固定价，远期交货的商品采用非固定价，可以在交货前一定期限内由双方另行商定。这种方法主要用于分期分批交货或者外商长期包销的商品。相对于固定价格来说，非固定价格是先订约后作价，双方均不承担市价变动的风险，这给合同的履行带来了较大的不稳定性。

3. 价格调整条款（Price Adjustment Clause）

价格调整条款是指约定按照原料价格和工资的变动来计算合同的最后价格，最后价格与初步价格之间的差额不超过约定的范围（如5%），初步价格可不作调整。例如，如果卖方与其他客户的成交价高于或低于合同价格的5%，对本合同未执行的数量，双方可协商调整价格。此种做法旨在把价格变动的风险固定在一定范围之内。联合国欧洲经济委员会已将此项条款订入一些标准合同，且应用范围已从加工周期较长的机械设备交易扩展到一些初级产品交易。

【课堂讨论】

1. 单价的构成内容有哪些?
2. 什么是计价货币?
3. 商品的作价方法有哪些?

【实训项目】

1. 下列我方出口报价如有问题请予更正：

（1）每码8.5元CIF香港。

（2）每箱300英镑CFR英国。

（3）每打7美元FOB纽约。

（4）每双15瑞士法郎FOB净价减1%折扣。

（5）5 000日元CIF大连包括3%佣金。

2. 翻译并解释下列名词：

（1）Unit Price

（2）Hard Currency

（3）软币

（4）价格调整条款

【案例分析】

1. 根据分析部门分析，油价每上涨1%，公司产品每打成本将增加1美元。为避免因油价上涨而受损，公司决定在报价单上加注油价调整条款。试问：此条款应如何表达？

2. 信用证到期时进口商应出口商的要求修改信用证，出口商限定7天内修订，而进口商要求10天内修订，最后出口商同意将期限延长为10天，但提出必须先出运总量的80%，其余20%需加价。试问：进口商应如何处理：①合同成立，价格可随市场行情升降吗？②如果80%仍有利可图，20%的余量可以取消吗？③为防止出口商变相涨价，在信用证上或契约中如何限制？

3. 1985年10月，中国某出口公司按CIF价格条件和信用证付款方式向中东地区某商人出售一批服装。该公司寄出的结算单据遭开证行拒付，其理由是，在商业发票上所列价格条件仅标明目的港名称，而其前面却漏打“CIF”字样。经与议付行洽商并由议付行向开证行交涉，说明提单上注明“运费已付”，又有保险单证明已投保货运险，就整套单据而言，是符合CIF价格条件的，但开证行仍坚持拒付，并将不符点通知开证人。开证人则以市场状况不佳为由，要求减价15%才接受单据。几经交涉之后，开证行通知议付行称：“买方只能按90%付款赎单。”试问：此案应如何解决？我方能否拿回全额款项？为什么？

任务2　佣金计算

引例

某商品原报价每箱100美元净价FOB Shanghai。

任务1：如果外商要求改为FOBC5%，为保持我方净收入不变，我方对外报价应为多少？

任务2：如果我方以净价为基础计算佣金，则我方对外报价应为多少？

案例简析

1. 已知净价为100美元，现求以含佣价为基础计算佣金的对外报价。因含佣价 = 净价 + 佣金，而且在含佣价中，佣金 = 含佣价 × 佣金率，所以含佣价 = 净价/（1 - 佣金率）。

2. 已知净价、佣金率，现求以净价为基础计算佣金的对外报价。因佣金 = 净价 × 佣金率，所以对外报价为净价与佣金的和。

知识链接

一、佣金的定义

佣金（Commission）是指卖方或买方支付给中间商代理买卖或介绍交易的服务酬金。在合同的价格条款中规定佣金时，常用一定的百分比表示，称作佣金率，也有的以绝对数表示，如每公吨付佣金××美元。业务上常见的做法是以合同价格为基础，直接乘以佣金率。

二、佣金的种类

我国的外贸专业公司在代理国内企业进出口业务时，双方通常签订协议规定代理佣金比率。若对外报价时，佣金率不明示在价格中，这种佣金称为“暗佣”；如果在价格条款中，明确表示佣金多少，这种佣金称为“明佣”。在我国对外贸易中，佣金主要出现在我国出口企业向国外中间商的报价中。佣金的多少视交易数量的大小、经办手续的繁简及竞争的激烈程度而定，通常在1%～5%之间。

三、佣金的计算方法

（一）计算佣金的基数问题

以FOB和CIF价为例，在CIF合同的情况下，一个精明的业务员应以FOB价作为计算支付对方佣金的基数。理由是根据《2000年通则》的规定，CIF贸易术语项下买卖双方的货物风险划分点在装运港的船舷，因而卖方在此后的运输与保险是为了买方的利益而行事，即CIF价中的运输与保险费成本并非卖方的既得利益，是为了买方的利益而分别支付给船公司和保险公司的，所以卖方不应就运输与保险费部分抽取佣金给买方，而应从CIF价中扣除运输与保险费用后，以货物的FOB价作为计算支付对方佣金的基数。

（二）计算佣金的方法问题

包含佣金的合同价格称为含佣价，以含佣价乘以佣金率即可得出佣金额。其计算公式如下：

$$佣金 = 含佣价 \times 佣金率$$

而佣金＝含佣价－净价，整理后得含佣价和净价的关系为：

含佣价＝净价/（1－佣金率）
净价 ＝ 含佣价×（1－佣金率）

四、佣金的表述方法

佣金通常以英文缩写字母 C 表示。例如，每公吨 1 000 美元 CFR 西雅图包含佣金 2%，可写成：每公吨 1 000 美元 CFRC2% 西雅图。其中的“C2%”即表示佣金率为 2%。

五、佣金的支付方法

卖方应在收妥货款后再向中间商支付佣金，也有在发票货款中直接扣除的，合同对此要作明确规定。

【课堂讨论】

何谓佣金？简述国际贸易中有关佣金的使用。

【案例分析】

1. 一印度进口商来账单催要佣金，账单上的佣金是用货物总价值（含佣价）直接乘以佣金率得出来的，在进出口合同中并未就佣金的计算基础达成书面协议条款。试问：此时印度进口商的做法是否合理？我方如何做可减少佣金支付？

2. 我国某出口公司拟出口化妆品去中东某国，正好该国某中间商主动来函与该出口公司联系，表示愿为其提供推销化妆品服务，要求按每笔交易的成交额给予 5% 的佣金。不久，经中间商介绍我出口公司与当地进口商达成 CIFC5% 总金额 5 万美元的交易，装运条款为订约后 2 个月内从中国港口装运，并签订了销售合同。合同签订后，该中间商即来电要求我出口公司立即支付佣金 2 500 美元。我出口公司复电称：佣金需待货物装运并收到全部货款后才能支付。于是，双方发生了争议。试问：这起争议发生的原因是什么？

【实训项目】

1. 计算：

（1）我国某公司与泰国一公司洽商一批商品，原报价为每公吨 1 000 美元 CFRC3% 曼谷，而外商来电要求改为 CFRC5% 曼谷。试计算在 FOB 净收入不减少的情况下我方应出的报价。

（2）请写出下列变化公式：①CFRC3% 价变为 CFRC5%；② CIF 价变为 CIFC5%。

2. 翻译并解释下列名词及句子：

（1）Commission

（2）CIFC3%

（3）Your commission 3% on FOB value has been included in the above price.

（4）GBP2. 50 per doz CIF London including 5% commission

任务3　折扣计算

引例

汕头某公司向香港某公司购买200吨聚丙烯，合同规定：价格条款是CIF汕头6 400港元/公吨，总价128万港元，数量可有5%的增减，6月10日前在香港装运，以不可撤销信用证付款，卖方应于装船前15天开立信用证，议付有效期在装运日内15天内。

合同签订后，买方于5月24日开出信用证。卖方于6月11日向买方发出通知称198公吨聚丙烯已于6月10日装上从香港开往汕头的HUA SHOU货轮。买方查询后发现并无此船到汕头港。6月22日卖方将提单传真给买方，船名改为HAI GANG，装运日与货物数量与6月11日相同。买方又去查询，发现该船6月1日到达汕头，6月17日离开汕头，6月27日离开香港，6月29日再次到达汕头，货物不可能在6月11日装上该货船。198公吨聚丙烯的实际装船日期应在6月17日和6月27日之间。卖方未能按合同日期装运，并且倒签提单骗取货款。于是买方通知公安机关，并于6月25日向中国银行发出止付命令，同时致电卖方，指出其6月11日签发的提单有行骗行为，要求其赔偿损失并尽快书面答复。7月2日，买方提请仲裁要求裁定撤销合同并要求卖方赔偿一切损失和费用，同时向仲裁委申请采取保全措施。7月3日，买方书面通知卖方解除合同。7月8日，买方通知卖方派人到港处理货物。7月9日卖方从中国银行香港分行取得货款。

7月10日，卖方传真给买方，要求其先取回货物以减少损失，问题日后解决。7月18日买方付款赎单。7月28日至8月1日买方提取货物，存放在保税仓库内。

卖方认为它已依法履行了全部合同义务，提单日期不符的负责应由承运人承担。而且，买方已经付款赎单并且取得了货物，对于完全属于自己的货物，根本谈不上保全措施问题，买方还应承担延迟付款的责任。

任务1：在此案中双方各应该承担什么责任？理由是什么？

任务2：该案例应如何处理？

任务3：买方的教训是什么？

案例简析

1. 卖方未能按时履约，买方有理由拒绝赎单、拒付货款，损失由卖方承担。

2. 该案的主动权在买方手里。如果买方的确需要这批货物，可以提出价格折扣，只要折扣率定得合理，不至于漫天要价，卖方往往会答应；如果市场的变化对买方不利，买方就应就铁心拒绝。

3. 买方的教训在于一方面拒绝接受，另一方面又赎单提货，前后行为矛盾。卖方拿到了钱立马翻脸，买方无计可施。

知识链接

一、折扣的含义

折扣（Discount）是指卖方在原价格的基础上给予买方的一定比例的价格减让。使用折扣方式减让价格，而不直接降低报价，使卖方既保持了商品的价位，又明确表明了给予买方的某种优惠，是一种促销手段，如数量折扣、清仓折扣、新产品的促销折扣等。例如，每件20美元CIF纽约减5%折扣。卖方在开具发票时，应标明折扣，并在总价中将折扣减去。

二、折扣的表示办法

如果价格中允许给予折扣，一般应该用文字作具体标示。例如，每公吨300美元FOB上海，减2%折扣，即USD300 per metric ton FOB Shanghai Less discount 2%。折扣也有不用百分率而用具体金额表示的，如“减2英镑”（Less Discount 2）。折扣有时也用在价格术语后加注折扣的英文缩写“R”或“D”来表示。如上例表示为，USD300 per metric ton FOBR 2% Shanghai。

三、折扣的计算与支付

折扣的计算比较简单，通常是以成交额或发票金额为基础计算出来的，其计算公式如下：

$$折扣额 = 原价 \times 折扣率$$
$$卖方净收入 = 原价 - 折扣额$$

例：CIF香港，每公吨1 000英镑，折扣2%，计算如下：

折扣 = 1 000 × 2% = 20（英镑）

净收入 = 1 000 − 20 = 980（英镑）

应注意的是，折扣一般在买方支付货款时预先予以扣除。

【课堂讨论】

1. 佣金与折扣有什么区别？
2. 在合同中折扣可用哪两种方法表示？
3. 何谓折扣？简述折扣在国际贸易中的作用及其支付方法。

【实训项目】

如果我方向外商报价为CIF香港每公吨520美元，含折扣2%，那么我方扣除折扣的净收入是多少？

任务4　价格换算

引例

我国某公司出口某种商品，对外报价为每箱120 $ FOB上海，外商要求改报CIF伦敦。（设运费为每箱20 $，保险费率为0.5%，卖方按CIF价的110%投保。）

任务：问我方改报价应为多少美元？要求写出计算公式及计算过程。

案例简析

解：因为CIF价=FOB价+运费+保险费=120+20+CIF价×110%×0.5%

所以CIF价（1－110%×0.5%）=140

所以CIF价=140/（1－110%×0.5%）=140.77

答：我方最后所报价格应为每箱140.77 $ CIF伦敦。

知识链接

交易双方洽商交易和订立合同时，都非常重视商品的定价问题，而价格的掌握是一项十分复杂的工作。为了做好此项工作，出口企业要正确贯彻我国进出口商品的“公正合理”的作价原则，切实掌握国际市场价格的变动趋势，充分考虑影响价格的各种因素，加强成本和盈亏的核算。

一、商品价格的构成

在进出口货物贸易中，价格的构成是制定进出口价格的基础和依据。运输距离的远近、交易条件的差别都是影响进出口商品价格的基本因素。同时，还必须详细考虑货物在转移过程中可能发生的各项费用。

（一）出口价格的构成

出口价格的构成一般包括商品成本、出口费用和预期利润三部分。

1. 商品成本（Cost）

商品成本通常被称为原价或基价，一般是制造工厂交货或仓库交货价，或者是专业出口商（贸易商）向供货商采购商品的价格，也称进货成本、购货成本。它在出口价格中所占比重最大，是价格中的主要组成部分。但由于出口退税原因，出口价格中所指的成本往往是实际成本，即由进货成本扣除退税额后的成本。

2. 出口费用（Expenses/Charges）

出口费用是指货物从起运地到交付买方之前应由卖方支付的费用。

3. 预期利润（Expected Profit）

生产厂商自营出口，利润已包含在商品成本中。专业出口商在计算出口价格时要加上自己的预期利润。预期利润是出口商的净收入，是经营好坏的主要指标。

在上面三项中，商品成本和预期利润是相对固定的，只有出口费用会随着商品转移过程中的变化而变化。商品从生产者经国外进口商到最后收货人手中，一般要发生以下费用：

（1）包装费（Packing Charges），一般除销售包装外，卖方还要提供适合某一商品的特性和运输方式的出口包装，这项费用包含在基本价格之内。散装商品送到出口商仓库后，分选打包所需的人工费、装箱费也应计算在包装费之内。买方提出特殊要求的，其费用由买方自行承担。

（2）内陆运费（Inland Transport Charges），一般是指货物由生产商的仓库直接运到码头仓库或承运人仓库，或者由生产商的仓库运到出口商仓库分选打包后，再运到码头仓库或承运人仓库之间的卡车或火车的运费。

（3）检验费（Inspection Charges），按国家出口商品检验检疫规定必须进行出口检验的商品，要进行产品检验并支付检验费。

（4）仓储费（Warehousing Charges），一般包括因等船而储存于码头仓库的仓储保管费和出入库的搬运费用。

（5）从码头仓库到船边的费用（Port Charges），指货物从码头仓库到船边或船公司指定的集货场所需支付的卡车运费等。

（6）驳船费（Barges Fee），如承运船只不能靠岸，需要用驳船运到船边，就要支付驳船费用。

（7）装船费（Shipping Charges），指商品运上船所需的装船费。如系班轮运输此费用已包含在运费中。此外，与此相关的平舱费和理舱费视合同规定而定。

（8）报关费或捐税（Duties and Taxes），包括报关时应交纳的出口关税、捐税和海关手续费。如委托他人代办还需交付代理费。

（9）海运费（Freight Charges），一般指远洋轮船运费，以外币列记。

（10）保险费（Insurance Premium），海上保险费计算，以 CIF 合同金额为基础，一般加 10% 的买方利润为投保金额，再乘以保险费率即为保险费金额。

（11）垫款利息（Interest），出口商买进卖出期间垫付资金支付的利息。

（12）佣金（Commission），出口商向中间商支付的报酬。

（13）业务费用（Operating Charges），出口商经营过程中发生的有关费用，也称经营管理费，如通讯费、交通费、交际费等。出口商可根据商品、经营、市场等情况确定一个费用率，这个比率为 5% ~15% 不等，一般是在进货成本基础上计算定额费用。定额费用 = 进货价 × 费用定额率。

（14）银行费用（Banking Charges），出口商委托银行向国外客户收取货款、进行资信调查等所支出的手续费。

此外，还有一些固定费用，如邮电费、杂费等营业费用。

（二）进口价格的构成

进口价格一般由原价、进口费用和预期利润三部分构成。

1. 原价

原价一般是指卖方的报价，也称为基价。进口价格有 FOB、CFR、CIF 等多种，一般以进口 CIF 价格计算，FOB 和 CFR 要分别加上运费及保险费。

2. 进口费用

进口费用随商品转移而变化。买方如果按其责任最大的 EXW 术语成交，则要承担从出口地把货物运到买方仓库的全部费用。其中一部分责任及费用与出口费用相同。货物到达目的港后，买方一般承担的费用有：①卸货费，货物用吊装机械从船上卸到岸上或驳船上的费用，但班轮运输情况下已包含在运费中。②上岸费，由驳船运往岸上或码头仓库的费用。③报关费，如交纳进口关税、海关手续费等。④进口地检验费。此外，还包括利息费、邮电费和其他杂费。

3. 预期利润

预期利润一般是指进口商的收益，是经营好坏的主要指标。

二、出口货物的价格核算要点

（一）成本核算

对出口商而言，成本即为进货成本，也就是贸易商向供货商购买货物的支出，但该项支出含有增值税。为了降低出口商品成本，增强产品竞争力，我国同其他国家一样，也实行出口退税制度，采取对出口商品中的增值税全额退还或按一定比例退还的做法。成本核算即将含税成本中的税收部分按照出口退税比例予以扣除，得出实际成本。

例：某公司出口陶瓷茶杯，每套进货成本人民币 90 元（包括 17% 的增值税），退税率为 8%，实际成本核算如下：

计算公式：实际成本 = 进货成本 − 退税金额

退税金额 = 进货成本 ÷（1 + 增值税率）× 退税率

= 90 ÷（1 + 17%）× 8% = 6.15（元）

实际成本 = 90 − 6.15 = 83.85（元）

陶瓷茶杯的实际成本为每套 83.85 元。

（二）运费核算

我国出口货物绝大多数是通过海洋运输的，除了大宗初级产品采用租船运输外，多数采用班轮运输。采用班轮运输，根据货物是否装入集装箱分为件杂货与集装箱货两类。下面分别予以介绍：

（1）件杂货运费的构成为基本费用 + 附加运费，其中附加运费一般以基本运费的一定百分比计收。

（2）集装箱货海运费的构成。拼箱时为件杂货基本费率 + 附加费，整箱时为包箱费率。

以上运费在班轮运价表中可以查到，常见的计费标准为 W/M，表示重量或体积，船公司取数值较大的一个作为计收标准。

（三）保险费核算

采用 CIF 或 CIP 术语时，出口商要对保险费进行核算。计算方法如下：

$$保险费 = 保险金额 \times 保险费率$$
$$保险金额 = CIF（CIP）价 \times（1 + 投保加成率）$$

一般投保加成率是10%，保险金额的计算以CIF（CIP）货价或发票金额为基础。

（四）佣金核算

佣金是付给中间商的报酬，佣金的计算通常以发票金额为准。其计算公式同前。

（五）利润核算

利润是商人的净收入，它的核算方法可用某一固定数额作为商品的利润，也可用某一基数的一定百分比作为经营的利润率来核算利润额。采用利润率核算利润时，应注意计算的基数，这个基数可以是成本，也可以是销售价格。计算利润的依据不同，销售价格和利润额也不一样。下面举例说明：

例：某公司实际成本为人民币180元，利润率为15%，计算价格和利润额。

解：（1）以实际成本为依据：

销售价格 = 实际成本 + 利润额 = 实际成本 + 实际成本 × 利润率 = 180 + 180 × 15% = 207（元）

利润 = 实际成本 × 利润率 = 180 × 15% = 27（元）

（2）以销售价格为依据：

销售价格 = 实际成本 + 利润额 = 实际成本 + 销售价格 × 利润率

等式两边移项得：

销售价格 - 销售价格 × 利润率 = 实际成本

销售价格 ×（1 - 利润率）= 实际成本

销售价格 = 实际成本/（1 - 利润率）

　　　　= 180/（1 - 15%）= 211.77（元）

利润 = 销售价格 × 利润率 = 211.77 × 15% = 31.77（元）

三、三种贸易术语FOB、CFR、CIF价格互换

$$CFR = FOB + 国外运费$$
$$CIF = CFR + 国外保险费 = FOB + 国外运费 + 国外保险费$$
$$= (FOB + 国外运费) / [1 - (1 + 投保加成率) \times 保险费费率]$$
$$= CFR / [1 - (1 + 投保加成率) \times 保险费费率]$$

例：商品FOB价为每件5.00美元，海运运费为每件1.2。美元，保险费率为1.04%，投保加成率为10%，佣金率为5%，求CIFC5%。

解：（1）直接计算法：

CIFC5% = [(5.00 + 1.20)/(1 - 110% × 1.04%)]/(1 - 5%) = 6.60(美元)

(2)分步计算法:

CIF = (5.00 + 1.20)/(1 - 110% × 1.04%) = 6.2717(美元)

CIFC5% = 6.2717/(1 - 5%) = 6.60(美元)

四、注意国际市场商品供求变化和价格走势

国际市场商品价格是以商品的国际价值为基础，并受供求变化的影响而上下波动。有时甚至出现瞬息万变和大涨大落的情况。因此，在确定成交价格时，必须考虑供求状况和价格变动的趋势。当市场商品供不应求时，国际市场价格就会呈上涨趋势；反之，当市场商品供过于求时，国际市场商品价格就会呈下降趋势。由此可见，切实了解国际市场供求变化状况，有利于对国际市场价格的走势作出正确判断，也有利于参照国际市场价格合理地确定进出口商品的成交价格，该涨则涨，该降则降，避免价格掌握上的盲目性。

在国际市场上，大宗商品的国际集散中心的市场价格是具有代表性的国际市场价格，如芝加哥谷物交易所的大豆、小麦的交易价格，伦敦五金交易所内的金属的交易价格等。它们对相应的商品出口定价具有指导意义。进出口商品的作价原则包括：①根据国际市场价格水平作价；②结合国别、地区水平作价；③结合购销意图作价。

五、影响价格的各种具体因素

(一) 商品的质量和档次

在国际市场上，一般都贯彻按质论价的原则，即好货好价，次货次价。品质的优劣，档次的高低，包装装潢的好坏，式样的新旧，商标、品牌的知名度，都会影响商品的价格。商标的知名度、包装装潢的好坏有时对商品的价格有很大影响。

(二) 运输距离

进出口货物买卖一般都要经过长途运输。运输距离的远近影响运费和保险费的开支，从而影响商品的价格。因此，确定商品价格时，必须认真核算运输成本，做好比价工作，以体现地区差价。

(三) 交货地点和交货条件

在进出口贸易中，由于交货地点和交货条件不同，买卖双方承担的责任、费用和风险不同，在确定进出口商品价格时，必须考虑这些因素。例如，同一运输距离内成交的同一商品，按 CIF 条件成交与按 DES 条件成交，其价格应当不同。

(四) 季节性需求的变化

在国际市场上，某些季节性商品，如赶在节令前到货，抢行应市，即能卖上好价。过了节令的商品，往往售价很低，甚至以低于成本的“跳楼价”出售。因此，我们应充分考虑季节性需求的变化，掌握好季节性差价，争取按对我方有利的价格成交。

（五）成交数量

按进出口贸易的习惯做法，成交量的大小影响价格。当成交量大时，在价格上应给予适当优惠，如采用数量折扣的办法；反之，当成交量过少，甚至低于起订量时，则可以适当提高售价。不论成交量大小都采用同一个价格的做法是不恰当的，我们应当掌握好数量方面的差价。

（六）支付条件和汇率变动的风险

支付条件是否有利和汇率变动风险的大小，都影响商品的价格。例如，同一商品在其他交易条件相同的情况下，采取预付货款方式和采取信用证付款方式，其价格应当有所区别。同时，确定商品价格时，一般应争取采用对自身有利的货币成交，如采用对自身不利的货币成交，应当把汇率变动的风险考虑到货价中去，即适当提高出售价格或压低购买价格。

此外，交货期的远近、运输条件、佣金数量、支付货币、关税征收、市场销售习惯和消费者的爱好等因素对确定价格也有不同程度的影响，我们必须通盘考虑和正确掌握这些因素。

【课堂讨论】

1. 简述影响出口成交价格的因素。
2. 简述包含在进出口价格中的主要国外费用。

【案例分析】

合同签订后国际市场价格大涨，货源供应紧张，卖方推迟装运。买方要货心切，同意推迟装运 10 天，并修改了信用证。卖方又提出，国内采购成本提高，要求加价 20%。试问：此案应如何处理？

【实训项目】

1. 我国某公司对外商报价每公吨 CIF 香港 1 000 美元，而外商来电要求改报为 CFR 香港含 5% 佣金价。在保证我方外汇净收入不变的情况下，我方应报价多少？（设保险费率合计为 0. 85%，投保加成率为 10%）

2. 我国某进出口公司对德国企业报价每公吨 8 000 欧元 CFR 汉堡，而德商来电要求改报为 CIF 汉堡价，保险加成为 110%，保险费率合计为 1%，我方同意照办，则我方报价应改为多少？（计算结果保留两位小数）

3. 我方出口商品每公斤 200 美元 CFRC2% 纽约。要求：

（1）计算 CFR 净价。

（2）如果对方要求将佣金增加到 5%，我方也同意，但我方原先收入不能改变，报 CFRC5% 的价格应为多少？

任务5　盈亏计算

引例

某公司出口健身椅1 000只，每只17.30美元CIF纽约，总价为17 300美元，其中运费2 160美元，保险费112美元。总进价为人民币117 000元（含增值税），费率定额为10%，出口退税率为9%，当时银行美元买入价为8.28元。

任务1：换汇成本为多少?

任务2：出口商品盈亏率为多少?

案例简析

1. 换汇成本指出口商品每换回一单位的外币需要支付的本币数。
2. 出口商品盈亏率指出口商品盈亏额占出口总成本的百分比。

盈亏率与换汇成本之间的关系为（已知银行外汇买入价）：

$$\text{出口商品盈亏率} = (\text{银行外汇买入价} / \text{出口换汇成本} - 1) \times 100\%$$

知识链接

盈亏的核算实际是成本和收入的比较，成本小于收入则为盈利，成本大于收入则为亏损。外贸企业的盈亏核算也就是出口总成本与出口销售外汇净收入的比较，它是考核企业经营管理水平的重要指标。对外报价或磋商交易前，应做好盈亏核算，以便决定是否成交。盈亏核算的指标主要有换汇成本，出口商品盈亏额、盈亏率。

一、换汇成本

换汇成本即出口商品获得每一单位外汇的人民币成本，也就是出口净收入1美元所耗费的人民币数额。换汇成本如高于银行外汇牌价，出口为亏损；反之则为盈利。其公式为：

$$\text{换汇成本} = \frac{\text{出口总成本（人民币）}}{\text{出口销售外汇净收入（美元）}}$$

出口总成本是指实际成本加上出口前的一切费用和税金。出口销售外汇净收入是指出口商品按FOB价出售所得的外汇净收入。

例：某公司向加拿大出口某商品，外销价为每公吨500美元CIF温哥华，支付运费为70美元，保险费6.5美元。如果该公司收购该商品的收购价为每公吨1 800元人民币，且国内直接和间接费用加17%，试计算该商品的出口总成本、出口销售外汇净收入和出口换汇成本。

解：（1）出口总成本 =1 800（1 +17%）=2 106（元人民币）

（2）出口销售外汇净收入 =500 -（70 +6.5）=423.5（美元）

（3）出口换汇成本 =2 106 元人民币/423.5 美元≈4.973 元人民币/美元

二、出口商品盈亏额、盈亏率

出口商品盈亏额即出口销售人民币净收入与出口总成本的差额，前者大于后者为盈利；反之为亏损。其公式为：

盈亏额 = 出口人民币净收入 - 出口总成本

出口盈亏率即出口出口商品盈亏额与出口总成本的比率，其公式为：

出口商品盈亏率 =（出口商品盈亏额/出口总成本）×100%

例：某公司以每公吨 1 000 美元 CIF 价格出口商品，已知该笔业务每公吨需要支付国际运输费用 100 美元，保险费率为 0.1%，国内商品采购价格为 5 000 元人民币，其他商品管理费为 500 元，试计算该笔业务的出口商品盈亏率。（汇率为 1：8.25）

解：出口总成本 = 5 000 +500 = 5 500（元）

出口外汇净收入 = CIF - F - I = CIF - F - 110% × CIF × I%

=1 000 - 100 - 1.1 ×1 000 ×0.001 = 898.9（美元）

出口人民币净收入 = 898.9 ×8.25 = 7 415.9（元）

出口商品盈亏率 =（7 415.9 -5 500）/5 500 = 34.8%

【课堂讨论】

1. 考核外贸企业经营管理水平的重要指标有哪些？
2. 出口商品换汇成本高于外汇牌价时盈利还是低于外汇牌价时盈利？

【实训项目】

我国某企业向新加坡 A 公司出口一批货物，共计 5 000 套，出口总价为 10 万美元 CIF 新加坡，其中从大连港运至新加坡的海运运费为 4 000 美元，按 CIF 总价的 110% 投保一切险，费率为 1%。这批货物的出口总成本为 72 万元人民币。结汇时，银行外汇买入价为 1 美元 =8.30 元人民币。试计算这笔交易的换汇成本和出口商品盈亏额。

工作流程二　交易磋商

买卖双方订立合同时一般都要进行讨价还价，订立合同的过程也就是交易磋商的过程。交易磋商是指买卖双方就某项商品的交易条件进行协商以求得一致意见、达成交易的整个过程。交易磋商在形式上可分为口头磋商和书面磋商两种。

口头磋商主要是指面对面的谈判形式以及双方通过电话进行的交易磋商。通常适用于交易双方初次进行贸易，或交易内容复杂、条件多的情况。口头谈判比较规范，便于谈判双方就某些问题和难点反复磋商，最后妥协让步、达成一致；同时使谈判双方互相了解、增进感情，达成互惠要求，因此有利于建立长期的伙伴关系。口头磋商可以是组成谈判班子采用集体谈判的方式，集体谈判一般适合金额巨大，涉及商务、技术、法律等方面谈判内容的合同磋商；或者是一对一的个人谈判，这种方式适合交易简单、金额较少、重要性一般的常规贸易。口头磋商一般在商品交易会、博览会、推销人员海外促销等场合使用。另外，口头磋商还包括双方通过国际长途电话进行的交易磋商，以及用行为表示的磋商，如在拍卖市场的拍卖、购进活动等。

书面磋商是指通过信件和数据电文（包括电报、电传、传真、EDI、电子邮件）等方式进行的、双方不见面的间接谈判。书面磋商一般是在有潜在交易意向、已经有过贸易往来，或者需要寻求新的交易对象时采用。书面磋商已经形成了一定的模式，有关的国际公约或各国的法律对书面磋商也有一定的约定。书面磋商有文字记载作为记录并可以长期保存。此外，书面磋商的费用比较低，因此在国际贸易中普遍使用这种形式。

交易磋商的目的是为了达成交易、订立合同，因此交易磋商的内容是围绕合同条款进行的。合同中的各项条款是交易磋商的核心内容。

合同中的各项条款按照在交易中的性质，分为主要交易条件和一般交易条件。主要交易条件包括货物的品名、质量、数量、包装、价格、装运、保险和支付八项内容，它们是合同成立的不可或缺的交易条件。一般交易条件是指商品的检验、索赔、不可抗力和仲裁四项条件，其主要作用是保障交易的实施、预防争议的发生和解决争议。一般交易条件通常印在交易合同的背面，只要对方不提出异议，就不需要逐条拟定了。因此，一般交易条件也被称作背面条款。当然，如果双方在洽谈时，对方对在合同中已印制的格式条款表示不接受，那么此时就需要另行起草合同条款以改变印制条款。一般在与老客户交易时，由于事先已就一般条款达成协议或形成了一些习惯做法，或者已订立长期的贸易协议，就不一定需要对各项条款一一重新协商。当然，这并不是说一般交易条件不重要，为了提高合同的质量、保证买卖双方的利益，任何一项条款都不能忽视。

从实践和法律两个角度看，交易磋商的程序可概括为四个环节：询盘、发盘、还盘和接受。其中，发盘和接受是每笔交易必不可少的两个基本环节和必经的法律步骤。

工作任务一　询盘

引例

通过参加 2008 年秋交会，业务员张明所在的广州服装公司与国外客商建立了业务往来关系，张明把自己所在公司及其产品介绍给了客商，10 月 2 日该服装公司接到外商的函电如下：

Dear Mr Zhang,
We have seen your products in 2008Guangzhou Autumn Fair and we are interested in Men's Shirts and shall be glad if you quote us your best price CIF London.

Yours faithfully,
John Smith

案例简析

上述电文是外商在与张明所在公司建立业务往来关系后希望购买其产品达成交易的意思表示，即询盘，是双方交易磋商的起点。

知识链接

一、询盘的定义

询盘（Inquiry）是指交易的一方向另一方询问是否买进或卖出某商品以及要求什么样的交易条件的口头或书面表示，主要是为了试探对方对交易的诚意和了解其对交易条件的意见。询盘的内容可涉及价格、品名、品质、数量、包装、交货期以及索取商品目录、价目单、样本或样品等。询盘可由买方发出，也可出卖方发出；可采用口头方式，亦可采用书面方式。书面方式包括书信、电报、电传、传真、电子邮件等，经常还采用询价单格式进行询盘。目前业务中采用电报、电传和传真方式进行询盘的较为普遍，随着信息网络技术的发展，利用电子邮件和商务网络询盘将成为趋势。

二、询盘的法律效力

询盘是一种内容不明确、不肯定、不全面或附有保留条件的建议，这种建议具有邀约性质，因此对于双方均没有法律约束力。询盘不是每笔交易必须的，有时未经询盘可直接向对方发盘，但它往往是交易的起点，因而不能忽视。

三、询盘时应注意的事项

对于询盘的对象应事先有所选择，除因用货单位订购特定的产品，只能向指定的产品生产厂家询盘外，一般可根据以往的业务资料，或者经其他方面的查询，选择适当的交易对象进行询盘。询盘对象的多少应根据产品和交易的具体情况确定，既不宜在同一地区多头询盘，影响市场价格，也不宜只局限于个别客户而无法进行比较、选择。在询盘中要注意策略，一般不宜过早透露真实意图，以免处于不利地位，但对货物品种、规格、型号、技术等务求详实。询盘往往询问价格，也可询问其他的交易条件。询盘示例如下：

1. *买方询盘*

如：对女式衬衫有兴趣，请电告 CIF 伦敦最低价。

We take an interest in various kinds of Women's Shirts. Please telex CIF London lowest price.

2. 卖方询盘

如：可以提供大豆 1 000 公吨，请递盘。

Can supply Soybean 1 000 M/T, please bid.

3. 其他内容的询盘

如：敬请寄来贵公司的进口商品目录。

Please let us have a list of items that are imported by you.

请告知该商品的价格和质量。

Please let us have information as to the price and quality of the goods.

询盘还可提出内容不肯定或附有保留条件的建议。如提出价格时使用参考价（Reference Price）或价格倾向（Price Indication）；再如，标明“以我方最后确认为准”（Subject to Our Final Confirmation）或“有权先售”（Subject to Prior Sale）等。

【课堂讨论】

1. 什么是询盘？
2. 简述询盘的法律效力。

【课堂练习】

请列举询盘常用句型。

【案例分析】

请将下列某公司收到的询盘函电翻译成英文，并说明询盘的特点及法律效力。

敬启者：

我们从互联网上了解到你公司的名称及地址，现致函希望与你方建立贸易关系。

本公司是新加坡最大的箱包贸易公司之一，在亚洲许多城市都有分公司。目前，我们对中国生产的箱包很感兴趣，请寄商品目录和报价单，我方将不胜感激。

盼速复。

谨上

【实训项目】

请你以一家儿童玩具公司的外销员身份，完成下列任务：

5 月 3 日从互联网查到国外某公司寻购儿童玩具，请你发电报与之建立业务往来关系，询问详细情况。

工作任务二　发盘

引例

张明对10月2日电文回复如下：

October 5，2008

Dear Mr Smith,

We are glad to receive your inquiry of October 2. As requested，we are making you an offer for 500 dozen Men's shirts at USD 75 per dozen CIF London. Payment is to be made by irrevocable L/C at sight to be opened in our favor. Shipment is to be during December.

This offer is valid for 7 days.

Yours faithfully,

Zhang Ming

任务：结合以上案例，谈谈构成有效发盘的条件。

案例简析

对询盘作出回复，提供了商品的价格、数量等交易条件，并且明确规定了有效期，则该发盘对于发盘人具有约束力。

知识链接

一、发盘的定义

发盘（Offer）是指交易的一方（发盘人）向另一方（受盘人）提出购买或出售某种商品的各项交易条件，并表示愿意按这些条件与对方达成交易、订立合同的行为。

发盘既是商业行为又是法律行为，在合同法中称为要约。根据《公约》第十四条第一款的规定："凡向一个或一个以上的特定的人提出的订立合同的建议，如果其内容十分确定并且表明发盘人有在其发盘一旦得到接受就受其约束的意思，即构成发盘。"发盘可以是应对方的询盘作出答复，也可以是在没有询盘的情况下直接发出。发盘若由卖方发出称售货发盘；若由买方发出，则称购货发盘或递盘（Bid）。一项有效的发盘一经对方接受，发盘人就有义务按发盘中所规定的条件与对方订立合同；而受盘人有权利在发盘的有效期内要求对方按发盘中所规定的条件与之签订合同。

二、构成有效发盘的条件

根据《公约》第十四条第一款的解释，构成一项发盘应具备三个条件：

（1）发盘要有特定的受盘人。因为发盘是一项订约的建议，只有被指定的受盘人才有权作出订约的表示，所以发盘必须指定可以表示接受的受盘人（即指明企业名称或个人姓名）。

根据发盘的这个条件来分析，普通的商业广告或向广大公众散发商品目录、价目表等就不是发盘，因为它们的对象是公众，而不是特定的人。广告和价目表一般被视为发盘邀请，即邀请对方向自己发盘。

（2）表明发盘人受其约束。指发盘人在发盘后，如果受盘人表示接受，双方即按发盘的内容订立合同，发盘人不得更改和拒绝。

（3）发盘的内容须十分确定。发盘的内容应该是完整的、明确的和终局的。完整是指货物的主要交易条件完备；明确是指主要交易条件不能用含糊不清、模棱两可的词句表述；终局是指发盘人只能按发盘条件与受盘人订立合同，而无其他保留或限制性条款，如果注明"参考价"、"交货期大约7月份"、"以我方确认为准"等，则只能认为是发盘邀请。

《公约》规定，发盘至少应包括下列三个基本的要素：①应标明货物名称；②应明示或默示地规定货物的数量或规定数量的方法；③应明示或默示地规定货物的价格或规定确定价格的方法。凡包含这三项基本要素的订约建议即可构成一项发盘。如该发盘被对方接受，买卖合同即告成立。

应该注意的是，关于构成一项发盘究竟应包括哪些内容的问题，各国法律的规定不尽相同。有些国家的法律要求对合同的主要条件，如品名、品质、数量、包装、价格、交货时间、交货地点以及支付的方式等，都作出完整、明确、肯定的规定，并不得附有任何保留的条件，以便受盘人一旦接受即可签订一项对买卖双方均有约束力的合同。《公约》关于发盘内容的上述规定，只是构成发盘的起码要求。在实际业务中，如发盘的交易条件太少或过于简单，会给合同的履行带来困难，甚至容易引起争议。因此，我们在对外发盘时，最好将品名、品质、数量、包装、价格、交货时间、交货地点以及支付的方式等主要交易条件一一列明。

三、发盘的有效期

在发盘中通常都规定有效期，作为发盘人受约束的期限和受盘人表示接受的有效期限。如果发盘中没有明确规定有效期，受盘人应在合理时间内接受，否则无效。合理时间应视交易的具体情况而定，一般按惯例处理。发盘人在规定有效期时要注意：

（1）要根据商品的特点和采用的通讯方式来合理确定。一般来说，对大宗交易和价格变化快的商品，有效期应短一点；反之，应长一点，但一般不超过5天。

（2）有效期要具体明确，尽量避免"尽快答复"之类的词句。

规定发盘有效期的方式通常有两种：①规定最迟送达发盘人的时间，如"限15日复到有效"；②规定一段接受时间，如"发盘3天有效"。《公约》对这种规定方式起始时间的计算有下列规定：电传或传真方式应从发出时刻起算，信函则从信上载明的发信日期起算，如信上未载明则从信封上所载日期起算。如果最后一天为发盘人的非营业日而不能送达，则顺延至下一个营业日。

四、发盘的生效和撤回

按照《公约》第十五条的规定："发盘于送达受盘人时生效。"可知发盘在到达受盘人时立即生效。发盘的撤回是指发盘在到达受盘人之前，并不对发盘人产生约束力。因此，发盘发出之后，在其到达受盘人之前，发盘人可以改变主意将其撤回。按照《公约》第十五条第二款的规定，一项发盘，如果撤回的通知在发盘到达受盘人之前或同时到达受盘人，即使此发盘是不可撤销的，也可以撤回。要做到这一点，发盘人必须以更快的通讯方式使撤回的通知赶在发盘到达受盘人之前或同时到达受盘人。

五、发盘的撤销

发盘的撤销不同于撤回，它是指发盘生效后，发盘人再解除其效力的行为。《公约》第十六条规定：

（1）在未订立合同之前，发盘可以撤销。如果撤销的通知在受盘人发出接受通知之前送达受盘人。

（2）在下列情况下，发盘不得撤销：

①发盘中写明了发盘的有效期或以其他方式表明发盘是不可撤销的。

②受盘人有理由信赖该发盘是不可撤销的，而且受盘人已本着对该发盘的信赖行事，如寻找用户、组织货源等。因为在这种情况下，发盘人撤销发盘会造成较严重的后果。

六、发盘的失效

一项发盘在以下几种情况下失去效力：

（1）受盘人作出还盘。

（2）发盘人在发盘到达受盘人之前撤回发盘。

（3）发盘人依法撤销发盘。

（4）发盘中规定的有效期届满而仍未被接受。

（5）人力不可抗拒的意外事故造成发盘的失效，如政府禁令或限制措施。

（6）在发盘被接受前，当事人丧失民事行为能力，如死亡或法人破产等。

七、我国对外贸易中发盘的习惯做法

鉴于当前各国在发盘的约束力问题上存在较大的分歧，为避免在这个问题上产生误解，引起不必要的纠纷，我国各进出口公司根据外贸业务的经验把发盘分为虚盘和实盘。

虚盘是发盘人有保留的愿意按一定条件达成交易的一种表示。虚盘对发盘人无约束力。一般情况下，多数报盘均为虚盘。虚盘不规定报盘的有效期，并且附有保留条件，如：该报盘以我方最后确认为准/是否事先售出为准。

实盘的主要特点是，在规定的有效期内对发盘人具有约束力，发盘人不得撤销或修改实盘的内容。实盘一旦被接受，发盘人就不能撤销。实盘必须具备以下几个条件：

（1）实盘的内容必须是完整和明确的。

（2）实盘的内容必须是肯定的。

（3）实盘必须规定有效期。

对于发盘生效后能否撤销的问题，各国合同法的规定有较大分歧。英美等国采用的普通法认为，发盘在原则上对发盘人没有约束力，在接受作出之前，发盘人可以随时撤销发

盘或变更其内容，例外的情况是，受盘人给予了对价，或者发盘人以签字蜡封的特殊形式发盘。但美国在《统一商法典》对上述原则作了修改，承认在一定的条件下（发盘人是商人，以书面形式发盘，有效期不超过三个月）无对价的发盘亦不得撤销。大陆法中的德国法认为，发盘原则上对发盘人有约束力，除非发盘人在发盘中已表明不受其约束。法国法虽然允许发盘人在有效期内撤销其发盘，但判例表明，发盘人须承担损害赔偿的责任。

【课堂讨论】

1. 发盘撤回和发盘撤销有什么不同?
2. 发盘有效期的规定方法有哪些?

【课堂练习】

1. 简述发盘应具备的条件。
2. 简述发盘效力终止的原因。

【案例分析】

1. 某年5月27日，中国甲公司应欧洲乙公司的请求，报出某产品200吨，每吨CIF鹿特丹人民币1 950元，不可撤销，即期信用证付款，即期装运的实盘。但对方接到中方报盘，未作还盘，而是一再请求中国增加数量，降低价格，并延长还盘有效期。中方曾将数量增至300吨，价格减至每吨CIF鹿特丹人民币1 900元，有效期经两次延长，最后期限为6月25日。乙公司于6月22日来电，接受该盘，并提出“即期装船，按装船量计算。除提供通常装船单据外，还需提供卫生检疫证书，产地证，磅码单及良好、适合海洋运输的袋装”。中方接到该电报时，已发现该产品的国际市场价格猛涨，于是中方甲公司拒绝成交，并复电称：“由于世界市场的变化，货物在收到电报前已售出。”可是荷兰乙公司不同意中方的说法，认为它是在发盘有效期内接受发盘的，坚持要按发盘的条件执行合同，否则要中方赔偿差价损失人民币23万元，接受仲裁裁决。试问：

（1）中方甲公司5月27日的发盘是实盘还是虚盘?

（2）中方在乙公司未作还盘但一再请求增加数量、降低价格和延长有效期的情况下复电称：将数量增加至300吨，每吨CIF鹿特丹价格人民币1 900元，有效期延至6月25日的报盘是实盘还是虚盘?

（3）本案应如何解决?

2. “不可撤销”的实盘

甲于2月17日上午用航空信寄出一份实盘给乙，甲在发盘通知中注有“不可撤销”的字样，规定受盘人乙在2月25日前答复有效。但甲又于2月17日下午用电报发出撤盘通知，该通知于2月18日上午送达乙处。乙于2月19日才收到甲空邮寄来的实盘。由于乙考虑到发盘的价格对他十分有利，于是立即用电报发出接受通知。事后双方对合同是否成立发生纠纷。试问：甲与乙之间的合同能否成立?

【实训项目】

5 月 4 日接到外商回电，要求订购 5 000 件儿童玩具，请你发盘。（价格等条件可上网查询，参照企业的现行相关信息。）请你拟定发盘电文。（参考电文内容：CIF 纽约价为货号 AW250 每件 5 美元，可供 3 000 件；货号 AW251，每件 6 美元，可供 4 000 件，7 月份装运，即期信用证付款，有效期一周。）

工作任务三　还盘

引例

对前例的发盘，买方于 10 月 9 日还盘如下：

Dear Mr Zhang,

Thank you for your letter of October 5, but we find your prices are rather on the high side. To step up trade, we counter offer as follow: 600 dozen Men's shirts at USD 70 per dozen CIF London, payment is to be made by irrevocable L/C at 30 days sight, please reply immediately.

Yours faithfully,

John Smith

张明回复如下：

October 8, 2008

Dear Mr Smith,

As our price is quite reasonable, it has been accepted by other customers in your country. If your order reaches 800 dozen, we decide to give 2% discount to you in the letter of October 5. Others are the same as ours 5th. The offer is open for one week.

Yours faithfully,

Zhang Ming

任务：结合以上案例，说明还盘的法律效力。

案例简析

还盘可以对价格、品质、数量、包装、交货时间等方面提出修改。还盘即意味着原先发盘失去效力，还盘者由原来的受盘人变成新的发盘人，而原来的发盘人则成为新的受盘人。

知识链接

一、还盘的定义

还盘（Counter Offer）是指受盘人在接到发盘后，不同意或不完全同意发盘人在发盘中提出的条件，为了进一步协商，向发盘人提出需要变更内容或建议的表示。还盘可以用口头方式或书面方式表达出来，一般与发盘采用的方式相符。还盘通常是针对价格、品质、数量、交货时间及地点、支付方式等重要条件提出修改意见。从法律上讲，还盘并非交易磋商的必要环节。

二、还盘的法律效力

还盘是对原发盘的拒绝。还盘一经作出，原发盘即失去效力，发盘人不再受其约束。一项还盘等于是受盘人提出的一项新的发盘。还盘作出后，还盘者由原来的受盘人变成新的发盘人，而原发盘人则变成了新的受盘人。有时一项交易须经多次还盘才达成最后的协议，订立合同。

三、还盘的书写

还盘的书写是检验外销员业务素质以及应变能力的重要方面，关系到交易能否进行下去。毫无说明地接受或拒绝都是不可取的。因此，外销人员收到对方还盘后，要认真思考分析，撰写还盘函。首先，确认对方来函，表示感谢；其次，不管最后是否接受对方条件，一般都会先坚持原发盘的合理性，同时给出各种适当的理由，如强调品质优秀或认为报价符合市价；最后，提出我方条件，并催促对方行动。还盘内容关键是要有说服力，并且常常带有促销的性质，如以数量折扣吸引对方大量订购，以库存紧张激励对方早下订单等。即使拒绝还盘、不作任何让步，也应向对方推荐一些价格低廉的替代品，以寻求新的商机。

【课堂讨论】

1. 什么是还盘?
2. 还盘应注意哪些问题?

【课堂练习】

请写出还盘常用的句型。

【案例分析】

我国某公司于8月16日收到国外某公司发盘："某种钢材500公吨，单价845美元CFR中国口岸，9月份装运，即期L/C支付，限8月20日复到有效。"我方于17日复电："若单价800美元CFR中国口岸可接受，履约中如有争议，在中国仲裁。"国外公司当日复电："市场坚挺，价不能减，仲裁条件可接受，速复。"此时该钢材价格确实趋涨，我方于19日复电："接受你方16日发盘，L/C已由中国银行开出。"结果对方退回L/C。试问：合同是否成立？

【实训项目】

5 月 9 日接到外商回电，电文内容：“你方报价太高，可接受价格 CIF 纽约价为货号 AW250 每件 4. 5 美元，货号 AW251 每件 5 美元，30 天远期信用证结算，请回复。”你接到该电文后将如何处理？如果经成本核算和请示主管，可以承受的价格为货号 AW250 每件 4. 8 美元；货号 AW251 每件 5. 5 美元，其他条件按照 5 月 4 日电文不变，并且此价格保留一周，请在 5 月 10 日发电文回复。

工作任务四　接受

引例

10 月 11 日，张明接到外商回电：

Dear Mr Zhang,
Accept. Please send confirmation in duplicate.

Yours faithfully,
John Smith

任务：结合以上案例，谈谈接受的构成条件。

案例简析

上述外商的回复是同意张明 10 月 8 日电文的各项交易条件的表示，表明愿按这些条件与张明一方达成交易，是一种订立合同的肯定的表示，也就是交易磋商的接受环节。

知识链接

一、接受的含义

所谓接受（Acceptance），是指受盘人接到对方的发盘或还盘后，无条件地、完全同意对方提出的条件，愿意与对方达成交易的表示。接受如同发盘一样，既属于商业行为，也属于法律行为。接受产生的重要法律后果是交易达成，合同成立。

二、构成有效接受的条件

按照《公约》的规定，一项有效的接受应符合下列条件：

（1）接受必须由受盘人作出。发盘必须向特定的人发出，即表示发盘人愿意按发盘中提出的条件与对方订立合同。因此，接受只能由受盘人作出，才具有效力。

(2) 接受的内容必须与发盘相符。《公约》的规定，有效接受应是同意发盘所提出的各项交易条件。只接受发盘中的部分内容，或对发盘的内容作了实质性变更的，在法律上称为有条件的接受，属于还盘。

什么叫实质性变更？根据《公约》的精神，“有关货物价格、付款、质量、数量、交货地点和时间、一方当事人对另一方当事人赔偿责任范围或解决争端的条款的添加或变更，均视为实质性变更”。

(3) 必须在有效期内接受。发盘中通常都规定有效期。这一期限有双重意义：一方面它约束发盘人，使发盘人承担义务，在有效期内不能任意撤销或修改发盘的内容。过期则不再受其约束。另一方面，它也约束受盘人，只有在有效期内做出接受，才具有法律效力。如果发盘中未规定有效期，则应在合理时间内接受方为有效。

在进出口贸易中，由于各种原因，导致受盘人的接受通知有时晚于发盘人规定的有效期送达，在法律上称为“迟到的接受”。迟到的接受不具有法律效力，发盘人一般不受其约束。但是《公约》第二十一条规定过期的接受在下列两种情况下仍具有效力：①如果发盘人毫不迟延地用口头或书面形式将表示同意的意思通知受盘人；②如果载有逾期接受的信件或其他书面文件表明，它在传递正常的情况下是能够及时送达发盘人的，那么这项逾期接受仍具有接受的效力，除非发盘人毫不迟延地用口头或书面方式通知受盘人，他认为发盘已经失效。因此，在接受迟到的情况下，不论受盘人有无责任，决定该接受是否有效的主动权在发盘人。

(4) 受盘人表示接受，要采取声明的方式。按照《公约》的规定，接受必须用声明或行为表示出来。声明包括口头和书面两种方式。一般说来，发盘人如果以口头形式发盘，受盘人即以口头形式表示接受；发盘人如果以书面形式发盘，受盘人也以书面形式来表示接受。除了以口头或书面声明的方式接受外，还可以以行为表示接受。《公约》中规定：“根据该项发盘或者依照当事人之间确立的习惯做法或惯例，受盘人可以做出某种行为，例如与发运货物或支付货款有关的行为，来表示同意。”

三、接受的生效与撤回

(一) 接受的生效

接受是一种法律行为，这种行为何时生效，各国法律有不同的规定。对于书面形式的发盘，《公约》采纳的是到达生效的原则，在第十八条中明确规定“接受发盘于表示同意的通知送达发盘人时生效”。如果双方以口头方式进行磋商，受盘人如果同意对方的口头发盘，应马上表示同意，接受也随即生效。但如果发盘人有相反的规定，或双方另有约定则不在此限。此外，对于以行为表示接受，《公约》规定，接受于该项行为作出时生效，但该项行为必须在规定的期限内作出。也有的国家坚持书面声明生效，有的甚至坚持书面合同签字时生效。

(二) 接受的撤回或修改

关于书面接受的撤回问题（Withdrawal），由于《公约》采用的是“到达生效”原则，因而接受通知发出后，受盘人可以撤回其接受。但条件是受盘人须保证使撤回的通知不晚于接受通知到达发盘人。如果按照英美法“投邮生效”的原则，接受一经投邮立即生效，合同就此成立，也就不存在接受的撤回问题。

四、有条件接受与逾期接受

（一）有条件接受

接受应该是无条件的，任何对发盘表示接受但对交易条件有所变更或添加的行为，应视为还盘，接受无效。但是《公约》对发盘的交易条件的变更或添改，分为实质性变更和非实质性变更。

受盘人对货物的价格、品质、数量、支付方式、交货时间和地点、一方当事人对另一方当事人的赔偿责任范围或解决争端的办法等条件提出的添加或变更，均为实质性的变更。此种接受，只能视作还盘。如果所作的变更属于非实质性的交易条件，如“接受，但需附一张原产地证书”，该项修改并未对实质性利益有影响，则除非当事人及时对这些变更或添加提出异议，否则该接受有效，合同成立。非实质性变更一般是要求提供重量单、装箱单、商检证等单据，或要求增加提供装船样品或某些单据的份数，要求分批装运等。

（二）逾期接受

超过发盘的有效期才到达的接受为逾期接受。一般情况下逾期接受无效，视为一项发盘。但《公约》规定，如果发盘人毫不迟延地用口头或书面形式通知受盘人，确认该接受有效，则该逾期接受仍有接受的效力，合同于该接受到达时成立。实际上，逾期的接受对原发盘人来说是一项新发盘。原发盘人如果愿意接受，则可以毫不迟延地用口头或书面方式通知原受盘人愿意承受逾期接受的约束。但这时的合同关系是于接受通知送达原发盘人时成立。如果原发盘人对逾期的接受表示拒绝或不立即发出通知，则该项逾期的接受无效，合同关系不能成立。

思考：

我国某出口企业于 3 月 1 日向外商发盘，该发盘限 5 日内复到有效。外商于 3 月 7 日回电表示接受，我方立即电告对方其接受有效，并着手备货。两天后，外商来电称其 7 日电传已超出发盘有效期，属无效接受，认为合同关系不成立。请问外商的做法是否合理，为什么？

接受示例：

你方 10 号电接受，“绿牡丹”毛线衫 2 000 件，纸箱装，每件 9.90 美元 CIF 纽约，8 月份装运，不可撤销即期信用证支付。

Yours 10th accepted. “Green Peony” sweaters 2 000 pieces in carton USD 9.90 per piece CIF New York. Shipment during Aug. Payment at Sight Irrevocable.

从交易磋商的过程看，交易磋商是一项复杂的商务活动，政策性、策略性、技术性和专业性很强，磋商的效果决定了交易的成败和合同质量的高低，因此进行此项工作的人员必须具有较高的政策水平、丰富的商品知识以及有关商务、法律等方面的专业知识，还要懂得谈判心理，随时关注市场变化。交易磋商的过程实际上是对上述各项知识综合运用的过程。

在国际贸易中，交易双方分处不同的国家或地区，彼此有着不同的社会制度、政治制度、法律体系、经济体制和贸易习惯，有着不同的文化背景、价值观念、信仰和民族习惯并且彼此间还存在语言和文字沟通方面的困难。可见，对外贸易的交易磋商比国内贸易中的洽谈交易复杂和困难得多。

交易磋商是决定贸易能否进行的重要环节，其关键是要在平等互利的基础上达成公平合理的、切实可行的协议。因此，从事国际贸易的人员必须掌握交易磋商的原则、技巧，才能处理好这个重要的交易环节。

【课堂讨论】

1. 交易磋商的程序主要包括哪些方面?
2. 构成有效接受的条件有哪些?
3. 逾期接受应该如何处理?

【案例分析】

1. 迟到的接受

我国某外贸企业向外商采购某商品，不久接到外商3月20日的发盘，有效期至3月26日，我方于3月22日复电：“如能把单价降低5美元，我方可以接受。”对方没有反应。后因用货部门要货心切，又鉴于该商品行情看涨，我方随即于3月26日又去电表示同意对方3月20日发盘所提各项条件。试问：此项交易能否达成?

2. 附带条件的接受

某年2月1日巴西大豆出口商向我国某外贸公司报出大豆价格，在发盘中除列出各项必要条件外，还表示“编织袋包装运输”。在发盘有效期内我方复电表示接受，并称“用最新编织袋包装运输”。巴西方收到上述复电后即着手备货，并准备在双方约定的7月份装船。之后3月份大豆价格从每吨420美元暴跌至350美元左右。我方向对方去电称：“我方对包装条件作了变更，你方未确认，合同并未成立。”而巴西出口商则坚持认为合同已经成立，双方为此发生了争执。试问：此案应如何处理?

【实训项目】

5月15日外商来电接受你的新发盘，但要求你方寄确认书一份。请你整理双方谈判内容，撰写双方谈判的确认书，并寄出。

【关键词汇】

Business Negotiation 交易磋商

Inquiry 询盘，询价

Reference Price 参考价

Bid Firm 递实盘

Offer 发盘，发价，报价
Offerer 发盘人
Offeree 受盘人
Counter Offer 还盘，还价
Acceptance 接受
Late Acceptance 逾期接受
Cable Reply 电复
Selling Offer 售货发盘
Buying Offer 购货发盘
Withdrawal of Offer 发盘的撤回
Revocation of Offer 发盘的撤销
Contract 合同
Confirmation 确认书
Sales Confirmation 销售确认书
Purchase Confirmation 购货确认书
Sales Contract 销售合同
Time of Validity 有效期限
Subject to Reply Here ... 限××复到
Subject to Our Final Confirmation 须经我方最后确认

工作流程三　签订外销合同

工作任务一　订立书面合同

引例

2008 年 4 月 8 日，福建新隆进出口有限公司（Fujian Xinlong I/E Co.，Ltd.）收到来自加拿大客户 LK Footwear Inc. 的电子邮件，要求报货号为 NM1048 的雪地靴的 CFR Vancouver 价格，经过反复磋商，双方于 2008 年 4 月 22 日达成如下合同条款：

单价：USD15.50/双 CFR Vancouver，Canada

数量：4 800 双

支付：买方在收到卖方银行开立 30% 合同金额的预付款保函后，电汇支付 30% 货款，凭提单传真件电汇支付 70% 货款。

汇入行：中国银行福建省分行 SWIFT CODE：BKCHCNBJ720

收款人：福建新隆进出口有限公司

账号：80020002700605302

装运：收到30%预付款后的90天内装运，允许转运，允许分批装运。

任务1：填写合同条款的相应内容，使其成为一份完整的外贸出口合同。

任务2：简述外贸合同的形式、结构和内容。

（资料来源：2008年全国外贸业务员考试《操作实务试卷》）

案例简析

当谈判双方就交易的主要条款达成一致意见后，就进入合同签订阶段，自然就提出了由谁起草合同文本的问题，一般来讲，文本由谁起草，谁就掌握主动。我方在谈判中应重视合同文本的起草，尽量争取起草合同文本，如果做不到这一点，也要与对方共同起草合同文本。国际货物销售合同条款内容有：①品名及规格条款；②数量条款；③包装条款；④价格条款；⑤货物装运条款；⑥保险条款；⑦支付条款；⑧商检条款；⑨索赔条款；⑩不可抗力条款；⑪仲裁条款。一般来说，谈判内容实际上就是合同的主要条款。条款内容必须严密、清楚，如果合同条款写得含糊笼统、模棱两可，在执行过程中，往往会导致争议纷纷、扯皮不断，甚至会造成不可估量的经济损失。值得注意的是，目前许多合同只规定双方交易的主要条款，却忽略了双方各自应尽的责任和义务，特别是违约应承担的责任，这样无形中等于为双方解除了应负的责任，架空了合同或削减了合同的约束力。所以，一个合格的外贸业务员一定要掌握外贸合同条款的特点和外贸合同主要条款的内容。

知识链接

在国际贸易中，当交易一方提出发盘，交易另一方作出有效接受之后，买卖双方之间即达成买卖合同关系。买卖双方在交易磋商过程中的往来函电即为双方买卖合同的书面证明。但为了明确，买卖双方一般还要在交易磋商的基础上，签订书面合同或成交确认书将双方的权利、义务及各项交易条件明文规定下来。

一、国际货物买卖合同的成立

（一）合同成立的时间

根据《公约》的规定，合同成立的时间为接受生效的时间，而接受生效的时间又以接受通知到达发盘人或按交易习惯及发盘要求作出接受的行为为准。合同成立的时间有两个判断标准：一是有效接受的通知到达发盘人时；二是受盘人作出接受行为时。

（二）合同成立的有效条件

（1）合同当事人要具有签约能力 。签订买卖合同的当事人主要为自然人或法人。关于自然人签订合同，按各国法律的一般规定，精神正常的成年人才能订立合同，未成年人、精神病人不能订立合同。关于法人签订合同，各国法律一般认为，法人必须通过其代理人，在法人的经营范围内签订合同，越权的合同不能发生法律效力。

（2）合同必须具有对价或约因。英美法认为，对价（Consideration）是指当事人为了取得合同利益所付出的代价。法国法认为，约因（Cause）是指当事人签订合同所追求的直接目的。按照英美法和法国法的规定，合同只有在有对价或约因时才是法律上有效的合同，无对价或无约因的合同是得不到法律保障的。即合同中一方所享有的权利应该以对方的义务为基础，对方的权利又以这一方的义务为代价，双方都应有权利和义务，如卖方交货，买方付款，互为有偿。

（3）合同的内容必须合法。包括不得违反法律、不得违反公共秩序或公共政策以及不得违反善良风俗或道德三个方面。否则，合同无效或可以被撤销。

（4）合同必须符合法律规定的形式。《公约》对合同的形式没有限制，声明“可以用包括证言在内的任何方法证明”，我国对此作出了保留。我国《合同法》规定：“当事人订立合同，有书面形式、口头形式和其他形式。法律行政法规规定采用书面形式的，应当采用书面形式。”目前，在实际业务中，我国的涉外经济合同仍然以书面合同形式订立。签订书面合同的意义有两个方面：①书面合同是合同成立的证据；②书面合同可以作为履约的依据。

（5）合同当事人的意思表示必须真实。合同的各项交易条件必须真实地反映签约方的意愿。采用欺诈或胁迫手段订立的合同在法律上是无效的，或者是可以撤销的。欺诈是指一方当事人故意陈述虚假事实或隐瞒重要事实，使对方当事人作出了违背其真实意愿的意思表示；胁迫是指一方当事人采取危及对方当事人或其亲属的生命、健康、荣誉、名誉等手段，使对方当事人产生恐惧，因而作出了违背其真实意愿的意思表示。受欺诈方或受胁迫方可以申请撤销合同或宣告合同无效。

合同无效的情况有：①一方以欺诈、胁迫的手段订立合同，损害国家利益；②恶意串通，损害国家、集体或者第三人利益；③以合法形式掩盖非法目的；④损害社会公共利益；⑤违反法律、行政法规的强制性规定。

二、签订书面合同的意义

根据我国法律的规定和国际贸易的一般习惯做法，交易双方通过口头或来往函电磋商达成协议后必须签订具有一定格式的、正式的书面合同。其重要意义有：

（1）作为合同成立的证据。

（2）作为合同生效的条件。

（3）作为合同履行的依据。

【课堂讨论】

1. 合同成立的有效条件是什么？
2. 什么是对价和约因？

【课堂练习】

为什么要签订书面合同？

【案例分析】

一法国商人于某日上午走访我国外贸企业洽购某商品。我方口头发盘后，对方未置可否，当日下午法商再次来访表示无条件接受我方上午的发盘，那时，我方已获知该项商品的国际市场价格有趋涨的迹象。对此，你认为我方应如何处理为好，为什么？

【实训项目】

根据“引例”的案例制作合同。

工作任务二　拟定合同条款

一、国际货物买卖合同的形式

国际贸易中，买卖双方使用的货物买卖合同的形式及名称没有特定限制。只要双方当事人同意，可采用正式的合同（Contract）、确认书（Confirmation），也可采用协议（Agreement）、备忘录（Memorandum）等各种形式。我国对外贸易中主要使用合同和确认书。

（一）合同

买卖合同是交易中一种非常正式的货物买卖协议。它的内容比较全面、详细，除了包括交易的主要条件如品名、品质、数量、包装、价格、交货、支付外，还包括保险、商品检验、索赔、不可抗力、仲裁等条件。交易中，由卖方根据磋商结果草拟的合同称销售合同（Sales Contract）；由买方根据协商条件拟订的合同称购货合同（Purchase Contract）。

（二）确认书

确认书是一种内容比较简单的贸易合同。它与前面所说的合同相比，仅包括买卖交易的主要条件，而不包括买卖交易的一般条件。其中，卖方出具的称销售确认书，买方出具的称购货确认书 。

以上两种形式的合同，虽然在格式、条款项目和内容的繁简上有所不同，但在法律上具有同等效力。在我国对外贸易业务中，对大宗商品或成交金额比较大的交易，一般采用合同形式，对金额不大、批数较多的小土特产品和轻工业品一般采用确认书形式。货物买卖合同或确认书，一般由我方根据双方磋商的条件缮制正本一式两份，我方签字后寄交给对方，对方查核签字后，留存一份，另一份寄还我方，双方各执一份，作为合同订立的证据和履行合同的依据。

样单1　销售确认书

销 售 确 认 书

SALES CONFIRMATION　　　号码　　NO.

正本

ORIGINAL　　　日期 DATE：

卖方

Seller：

地址

Address：

电话　　　　传真

Tel：　　　　Fax：

买方

Buyer：

地址

Address：

电话　　　　传真

Tel：　　　　Fax：

兹经买卖双方同意成交下列商品订立条款如下：

The undersigned Sellers and Buyers have agreed to close the following transaction according to the terms and conditions stipulated below：

货物名称及规格 NAME OF COMMODITY AND SPECIFICATION	数量 QUANTITY	单价 UNIT PRICE	金额 AMOUNT

总值

TOTAL VALUE：

装运

SHIPMENT：

付款条件

PAYMENT：

包装

PACKING：

唛头

MARKS & NOS.：

保险

INSURANCE：

买方　　　　卖方

THE BUYER　　　　THE SELLER

二、国际货物买卖合同的结构、内容

一份完整的国际货物买卖合同一般由三部分组成：

（1）约首。约首即合同的首部，通常包括合同的名称、合同的编号、合同签订的日期和地点、订约双方当事人的名称和地址等。

（2）本文。本文是合同的主体部分，一般以合同条款的形式具体列明交易的各项条件，规定双方的权利义务。本文部分一般包括下列合同条款：品名、数量、包装、价格、支付、运输、保险等。此外出口合同或确认书中通常还在一般交易条件或备注栏中列明有关预防及处理有关争议的条款。

（3）约尾。约尾即合同的尾部，主要包括对合同的份数、附件及其效力、使用的文字、合同生效的时间、合同适用的法律的说明以及订约双方当事人（法人代表或其授权人）的签字。

三、国际货物买卖合同条款示例

（一）品名及规格条款

它是商品说明的重要组成部分，也是交易双方在交接货物时对货物品质界定的主要依据。在出口交易中，表示商品品质的主要方法有用文字说明和用实物样品表示。

例1：“9371 中国绿茶，特珍一级”

“9371 China Green Tea Special Chummy Grade 1”

例2：“C708 中国灰鸭绒，含绒量为90%，允许1%上下”

“C708 China Grey Duck Feather with 90% down content，1% more or less allowed”

例3：“芝麻，水分（最高）8%；杂质（最高）2%；含油量（最低）52%”

“Sesames，Moisture Max. 8%；Admixture Max. 20%；Oil Content Min. 52%”

订立品质条款时应注意以下几个问题：

（1）首先要明确是按凭实物样品还是凭文字说明的方式买卖。在实际业务中一般不宜采用既凭规格买卖又凭样品买卖的方式。

（2）其次要注意品质条款的科学性和灵活性，不能订得过高、过低，或过繁、过死。

（二）商品的数量条款

在签订合同时一般应明确规定买卖货物的具体数量作为买卖双方交接货物的数量依据。但在实际业务中，某些商品由于其本身的特性或是受其他条件的限制，卖方的交货数量要做到与合同完全一致非常困难。因此，对一些难以严格计量的商品，通常在合同中规定溢短装条款或“约”量。

例1：“蚕豆，60 000公吨，以毛作净，卖方可溢短装5%，增减部分按合同价格计”

“Soybean，60 000 M/T，gross for net，5% more or less at Seller’s option at contract prices”

订立数量条款时要注意以下几个问题：

（1）按重量计算的商品应明确用哪种计重方法，即按毛重、净重或以毛作净等。未明确按毛重或净重计量时，按惯例应以净重计量。

（2）使用“约”量时必须注意其机动幅度及适合的情况。

（3）使用溢短装条款时应注明溢短装部分的百分比、溢短装部分的选择权及溢短装部分的作价原则等。

（三）商品的包装条款

包装条款一般包括包装的材料、包装的方式、包装的费用及包装的标志等内容。

例1：“纸箱装，每箱净重约15千克，500箱装一个20英尺集装箱运送”

“In cartons of about 15kg net, 500 cartons transported in one 20feet container”

例2：“布袋装，内衬聚乙烯袋，每袋重25千克”

“In Cloth bags, lined with Polythene bags of 25kg net each”

订立包装条款时应注意以下几个问题：

（1）条款中必须规定包装材料、包装方式，有时还要规定包装费用的支付等，所在国对包装的特殊要求应特别注意。

（2）除非买卖双方对包装方式的具体内容经事先充分交换意见或由于长期的业务交往已经取得一致认识，在合同中一般以采用具体的规定方法为宜。

（3）运输标志中的唛头一般由卖方提供，无须在合同中规定，如买方要求提供也可接受，但必须在装运前一定时间将唛头通知卖方，否则卖方有权自行决定。

（四）商品的价格条款

买卖合同中的价格条款由两部分组成：单价和总值。

常见的价格条款实例如下：

例1：“每公吨500港元CIFC5%香港”（或“CIF香港包含5%的佣金”）

“HKD 500 per M/T CIFC5% Hong Kong” （Or “CIF Hong Kong including 5% commission”）

例2：“每纸箱800美元FOB南通，以毛作净”

“USD800 per carton FOB Nantong, gross for net”

例3：“每件85美元成本加运保费至纽约港减1%的折扣”

“USD85 per pc CIF New York less 1% discount”

订立价格条款时应注意以下几个问题：

（1）单价条款由四个部分组成，即计价的数量单位、单位价格金额、计价货币和贸易术语，四者缺一不可，且前后左右顺序不能随意颠倒。

（2）单价与总值的金额要吻合，且币别保持一致。

（3）如果数量允许增加，则合同中的总金额也应有相应的增减。

（五）货物装运条款

合同中的装运条款主要包括装运时间，起运港和目的港及分批装运、转运等。

常见的装运条款实例如下：

例1："收到信用证后45天内装运，买方必须最迟于××日将L/C开抵卖方。"

"Shipment within 45 days after receipt of L/C. The Buyers must open the L/C to reach the Sellers before ×× (date)."

例2："2008年5月前装运，由上海经香港至伦敦，5 000公吨分三批等量装运，每批相隔20天。"

"Shipment before May 2008 from Shanghai via Hong Kong to London by container vessel. 5 000 M/T shipment to be effected in three equal consignment at an interval of about 20 days."

例3："2008年1/2月每月平均装运。装运港：上海/天津。目的港：鹿特丹/安特卫普，选港附加费由买方负担。"

"Shipment during Jan. /Feb. 2008 in two equal monthly lots. Port of Loading: Shanghai/Tianjin. Port of Destination: Rotterdam/Antwerp optional, additional fee for Buyer's account."

订立装运条款时应注意以下几个问题：

（1）一般在合同中应明确规定具体的装运时间。

（2）一般应选择费用低、装卸效率高的港口作为装运港或目的港。

（3）注意分批装运、转运，尤其是特殊的分运、转运条款的规定。

（六）保险条款

保险条款一般包括四个方面的内容，即由何方办理保险，投保金额，投保险别及以哪一个保险公司保险条款为准。合同中的保险条款根据买卖合同采用的贸易术语不同而有所不同。

1. FOB、CFR合同下的保险条款

例："保险由买主办理"

"Insurance to be covered by the Buyers"

2. CIF合同下的保险条款

例："由卖方按发票金额的110%投水渍险、战争险、罢工险，按1981/01/01中国人民保险公司海洋运输货物保险条款。"

"Insurance is to be covered by the Sellers for 110% of the invoice value against W. A., War Risks and S. R. C. C. as per ocean marine cargo clause of the People's Insurance Company of China, dated Jan. 1st, 1981."

（七）支付条款

1. 采用跟单信用证支付时的支付条款

例1："买方应通过卖方所接受的银行于装船月份前××天开立并送达卖方不可撤销即期信用证，有效期至装运月份后第15天在中国议付。"

"The Buyers shall open through a bank acceptable to the Sellers an irrevocable sight letter of credit, to reach the Sellers ×× days before the month of shipment, valid for negotiation in China until the 15th day after the month of shipment."

例 2："以不可撤销信用证，凭卖方开具的见票后 × × 天的跟单汇票议付，有效期限为装运期后 15 天，在中国到期，该信用证须于合同规定的装运月份前 30 天到达卖方。"

"By irrevocable L/C available by Seller's documentary draft at × × days after sight, valid for negotiation in China until the 15th day after date of shipment. The L/C must reach the Sellers 30 days before the contracted month of shipment."

2. 采用托收方式时的支付条款

例 1："买方凭卖方开具的即期跟单汇票，于见票时立即付款，付款后交单。"

"Upon first presentation the Buyers shall pay against documentary draft drawn by the Sellers at sight. The shipping documents are to be delivered against payment only."

例 2："买方凭卖方开具的跟单汇票，于见票日后 × × 天付款，付款后交单。"

"The Buyers shall pay against documentary draft drawn by the Sellers at × × days sight. The shipping documents are to be delivered against payment only."

例 3："买方对卖方开具的见票后 × × 天付款的跟单汇票，于提示时承兑，并于汇票到期日即予付款，承兑后交单。"

"The Buyers shall duly accept the documentary draft drawn by the Sellers at × × days sight upon first presentation and make payment on its maturity. The shipping documents are to be delivered against acceptance after it has been made."

（八）商检条款

例 1："以装运港中国商品检验局签发的品质、重量/数量检验证书作为有关信用证项下议付所提交单据的一部分，买方对于装运货物的任何索赔，须于货物到达目的港 × × 天内提出，并须提供经卖方同意的公证机构出具的检验证书。"

"The certificate of Quality and Weight (Quantity) issued by the China Commodity Inspection Bureau at the port of shipment shall be part of the documents to be presented for negotiation under the relevant letter of credit. Any claim by the Buyers regarding the goods shipped shall be filed within × × days after the arrival of the goods at the port of destination, and supported by a survey report issued by a surveyor approved by the Sellers."

例 2："以中国商品检验局出具的质量/重量/数量证书为最后依据。"

"Certification of Quality/Quantity/Weight to be issued by China Commobity Inspection Bureau shall be taken as final."

（九）索赔条款

索赔条款的内容主要是提出索赔期限和依据，该条款有时合并在检验条款中。

例："买方对于装运货物的任何索赔，必须于货到提单所订目的地 × × 天内提出，并须经卖方同意的公证机构出具检验报告。"

"Any claim by the Buyers regarding the goods shipped shall be filed within × × days after the arrival of the goods at the port of destination specified in the relative bill of lading and supported by a supported by a survey report issued by a surveyor approved by the Sellers."

（十）不可抗力条款

不可抗力条款内容包括不可抗力事故的范围，事故的后果，发生事故后通知对方的方式，出具事故证明的机构等。

例："如因战争、火灾、地震、水灾、暴风雨等其他不可抗力的原因，致使卖方不能部分或全部装运或延迟装运，卖方对此均不负责，但卖方须用电报（电传）通知买方，并以航空信件向后者提出由中国国际贸易促进委员会出具证明该事件的证书。"

"If the shipment of the contracted goods is prevented or delayed in whole or in part by reason of war, fire, earthquake, flood, firestorm or other cause of Force Majeure, the Sellers shall not be liable for the contract. However, the Sellers shall notify the Buyers by cable (or telex) and furnish the latter by registered air-mail with a certificate issued by the China Council for the Promotion of International Trade attesting such event or events."

（十一）仲裁条款

我国进出口合同的仲裁有两种规定：一种由中国国际贸易促进委员会对外经济贸易仲裁委员会仲裁；另一种由被告人所在国或第三国仲裁。常见仲裁条款示例如下：

1. 规定由中国国际贸易促进委员会对外经济贸易仲裁委员会仲裁的条款

例："凡有关本合同所发生的一切争议，应通过友好协商解决，若通过协商达不成协议，则提交中国国际贸易促进委员会对外贸易仲裁委员会。仲裁在北京进行。该委员会的裁决为终局的，并对双方均有约束力，仲裁费由败诉方承担。"

"All disputes in connection with this Contract shall be settled through friendly negotiation. In case no settlement can be reached through negotiation, the case should then be submitted to the Foreign Trade Arbitration Commission of China Council for The Promotion of International Trade for Arbitration with its provisional rules of procedure. The arbitration shall be conducted in Beijing and the decision made by the said Commission shall be final and binding upon both parties. The arbitration fees shall be borne by the losing party."

2. 由被告人所在国或第三国仲裁的条款

例："有关合同的一切争议，应通过协商友好解决。如协商不能解决，应提交仲裁，仲裁应在被告所在国进行，或者在双方同意的第三国进行，仲裁裁决是终局的，对双方均有约束力。"

"All disputes in connection with this Contract shall be settled friendly through negotiation. In case no settlement can be reached through negotiation, the case should then be submitted for arbitration. The arbitration shall take place in the country where the defendant resides or in the third country mutually agreed upon by both parties. The decision of arbitration shall be final and binding upon both parties."

【课堂讨论】

从法律效力来看，合同和确认书这两种形态的书面合同有区别吗？

【课堂练习】

下列合同条款不完善，请指出合同条款中存在的问题。

品名及规格：中国大米 Chinese Rice，不完善率（Broken Grains）15%、杂质（Admixture）1%、水分（Moisture）14%，1 000 公吨麻袋装，每公吨 420 美元 CIFC2% 净价英国，2002 年 9 月份交货，卖方并需保证货物于 2002 年 10 月 15 日前到达买方，一切险、战争险、受潮受热险信用证方式支付。

【案例分析】

某外贸公司与外商洽谈进口合同，经往来信函磋商，就合同的主要内容达成协议，并规定合同的争议适用中国法律。但在最后一次我方发出的表示接受的电传中列有："以签订确认书为准。"事后对方就确认书草稿，要求我方确认，但由于对某些条款的措辞尚待进一步研究，故我方未及时给予答复。不久，该商品的国际市场价格下跌，外商催我方开立信用证，我方以合同尚未签订为由拒绝开证，双方发生争议。试问：我方拒绝开证是否可以？为什么？

（资料来源：[1] 张建华．国际贸易实务实训．北京：高等教育出版社，2002．[2] 毕甫清．国际贸易实务与案例．北京：清华大学出版社，2006）

【实训项目】

根据以下交易磋商内容制作合同。

南京洽洽进出口公司参加了 2007 年春交会，业务员朱玉认识了来自日本天空贸易公司的经理 Coco，Coco 对南京洽洽进出口公司展出的产品"劳动布裤（Style NO.：MJ05365，100% cotton）"感兴趣，提出日后购买，并索取了联系方式。

2007 年 8 月 10 日，日本天空贸易公司向南京洽洽进出口公司询盘：

请报劳动布裤（Style NO.：MJ05365，100% cotton）CIF 千叶最低价，11 520 条，12 月份装运，尽快电告。

Please quote jean (Style NO.: MJ05365, 100% cotton) the lowest price CIF Chiba for 11 520 pairs December shipment cable promptly.

8 月 11 日，南京洽洽进出口公司业务员通过成本核算，以传真的形式进行发盘：

兹发盘 11 520 条劳动布裤（Style NO.：MJ05365，100% cotton），纸箱装（每箱 30 条），CIF 千叶 15 美元/条，12 月装运，根据现行的中国人民保险公司的《海洋货物运输保险条款》办理一切险和战争险，不可撤销跟单即期信用证支付，限本月 30 号复到。

Offer jean (Style NO.: MJ05365, 100% cotton) for 11 520 pairs, packed in carton (30 pairs per carton), 15 dollar per pair CIF Chiba, December shipment, Insurance is to be covered by the Seller against All Risks and War Risk as per the current Ocean Marine Cargo Clause of the People's Insurance Company of China dated Jan. 1st, 1981, irrevocable documentary sight L/C, reply here 30th this month.

8 月 13 日，日本天空贸易公司通过传真进行还盘：

你方 11 日传真收悉，我方还盘如下：11 520 条劳动布裤（Style NO.：MJ05365，

100% cotton)，纸箱装（每箱30条），CIF 千叶11美元/条，10月装运，D/P30天支付，限本月30号复到。

We have received your fax of Aug. 11th, our counter offer as follow: jean (Style NO. : MJ05365, 100% cotton) for 11 520 pairs, packed in carton (30 pairs per carton), 11 USD per pair CIF Chiba, October shipment, D/P 30 days, reply here 30th.

8月15日，南京洽洽进出口公司回复如下：

你方8月13日传真收悉，谢谢贵公司对我公司产品感兴趣，由于我公司及我公司产品已通过ISO国际质量管理体系认证，产品远销美国、欧洲及东南亚国家，考虑到你方与我公司初次交易，现重新发盘如下：11 520条劳动布裤（Style NO. : MJ05365, 100% cotton)，纸箱装（每箱30条），CIF 千叶12美元/条，12月装运不可撤销跟单即期信用证支付，限本月30号复到。

We have received your fax of Aug. 13th. Thanks for your interest on our product, and because our company and product have certified by ISO, product far sales US, EU and Southeast Asia, on the consideration of the first fair, now we re-offer: jean (Style NO. : MJ05365, 100% cotton) for 11 520 pairs, packed in carton (30 pairs per carton), 12 USD per pair CIF Chiba, December shipment, irrevocable documentary sight L/C, reply here 30th.

8月17日，日本天空贸易公司又发来传真，提出了新的要求：

由于即将到达的圣诞节，我方要求11月装运，限本月30号复到。

Owe to the approaching Christmas, we request November shipment, reply here 30th.

8月19日，南京洽洽进出口公司接受如下：

你方17日传真我方接受11 520条劳动布裤（Style NO. : MJ05365, 100% cotton)，纸箱装（每箱30条），CIF 千叶12美元/条，根据现行的中国人民保险公司的《海洋货物运输保险条款》办理一切险和战争险，11月装运，不可撤销跟单即期信用证支付。

Your fax 17th we accept jean (Style NO. : MJ05365, 100% cotton) for 11 520 pairs, packed in carton (30 pairs per carton), 12 USD per pair CIF Chiba, Insurance is to be covered by the Seller against All Risks and War Risk as per the current Ocean Marine Cargo Clause of the People's Insurance Company of China dated Jan. 1st, 1981, November shipment, irrevocable documentary sight L/C.

工作流程四　落实付款方式

工作任务一　选择支付方式

引例

1997年8月，我国某市A公司与新加坡B商签订了一份进口胶合板的合同。合同总金额为700万美元，支付方式为托收项下付款交单。合同写明，允许分批装运胶合板。按照合同规定，第一批价值为60万美元的胶合板准时到货。经检验A公司认为质量良好，对双方合作很满意。但在第二批交货期前，新加坡B商向A公司提出，鉴于A公司资金周转困难，允许A公司对B商开出汇票远期付款，汇票的支付条款为见票后一年付款700万美元。但要求该汇票要请中国某国有商业银行的某市分行承兑。承兑后，B商保证将700万美元的胶合板在一年内交货。A公司全部收货后，再付B商700万美元货款。A公司对此建议欣然接受。A公司认为只要承兑了一张远期汇票，就可以得到货物，并在国内市场销售，这是一笔无本生意，而且货款还可以投资。但令A公司始料不及的是，B商将这张由中国某国有商业银行某市分行承兑的远期汇票在新加坡美国一家银行贴现了600万美元，从此一张胶合板都不交给A公司了。事实上，B商将这笔巨款骗到手后就无影无踪了。一年后，新加坡美国银行将这张承兑了的远期票据请中国某国有商业银行某市分行付款。尽管B商没有交货，承兑银行却不得以此为理由拒绝向善意持票人美国银行支付票据金额。票据金额巨大，中国某国有商业银行报请上级批准。最终以我方承兑银行付给美国银行600万美元而结案。

案例简析

在国际贸易中由于交易金额一般较大，用于支付的工具除了大家平时所熟悉的现金外，更多的时候是采用票据替代现金进行支付。在上例中A、B达成交易就是以票据中的汇票作为支付工具的。票据有着自己的一套特殊使用规则，想要好好使用它，首先就必须掌握它，防止自己受到案例中类似的诈骗。

本案中，中国某国有商业银行的某市分行对那张由新加坡B商作为出票人和收款人的汇票承兑后成为汇票的付款人。A公司与B商之间的胶合板买卖合同是该票据的基础关系，因此B商向A公司开出远期付款命令。A公司在某国有商业银行某市分行有账户往来关系，即存款于该银行，它们之间的这种资金关系使得该行某市分行愿意向A公司提供信用，承兑了这张远期汇票。美国银行与B商之间有对价关系，美国银行善意地支付了600万美元的对价而成为受让人，成为这张汇票的善意持票人。票据的最大特点就是，票据法律关系一经形成，即与基础关系相分离，票据基础关系的存在和有效与否并不对善意持票人的票据权利产生影响，所以，即使B商实际上没有交货，或者A公司没有足够的美元存在银行，都不影响美国银行对承兑人的付款请求权。B商正是利用了票据的这一特性才行骗得逞的。如果这张票据没有在市场流通，那么情况就不一样了，因为各国票据法都认为，票据在未投入流通前，票据的基础关系与由此而产生的法律关系没有分离，两者是有联系的，也就是说，当票据的基础关系与票据法律关系存在于同一当事人之间时，债务人可以利用基础关系对抗法律关系。在该案中，如果是B商来中国某国有商业银行某市分行要求付款，某分行可提出：既然卖方不交货，买方也拒绝付款。这就是买方可向卖方提出同时履约的抗辩理由。

知识链接

一、票据的含义

票据是以金钱为目的的，由出票人签名于票据上，约定由自己或另一人无条件支付确定金额的可流通转让的证券。它是国际贸易中经常使用的支付工具。它也是一种债权凭证，合法取得票据债权的人，可以通过交付或背书再交付的方式进行债权转让。票据分为汇票、本票和支票三种，在国际贸易结算中使用最广泛的是汇票。

二、票据的作用

票据的使用一般要通过银行买卖，提供信用，融通资金，实现国际债权债务的结清。由此看来票据主要有四大作用：汇兑作用，支付作用，结算作用及信用作用。

（一）汇兑作用

票据最初的作用是汇兑，即异地输送现金和兑换货币。当时，随着商品经济的发展和市场范围的扩大，在异地贸易中不仅携带现金不方便、不安全，还存在不同种类货币之间的兑换困难。商品交易当事人通过货币经营者（现为银行）的汇款业务和货币兑换业务，在本地将现金交付货币经营者，并取得票据作为汇款和货币兑付凭证，并凭该票据在异地向货币经营者兑换现金，从而克服了现金支付的空间困难。

（二）支付作用

由于票据有汇兑作用，可异地兑换现金，是一种金钱给付的债权凭证，因而它逐渐发展为具有支付功能，即可以通过法定流通转让程序，代替现金在交易中进行支付。

（三）结算作用

这是指票据作为货币给付的手段，可以用它在同城或异地的经济往来中，抵消不同当事人之间相互的收款、欠款或相互的支付关系，即通过票据交换，使各方收付相抵，相互债务冲减。这种票据结算的方式，和使用现金相比，更加便捷、安全、经济。

（四）信用作用

票据可作为信用工具，在商业和金融中发挥融资等作用。在商品交易中，票据可作为预付货款或延期付款的工具，发挥商业信用功能。例如，在甲方向乙方开出票据后，乙方可先期交付商品或者先行预付货款即提供商业信用，然后乙方再在票据指定日期，向甲方收回已经交货的货款或者收回已经预付货款的商品。在金融活动中，企业可以通过将尚未到期的票据向银行进行贴现，取得货币资金，以解决企业一时发生的资金周转困难。

三、汇票（Bill of Exchange，Draft）

（一）汇票的概念

汇票，简称 Draft 或 Bill，是由出票人签发的，委托付款人在见票时或者在指定日期无条件支付确定的金额给收款人或者持票人的票据。通俗地说，它是一方开给另一方的无条件支付命令。在国际票据市场上，汇票是一种主要的流通工具，可以比较自由地流通转让。汇票的基本内容有八项：汇票号码、汇票日期、汇票金额、汇票期限、收款人（Payee）、出票条款、付款人（Payer/Drawee）、出票人（Drawer）。

样单 2　汇票

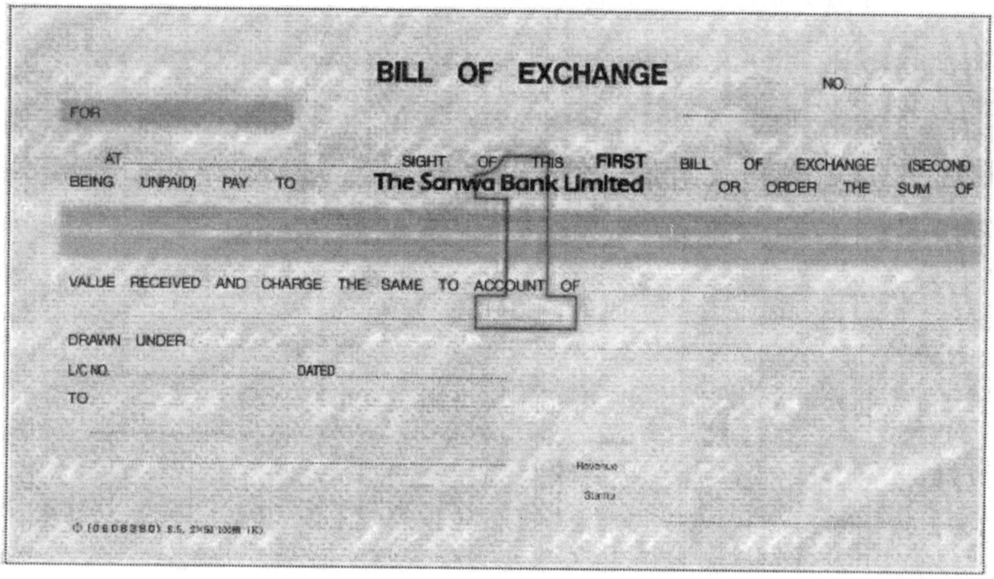
BILL OF EXCHANGE
NO.
FOR
AT .... SIGHT OF THIS FIRST BILL OF EXCHANGE (SECOND BEING UNPAID) PAY TO The Sanwa Bank Limited OR ORDER THE SUM OF
VALUE RECEIVED AND CHARGE THE SAME TO ACCOUNT OF
DRAWN UNDER
L/C NO. DATED
TO
Revenue
Stamp

（二）汇票的种类

汇票根据不同的标准，可分为以下形式：

（1）按出票人的不同，分为银行汇票（Banker's Draft）和商业汇票（Commercial Draft）。银行汇票是指银行对银行签发的汇票，付款人也是银行。商业汇票是由企业或个人签发的汇票，付款人可以是企业，也可以是银行或个人。

（2）按有无随附单据，分为光票（Clean Draft）和跟单汇票（Documentary Draft）。光票是指不附带货运单据的汇票，常用于货款尾数、佣金、保费等贸易从属费用的支付。跟单汇票是指附带货运单据的汇票，体现了货款与单据对流的原则，在国际贸易中运用得较广泛。

（3）按付款时间的不同，分为即期汇票（Sight Draft，Demand Draft）和远期汇票（Time Draft，Usance Draft）。即期汇票的持有人向付款人提示后，付款人见票时需立即付款。远期汇票是在见票时承兑在未来的特定日期或一定期限付款的汇票。远期汇票有以下四种规定方法：

①见票后若干天付款（At... days after sight）。

②出票后若干天付款（At... days after date）。

③提单签发后若干天付款（At... days after date of Bill of Lading）。

④指定日期付款（Fixed date）。

（4）按承兑人的不同，分为商业承兑汇票（Commercial Acceptance Draft）和银行承兑汇票（Banker's Acceptance Draft）。商业承兑汇票是企业或个人承兑的远期汇票，属于商业信用。银行承兑汇票是银行承兑的远期汇票，属于银行信用，它更易于在金融市场流通。

值得注意的是，一张汇票往往同时具备几个特征，如一张即期的跟单商业汇票。

（三）汇票的使用

汇票的使用也就是汇票的票据行为，即它的处理手续，主要包括出票、提示、承兑、背书、付款、拒付与追索等。

1. 出票（Issue）

出票是指出票人签发汇票经签字后将其交给收款人的票据行为。出票人签发汇票即设立了债权和债务关系，承担保证该汇票必然会被承兑或付款的责任。倘若得不到承兑或付款人拒付，持票人可向出票人追索票据，出票人就要承担相应的费用。

2. 提示（Presentation）

提示是指持票人向付款人出示汇票要求承兑或付款的票据行为。付款人见到汇票称为见票（Sight）。提示分为两种：

（1）承兑提示，即远期汇票持有人向付款人出示汇票，要求承诺到期付款的提示。

（2）付款提示，即汇票持有人向付款人或承兑人出示汇票，要求付款的提示。

要注意的是，两种提示都须在法定的时限内进行，否则会丧失追索权。

3. 承兑（Acceptance）

承兑是指远期汇票付款人承诺按指示到期付款的票据行为。具体作法是付款人在汇票正面写上“已承兑（Acceptance）”字样，注明承兑日期，并签名，把承兑的汇票交还持票人或签发承兑通知书交给持票人。远期汇票经承兑后，持票人可将汇票在市场上背书转让流通。

4. 付款（Payment）

付款是指付款人接到付款提示时向持票人支付票款的票据行为。持票人获得票款后，应在汇票上签收交回付款人。一经付款，汇票上的一切债权债务关系即告结束。

5. 背书（Endorsement）

背书是指持票人在汇票背面或者粘单上记载有关的事项并签章后交付给受让人的票据行为。经背书，收款的权利得到流通转让。背书的方式主要有三种：

（1）限制性背书，即不可转让背书，指背书人在背书中加注限制汇票继续流通的文字，如“仅付某公司，不可转让”。

（2）记名背书，指背书时有背书人签名，再记载被背书人，被背书人签名后可继续背书转让汇票，如“付交某公司或其指定人”。

（3）空白背书，亦称不记名背书，指背书人只需在汇票背面签字即可交付转让。

6. 拒付（Dishonour）与追索（Recourse）

拒付亦称退票，是指持票人提示汇票要求承兑或付款时遭到拒绝的票据行为。破产、死亡、逃匿或避而不见都属此范围。

遭拒付后，持票人有权通知其前手，直至通知到出票人，这种行为称为拒付通知。由公证人作出拒付事实的证明文件，称为拒付证书，此证书附在被拒付的汇票后。汇票上会注明付款人见票时间与地点，说明付款人拒绝付款或承兑。

追索是指汇票被拒付后，持票人要求其前手背书人或出票人清偿汇票金额及有关费用的票据行为。行使追索权时须提供拒付证书并在法定时间内进行。

（四）汇票的贴现

贴现是指远期汇票承兑后，持票人在汇票到期前去银行兑现现款，银行从票面金额中扣除贴现利息和手续费后付给持票人余款的行为。它可视作汇票的买卖。对进出口商来说，贴现时不再收取其他抵押品，非常有利于融资。不过，银行要根据承兑人的信用来决定是否给予贴现。贴现程序如下：

（1）出票人将汇票交持票人后，持票人将汇票交付款人承兑。

（2）持票人持承兑后的汇票交银行贴现，贴现银行扣除贴现利息支付持票人票款。

（3）汇票到期时贴现银行向付款人收取票款。

四、本票（Promissory Note）

（一）本票的概念

本票是由出票人签发的，承诺自己在见票时无条件支付确定的金额给收款人或持票人的票据。本票的基本内容包括：确定金额、收款人名称、出票日期、出票人签章、表明“本票”的字样、无条件支付的承诺。

样单3　本票

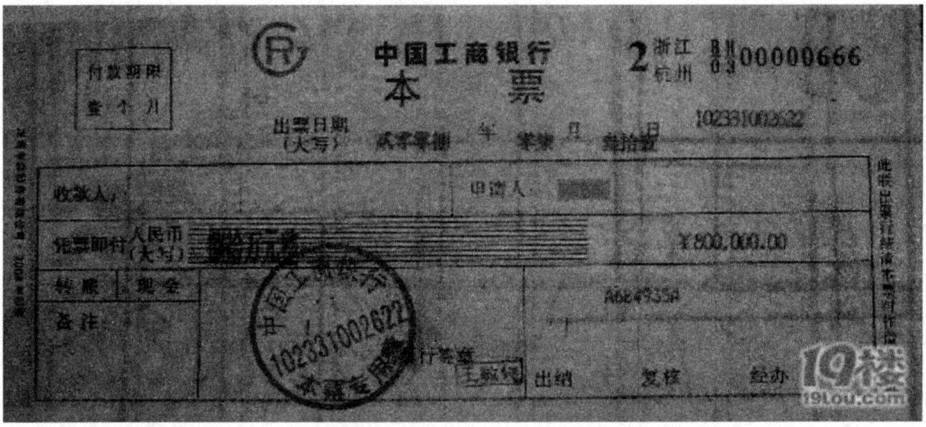

（二）本票的种类

（1）按出票人的不同，分为一般本票和银行本票两种。一般本票的出票人是企业或个人，又称为商业本票。银行本票的出票人是银行或其他金融机构。在我国本票只能由银行签发。

（2）按付款时间的不同，分为即期本票和远期本票两种。即期本票就是见票即付的本票，银行本票都是即期的。远期本票是承诺于将来的某个规定时间付款的本票。

五、支票（Cheque，Check）

（一）支票的概念

支票是出票人签发的，委托办理支票存款业务的银行或者金融机构在见票时无条件支付确定金额给收款人或持票人的票据。支票的基本内容包括：表明“支票”的字样、无条件的支付委托、确定的金额、付款人的名称、出票日期、出票人签章。

样单4　支票

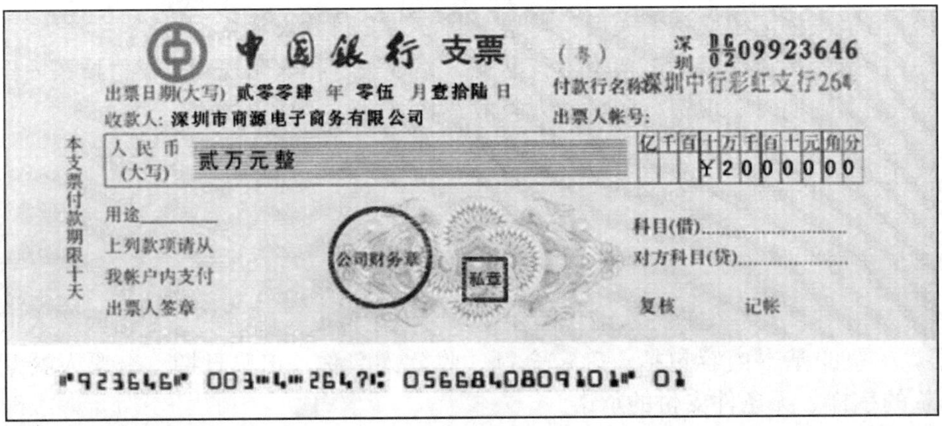
中国银行 支票　（专）　深圳 DG 02 09923646

出票日期(大写) 贰零零肆 年 零伍 月壹拾陆 日　付款行名称：深圳中行彩虹支行264

收款人：深圳市商源电子商务有限公司　出票人帐号：

本支票付款期限十天

人民币(大写) 贰万元整　亿 千 百 十 万 千 百 十 元 角 分　￥2000000

用途________

上列款项请从我帐户内支付

出票人签章　公司财务章　私章

科目(借)............

对方科目(贷)............

复核　记帐

⑈923646⑈ 003⑉4⑉2647⑆ 0566840809101⑈ 01

（二）支票的种类和使用

支票都是即期的，可分为现金支票和转账支票两种。支票经在其左上角划两道平行线，就成为了转账支票，因此支票又有了划线支票与非划线支票之分。使用支票要注意以下几点：

（1）支票的出票人必定是在银行设有存款账户的客户。支票金额不得超过存款金额，如果超出，则是空头支票，出票人要对此负法律责任。

（2）支票到手并不意味着货款到手，遇到突发事件，如客户账户被冻结，银行也有可能停止付款。

表 2　汇票、本票和支票的区别

票据种类	性质	当事人	付款时间	签发份数	主债务人
汇票	无条件的书面支付命令	出票人/付款人/收款人	分远期/即期 远期需承兑	两份	承兑前：出票人 承兑后：承兑人
本票	无条件的书面支付命令	出票人/收款人	分远期/即期 远期不承兑	一份	出票人
支票	无条件的书面支付命令	出票人/付款人/收款人	只有即期 没有远期	一份	出票人

【课堂讨论】

1. 票据和现金在使用上的区别有哪些？
2. 银行本票与银行汇票有哪些共同点？它们在实质上是否相同？

【课堂练习】

1. 什么是汇票、本票和支票？
2. 汇票是如何使用的？有哪些种类？

【案例分析】

A 公司从 B 公司购入一批价值人民币 500 000 元的货物，欲以票据支付。恰好 A 公司对其子公司 C 有一笔 90 天后到期的债权。试问：A、B 公司最好使用哪种票据支付，此票据的当事人是怎样，如何使用？

【实训项目】

1. 试列表格分析汇票、本票与支票的异同（作用、性质、当事人、种类等方面）。
2. 请根据本工作任务的引例内容，缮制一张汇票。

ACCEPTED __________________ __________________ (Date) __________________ __________________ (Company Name)	BILL OF EXCHANGE For ____________________　　　　____________________ (amount in figure)　　　　(date of issue) At ______________ sight of this bill of exchange (SECOND being unpaid) Pay to ____________________ or order the sum of ____________________ (amount in words) for value received. To:　　　　For and on behalf of ______________________________　　______________________

任务1　三种主要的结算方式——汇付

引例

某省公司一位业务员与国外客户商定，货款结算使用美元电汇支付。货物发出后十余天，该公司业务员收到客户电汇付款的银行收据传真件，当即书面指示船公司将货物电放（凭提单正本影印件提货）给提单上的通知人。客户将货提走，货款却未到账。经查客户在银行办理了电汇付款手续后，取得银行收据，马上传真给卖方，并要求立即电放货物，在拿到卖方给船公司的电放指示附件后，即去银行撤销了这笔电汇付款，造成了该公司8万美金的损失。

案例简析

在国际贸易中，支付方式主要有三种：汇付、托收和信用证。其中，汇付是一种手续非常简便因而被经常选用的结算方式，它又可分为电汇、信汇和票汇。汇付属于商业信用，故结算是否能顺利进行，完全取决于付款一方，银行不作付款保证。因此，在结算过程中贸易方应该熟练掌握此支付方式的特点和应用，减少相关结算风险的产生。

知识链接

一、汇付（Remittance）的概念

汇付又称汇款，是指付款人委托银行将款项以某种方式付给收款人的结算方式。因为在这种结算方式中，结算工具（汇票或委托通知）的传送方向和资金流动方向一致，故称为顺汇。

二、汇付的当事人

汇付方式涉及四个当事人：汇款人、汇出行、汇入行及收款人。

（1）汇款人（Remitter），即付款人，一般是国际贸易中的进口商、买卖合同的买方或其他经贸往来中的债务人。

（2）汇出行（Remitting Bank），即汇出款项的银行，一般是买方所在地银行。

（3）汇入行（Paying Bank），又称解付行，是接受汇出行的委托解付款项的银行，一般为汇出行的代理行。

（4）收款人（Payee or Beneficiary），即收款方，也称受益人，通常是指国际贸易当中的出口商、买卖合同的卖方或其他经贸往来中的债权人。

三、汇付的方式

（一）电汇（Telegraphic Transfer，T/T）

电汇是指汇款人将款项和电汇申请书交给汇出行，要求以电报、电传或SWIFT（全球银行金融电信协会）等电信手段向汇入行发出付款委托的一种汇款方式。电汇费用相对其

他汇付方式费用较高，但交款迅速，因而在业务中被广泛使用。

使用电汇时，汇款人向汇出行提出申请，汇出行根据申请，拍发加押电报、电传或SWIFT给汇入行，发电后汇出行将电报证实书寄给汇入行以便核对。汇入行核对密押后，缮制电汇通知书，通知收款人取款，收款人取款后出具收据作为收妥汇款的凭证。最后，汇入行向汇出行发出付讫借记通知，一笔电汇业务就此完成。

（二）信汇（Mail Transfer，M/T）

信汇是指汇款人把款项和信汇申请书交银行，要求以航空信函方式向汇入行发出付款委托的一种汇款方式。信汇具有费用低廉的优点，但收款时间长，因而在业务中较少使用。

使用信汇时，汇款人向汇出行提出申请，并交款付费给汇出行，取得信汇回执。汇出行把信汇委托书邮寄汇入行，委托汇入行解付汇款，汇入行凭此向收款人发出取款通知。收款人在收款人收据上签字盖章交汇入行，汇入行解付汇款，同时将付讫借记通知书寄给汇出行。

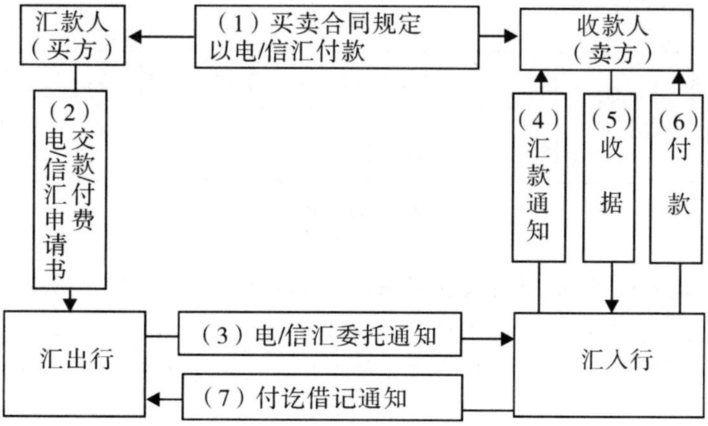

图3　电汇和信汇的业务程序图示

（三）票汇（Remittance by Banker's Demand Draft，D/D）

票汇是指以银行即期汇票为支付工具的汇款方式。

使用票汇时，汇款人填写票汇委托书，将款项和手续费交予汇出行，汇出行开立银行即期汇票（或银行本票）交汇款人，由其自行或通过邮递方式交给收款人。同时，汇出行将票据通知书或称票根（Advice of Drawing）邮寄给汇入行。待收款人或持票人凭票据到汇入行取款时，汇入行核验票据与票根相符后，即解付票款，并通知汇出行。

电汇因速度快，现代应用最为广泛，而信汇应用越来越少。票汇业务相对简单，也受银行欢迎。

四、汇付的应用

采用汇付方式结算货款时，银行只提供服务，不提供信用，货款能否结清取决于买方的信用，因此它属于商业信用。可应用于如下情形：

（1）预付货款（Payment in Advance），预付货款是指在订货时或交货前汇付货款的方法。有时，进口商为减少预付风险，可采用凭单付汇（Remittance Against Documents）的方法，即进口商先将货款汇给出口地银行，在汇款通知书中规定出口商应提供相应的装运单据才能解付款项。

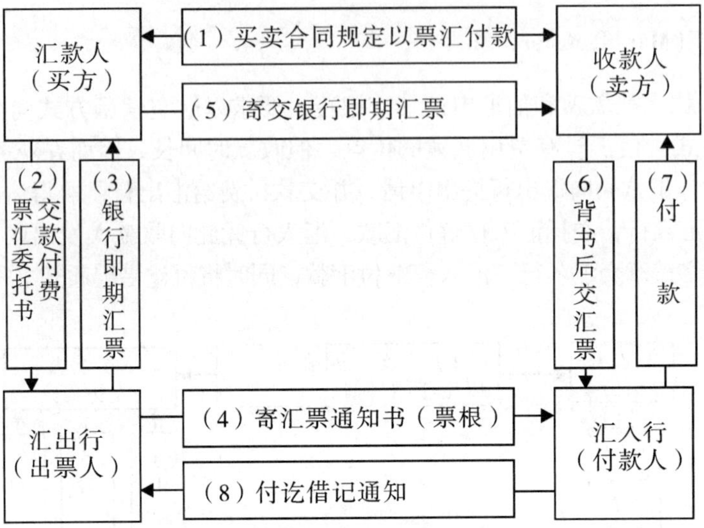

图4　票汇的业务程序图示

（2）货到付款（Payment after Arrival of the Goods），货到付款是指出口商收到货款以前，先交出货物或单据，然后由进口商安排汇付货款的做法。这种方法对卖方不利，卖方一旦交出单据，会变得很被动，所以该支付方式主要应用于金额不大或与老客户的交易中。

【课堂讨论】

1. 办理电汇和票汇业务时应注意哪些事项？
2. 预付和到付，出口商应如何选择？

【课堂练习】

1. 什么是汇付？有哪些当事人？
2. 什么是票汇？其业务程序是怎样的？
3. 判断题：

（1）通常票汇方式下收款人收妥资金的时间比使用电汇方式要短。

（2）使用电汇时资金到账速度快，但是费用比信汇高。

（3）汇票结算都是通过银行来传递资金的，所以是以银行信用为基础的结算方式。

（4）预付货款可以保证进口商得到所需的货物。

【案例分析】

2001年5月18日，国内某外贸公司（出口商）与加拿大一家公司（进口商）经中间人介绍签订了一份金额为39万美元的贸易合同，合同规定：由进口商开出即期不可撤销的信用证向出口商付款。但过了合同规定的开证日期仍未见进口商开来信用证，经出口商的催问，对方称："证已开出，请速备货。"然而，临近约定的装运期前一周，出口商还未收到信用证。出口商再次询问，对方才告知"因开证行与出口方银行并无业务代理关系，故此证已开往有代理关系的某地银行转交"。此时，船期已到，因合同规定货物需运抵加拿大，而此航线每月只有一班船，若错过这一次船期，则要推迟至下一个月才能装船，如果这样的话，将会造成利息和费用的损失。这时，进口商提出改用电汇方式把货款汇来，以促成该笔生意。鉴于以上情况，出口商只好同意并要求对方提供汇款凭证传真件，确认后马上发货。次日，进口商便传来了银行的汇款凭证，出口商财务人员持该传真件到银行核对签字无误后，以为款项已汇出，便安排货物装船。但货物出运后十多天，出口商财务人员查询时才发现货款根本未到账。原来，该进口商瞄准出口商急于销货的心理，先购买一张小额汇票，涂改后，再传真过来，冒充电汇凭证，蒙骗出口商，使其遭受重大损失。请分析通过什么方法可防范类似上述汇款诈骗。

【实训项目】

根据下列背景写出货款收付流程。

出口商：广州东方贸易公司　往来银行：中国银行广州分行

进口商：日本JUOLA贸易公司　往来银行：东京三菱银行

支付方式：全部交易金额以银行汇票付款

任务2　三种主要的结算方式——托收

引例

某外贸公司与某客商做了几笔顺利的小额交易后，客人称销路已经打开，要求增加数量，并称由于数量太多，资金一时周转不开，最好将付款方式由预付改为D/P at sight。当时我方考虑到采用D/P at sight的情况下，如果对方不去付款赎单，就拿不到单据，货物的所有权归我方所有。结果，未对客户的资信进行全面调查，就发出了一个40'货柜的货物，金额为3万美元。

后来，事情发展得极为不顺。货物到达目的港后，客户借口资金紧张，迟迟不去赎单。10天后，各种费用相继产生。考虑到这批货物的花色品种为客户特别指定，拉回来也是库存，便被迫改为D/A 30天。可是，客户将货提出之后，就再也没有音信。到涉外法律服务处与讨债公司一问才知道，到美国打官司费用极高，于是只好作罢。

案例简析

托收是国际贸易中三种主要的支付方式之一，由于它的性质是商业信用，对于出口商而言，收款依赖于进口商的信用，故使用当中应注意了解其使用方法及风险的防范。本案中出口公司要从中吸取教训，以下几点应引起注意：

（1）客户往往在开始时及时付款，然后突然要求增加数量，要求出口商给予优惠的付款条件如 D/P、D/A 或 O/A（Open Account）。如果出口公司答应客户提出的条件，就为以后的纠纷埋下了隐患。

（2）出口公司在接受客户提出的 D/P 条件后，在客户没有付款赎单的情况下，反而提出 D/A 30 天。出口应考虑到 D/A 的风险和后果。

知识链接

一、托收（Collection）的概念

托收是指出口商委托银行向进口商收取销售货款或劳务价款的一种结算方式。卖方发货后，将汇票和装运单据通过银行向进口商提示，进口商只有在承兑或付款后，银行才交付单证。在托收方式下，汇票的传递方向与资金的流向相反，所以它被称为逆汇。

二、托收的当事人

（1）委托人（Principal，Consignor），是托收业务中委托银行办理托收的一方，通常就是出口商。

（2）托收行（Remitting Bank），又称委托行或寄单行，指接受委托办理托收业务的银行，一般就是出口商所在地银行。

（3）代收行（Collecting Bank），是指接受委托行委托，向进口商收款的银行，通常是进口方银行。

（4）付款人（Drawee），是银行根据托收指示书的指示向其提示单据的人，一般是进口商。

（5）提示行（Presenting Bank），是向付款人提示单据的银行，一般来讲，代收行即为提示行。如果付款人和代收行业务往来关系处理不便时，代收行可主动或者应付款人的请求，转托与付款人有业务往来关系的银行代向付款人提示收款。

三、托收的种类

（一）光票托收

光票托收是指出口商只开立汇票，无随附货运单据的托收。

（二）跟单托收

跟单托收是指出口商开立汇票与随附货运单据一起交银行办理的托收业务。根据交单条件的不同，跟单托收又分为两种：

1. 付款交单

付款交单（Documents against Payment，D/P），是指代收行必须在进口商付款后才能将单据交予进口商的方式。付款交单根据付款时间的不同，又可分为即期付款交单和远期付款交单。

（1）即期付款交单（D/P at sight），指进口商见到提示银行的汇票和票据时，立即付

清货款换取单据。

（2）远期付款交单（D/P at... days sight），指进口商见到提示银行的汇票和票据时先承兑，待汇票到期时再付款取单。

2. 承兑交单

承兑交单（Documents against Acceptance，D/A），是指进口商见到提示银行的汇票和票据时进行承兑即可取走单据，待汇票到期时再付款。

四、托收的支付程序

跟单托收的程序如下图所示：

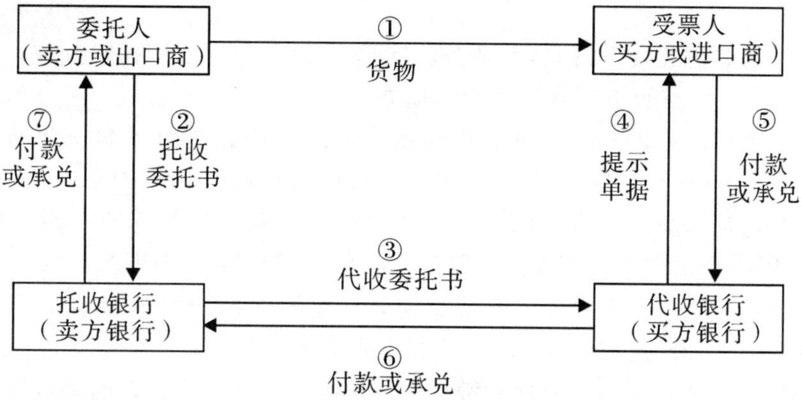

图5　跟单托收的程序图示

①出口商和进口商签订合同约定支付方式是跟单托收，并按合同发货。

②出口商发货后，填写托收委托书，缮制好汇票，连同货运单据一起交给托收行，委托其收款。

③托收行收到指示和单证后，合理谨慎地检验托收单证是否相符，将委托书和汇票以及单据寄交代收行，委托其收款。

④代收行收到汇票和单据后，及时向进口商提示。

⑤如果是即期付款交单，进口商立即付款，取得单据；如果是远期交单，进口商须立即承兑。

⑥代收行收到货款后，扣除手续费，转付给托收行。

⑦托收行再将货款拨交给出口商。

五、托收方式的应用

（一）托收的特点

（1）属于商业信用，银行只提供服务，不提供信用，故其无审单和付款责任。

（2）如遭拒付，银行无代管货物义务。

（3）对出口商来说，风险较大，D/A大于D/P；而对于进口商而言，不用垫付资金，是一种比较有利的结算方式。

（4）托收比电汇安全性高，费用也高，但比信用证费用低。

（5）手续相对简便，是开拓市场的一种重要手段。

（二）采用托收的注意事项

在我国的出口业务中，为加强对外竞争能力和扩大出口，可针对不同商品、不同贸易对象和不同国家与地区的习惯，适当和慎重地使用托收方式。但是，在使用此种方式时，应注意下列问题：

（1）认真考察进口商的资信情况和经营作风，并根据进口商的具体情况妥善掌握成交金额，不宜超过其信用额度。

（2）对于贸易管理和外汇管制较严的进口国家和地区不宜使用托收方式，以免货到目的地后，由于不准进口或收不到外汇而造成损失。

（3）要了解进口国家的商业惯例，以免由于当地习惯做法而影响安全迅速收汇。例如，有些拉美国家的银行，对远期付款交单的托收按当地的法律和习惯，在进口商承兑远期汇票后立即把商业单据交给进口商，即把远期付款交单（D/P 远期）改为按承兑交单（D/A）处理，因而会增加出口商收汇的风险，并可能引起争议和纠纷。

（4）出口合同应争取按 CIF 或 CIP 条件成交，由出口商办理货运保险，也可投保出口信用保险。在不采用 CIF 或 CIP 条件时，应投保卖方利益险。

（5）采用托收方式收款时，要建立健全管理制度，定期检查，及时催收清理，发现问题应迅速采取措施，以避免或减少可能发生的损失。

【课堂讨论】

1. 简述 D/P 即期、D/P 远期和 D/A 的工作流程。请特别注意代收行与进口商之间的“单、款衔接”环节。

2. 托收对于卖方来说有哪些风险？应怎样防范？

【课堂练习】

1. 用 D/A 托收时，报何种价格条件较好？可否报 FOB 价？

2. 为什么在出口业务中，采用跟单托收方式收取货款时，一般应争取按 CIF 或 CIP 条件订立合同？如争取不到，应如何处理？

3. 单选题：

（1）汇票有即期和远期之分，在承兑交单业务中，（　　）。

A. 只使用远期汇票，不使用即期汇票　　B. 只使用即期汇票，不使用远期汇票

C. 可使用即期汇票，也可使用远期汇票，由双方事先约定

（2）在国际货物买卖中，出口商使用托收方式，委托并通过银行收取货款，使用的汇票是（　　）。

A. 商业汇票，属于商业信用　　B. 银行汇票，属于银行信用

C. 商业汇票，属于银行信用　　　　　　D. 银行汇票，属于商业信用

（3）进口商必须在付清款后才能到得货运单据，这种结算方式是（　　）。

A. 光票托收　　　　　　B. 即期付款交单

C. 远期付款交单　　　　D. 付款交单凭信托收据借单

【案例分析】

某年6月6日，某托收行受理了一笔付款条件为D/P at sight的出口托收业务，金额为USD50 000，托收行按出口商的要求将全套单据整理后填写了托收函一同寄给法国一家代收行。单据寄出5天后委托人声称进口商要求托收将D/P at sight改为D/A at 60 days after sight，最后委托行按委托人的要求发出了修改指令，此后一直未见代收行发出承兑指令。当年8月19日委托行收到代收行寄回的单据发现3份正本提单只剩2份。委托人立即通过法国有关机构了解到，货物已经被进口商提走。此时，委托行据理力争，要求代收行要么退回全部单据，要么承兑付款，但是代收行始终不予理睬，货款始终没有着落。试分析出口商应从中吸取的教训。

【实训项目】

试列表比较汇付与托收的异同点。

任务3　信用证

引例

某市中国银行曾收到香港BD金融公司开出的以海南某信息公司为受益人的不可撤销跟单信用证，金额为USD992 000.00元，出口货物是20万台照相机。信用证要求发货前由申请开证人指定代表出具货物检验证书，其签字必须由开证行证实，且规定1/2的正本提单在装运后交予申请人代表。在装运时，申请人代表来到出货地，提供了检验证书，并以数张大额支票为抵押，从受益人手中拿走了其中一份正本提单。后来，受益人将有关支票委托当地银行议付，但被告知："支票为空头支票，而且申请人代表出具的检验证书签名不符，纯属伪造。"更不幸的是，货物已被全部提走，下落不明。受益人蒙受重大损失，有苦难言。

案例简析

随着国际贸易的不断发展，信用证在国际结算领域被广泛运用，信用证的类型也随之不断增加。为了更好地利用它为外贸服务，我们必须了解各种信用证的类型，及其性质、期限、流通方式等特点和应用。如上文中所开设的不可撤销跟单信用证，属于银行信用，虽然是有银行不可撤销的付款承诺，但受益人拿到信用证也并不能完全保证可以安全结汇，它必须满足信用证的单据要求，严格做到单证一致才有可能从银行处得到付款。当

然，单证一致的前提还要建立在预防信用证欺诈的基础上，所以在未得到付款前请千万注意把握物权的控制，以免出现像本例中这种钱货两失的状况。

知识链接

一、信用证的概念

信用证（Letter of Credit）是指银行（开证行）应客户申请的要求和指示或自己主动，向受益人开立的有一定金额的在一定期限内凭规定单据在指定的地点支付的书面保证。信用证实质上是银行代表客户（买方）向卖方有条件地承担付款责任，付款条件是受益人提交符合信用证条款规定的单据。

信用证与汇款和托收相比，银行提供的服务有了质的飞跃，由只提供代收服务演变为既提供代收服务又提供信用和资金融通，使买卖双方免去了互不信任的顾虑。对卖方来说，装运后，凭规定的单据即可向银行取款；对买方来说，付款后即可得到货运单据，通过信用证的条款控制卖方。与此同时，银行往往还为信用证提供资金融通，可做进出口押汇，以缓解买卖双方资金紧张的困难。因此，信用证在业务中被广泛使用，特别是在初次交易中。

二、信用证的特点

（一）开证行承担第一性付款责任

信用证是银行开立的有条件的付款承诺，属于银行信用。一旦受益人提供符合条件的单据，开证行必须付款，无论开证申请人拒付或倒闭。

（二）信用证是纯单据业务

在信用证业务中，有关当事人处理的是单据，而非货物或服务。银行审单时严格遵循“单证一致，单单一致”的原则，单据符合信用证的要求，银行就付款，不问货物。但如果单据有不符点，即使货物合格，银行也将拒付。

（三）信用证是一项独立的文件

信用证是根据买卖合同开立的，但信用证一经开立，它就成为独立于合同之外的法律文件。买卖合同是进出口商之间的契约，只对买卖双方有约束力，而信用证则是开证行与受益人之间的一种约定，开证行及其他信用证当事人只受信用证的约束。

三、信用证的当事人

信用证涉及的主要当事人有四个：开证申请人、开证行、受益人和议付行。另外，还有其他关系人：通知行、付款行、偿付行和保兑行等，现详述如下：

（1）开证申请人（Applicant），是指向银行申请开立信用证的人，通常是指进口商。它须在规定时间内开证，交付开证押金并及时付款赎单。

（2）开证银行（Opening Bank，Issuing Bank），是指接受开证申请人委托开立信用证的银行，它承担保证付款的责任，通常是进口地所在银行。

（3）通知行（Advising Bank，Notifying Bank），是指接受开证行委托，将信用证传递（通知）给受益人的银行。它通常是开证行的代理行（Correspondent Bank）。通知行应合理审慎地鉴别信用证的表面真实性，无须承担其他义务。

（4）受益人（Beneficiary），指信用证指定有权使用信用证的人，一般为出口商。它的权利和义务是交货、提交与信用证要求相符的单据并索取货款。

（5）议付行（Negotiating Bank），也称押汇银行，是指按照开证行的授权买入或贴现受益人提交的符合信用证条款单据的银行，一般为出口地银行。如遭拒付，它有权向受益人追索货款。

（6）付款行（Paying Bank，Drawee Bank），指信用证指定的担任付款人的银行，通常是开证行本身或它的代理行。它负责验收单据，一旦付款后，无权再向受益人追索。

（7）偿付行（Reimbursement Bank），是指受开证行的委托，代替开证行偿还议付行的垫款的银行。通常是开证行的代理，它不负责审单。

（8）保兑行（Confirming Bank），是指应开证行的请求或授权对信用证进行保兑的银行，具有与开证行相同的责任和地位，即保兑后，就须承担付款责任。

四、信用证的内容

迄今为止，各国银行的信用证无统一格式，但基本内容却大致相同，包括以下几个方面：

（一）对信用证本身的说明

（1）信用证号码（L/C NO.）。

（2）信用证类型（Form of Credit）。

（3）开证日期（Date of Issue）。

（4）到期日期和地点（Expiry Date and Place）。

（5）交单期限（Documents Presentation Period）。

（6）信用证金额（L/C Amount）。

（二）信用证的当事人

（1）开证银行（Issuing /Opening Bank）。

（2）通知行（Notifying/Advising Bank）。

（3）开证申请人（Applicant）。

（4）受益人（Beneficiary）。

（5）议付行（Negotiating Bank）。

（6）付款行（Paying Bank）。

（7）偿付行（Reimbursement Bank）。

（8）保兑行（Confirming bank）。

（三）汇票条款

（1）出票人（Drawer）。

（2）付款人（Drawee）。
（3）付款期限（Tenor）。
（4）出票条款（Drawn Clause）。

（四）单据条款

（1）商业发票（Commercial Invoice）。
（2）装箱单（Packing List）。
（3）提单（Bill of Lading）。
（4）产地证（Certificate of Origin）。
（5）检验证书（Inspection Certificate）。
（6）保险单（Insurance Policy）。
（7）其他单据（Other Documents）。

（五）对货物的描述

（1）品名（Commodity Name）。
（2）规格和型号（Grade and Specification）。
（3）重量或数量（Weight or Quantity）。
（4）包装（Packing）。

（六）装运与保险条款

（1）装运港（Port of Loading）。
（2）卸货港/目的地（Port of Discharge/Destination）。
（3）装运期限/最迟装运期（Shipment Period/Latest Date of Shipment）。
（4）可否分批装运（Partial Shipment Allowed/Not Allowed）。
（5）可否转运（Transshipment Allowed/Not Allowed）。
（6）保险（Insurance）。

（七）其他

（1）特别条款（Special Condition）。
（2）对议付行的指示（Instructions to Negotiating Bank）。
（3）索汇方法（Method of Reimbursement）。
（4）寄单方法（Method of Dispatching Documents）。
（5）信用证适用的统一惯例（UCP Clause）。
以下是通过信开本开立的信用证样板：

样单 5　通过信开本开立的信用证

BANCO BLSEL S.A. ARGENTINA

Cable advised by preliminary on: 27-Jul-97 ROSARIO

DATE 1-Aug-97 ①

IRREVOCABLE DOCUMENTARY LETTER OF CREDIT	OUR NO. CITI-070202	ADVISING BANK NO.

ADVISING BANK THE BANK OF EAST ASIA LTD. SHANGHAI GRANGH	APPLICANT MIGUEL ANGEL ORFEI 20DE SETIEMBRE 1758, 7600 MAR DEL PLAZA BUENOS AIRES, ARGENTINA
BENEFICIARY TRIUMPH IMP.& EXP.CO.,LTD. 2103 SHANGHAI INT'L TRADE CENTER. 2200 YAN-AN ROAD(W) SHANGHAI, CHINA	AMOUNT US $ 159960.00 SAY US DOLLARS ONE HUNDRED FIFTY NINE THOUSAND NINE HUNDRED AND SIXTY ONLY EXPIRY 20-Sep-97

GENTLEMEN:YOU ARE AUTHORIZED TO VALUE ON US ②
BY DRA WING DRAFTS AT 45DAYS' SIGHT FOR 100% OF INVOICE VALUE
ACCOMPANIED BY THE FOLLOWING DOCUMENTS:

1. DETAILED COMMERCIAL INVOICE IN QUADRUPLICATE
2. PACKING LIST IN TRIPLICATE SHOWING ITEM AND WEIGHT
3. CERTIFICATE OF ORINGIN IN DUPLICATE STATING THE IMPORTNG COUNTRY AS ARGENTITNA DULY SIGEN BY CHAMBER OF COMMERCE
4. FULL SET OF CLEAN ON BOARD OCEAN BILLS OF LANDING ISSUED BY COSCO AND MADE OUT TO ORDER OF SHIPPER AND ENDORSED IN BLAND MARKED PREIGHT PREPAID NOTIFY APPLICANT
5. INSURANCE CERTIFICATE COVERING I.C.C. (A)FOR 110% OF INVOICE VALUE INSTITUTE CARGO CLAUSE OF 1982 WITH CLAIMS ARE TO BE PAYABLE IN BUENOS AIRES IN THE CURRENCY OF THE DRAFTS

SHIPPING TERMS: CIF BUENOS AIRES SHIPPING MARK: MIG
9722
COVERING: 2ITEMS OF TRAIN BRAND FOOTBALL BUENOS AIRES
AS PER S/C NO. MIG9722 DD 5-JUN-1997 NO.1-358

FROM:SHANGHAI TO:BUENOS AIRES	PARTIAL SHIPMENTS:NOT ALLOWED TRANSSHIPMENT: NOT ALLOWED	LATEST DATE OF SHIPMENT: 5-Sep-97

SPECIAL INSTRUCTIONS:
ALL CHARGES OUTSIDE OPENING BANK FOR ACCOUNT OF BENEFICIARY
ALL DOCUMENTS PRESENTED FOR NEGOTIATION SHALL BEAR THE NO.OF THIS CREDIT AND THE NAME OF ISSUING BANK.

THE AMOUNT OF ANY DRAFT DRAWN UNDER THIS CREDIT MUST BE ENDORSED ON THE REVERSE OF THE ORIGINAL CREDIT. ALL DRAFTS MUST BE MARKED DRAWN UNDER THIS DOCUMENTARY CREDIT AND BEARING ITS NUMBER AND DATE.

Drafts and documents to be pressented for negotiation not later than 15 days after the bill of lading date

Except so far as otherwise exlpressly stated, this documentary credit is subject to the "Uniform Customs and Practice for Documentary Credits"1993 Revision International Chamber of Commerce Publication No.500

WE HEREBY AGREE WITH THE DRAWERS ENDORSERS AND BONA-FIDE HOLDERS OF DRAFTS DRAWN UNDER ADN IN COMPLIANCE WITH THE TERMS OF THIS CREDIT THAT SUCH DRAFTS WILL BE DULY HONORED ON DUE PRESENT ATION TO THE DRAWEE IF NEGOTIATED ON OR BEFORE THE EXPIRY DATE.	ADVISING BANK NOTIFICATION THE BANK OF EAST ASIA LTD. SHANGHAI BRANCH
David lange authorized Signature	Shanghai 陈洁13-Aug-97 Place date, name, adn signature of the advising bank

以下是通过 SWIFT 开立的信用证样板：

样单6 通过SWIFT开立的信用证

交通银行上海浦东分行

Bank of Communications

Shanghai Pudong Branch

DATE: DEC. 5th, 2003	OUR REF LCEA03P－0891
TO: SHANGHAI YU AN ZHI YING DISPLAY EQUIPMENT CO., LTD.	FROM: ASIA COMMERCIAL BANK LTD., SINGAPORE

L/C NO. DZ/3/IM/302052 DATED 03/11/28 FOR USD 122, 400

Dear Sirs,

We have pleasure in advising you that we have received from the above bank an authenticated letter credit by telex/airmail contents of which are as per attached sheet, which constitutes an integral part of credit advice.

Please note that this credit does not bear our confirmation and does not involve any undertaking on part instructions on the contrary stipulated hereon.

This advice and the attached (and any subsequent amendment) must accompany all presentations.

Bank of Communications

Shanghai Pu Dong Branch

> Remarks: If you find any terms in this credit you are unable to comply with or any error in your name and/or address. Please communicate direct with your buyers immediately with a view to arranging any defined amendments and thus avoid difficulties which would otherwise arise when documents are presented.

00011. ASC　　Page 1 December 3rd, 2003 08 : 44 am

= RECEIVED = advice of third bank's credit FM710 ---------------------------------- ORIGINAL 0001 =

* * *

* * * DESTINATION COMMCNSHAPDG　　SW20031202FS000000111600

* * * SESS 2200　　DATE RCVD 02－DEC－03 15 : 18

* * * SRQU 490075

* * *--

* * * ORIGINATOR　ASIA COMMERCIAL BANK LTD.　　FROM SWIFT

* * * SESS 6897 ASIA COMMERCIAL BANK LTD.　　DATE SENT 02－DEC－03 08 : 18

＊＊＊ SEQU　038298　SINGAPORE
＊＊＊-- NORMAL --
＊＊＊
＊＊＊：27/sequence of total　　　　：1/2
＊＊＊：40B/form of documentary credit　　　　：IRREVOCABLE
＊＊＊
＊＊＊：21/documentary credit no.　　　　：DZ/3/IM/302052
＊＊＊：31C/date of issue　　　　：03/11/28
＊＊＊：31D/date and place of expiry　　　　：03/12/20 AT BENEFICIARY'S COUNTRY
＊＊＊：50/applicant　　　　：ABC COMPANY. SINGAPORE
＊＊＊：59/beneficiary　　　　：SHANGHAI YU AN ZHI YING DISPLAY
＊＊＊　　　　EQUIPMENT CO. LTD. NO 521 KANGHUA
＊＊＊　　　　ROAD, WAIGAOQIAO, INDUSTRIAL ZONE
＊＊＊　　　　PUDONG, SHANGHAI, CHINA
＊＊＊：32B/currency code amount　　　　：USD 122, 400, 00
＊＊＊：41A/available with/by　　　　：BANK OF CHINA
＊＊＊　　　　SHANGHAI BRANCH
＊＊＊：42P/deferred payment details　　　　：PAYABLE 60 DAYS AFTER SHIPMENT DATE
＊＊＊：43P/partial shipments　　　　：PROHIBITED
＊＊＊：43T/transshipment　　　　：ALLOWED
＊＊＊：44B/for transportation to　　　　：SINGAPORE
＊＊＊：44D/shipment period　　　　：FROM 02 - DEC - 03 TILL 06 - DEC - 03
＊＊＊：45A/description goods and/or services
＊＊＊ COLOR MONITOR 14 WITH LOW RADIATION WITH MITSU
＊＊＊ ACCORDING TO CONTRACT NO YRPI - 9610028A .
＊＊＊ DELIVERY TERMS：FOB SHANGHAI
＊＊＊：46A/documents required
＊＊＊ 1. COMMERCIAL INVOICE WITH COUNTRY OF ORIGIN OF ALL GOODS
＊＊＊ 2. ORIGINAL AND 2 COPIES OF ORGINAL CERTIFICATE
＊＊＊ 3. PACKING LEST IN TRIPLICATE
＊＊＊ 4. FULL SET (3/3) OF ORIGINAL BILL OF LADING MADE OUT TO
＊＊＊ ABC COMPANY, 222 YORK STREET, SINGAPORE 3205
＊＊＊：47A/additional conditions：INSURANCE COVERED BY APPLICANT
＊＊＊ IN CASE OF DISCREPANT DOCUMENTS PRESENTATION OUR DISCREPANT
＊＊＊ FEE OF USD40. 00 WILL BE DEDUCTED FROM PROCEEDS
＊＊＊：71B/details of charges　　　　：ALL COMMISSIONS AND CHARGES OUTSIDE
＊＊＊　　　　SINGAPORE ARE FOR BENEFICIARY'S ACC.
＊＊＊：48/period for presentation　　　　：DOCUMENTS TO BE PRESENTED WITHIN
＊＊＊　　　　15 DAYS AFTER SHIPMENT
＊＊＊：49/confirmation instructions　　　　：WITHOUT
＊＊＊：78/instructions to pay/neg bk
＊＊＊ AGAINST YOUR TESTED ADVICE TO US, AT LEAST 3 WORKING DAYS

```
* * * BEFORE PAYMENT, STATING PRESENTATION OF DOCUMENTS IN CONFORMITY
* * * WITH L/C TERMS WE SHALL CREDIT YOU ACCORDING TO YOUR INSTRUCTIONS AT * * *
* * MATURITY DATE.
* * * : 57D/account with inst-address          : YOUR WAIGAOQIAO FREE TRADE ZONE
* * *                                            SUB - BRANCH
* * * : 72/sender to receiver information      : PLS ACKNOWLEDGE RECEIPT AND QUOTING
* * *                                            OUR REF. NO. DZ/3/IM/302052. PLS REMIT
* * *                                            USD60.00 TO OUR A/C WITH UNION BANK
* * *                                            OF CALIFORNIA INT'L, NEW YORK BEING
                                                                                Page 2
* * *                                            OUR L/C ADVISING COMM USD20.00 AND
* * *                                            COST OF THIS SWIFT USD40.00.
* * * : It is subject to the Uniform Customs and Practice for Documentary Credit (2007
Revision), International Chamber of Commerce Publication No. 600.
* * * : MAC/Message Authentication Code        : 750658B2
* * * : CHK/Checksum Result                    : 70C9463B6737
* * *--------------------------------------------------------------------------------
* * * : DAC/Disposition Address Code           : SHPDG
* * * : TTK (TESTKEY RESULT)                   : TESTED ON DATE 03.12.02
* * *------------------------------ ACKMOWLEDGEMENT --------------------------------
* * *
* * * : 177/Date and Time (YYMMDDHHMM): 031202 15 : 23
* * * : 451/acceptance/rejection               : accepted
* * *
* * *-------------- PRINT REQUEST FROM ON 02 - DEC - 03 AT 15 : 41 : 57 ---------------
* * *
* * * Entry      : SWSERV Date: 031202 Time: 15 : 23 : 52
* * *
---------------------------------------- CMHS/00003514/02 - DEC - 03/15 : 41 : 57 = P 2/2 =
```

五、信用证支付的一般程序

（一）开证、通知

1. 买卖双方订立合同

双方有必要在合同里对信用证的种类和开证时间作出明确规定。

2. 进口商向开证行申请开证

开证申请人即为合同的进口方，应按合同规定的期限向所在地银行申请开证。申请开证时，申请人应填写并向银行递交开证申请书。开证申请书内容应完整明确，为防止混淆和误解，不要加注过多的细节。

申请人申请开证时，应向开证行交付一定比例的押金或其他担保品，押金为信用证金额的百分之几到几十，其高低由开证行规定，与申请人的资信和市场行情有关。对于资信良好的客户，有的银行会授以一定的开证额度，在规定额度内开证，可免交保证金。

3. 开证行开立信用证

开证行接受申请人的开证申请后，应严格按照开证申请书的指示拟定信用证条款，有的草拟好信用证后，还应送交开证申请人确认。开证行应将其所开立的信用证由邮寄或电传或通过 SWIFT 电讯网络送交出口地的联行或代理行，请他们代为通知或转交受益人。通知行的主要责任是鉴定信用证签名或电传密押的真实性，而且，受益人如有问题也可通过这家银行进行查询。

信用证的开证方式有信开（Open by Airmail）和电开（Open by Telecommunication）两种。前者是指开证行以航邮方式将信用证寄给通知行。电开即是由开证行将信用证加注密押后以电讯方式通知受益人所在地的代理行，即通知行，请其转知受益人。电开方式又分全电开证和简电开证两种。全电开证是将信用证的全部内容加注密押后发出，该电讯文本为有效的信用证正本。简电开证是将信用证主要内容发电预先通知受益人，银行承担必须使其生效的责任，但简电本身并非信用证的有效文本，不能凭以议付或付款，银行随后寄出的“证实书”才是正式的信用证。如今大多用全电开证的方式开立信用证。

4. 通知行通知受益人

通知行收到信用证后，经核对签字印鉴或密押无误，应立即将信用证转知受益人，并留存一份副本备查。

（二）交单、付款

1. 出口商审证、发货、交单

受益人收到信用证后，应立即进行审核，如发现信用证中所列条款内容与买卖合同不相符，或者不符合有关国际惯例（主要是《国际贸易术语解释通则》和《跟单信用证统一惯例》）中的规定，应立即通知申请人要求修改，申请人向开证行提交修改申请书，开证行作成修改通知书后按原来信用证的传递方式交付通知行，经通知行审核签字密押无误后转知受益人。

受益人对信用证的内容审核无误，或收到修改通知书审核后认为可以接受，即可根据信用证的规定发运货物，缮制并取得信用证规定的全部单据，开立汇票（或不开汇票，视信用证规定），连同信用证正本和修改通知书（如果有修改通知书），在信用证规定的有效期和交单期内，递交给通知行或与自己有往来的银行或信用证中指定的议付银行办理议付。

2. 议付行议付、索偿

议付是受益人利用信用证取得资金融通的一种方式。即由受益人向上述当地银行递交信用证规定的全套单据，银行在单证一致的前提下，扣除预付款的利息和手续费后，购进受益人出具的汇票和全套单据。俗称“买单”，又称“出口押汇”。议付是可以追索的。

议付行议付后，取得了信用证规定的全套单据，即可凭单据向开证行或其指定银行请求偿付货款。收到单据的开证行或付款行，在审单无误后，即应将款项偿付给议付行。若开证行在信用证中指定了一家偿付行，则议付行应向开证行寄单，同时向偿付行发出索偿通知，偿付行在接到索偿通知后，按其与开证行的事先约定，向议付行偿付。

3. 偿付

开证行或付款行如发现单据和信用证不符，应在不迟于收到单据的次日起5个营业日内通知议付行表示拒绝接受单据，如未能在该期限内表示拒绝，则开证行必须履行付款责任。

4. 申请人付款赎单

开证行在向议付行偿付后，即通知申请人付款赎单。申请人应到开证行审核单据，若单据无误，即应付清全部货款与有关费用（如开证时曾交付押金，则应扣除押金的本息），若单据和信用证不符，申请人有权拒付。申请人付款后，即可从开证行取得全套单据。此时申请人与开证银行之间因开立信用证而构成的契约关系即告结束。

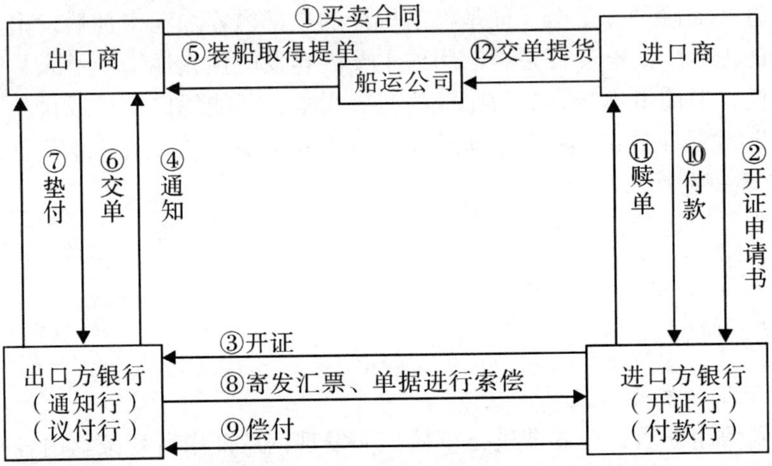

图6 信用证的业务程序图示

六、信用证的种类

信用证根据其性质、期限、流通方式等特点，可以从不同的角度分类为以下几种：

（一）跟单信用证和光票信用证

以信用证项下的汇票是否附有货运单据划分，信用证可分为跟单信用证和光票信用证。

1. 跟单信用证（Documentary Credit）

跟单信用证是指开证行凭跟单汇票或仅凭单据付款的信用证。目前国际贸易所使用的信用证，绝大部分是跟单信用证。

2. 光票信用证（Clean Credit）

光票信用证是指开证行仅凭不附单据的汇票付款的信用证。在采用信用证方式预付货款时，通常是用光票信用证。

（二）不可撤销信用证和可撤销信用证

以开证行所负的责任为标准，信用证可以分为不可撤销信用证和可撤销信用证两种。

1. 不可撤销信用证（Irrevocable Letter of Credit）

不可撤销信用证是指信用证一经开出，在有效期内，未经受益人及有关当事人的同意，开证行不得片面修改和撤销，只要受益人提供的单据符合信用证规定，开证行就必须履行付款义务。

《跟单信用证统一惯例》（600 号出版物）第 2 条中对“信用证”的定义以及第 3 条中的解释规则（A credit is irrevocable even if there is no indication to that effect.）均明确信用证是不可撤销的。

2. 可撤销信用证（Revocable Letter of Credit）

可撤销信用证是指开证行对所开信用证不必征得受益人或有关当事人的同意，有权随时撤销的信用证。凡是可撤销信用证，应在信用证上注明“可撤销”字样，以便识别。

国际商会的明确立场是，强化信用证不可撤销的属性，以加强对受益人的保护，从而维护信用证作为支付工具的功能。（《跟单信用证统一惯例》（500 号出版物）第 6 条可撤销与不可撤销信用证被删除。）

（三）保兑信用证和不保兑信用证

按有没有另一银行加以保证兑付，信用证可分为保兑信用证和不保兑信用证。

1. 保兑信用证（Confirmed Letter of Credit）

保兑信用证是指开证行开出的信用证，由另一银行保证对符合信用证条款规定的单据履行付款义务。对信用证加保兑的银行，称为保兑行（Confirming Bank）。

2. 不保兑信用证（Unconfirmed Letter of Credit）

不保兑信用证是指开证银行开出的信用证没有经另一家银行保兑。当开证银行资信好和成交金额不大时，一般都使用这种不保兑的信用证。

（四）即期付款信用证和远期信用证

根据付款时间的不同，信用证可分为即期付款信用证和远期信用证。

1. 即期付款信用证（Sight Payment Credit）

注明“即期付款兑现”（available by payment at sight）的信用证称为即期付款信用证，它是指开证行或付款行收到符合信用证条款的跟单汇票或装运单据后立即付款的信用证。

2. 远期信用证（Usance L/C）

（1）承兑信用证（Acceptance Credit），是指由某一银行承兑的信用证，即当受益人向指定银行开具远期汇票并提示时，指定银行即承兑，并于汇票到期日履行付款。承兑信用证一般用于远期付款的交易。这种信用证又称为银行承兑信用证（Banker's Acceptance L/C），但少数国家的银行也存在商业承兑信用证。

（2）延期付款信用证（Deferred Payment Credit），注明“延期付款兑现”（available by payment after sight）的信用证为延期付款信用证，它是指受益人不用开具汇票，开证行保证货物装船后或收单后若干天付款的信用证。这种信用证由于不要求受益人出具远期汇票，因此必须要在信用证中明确付款时间，如“装运日后××天付款”或“交单日后××天付款”。由于这种信用证不使用远期汇票，故出口商不能利用贴现市场资金，而只能自行垫款或向银行借款。

(3) 假远期信用证 (Usance L/C Payable at Sight)，是指开证行开立的规定汇票为远期，但开证/付款行将即期付款，且贴现费用由开证申请人负担的信用证。

真远期信用证与假远期信用证有如下区别：

①开证基础不同。假远期信用证是以即期付款的贸易合同为基础，真远期信用证是以远期付款的贸易合同为基础。

②信用证的条款不同。假远期信用证中，买卖双方的合同原定为即期付款，但来证要求出口商做远期汇票，同时在信用证上又说明该远期汇票可即期议付，由付款人负责贴现，有关贴现费用及贴现利息由开证申请人负担，即假远期信用证中有“假远期”条款。而真远期信用证中只有利息由谁负担的条款。

③利息的负担者不同。假远期信用证的贴现利息由开证申请人（进口商）负担，真远期信用证的贴现利息由受益人（出口商）负担。

④收汇时间不同。假远期信用证的受益人能即期收汇，真远期信用证要待汇票到期才能收汇。

(五) 议付信用证 (Negotiation L/C)

议付信用证是指开证行在信用证中，邀请其他银行买入汇票及/或单据的信用证。即允许受益人向某一指定银行或任何银行交单议付的信用证。通常在单据符合信用证条款的条件下，议付银行扣除利息和手续费后将票款付给受益人。

1. 公开议付信用证 (Open Negotiation Credit)

公开议付信用证又称自由议付信用证 (Free Negotiation Credit)，是指开证行对愿意办理议付的任何银行作公开议付邀请和普遍付款承诺的信用证，即任何银行均可按信用证条款自由议付的信用证。

2. 限制议付信用证 (Restricted Negotiation Credit)

限制议付信用证是指开证银行指定一银行或开证行自身进行议付的信用证。在限制议付信用证中，通常有下列限制议付文句：“本证限××银行议付。”

公开议付信用证和限制议付信用证的到期地点都在议付行所在地。这种信用证经议付后，如因故不能向开证行索得票款，议付行有权对受益人行使追索权。

(六) 可转让信用证和不可转让信用证

根据受益人对信用证的权利可否转让，信用证可分为可转让信用证和不可转让信用证。

1. 可转让信用证 (Transferable Credit)

可转让信用证是指特别注明“可转让”(Transferable) 字样的信用证。信用证的权利可应受益人（第一受益人）的要求全部或部分转让给另一受益人（第二受益人），第二受益人可根据被转让的信用证，以自己的名义装运和提交单据请求付款。

根据《跟单信用证统一惯例》的规定，如信用证出现“可分割”(Divisible)、“可分开”(Fractionable)、“可让渡”(Assignable) 和“可转移”(Transmissible) 等措辞，并不意味着“可转让”，银行可以不予理会。

2. 不可转让信用证（Non-transferable Credit）

不可转让信用证是指受益人不能将信用证的权利转让给他人的信用证。凡信用证中未注明“可转让”字样的，就是不可转让信用证。

（七）循环信用证（Revolving Credit）

循环信用证是一种在信用证部分或全部金额被利用后，能够重新恢复原金额再被利用，周而复始，一直到规定的循环次数或规定的总金额时为止的信用证，又分为按时间循环信用证和按金额循环信用证两种。

循环信用证的优点在于进口商可以不必多次开证，从而节省了开证费用，同时也可简化了出口商的审证、改证等手续，有利于合同的履行。

循环信用证与一般信用证的不同之处就在于一般信用证在使用后即告失效，而循环信用证则可多次循环使用。这种信用证通常在分批均匀交货的情况下采用。

（八）对开信用证（Reciprocal Credit）

对开信用证是指两张信用证的开证申请人互以对方为受益人而开立的信用证。

（九）背对背信用证（Back to Back Credit）

背对背信用证又称转开信用证，是指受益人要求原证的通知行或其他银行以原证为基础，另开一张内容相似的新信用证。

（十）预支信用证（Anticipatory L/C）

预支信用证是指允许受益人在货物装运交单前预支货款的信用证，可分为全部预支和部分预支两种。在预支信用证项下，受益人预支的方式有两种：一种是向开证行预支，出口商在货物装运前开具以开证行为付款人的汇票光票，由议付行买下向开证行索偿；另一种是向议付行预支，即由出口地的议付行垫付货款，待货物装运后交单议付时，扣除垫款本息，将余额支付给出口商。如货未装运，由开证行负责偿还议付行的垫款和利息。为引人注目，以前，这种预支货款的条款常用红字，故习称“红条款信用证”（Red Clause L/C）。

七、合同中的信用证支付条款

在进出口合同中，如约定凭信用证付款，买卖双方应对开证日期、信用证的类别、付款时间、信用证金额、信用证的有效期和到期地点等事项作出明确具体的规定。现将我国出口合同中信用证支付条款列举如下：

（一）即期信用证支付条款

例 1：“买方应通过卖方所接受的银行于装运月份前 × ×天开立并送达卖方不可撤销即期信用证，有效期至装运月份后第 15 天在中国议付。”

例 2：“买方应于 × ×年 × ×月 × ×日前（或接受卖方备货通知后 × ×天内或签约后 ×

×天内）通过银行开出以卖方受益人的（由××银行保兑的）不可撤销的（可转让的）全部发票金额的即期付款信用证。信用证有效期延至装运日期后15天在中国到期。”

（二）远期信用证支付条款

例：“买方应于××年××月××日前（或接到卖方通知后××天内或签约后××天内）通过××银行开立以卖方为受益人的不可撤销的（可转让的）见票后××天（或装船日后××天）付款的银行承兑信用证。信用证议付有效期延至上述装运期后15天在中国到期。”

（三）循环信用证支付条款

例：“买方应通过为卖方所接受的银行于第一批装运月份前××天开立并送达卖方不可撤销即期循环信用证，该证在20××年期间，每月自动可供××（金额），并保持有效至20××年1月15日在北京议付。”

八、《跟单信用证统一惯例》(600号出版物)

信用证的出现给进出口商带来了很大的便利，促进了国际贸易的发展。但由于进出口商和银行处于不同的国家和地区，各国的法律规则和业务习惯都不尽相同，所以有关信用证的争议和纠纷一直不断。国际商会在1929年应各方要求，对跟单信用证有关当事人的权利义务以及操作规则制定了统一的解释和规则，便于世界各国商人接受，这就是《跟单信用证统一惯例》。随着国际贸易的不断变化与发展，惯例的版本也在不断更新，现行的是2007年7月起实施的《跟单信用证统一惯例》（600号出版物）（Uniform Customs and Practice for Documentary Credits 600）。

九、信用证的选用

是否采用信用证方式付款，需要考虑下面几个问题：买方的信誉，竞争者要求的付款条件，进口国政治环境，市场状况（买方市场还是卖方市场），售出的是什么货物及其价值，贸易惯例，进口国是否有外汇，卖方信贷政策及承担风险的能力。信用证不是万能的，有诸如费用高、时间长、可欺诈等缺点。因此，在买方市场的情况下，买方更愿意使用非信用证支付方式。

表3　三种支付方式的比较

支付方式		手续	费用	出口商风险	进口商风险	资金负担
汇款	预付货款	简单	少	最少	最大	不平衡
	货到付款			最大	最少	
托收	D/P	较复杂	多	大	小	不平衡
	D/A			很大	很小	
信用证		复杂	最多	较少	较大	较平衡

【课堂讨论】

1. 简述信用证方式在国际贸易结算中的性质和作用。

2. 如果你是出口商，你该选择什么样的付款期限和兑付方式的信用证来结算货款？如果必须开立远期信用证，又该如何选择？

3. 什么是假远期信用证？应从哪几方面区别是假远期信用证还是一般远期信用证？

【课堂练习】

1. 英文词语翻译：

Applicant　　Beneficiary　　Documentary draft　　Irrevocable L/C

payment after arrival of the goods

2. 单项选择：

（1）信用证的第一付款人是（　　）。

A. 开证行　　B. 通知行　　C. 议付行　　D. 开证申请人

（2）信用证的特点表明各有关银行在信用证业务中处理的是（　　）。

A. 相关货物　　B. 相关合同　　C. 抵押权益　　D. 相关单据

（3）在结算方式中，按出口商承担风险从低到高的顺序排列，应该是（　　）。

A. 付款交单托收、跟单信用证、承兑交单托收

B. 跟单信用证、付款交单托收、承兑交单托收

C. 跟单信用证、承兑交单托收、付款交单托收

D. 承兑交单托收、付款交单托收、跟单信用证

（4）以下不属于信用证特点的是（　　）。

A. 信用证是由开证银行承担第一性付款责任的书面文件

B. 开证银行履行付款责任是有限度和有条件的

C. 信用证是一种商业信用

D. 信用证是一项独立的、自主性的文件

【案例分析】

1. 某公司以 CIF 条件、支付方式为 L/C SIGHT 进口一批货物。货物自装运港启航不久，载货船舶因遇台风而沉没。在此情况下，卖方仍将包括保险单、提单、发票在内的全套单据交给银行，要求买方支付货款。试问：买方是否有义务付款？为什么？

2. 我国甲公司向法国乙公司出口大蒜 600 吨，合同规定：10 月至 12 月分批装运。B 公司按时开来信用证。证内规定：Shipment during October /December, October shipment 100M/T, November shipment 200M/T, December shipment 300M/T. 我方公司实际出运情况是：10 月份装运 100M/T，并顺利结汇，11 月份因故未能装运，12 月份装运 500M/T。试问：我方公司 12 月份出运后能否顺利结汇，为什么？

3. 某口岸出口公司按 CIFAvonmouth 向英商出售一批核桃仁，由于该货季节性强，双方在合同中规定：买方须于 9 月底前将信用证开到，卖方保证运货船只不迟于 12 月底到达目的港。如货轮迟于 12 月底到达目的港，买方有权取消合同。如货款已收，卖方应退

货款。试问：这一合同的性质是否属于 CIF 合同？

4. A 与 B 两家食品进出口公司共同对外成交出口货物一批，双方约定各交货 50%，各自结汇，由 B 公司对外签订合同。事后，外商开来以 B 公司为受益人的不可撤销信用证，证中未注明“可转让”字样，但规定允许分批装运，B 公司收到 L/C 后，及时通知了 A 公司，两家按照 L/C 的规定各出口了 50% 的货物并以各自的名义制作了有关的结汇单据。试问：两家的做法是否妥当？他们能否顺利结汇？为什么？

5. 甲公司向丁国乙公司买进生产轮胎的生产线。合同规定分两次交货，分批开证，买方（甲公司）应于货到目的港后 60 天内进行复检，若与合同规定不符，甲公司凭所在国的商检证书向乙公司索赔。甲公司按照合同规定，申请银行开出首批货物的信用证。乙公司履行了装船义务并凭合格单据向议付行议付，开证行也在单证相符的情况下，对议付行偿付了款项。在第一批货物尚未到达目的港之前，第二批的开证期临近，甲公司又申请银行开出信用证。此时，首批货物到达目的港，经检验发现货物与合同规定严重不符，甲公司当即通知开证行，称：“拒付第二次信用证项下的货款，并请听候指示。”然而，开证行在收到议付行寄来的第二批的单据后，审核无误，再次偿付议付行。当开证行要求甲公司付款赎单时，该公司拒绝付款赎单。试问：开证银行和甲公司的处理是否合理？甲公司应该如何处理此事？

【实训项目】

试将信用证范文（样单 6）翻译成中文。

任务 4　其他结算方式

引例

经营日用纺织品的英国 Tex UK 公司主要从中国、土耳其、葡萄牙、西班牙和埃及进口有关商品。几年前，当该公司首次从我国进口商品时，采用的是信用证结算方式。采用这种结算方式对初次合作的公司是有利的，但随着进口量的增长，他们越来越感到这种方式的烦琐与不灵活，而且必须向开证行提供足够的抵押。为了继续保持业务增长，该公司开始谋求至少 60 天的赊销付款方式。虽然他们与我国出口商已建立了良好的合作关系，但是考虑到这种方式下的收汇风险过大，因此我国供货商没有同意这一条件。之后，该公司转向国内保理商 Alex Lawrie 公司寻求解决方案。英国的进口保理商为该公司核定了一定的信用额度，并通过中国银行通知了我国出口商。通过双保理制，进口商得到了赊销的优惠付款条件，而出口商也得到了 100% 的风险保障以及发票金额 80% 的贸易融资。目前 Tex UK 公司已将保理业务推广到了 5 家中国的出口商以及土耳其的出口商。公司董事 Jeremy Smith 先生称，双保理业务为进口商提供了极好的无担保延期付款条件，使其拥有了额外的银行工具，帮助其扩大了从中国的进口量。中国的供货商对此也十分高兴。

虽然出口商会将保理费用加入到进口货价中，但 Jeremy Smith 先生认为对进口商而言，从某种角度看也有它的好处。当进口商下订单时，交货价格就已确定，他们不需负担信用证手续费等其他附加费用。而对于出口商十分关心的保理业务中的合同纠纷问题，相对而言，虽然理论上说信用证方式可以保护出口商的利益，但实务中由于很难做到完全的单证一致、单单一致，因此出口商的收汇安全也受到挑战。Jeremy Smith 先生介绍，该公司在与中国供货商合作的五年时间里仅有两笔交易出现一些货物质量方面的争议，但问题都很快得到解决，结果令双方满意。

案例简析

随着国际贸易的不断发展，一些新型的支付方式近年来在我国运用得越来越广泛。国际保理就是其中一种，它集灵活性和保障性于一体，正被广泛认识和推广运用。除此之外，银行保函和备用信用证两种支付方式也由于自身的特点，逐渐渗入了我们经济生活的各个领域，给我们带来更多的便利。

知识链接

一、国际保理业务

（一）国际保理业务的含义

国际保理（International Factoring），又叫国际保付代理，简称保理。它是保理商向出口商提供的一项集买方资信调查、应收款管理和追账、贸易融资及信用管理于一体的综合性现代金融服务。简言之，它是一种出口商以商业信用方式如挂账（O/A）、承兑交单（D/A）、付款交单（D/P）等出售商品，装运后将发票等应收账款凭据转让给保理商，取得保理商资金融通的业务。

（二）国际保理业务的当事人

（1）出口商。
（2）进口商。
（3）出口保理商。
（4）进口保理商。

（三）国际保理业务的分类及特点

国际保理主要有两种：一种是双保理制度，出口商和本国的出口保理商签订保理合同，出口保理商和进口国的保理商签订相应的保理合同；另一种是直接保理制度，由出口商直接同进口国的保理商签订保理合同。

保理对出口商的最大好处是收款无后顾之忧，但对由货物品质、数量、交货期等问题导致的进口商不付货款，保理商不承担这一风险。

（四）国际双保理业务的具体运作步骤

（1）出口保理商与进口保理商之间签订国际保理合同。

（2）出口保理商与出口商之间签订国际保理合同。

（3）出口商向出口保理商申请债务人（进口商）信用额度。

（4）出口保理商将此申请传递给进口保理商。

（5）进口保理商对进口商进行资信调查评估。

（6）进口保理商将批准的额度制成信用额度证实书通知出口保理商，后者将其传递给出口商。

（7）出口商按信用额度证实书上的额度金额发运货物。

（8）货物出运后，出口商如需资金融通，则将全套正本单据寄送出口保理商，如不需要资金融通，则将发票副本传送出口保理商。

（9）出口保理商将上述单据传送进口保理商。

（10）出口保理商视出口商需要，提供发票金额的70%～90%的资金融通。

（11）进口保理商在规定的时间按商业惯例向进口商催收货款。

（12）在货款到期日，进口商将货款交给进口保理商，后者将其转交给出口保理商。

（13）出口保理商在扣除预付款、服务费等后，将货款余额付给出口商。

二、银行保函

（一）保函的含义及其分类

保函（Letter of Guarantee，简称L/G），又称保证书，是指银行、保险公司、担保公司或个人（保证人）应申请人的请求，向第三方（受益人）开立的一种书面信用担保凭证，保证在申请人未能按双方协议履行其责任或义务时，由担保人代其履行一定金额、一定期限范围内的某种支付责任或经济赔偿责任。

按索偿条件分，保函通常可分为两种：见索即会保函和有条件保函。

1. 见索即付保函（Demand Guarantee）

根据国际商会制定的《见索即付保函统一规则》（简称《UDP458》）第2条的规定，见索即付函“是指任何保证、担保或其他付款承诺，这些保证、担保或付款承诺是由银行、保险公司或其他组织或个人出具的，以书面形式表示在交来符合保函条款的索赔书或保函中规定的其他文件（诸如工艺师或工程师出具的证明书、法院判决书或仲裁裁决书）时，承担付款责任的承诺文件”。据此，见索即付保函的担保人承担的是第一性的、直接的付款责任。故这种保函又称无条件保函（Unconditional L/G）。

2. 有条件保函（Conditional L/G）

有条件保函是指保证人向受益人付款是有条件的，只有在符合保函规定的条件下，保证人才偿付款。可见，有条件保函的担保人承担的是第二性的、附属的付款责任。

（二）银行保函的含义及其分类

银行保函（Banker's Letter Guarantee）是由银行开立的承担付款责任的一种担保凭证。银行根据保函的规定承担绝对付款责任。故银行保函一般为见索即付保函。

银行保函在实际业务中的使用范围很广，它不仅适用于货物的买卖，而且广泛适用于其他国际经济合作的领域。

1. 履约保函（Performance Guarantee）

在一般货物进出口交易中，履约保函又可分为进口履约保函和出口履约保函。

（1）进口履约保函。进口履约保函是指担保人应申请人（进口商）的申请开给受益人（出口商）的保证承诺。保函规定，如出口商按期交货后，进口商未按合同规定付款，则由担保商负责偿还。这种履约保函对出口商来说，是一种简便、及时和确定的保障。

（2）出口履约保函。出口履约保函是指担保人应申请人（出口商）的申请开给受益人（进口商）的保证承诺。保函规定，如出口商未能按合同规定交货，担保商负责赔偿进口商的损失。这种履约保函对进口商有一定的保障。

2. 还款保函（Repayment Guarantee）

还款保函又称预付款保函或定金保函，是指担保人应合同一方当事人的申请，向合同另一方当事人开立的保函。保函规定，如申请人不履行与受益人订立合同的义务，不将受益人预付或支付的款项退还给受益人，则担保人向受益人退还或支付款项。

除上述两种保函外，根据功能和用途的不同，还存在其他种类的保函，如投标保函、补偿贸易保函、来料加工保函、技术引进保函、维修保函、融资租赁保函、借款保函等。

三、备用信用证（Standby Letter of Credit）

（一）备用信用证的含义及其性质

备用信用证又称担保信用证或保证信用证，是开证行根据开证申请人的请求向受益人开立的承担某项义务的凭证。开证行保证在开证申请人未履行其应履行的义务时，受益人只要凭备用信用证的规定向开证行开具汇票（或不开汇票），并提交开证申请人未履行义务的声明或证明文件，即可取得开证行的偿付。

备用信用证属于银行信用，开证申请人未履行其义务时，即由开证银行付款。因此，备用信用证对受益人来说就是备用于开证申请人发生毁约时，取得补偿的一种方式。一般用在投标、履约、还款、预付货款或赊销等业务中，有些国家也将其用于买卖合同下货款的支付。

（二）备用信用证与跟单信用证的区别

备用信用证具有一般商业信用证的基本特征，但二者仍有一些不同点：

（1）跟单信用证在受益人履约时使用，备用信用证则在申请人违约时才能使用。

（2）跟单信用证只用于货物的买卖，备用信用证可适用于多方面的交易（如投标、借款、赊销等）。

（3）跟单信用证凭符合信用证条款的单据付款，备用信用证则只凭受益人提供的开证申请人的违约证明付款。

（三）备用信用证与保函的区别

（1）备作信用证操作程序比保函简单。

(2) 备作信用证到期地点可在开证行所在地也可在受益人所在地，而保函只能在担保行所在地。

(3) 备用信用证不受任何合约的约束，而保函有独立担保和附属担保，附属担保受合约约束。

(4) 备用信用证灵活多样，拥有单到付款、向开证行电索、主动借记和授权借记等多种索偿方式，还可由开证行以外的其他银行议付，使受益人获得融资；保函则只有一种方式，即单到担保行审核无误后付款。

四、第三方（网上）支付平台

（一）第三方支付平台的含义及性质

一方面，传统的支付方式如信用证、汇付等，都需要购买者去银行办理烦琐的支付手续，另一方面，对于陌生的国外客户来说，银行汇款会让他们觉得没有什么保障；而如果采用货到付款的方式，又给商家带来了一定风险和昂贵的物流成本。因此，网上支付平台在这种需求下逐步诞生。第三方在线支付作为电子商务的重要组成部分之一，成为网络商务发展的必然趋势。

所谓第三方支付平台，就是一些和产品所在国家以及国外各大银行签约、并具备一定实力和信誉保障的第三方独立机构提供的交易支持平台。平台提供商通过采用规范的连接器，在网上商家和银行之间建立起连接，从而提供从消费者到金融机构、商家的在线货币支付、现金流转、资金清算、查询统计等服务。

第三方支付平台的一般操作是：在通过第三方支付平台的交易中，买方选购商品后，使用第三方平台提供的账户进行货款支付，由第三方通知卖家货款到达、进行发货；买方检验物品后，就可以通知第三方付款给卖家，第三方再将款项转至卖家账户。目前，第三方支付平台在我国广泛运用于网上贸易的小额批发或零售的收付上，有效地避免了交易中的退换货、诚信等带来的风险，为商家开展B2B、B2C甚至C2C交易等电子商务服务和其他增值服务提供了完整的支持。

（二）第三方支付平台的优劣势

任何一件事物都有其优劣性。第三方支付的优点是，相对于传统的资金划拨交易方式，第三方支付比较有效地保障了货物质量、交易诚信、退换要求实现等，在整个交易过程中都可以对交易双方进行约束和监督。在不需要面对面进行交易的电子商务形式中，第三方支付为保证交易成功提供了必要的支持，因此随着电子商务在国内的快速发展，第三方支付行业也发展得比较快。第三方支付的缺点是，一些市场创新产品，如网上支付、移动支付等电子支付方式，在缺乏规范约束的情况下发展可能带来一定的风险，需要相应的法规制度对此进行规范管理。

目前，中国国内的第三方支付产品主要有IPS环迅支付、PayPal（易趣公司产品）、支付宝（阿里巴巴旗下产品）、财付通（腾讯公司，腾讯拍拍）、易宝支付（Yeepay）、快钱(99bill)、百付宝（百度C2C）、网易宝（网易旗下产品）、汇付天下。其中用户数量最大的是 PayPal 和支付宝，前者主要在欧美国家流行，后者是阿里巴巴旗下产品。

五、出口信用保险

出口信用保险是国家为了推动本国的出口贸易，保障出口企业的收汇安全而推出的一项由国家财政提供保险准备金的非盈利性的政策性保险业务。

出口信用保险主要承保以商业信用方式（如托收、赊账等）出口的货物，承保风险包括商业信用风险（如法院宣告买方破产，财产已被接管、接收，买方收货后 6 个月未付款，买方拒收货物并拒付款等）和政治风险（如买方国家禁止货款汇出，撤销原签的进口许可证，发生战争动乱等不可抗力事件等）。我国办理该业务时不予承保外汇风险。出口信用保险只赔付实际损失的 90%，其余 10% 则由出口企业自己承担。

不适用于投保出口信用险的贸易合同：

（1）发货前或在劳务提供前，价款全部预付的贸易合同。

（2）金额和付款期限不确定的贸易合同。

（3）不以货币结算的贸易合同。

（4）违反我国或进口国法律的贸易合同。

投保人与其关联企业之间的贸易合同不能办理商业风险的保险，但可办理政治风险保险。

出口信用保险将出口商的收汇风险转嫁到保险人身上，为出口商开拓海外市场提供坚强后盾。它与一般出口货物运输保险不同，它具有强烈的政策性，各国开展此项业务的资金均由国家财政拨付。

【课堂讨论】

1. 备用信用证与银行保函有哪些不同？
2. 比较国际保理与信用证、汇付、托收有哪些不同点？
3. 第三方支付平台与传统结算方式相比有哪些优劣势？

【课堂练习】

1. 判断题

（1）备用信用证的内容和跟单信用证相似，要求受益人提交符合信用证要求的货运单据、商业发票、保险单、商检单等来作为索赔的依据。（　　）

（2）备用信用证主要用于进出口贸易结算过程，作为商品买卖的支付方式。跟单信用证可以涉及任何需要银行担保的业务领域，其使用范围比备用信用证广。（　　）

（3）银行保函的应用范围要远远大于普通的跟单信用证，可以用于保证任何一种经济活动中任何一方履行其不同的责任与义务。（　　）

（4）出口商在保理信用额度内发货后，须将发票和运输单据正本直接交给保理商。（　　）

2. 单选题

（1）以下关于备用信用证的说法不正确的是（　　）。

A. 开立备用信用证的目的是由开证行向受益人承担第一性的付款责任
B. 若申请人未能履约，则由银行负责向受益人赔偿经济损失
C. 若申请人按合同规定履行了有关义务，受益人就无需向开证行递交违约声明
D. 备用信用证常常是备而不用的文件
(2) 以下各项除了（　　）以外，都属于保理业务的内容。
A．贸易融资　　B. 代办会计处理　　C. 资信调查　　D. 货币兑换

【案例分析】

我国某出口商就出口电视机到香港向某保理商申请100万美元信用额度。保理商在调查评估进口商资信的基础上批准20万美元的信用额度，出口商遂与香港进口商签订23万美元的出口合同。发货后出口商向保理商申请融资，保理商预付16万美元。到期日进口商以货物质量有问题为由拒付（理由是该批货物与以前所购货物为同一型号，而前批货物有问题）。进口保理商以贸易纠纷为由免除坏账担保责任。出口商认为对方拒付理由不成立，并进一步了解到对方拒付的实际理由是香港进口商的下家土耳其进口商破产，货物被银行控制，香港进口商无法收回货款。因此，出口商要求香港进口商提供质检证，未果。90天赔付期过后，进口保理商仍未能付款。出口商委托进口保理商在香港起诉进口商，但进口保理商态度十分消极，仅凭香港进口商的一家之词就认同存在贸易纠纷，结果败诉。试问：在国际保理业务当中存在什么风险？

【实训项目】

国际保理操作流程如何？试着把流程图画出来。

任务5　各种支付方式的选用与合同的支付条款

引例

甲国的A公司出口机电设备给乙国的B公司。由于货款金额大，B公司在申请开证时，银行要求其支付较高的押金。B公司的流动资金比较紧张，觉得支付该数量的押金比较困难。B公司转而与A公司商量采用托收的结算方法，但A公司基于收汇安全的考虑，认为全额托收不可接受。在这种情况下，可以怎样结合不同的结算方式，达到既可以使B公司少付押金，又可以保证A公司的收汇安全？作为B公司的开证行，应该在信用证中怎样注明？在出口合同中，又应怎样反映？

案例简析

从国际贸易实践情况来看，单纯某一种结算方式总是不能满足交易各方的要求。面对不断变化的市场，我们应权衡各种结算方式的利弊，采用综合支付方式进行结算。本案可以采用信用证与托收相结合的方式，即部分信用证、部分托收的一种结算方式。进口商可

开立交易总额若干成的不可撤销信用证。其余若干成用付款交单方式由出口商另开立汇票，通过银行向进口商收取。通常的做法是：信用证规定受益人（出口商）开立两张汇票，属于信用证部分的货款，凭光票付款，全套货运单据则附在托收部分汇票项目下，按即期或远期付款交单方式托收。采用这种做法，对进口商来说，可减少开证金额，少付开证押金，少垫资金；对出口商来说，因有部分信用证的保证，且信用证规定货运单据跟随托收汇票，开证银行须待全部货款付清后才能向进口商交单，所以收汇比较安全。

知识链接

一、各种支付方式的选用

（一）信用证与汇付相结合

这是指部分货款用信用证支付，余数用汇付方式结算。例如，对于矿砂等初级产品的交易，双方约定：信用证规定凭装运单据先付发票金额若干成，余数待货到目的地后，根据检验的结果，按实际品质或重量计算出确切的金额，另用汇付方式支付。

（二）信用证与托收相结合

这是指部分货款用信用证支付，余数用托收方式结算。一般做法是，信用证规定出口人开立两张汇票，属于信用证部分的货款凭光票付款，而全套单据附在托收部分汇票项下，按即期或远期付款交单方式托收。这种做法，对进口商来说，可减少开证金额，少付开证押金，少垫资金；对出口商来说，因有部分信用证的保证，且信用证规定货运单据跟随托收汇票，开证银行须在全部货款付清后才能向进口商交单，所以收汇比较安全。在实践中，为了防止开证银行在未收妥全部货款前即将货运单据交给进口商，要求信用证必须注明“在全部付清发票金额后方可交单”的条款。在出口合同中也应规定相应的支付条款，以明确进口商的开证和付款责任，如：“买方须在装运月份前××天送达卖方不可撤销信用证，规定××%发票金额凭即期光票支付，其余××%金额用即期跟单托收方式付款交单。全套货运单据附于托收项下，在买方付清发票的全部金额后交单。如买方不能付清全部发票金额，则货运单据须由开证行掌握，凭卖方指示处理。”

（三）汇款和托收相结合

例如，先采取T/T的形式预付定金10%，在装船后采取T/T的形式付合同款的40%，剩余的50%采用D/P即期付款的形式。这种选择既能保证供货方及时履行发货的义务，又能保证进口商及时付款，同时节省了银行费用的支出，也节约了宝贵的贸易时间。

（四）托收与备用信用证或银行保证书相结合

跟单托收对出口商来说，有一定风险。如在使用跟单托收时，结合使用备用信用证或银行保证书，由开证银行进行保证，则出口商的收款就能基本得到保障。出口商在收到符合合同规定的备用信用证或银行保证书后，就可凭光票与声明书向银行收回货款。

（五）汇付、托收、信用证三者相结合

在成套设备、大型机械产品和交通工具的交易中，因为成交金额较大，产品生产周期较长，一般采取按工程进度和交货进度分若干期付清货款，即分期付款和延期付款的方法。在这种情况下，一般采用汇付、托收和信用证相结合的方式。

1. 分期付款（Pay by Installments）

它指买方预付部分定金，其余货款根据商品制造或交货进度分若干期支付，在货物交付完毕时付清货款。例如：买卖双方在合同中规定，在产品投产前，买方可采用汇付方式，先交部分货款作为定金，在买方付出定金前，卖方应向买方提供出口许可证影印本和银行开具的保函。除定金外，其余货款可按不同阶段分期支付，买方开立不可撤销的信用证，即期付款，但最后一笔货款一般是在交货或卖方承担质量保证期满时支付，货款在交货时付清或基本付清。

2. 延期付款（Deferred Payment）

它指买方预付部分定金后，大部分货款在交货后相当长一段时间内分期支付。在成套设备和大宗交易的情况下，由于成交金额较大，买方一时难以付清全部货款，可采用延期付款的办法。买卖双方签订合同后，买方一般要预付一小部分货款作为定金，有的合同还规定，按工程进度和交货进度分期支付部分货款，但大部分货款是在交货后若干年内分期摊付，即采用远期信用证支付。延期支付的那部分货款，实际上是一种赊销，等于是卖方给买方提供的商业信贷，因此买方应承担延期付款的利息。在延期付款的条件下，货物所有权一般在交货时转移。

二、合同中的支付条款

支付条款关系到双方的切身利益，是买卖合同的主要交易条款。不同的结算方式，双方承担的风险、涉及的信用有着明显的差别，因此需要慎重对待。支付条款主要包括付款时间、地点、金额、方法、条件等。下面列举不同的支付条款实例。

（一）汇款支付条款

使用汇付方式时，应在合同中明确规定汇付的时间、具体的汇付方式和汇付的金额等。

例1：“买方应不迟于6月25日将100%的货款用票汇预付至卖方。”

“The Buyers shall pay 100% of the sales proceeds in advance by Demand Draft to reach the Sellers not later than June 25th.”

例2：“买方应于4月20日前将30%货款电汇至卖方，其余货款在收到正本提单传真后5日内支付。”

“The Buyers shall pay 30% of the sales proceeds by telegraphic transfer before April 20th. The remaining part will be paid to the Sellers within 5 days after receipt of the fax concerning original B/L by the Buyers.”

（二）托收支付条款

采用托收方式时，应在买卖合同中明确规定交单条件、方式和买方的付款或承兑责任以及付款期限等。

例 1：“买方根据卖方开具的即期跟单汇票，于见票时立即付款，付款后交单。”

“Upon first presentation the Buyers shall pay against documentary draft drawn by the Sellers at sight. The shipping documents are to be delivered against payment only.”

例 2：“买方根据卖方开具的跟单汇票，于见票后 60 天付款，付款后交单。”

“The Buyers shall pay against documentary draft drawn by the Sellers at 60 days sight, the shipping documents are to be delivered against payment only.”

（三）信用证支付条款

采用信用证方式付款时，在买卖合同中应对信用证的开证时间、信用证种类、开证金额、有效期和到期地点、开证行等方面作出相应规定。

例：“买方通过一家卖方可接受的银行按 100% 发票金额开立一份保兑的、不可撤销的即期信用证，该证须于 5 月 20 日前开出。”

“The Buyer should open through a bank acceptable to the Seller a confirmed irrevocable L/C for 100% invoice value available by sight draft, the L/C is to reach Sellers not later than May 20th.”

（四）不同结算方式结合使用的支付条款

例：“买方通过卖方接受的银行，于装船月份前 20 天开立并送达卖方不可撤销即期信用证，规定 50% 发票金额凭即期光票支付，其余 50% 金额用即期跟单托收方式付款交单。全套货运单据附于托收项下，在买方付清发票的全部金额后交单。如买方不能付清全部发票金额，则货运单据须由开证行掌握，凭卖方指示处理。”

“The Buyers shall open through a bank acceptable to the Sellers an irrevocable sight letter of credit to reach the Sellers 20 days before the month of shipment, stipulating that 50% of the invoice value available against clean draft at sight while the remaining 50% on documents against payment at sight on collection basis. The full set of shipping documents shall accompany the collection draft and shall only be released after full payment of the full invoice value, the shipping documents shall be held by the issuing bank at the Seller's disposal.”

【课堂讨论】

除了上面提到的支付方式的组合，还可以有哪些组合？适用的情形如何？

【课堂练习】

翻译下列支付条款：

（1）Payment by D/P at sight.

(2) The Buyer shall pay the total value to the Seller in advance by T/T before the date of B/L.

(3) The Buyer shall open through a bank acceptable to the Seller an irrevocable sight letter of credit to reach the Seller 30 days before the month of shipment valid for negotiation in China until the 15th day after the date of shipment.

【案例分析】

中国某出口商A公司与印度进口商B公司签订一份出口合同，货物为1×20’集装箱一次性打火机，机身大小与形状须与客户提供的样品一致，总价值为4.80万美元。付款方式为70%由即期信用证支付，剩余30%的货款须不得晚于货物装船前十天以电汇方式支付。B公司不日内即开来相关信用证，经我方审核且确定可以被接受后，A公司即投入生产备货，在货物即将生产完毕之前，预订了船期并随后通知了B公司，B公司始终未办理汇付，A公司的手中虽有一份70%货款的信用证，但无法如期装运，又因此批打火机是根据客户的特殊要求生产的，一时无法转售其他客户，只得积压在库，给A公司带来了巨大的经济损失。

分析：

这起损失案发生的主要原因在于出口商采用“信用证与装船前汇付结合”的支付方式。一般地，出口合同中支付方式规定，X%货款由信用证支付，剩余Y%（一般为20%～30%）货款应由进口商在不晚于货物装船前若干天通过汇付方式支付给出口商。一般情况下，进口商会先开来信用证，然后在货物装船前若干天办理汇付，出口商收到货款或汇出行出具的汇付收据后将货物按时装船，然后向银行递交全套单据办理议付。但是，如果进口商借故不办理汇付，出口商将无法按时发货，导致信用证过期失效，已生产完毕的货物积压，从而使出口商遭受重大经济损失。

【实训项目】

甲国的A公司出口农产品给乙国的B公司。双方商定用信用证方式结算。由于商品的数量不易控制，B公司在申请开证时，难以确定金额。请分析，在这种情况下，可以怎样结合不同的结算方式，既可以保证安全收汇，又有数量和金额变化的灵活性。

工作任务二　信用证的催证、审证与改证

引例

河南A公司与英国B公司成交一笔买卖合同，B公司经A公司多次催促，开来一份以英国标准麦加利银行伯明翰分行（STANDARD CHARTERED BANK LTD. BIRMINGHAM BRANCH，ENGLAND）名义开立的跟单信用证，金额为USD37 200.00元，通知行为伦敦国民西敏寺银行（NATIONAL WESTMINSTER BANK LTD. LONDON）。

该证像往常一样经受益人当地银行专业人员审核，发现几点可疑之处：

（1）信用证的格式很陈旧，信封无寄件人地址，且邮戳模糊不清，无法辨认从何地寄出。

（2）信用证限制通知行——伦敦国民西敏寺银行议付，有违常规。

（3）收单行的详细地址在银行年鉴上查无。

（4）信用证的签名为印刷体，而非手签，且无法核对。

（5）信用证要求货物空运至尼日利亚，而该国为诈骗案多发地。

根据以上几点，银行初步判定该证为伪造信用证，后经开证行总行联系查实，确是如此。从而避免了一起伪造信用证诈骗案。

案例简析

虽然信用证是一种银行信用，对于买卖双方相对比较安全，但由于信用证本身具有纯单据买卖、独立文件等性质，使用信用证还必须掌握催开、审核和修改的技巧，才能确保收汇安全。审核信用证一般由受益人和银行两方面同时审核，银行主要从大的方面进行把握，如信用证的真伪；受益人主要从信用证本身条款的可执行性进行分析，如遇到与所签合同不符，又较难做到的条款，一定要向开证人提出修改。

知识链接

一、催开信用证

按时开立信用证是买方的一项义务，也是确保卖方安全按时交货的前提。但在实务中，由于买方资金周转不顺等种种原因，延误开证时间的事情时有发生。在下列情况下，卖方应注意向买方发出函电提醒或催促对方开立信用证。

（1）在合同规定的期限内，买方未及时开证这一事实已构成违约。如卖方不希望中断交易，可在保留索赔权的前提下，催促对方开证。

（2）签约日期和履约日期相隔较远，应在合同规定开证日之前，去信表示对该笔交易的重视，并提醒对方及时开证。

（3）卖方货已备妥，并打算提前装运，可去信征求对方同意提前开证。

（4）买方资信欠佳，提前去信提示，有利于督促对方履行合同义务。

二、审核信用证

国外买方开来的信用证本应与合同一致，但在业务中，由于种种原因，如工作疏忽、电文传递的错误、贸易习惯不同或买方有意利用开证的主动权加列对其有利的条款等，往往会出现信用证条款与合同规定不符的情况。对此，我们不能置之不理，而应该斟酌是否需要提出修改。审证的基本原则是信用证规定比合同条款严格时，应当提出修改；但当信用证的规定比合同条款宽松时，因往往有利我方执行而可不要求修改。但在实际业务中，经常以我方能够做到又不影响收汇为准则，决定是否改证。

在业务中，银行和出口企业共同承担审证任务，其中银行对信用证的审核责任由通知行承担。银行着重宏观方面的审核，出口企业则着重审核信用证与合同是否一致。

（一）银行审证要点

（1）政策上审核。开证内容应符合我国方针政策，不得有歧视性内容。

（2）对开证行资信及信用证真实性的审查。对开证行所在国家的政治经济状况、开证行的资信、经营作风等进行审查，对信用证进行印押审查。如信函开证，核对印鉴是否相符，若相符，银行在来证上盖上核符戳记；如SWIFT开证，电文尾端有“SAC”或“MAC”表示密押相符。

（二）出口企业审证要点

（1）信用证的类别：①若合同规定为不可撤销的信用证，则应检查信用证标明的是可撤销的还是不可撤销的，若无该项表示，信用证应被视为不可撤销。如果信用证中显示“Revocable L/C”，则受益人应提出修改此项内容。②若合同规定为不可撤销的保兑信用证，则应检查信用证内有无注明“保兑”（Confirmed）字样、保兑行行名及保兑行明确的保兑条款或声明。如果信用证缺少上述三项要素中的任意一项，则受益人有权要求修改信用证。③若合同规定为不可撤销的可转让信用证，则应检查信用证内有无注明“可转让”（Transferable）字样，自由议付信用证下的经开证行特别授权作为转让行的银行行名。如果信用证中未同时满足这两点要素，则受益人必须要求修改信用证。④若合同规定为不可撤销的循环信用证，则应检查信用证内有无注明“不可撤销”（Irrevocable）、“循环”（Revolving）字样及信用证循环的恢复条件，包括相应的功能条款。如果上述内容不完整，则受益人有权要求修改信用证。

（2）信用证申请人、受益人的名称与地址与合同一致。

（3）信用证有效期限与各相关日期的合理性。有效期是指银行承担议付、承兑或付款责任的期限；信用证到期日是指信用证有效时间在何时终止；信用证交单期是指该信用证下要求的单据交付到指定银行的时间期限。加上装运期，这是信用证中最主要的四个日期。一般来说，有效期规定为到期日，它应该不短于最后的装运期加上交单期。

（4）信用证的到期地点。信用证的到期地点是指信用证有效期在何地终止。在我国的出口合同中，一般规定信用证的到期地点在我国。

（5）关于装运货物与金额的描述。

（6）关于保险条款的审核。

（7）关于运输条款的审核。

（8）关于“软条款”的审核。所谓“软条款”，是相对于“硬条款”而言的，指的是信用证中加列各种条款致使信用证下的开证付款与否不取决于单、证是否表面相符，而取决于第三者的履约行为。其主要表现形式有以下几种：①附加生效条件，拖延信用证的执行时间，以达到欺诈目的；②要取得进口许可证，信用证才能生效；③信用证暂时不生效，何时生效由银行另行通知；④信用证规定必须由申请人或其指定的签字人验货并签署质量检验合格证书，才能付款或生效；⑤有关运输事项如船运公司、船名、装运日期、装卸港等须以开证申请人的书面通知或开证行的修改通知为准；⑥品质证书必须由申请人出具，或须由开证行核实，或其印鉴必须与开证行的档案记录相符，信用证才能生效；⑦受益人凭买方签发的货物收据或买卖双方共同签订的交接单据议付；⑧签订苛刻条款，使条款难于执行，以达到掠夺目的。

（9）其他注意事项。

（三）信用证中容易出现的问题

（1）信用证的性质。信用证有限制生效的条款，信用证中没有保证付款的责任文句，信用证内漏列适用国际商会 UCP 规则条款，信用证上未按合同要求加保兑，信用证密押不符。

（2）信用证有关期限。信用证中没有到期日，到期地点在国外，信用证的到期日和装运期有矛盾，装运期、到期日或交单期规定与合同不符，装运期或有效期的规定与交单期有矛盾，交单期限过短。

（3）信用证的当事人。开证申请人名称或地址与合同不符，受益人名称或地址与合同不符。

（4）信用证金额。信用证金额不够，未达到溢短装要求；金额大小写不一致；信用证货币与合同规定不符。

（5）汇票。付款期限与合同规定不符，没有将开证行作为汇票的付款人。

（6）分批与转运。分批规定与合同规定不符，转运规定与合同规定不符，装运港口与合同规定或成交条件不符，目的地与合同或成交条件不符，装运期限与合同规定不符。

（7）货物。货物品名规格不符，货物数量、包装有误，商品单价、贸易术语错误，使用术语与条款有矛盾，货物单价数量与总金额不吻合，证中援引的合同号码与日期错误，漏列溢短装规定。

三、信用证的修改

对信用证全面审核后如发现问题，应分情况及时处理。对于影响安全收汇、难以接受或做到的信用证条款，必须要求国外客人进行修改。

（一）信用证修改的程序

改证（Amendment to Credit）是指对已开立的信用证中的某些条款进行修改的行为。开证申请人或受益人都有权提出改证。改证的一般程序是：由开证申请人提出修改，经开证行同意后，由开证行以修改通知书电告通知行，再由通知行转告受益人。

（二）信用证修改的规则

（1）只有买方（开证人）有权决定是否接受修改信用证；

（2）只有卖方（受益人）有权决定是否接受信用证修改。

（三）信用证修改的注意事项

（1）凡是需要修改的内容，应做到一次性向客人提出，避免多次修改信用证的情况。

（2）对于不可撤销信用证中任何条款的修改，都必须取得各方当事人的同意后才能生效。

（3）对信用证修改内容的接受或拒绝有两种表示形式：①受益人发出接受或拒绝该信用证修改的通知；②受益人以行动按照信用证的内容办事。

（4）收到信用证修改后应及时检查修改内容是否符合要求，并分情况表示接受或重新提出修改。非改不可的坚决要改，可改可不改的酌情处理。

（5）对于修改内容要么全部接受，要么全部拒绝，部分接受修改的内容是无效的。

（6）信用证的修改必须通过原信用证通知行才真实、有效，客人直接寄送的修改申请书或修改书复印件不是有效的修改。

（7）明确修改费用由谁承担，一般按照责任归属来确定修改费用由谁承担。

（8）开证行发出修改通知后不能撤回。

【课堂讨论】

1. 在采用信用证付款方式时，装运期、交单期和信用证有效期之间有什么关系?

2. 受益人审核信用证主要应从哪几个方面着手?

【课堂练习】

判断题

（1）不可撤销信用证修改项目不止一项时，当事人要么接受全部项目，要么退回全部项目，不能只接受其中个别项，而拒绝其他各项。（　　）

（2）当要求修改信用证时，应该由受益人向开证行提出。（　　）

（3）受益人审核信用证的时候，凡是信用证与合同不符的都必须要求修改。（　　）

【案例分析】

1. 我国某省外贸公司与美国“金华企业公司”（KAM WA ENTERPRISES INC. USA）签订了销往香港花岗石合同，总金额达 1 950 万美元，并通过香港某银行开出了上述合同项下的第一笔信用证，金额 190 万美元，购 5 千立方米花岗石砌石。信用证规定：货物只能待收到开证人指定船名的装运通知后装运，而该装运通知将由开证行以修改方式发出。该外贸公司开立信用证后，将质保金 260 万元人民币付给了买方的指定代表。试问：该外贸公司的做法对不对?

2. 某公司收到国外开来的即期信用证，部分内容为：（1）Expiry Date：071116；（2）Latest Date of Shipment：071101；（3）Presentation Period：Documents to be Presented within 15 days after the date of shipment but within the validity of the credit. 该公司的实际装船日为 071020。试问：最晚交单期是哪一天？如果该信用证要求受益人提交全套提单正本，但没有规定交单期，最晚交单期是哪一天?

【实训项目】

根据销售合同条款审核信用证。

销售合同条款

The Seller: China National Cereals, Oils & Foodstuffs Corporation

The Buyer: Hong Kong Food Company, Vancouver

Name of Commodity: Great Wall Brand Strawberry Jam

Specification: 340 gram each tin

Quantity: 50 000 tins

Unite Price: CAN $ 2.50 PER TIN CFRC3% VANCOUVER

Total Amount: CAN $ 125 000

Shipment: Shipment from China port to Vancouver during Nov. 2003, partial shipment is allowed and transshipment is allowed.

Payment: Irrevocable L/C at sight, Documents must be presented within 15 days after date of issuance of the bills of lading but within the validity of the credit.

COMMECIAL BANK OF VANCOUVER

TO: China National Cereals,　　　　DATE: Oct. 5th, 2003

Oils & Foodstuffs Corporation

Beijing, China

Advised Through Bank of China, Beijing

NO. BOC 03/10/05

IRREVOCABLE DOCUMENTARY LETTER OF CREDIT

Dear Sirs,

We open this by order of Hong Kong Food Company, Vancouver for a sum not exceeding CAN $ 120 000 (SAY CANADIAN DOLLARS ONE HUNDRED AND TWENTY THOUSAND ONLY) available by drafts drawn on us at sight accompanied by the following documents:

—Full set of clean on board bill of lading made out to order and blank endorsed, marked "Freight Collect" dated not later than November 30th, 2003 and notify applicant.

—Signed commercial invoice in quintuplicate.

—Canadian customs invoice in quintuplicate.

—Insurance policies (or certificates) in duplicate covering marine All Risks and War Risks subject to P. I. C. C. dated Jan. 1st, 1981.

Evidencing shipment from China port to Montreal, Canada of the following goods: 50 000 tins of 430 grams of Great Wall Strawberry Jam, at CAN $ 2.50 per tin CFR3% Vancouver, details as per your S/C No. 94/8712.

Partial shipment is allowed.

Transshipment is allowed.

This Credit expires on November 30th, 2003 for negotiation in China.

It is subject to the Uniform Customs and Practice for Documentary Credit (1993 Revision), International Chamber of Commerce Publication No. 500.

Rank of China

Beijing Branch

工作流程五　准备货源

工作任务一　外贸公司商品采购

引例

河南省某企业向四川省达县地区某公司供应一批碳酸氢氨，1989 年 11 月 8 日签订购货合同。关于质量条款，合同约定："执行国家标准"，"由需方在达县站台抽验，如质量低劣，供方派员处理"。后供方按约定于 1990 年 2 月发货 138 吨。该批货发运到达县火车站时，需方发现，因车站方面有规定，根本无法在站台抽验，只得运至仓库抽验。抽验结果表明：该批货水分含量高，不符合同约定的国家标准。需方立即两次发出电报通知供方，内容均为："产品质量低劣，速按合同约定派员前来处理。"但供方已料定需方不会按照合同约定的条件在站台抽验，并携律师到达县火车站调查，取得了需方没有在站台抽验的文字证据。后便以检验地点不符合同规定的条件为由，迟迟不派员处理。需方无奈只得诉至法院。法院认定"在达县站台抽验"一条应属无效，但需方确与供方约定此条款，应负一定的过失责任，又因需方要求供方派员处理的通知过于简单，未提供检验不合格的证明等，最后需方承担了相当大一部分的经济损失。

案例简析

以上案例，由于需方在订立购货合同质量条款时出了问题，导致自己无法追究供方的产品质量责任，或追究供方责任十分困难，最终造成经济损失无法弥补。因此，当事人在签订购货合同质量条款时，应尽量订得全面、具体、明确并切实可行，便于明确责任，以避免不必要的质量纠纷，减少损失。

知识链接

对外贸企业来说，国内购货合同是明确它与国内生产厂家之间权利和义务的法律文件，也是外贸企业完成和落实出口合同货物的基础和证明。备货工作的内容，主要包括按合同和信用证的要求组织采购、入库、加工、包装和整装刷唛等工作。

一、外贸企业签订国内购货合同

（一）签订购货合同的意义

1. 购货合同的含义

购货合同（包括供应、采购、预购、购货结合及协作、调剂等合同）是买卖合同的变化形式，它同买卖合同的要求基本上是一致的，主要是指供方（卖方）同需方（买方）根据协商一致的意见，由供方将产品交付给需方，需方接受产品并按规定支付价款的协议。出口公司作为卖方，在同买方签订买卖合同之后的第一步就是根据合同和信用证的规定按时、按质、按量地准备好应交的货物（许多情况下备货与催证之间并无严格的时间界限）。

2. 签订购货合同的意义

（1）签订购货合同是外贸企业落实货源的外在表现形式。进出口贸易的目的就是将国内商品转移给国外买主，收取外汇。没有货源就无法交货，也就根本谈不上出口。而签订国内购货合同则是落实货源的外在表现形式，是国内贸易的依据。

（2）签订购货合同是企业出口贸易顺利完成的基本保障。出口企业根据国外客户的购买需求，选择国内生产企业完成加工，购货合同是国外客户需求的体现，更是出口企业下达给生产企业的生产要求的体现。因此，能否妥善地签订购货合同，能否将国外客户的需求准确地反映在购货合同中，成为企业能否顺利完成出口贸易的基本保障。

（3）妥善签订购货合同是企业出口经营方案的重要组成部分。出口贸易是以国内贸易为基础，以购货合同为保障的。妥善签订购货合同是出口贸易顺利完成的第一步。

（二）购货合同的内容

用中文填写，填写内容和方法与国际货物买卖合同大致相同。内容包括：

（1）供销双方详细名称、地址、电话、传真。

（2）货物名称、数量、包装、单价、总额。

（3）交货地点、方式、时间。

（4）付款方式：部分预付，还是一次结清，还是全额预付。

（5）赔偿约定，包括供货方没按时完成货物，质量有问题和购买方没有按时结清货款等情况下的赔偿约定。

（6）合同订立时间、地点。

（7）供求双方签名，公司有效印章。

（三）购货合同的注意事项

购货合同（包括供应、采购、预购、购货结合及协作、调剂等合同）中产品数量、产品质量和包装质量、产品价格和交货期限按下列规定执行：

（1）产品数量，由供需双方协商签订。产品数量的计量方法，按国家的规定执行；没有国家规定的，按供需双方商定的方法执行。

（2）产品质量要求和包装质量要求，有国家强制性标准或者行业强制性标准的，不得低于国家强制性标准或者行业强制性标准签订；没有国家强制性标准，也没有行业强制性标准的，由双方协商签订。供方必须对产品的质量和包装质量负责，提供据以验收的必要的技术资料或实样。产品质量的验收、检疫方法，根据国务院批准的有关规定执行，没有规定的由当事人双方协商确定。

（3）产品的价格，除国家规定必须执行国家定价的以外，由当事人协商议定。执行国家定价的，在合同规定的交付期限内国家价格调整时，按交付时的价格计价。逾期交货的，遇价格上涨时，按原价格执行；价格下降时，按新价格执行。逾期提货或者逾期付款的，遇价格上涨时，按新价格执行；价格下降时，按原价格执行。

（4）交（提）货期限要按照合同规定履行。任何一方要求提前或延期交（提）货，应在事先达成协议，并按协议执行。

二、商品验收入库

（一）商品验收入库的流程

商品验收是按照验收业务作业流程，核对凭证等规定的程序和手续，对入库商品进行数量和质量检验的经济技术活动的总称。凡商品进入仓库储存，必须经过检查验收，只有验收后的商品方可入库保管。商品验收涉及多项作业技术。

外贸公司与国内生产企业签订国内购货合同之后，需经常深入工厂了解出口商品的生产情况，掌握生产进度，检查产品生产过程中的质量，发现问题及时解决。工厂交货前，外贸公司应提前做好准备，包括确定进货的存放地点、堆码垛型、保管方法、进货所需要的各种材料、必要的检验工具及预先熟悉拟进商品资料。

工厂交货时，公司应认真核对承运单位的货运记录、供货单位提供的产品质量合格证书、发票、购货合同，对货物实体进行严格的感官甚至理化鉴定，严把进货质量，保证出口货源数量准确、质量完好。商品验收合格即可填写商品购进入库单，办理商品入库手续。

（二）商品验收入库的注意事项

在物料正确的前提下，入库时要把好三关：

（1）数量关：入库时要点清数量。

（2）质量关：对来料质量进行检验和控制，对包装外观情况、保质期、有无受潮淋雨等进行初步检验，再进行内包装实物检验。

（3）单据关：单据不全不收，手续不齐不办。审核收到的单据与来料是否相符和一致，并及时送单给录单员。

同时，做好签收，记录数量、日期、签收人，数量最好大写。

“六不入”原则：

（1）有送货单而没有实物的，不能办入库手续。

（2）有实物而没有送货单或发票原件的，不能办入库手续。
（3）来料与送货单数量、规格、型号不同的，不能办入库手续。
（4）IQC 检验不通过的，且没有领导签字同意使用的，不能办入库手续。
（5）没办入库而先领用的，不能办入库手续。
（6）送货单或发票不是原件的，不能办入库手续。

三、加工

加工是为了提高商品的附加值，包括对商品的分类、过磅、拆箱重包装、贴标签及商品的组合包装等。这就要求必须加强执行包装材料及容器的管理、组合包装规则的制订、加工包装工具的选用、加工作业的排程和作业人员的调派。

四、包装

包装是物品在运输、保管、交易、使用时，为保持物品的价值、性状，使用适当的材料、容器对其进行保管的技术和商品被保护的状态。商品包装种类繁多，常见的商品包装分类如下：

（一）按商业经营习惯分类

（1）内销包装：是为适应在国内销售的商品所采用的包装，具有简单、经济、实用的特点。
（2）出口包装：是为了适应商品在国外的销售，针对商品的国际长途运输所采用的包装。在保护性、装饰性、竞争性、适应性上要求更高。
（3）特殊包装：如工艺品、美术品、文物、精密贵重仪器、军需品等所采用的包装，一般成本较高。

（二）按流通领域中的环节分类

（1）小包装：是直接接触商品，与商品同时装配出厂，构成商品组成部分的包装。商品的小包装上多有图案或文字标志，具有保护商品、方便销售、指导消费的作用。
（2）中包装：是商品的内层包装，通称为商品销售包装。多为具有一定形状的容器等。它具有防止商品受外力挤压、撞击而发生损坏或受外界环境影响而发生受潮、发霉、腐蚀等变质变化的作用。
（3）外包装：是商品最外部的包装，又称运输包装。多是若干个商品集中的包装。商品的外包装上都有明显的标记。外包装具有保护流通中商品的作用。

（三）按包装形状和材料分类

以包装材料为分类标志，商品包装可分为纸类、塑料类、玻璃类、金属类、木材类、复合材料类、陶瓷类、纺织品类、其他材料类等包装。

（四）按防护技术方法分类

以包装技法为分类标志，商品包装可分为贴体、透明、托盘、开窗、收缩、提袋、易开、喷雾、蒸煮、真空、充气、防潮、防锈、防霉、防虫、无菌、防震、遮光、礼品、集合包装等。

五、整装刷唛

整装刷唛是出口备货过程中的一项重要内容。整装刷唛的意义是“将货物特定化”。业务中仓储货运部门应及时按合同/信用证整理出口货物的包装、刷制出口包装唛头。刷唛时，有关人员须注意防止错刷，漏刷，出现英文字母颠倒、倒置，认真与合同或信用证核对，做到清楚、醒目、位置大小适当，避免“白板”出口。

六、备货工作中应注意的事项

（一）货物品质应符合相关要求

1. 货物品质应符合合同的规定

合同中表示品质的方法，有凭文字说明和凭样品两种类型。对于凭文字说明成交的合同，卖方所交货物必须与文字说明相符。文字说明包括品质指标，行业公认或买卖双方认定的等级，标明版本年份的标准以及技术说明书和图样等。对于凭样品成交的合同，该样品应是买卖双方交接货物的依据，卖方交付的货物的内在质量与外观形态都应和样品一致。如果在交易中既凭文字说明，又凭样品来表示商品品质，则卖方所交货物既要和文字说明相符，又要和样品一致，其中任何一种不一致都构成违约。

2. 货物品质应符合法律的要求

法律对货物品质的要求，主要有以下方面：

（1）货物应适合同一规格货物的通常用途，具有可销性（或称适销品质）。这是法律所要求卖方承担的默示条件。

（2）货物应适合于订立合同时买方曾明示或默示地使卖方知道的特定用途。这也是法律所要求的默示担保责任。当买方事先使卖方知道购买货物的特定用途时，卖方如不能保证所交货物适合于该特定用途，应于订约前通知买方。如果情况表明买方并不依赖卖方的技能和判断力来挑选或提供适合特定用途的货物，或者这种依赖对卖方是不合理的，则卖方不承担责任。

（3）货物应符合进口国法律法规所要求的品质标准。世界各国都对数以万计的商品规定了严格的品质标准和技术标准，如法国禁止果汁内含有葡萄糖，黎巴嫩规定巧克力的含水率不超过1.6%等。这些强制性的要求，即使合同中未作规定，卖方也必须保证货物达到标准，否则无法进入该国市场。

（二）交货数量应符合合同的规定

交货数量是合同的一个重要交易条件。对于卖方在交货数量上应承担的义务，各国法律都有具体的规定，但并不一致。由于世界各主要贸易国都是《公约》的缔约国，因而不论其国内法如何规定，我国企业在与其贸易时，均按《公约》规定处理。

《公约》规定，如果卖方多交，则买方对于多交的部分，可以拒收，也可以接收一部分或全部；如果卖方少交，则买方有权要求卖方补交，并请求损害赔偿；如果卖方少交货物的后果构成了根本违反合同，则买方可宣告合同无效并有权索赔。

买卖双方也可根据具体情况在合同中规定数量机动幅度。对于合同中的数量机动幅度，《跟单信用证统一惯例》有相对应的以下规定：

信用证未规定数量不得增减，货物数量仅以度量衡制计量单位表示，未计包装单位，也不是以个数计算，则在支取金额不超过信用证金额的前提下，可以有5%的增减。例如，日本向我方订购2万米棉布，则我方交货数量可有5%的增减，但以总金额不超过信用证金额为限。若日方订货时表明，2万米布，每20米一匹，共1 000匹，加上了包装单位，就不适用5%的机动幅度的规定。

当信用证以“大约”、“近似”或类似意义的词语用于信用证的金额、数量或单价时，应解释为允许有关指标有10%的增减。

（三）货物包装应与合同和法律的要求一致

合同中对包装的要求有繁有简，凡是合同中有明文规定的，卖方必须严格照办。对于合同没有明文规定的，应注意符合有关法律的要求。

（1）《公约》规定：“货物按照同类货物通用的方式装箱或包装，如果没有此种通用方式，则按照足以保全和保护货物的方式装箱或包装。”在合同包装条款不明确时，这是对卖方在包装方面的最低要求。

（2）各国国内法对包装及包装上的文字说明均有相应规定，如美国食品药物管理局（FDA）规定食品罐头盒不能使用焊锡。卖方必须在包装方面遵守这些强制性的规定。

（四）按合同规定的时间交货

交货时间是买卖合同的主要条件。延迟装运或提前装运均可能导致对方拒收或索赔。合同中如未规定允许分批装运或转运，则应理解为不允许分批装运或转运。合同中如规定允许分期/分批装运，但同时又规定了每批的数量，则卖方必须严格照办。如果其中某一期未按规定时间或数量装运，买方可按违约情况要求损害赔偿直至解除该期合同，甚至解除该期以后各期的合同。此外，卖方还应保证对货物拥有完全的所有权，即任何第三者不能根据物权、工业产权或其他知识产权主张任何权利或要求。针对这一责任，卖方在接受买方来样订货和来料来件加工装配业务时，可在合同中订明“关于任何违反知识产权和工业产权的行为，均由买方负责，与卖方无关”。

【课堂讨论】

1. 外贸企业备货工作的主要内容是什么？
2. 备货型企业有哪些特点？

【课堂练习】

请说明下列包装条款的要求：

（1）Marks should be printed onto 2 adjacent sides of outer cartons.

（2）Marks should be >20mm height black lettering.

（3）Gross weight of the outer carton should be < 0kg.

【案例分析】

国内A公司与国外客户B公司于2009年1月签订了1×20集装箱产品P2（货号934）的买卖合同。此1×20集装箱的934中，有两种规格，每一种规格有两种不同的包装，意味着共有四种不同类型的产品包装。每种包装的产品100箱，共计400箱。唛头如下：

STL-953 QTY： PCS（每箱多少支）

ITEM NO. 934G. W.： KSG（毛重）

C/NO. 1-4：N. W.： KGS（净重）

MADE IN CHINA MEAS.：CM

A公司以为国内的生产工厂会在唛头上按照箱子的流水号来编，因此A公司在下订单时没有注明在正唛的“C/NO. 1-”后按照流水号来编写具体的箱号。结果工厂没有在正唛上按照箱子的流水号来编写，而产品的货号又完全一样，货物到达目的港后，客户无法区分货物。该客户不得不一箱箱打开包装找货，浪费了客户的人工费，造成了很大的损失。客户提出索赔，A公司相应给予了客户赔偿。但是此客户从此断绝了与A公司的贸易往来。

分析：

（1）A公司在给生产企业下订单时，在生产清单上，需工厂填写的内容，要在英文旁边注明中文，因为很多工厂的英文水平一般，要考虑到工厂的具体情况。

（2）在给工厂下订单时需考虑到客户的具体要求，站在客户的立场上考虑收到货如何区分货物的问题。特殊的要求，除在生产清单上注明以外，还要跟工厂在电话里特别强调，以防工厂对A公司的具体要求没有注意到，造成生产的东西不符合要求而返工，甚至延误交货期。

（3）对于工厂较多的订单，唛头最好编为第一个工厂C/NO. 1-（1，2，3…），第二个工厂C/NO. 2-（1，2，3…），第三个工厂C/NO. 3-（1，2，3…），依此类推。

在工厂数很少，而箱数确认的情况下可以按照流水号编箱号。如下例，共65箱货3个工厂：

第一个工厂为10箱，那么箱号就是C/NO. 1-（1，2，3…，10）。

第二个工厂为20箱，那么箱号就是C/NO. 2-（11，12，13…，30）。

第三个工厂为35箱，那么箱号就是C/NO. 3-（31，32，33…，65）。

（4）A公司要求质检人员验货时，应对箱号进行核实，以防工厂误填。

【实训项目】

某国内企业A公司与韩国D. D. 公司进行贸易往来。双方签署了销售确认书，同意以USD 11.10的价格成交2 280双TENDENCY SHOE767，其他条款如下：

包装：To be packed in a small carton of each pair，12 pairs in one export carton

运输：From Ningbo，China to Pusan，Korea，with partial shipment and transshipment allowed

装运期：To be effected within 45 days after receipt of L/D

支付条款：The Buyer shall open through a bank acceptable to the Seller and irrevocable letter of credit payable at sight which should reach the Seller by the end of April and remain valid for negotiation in China until 15th day after the date of shipment.

保险条款：The Seller shall cover insurance against All Risks and War Risk for 110% of the total Invoice value as per the relevant ocean marine cargo clauses of the Peoples Insurance Company of China date 1981/01/01.

A公司随后开始考虑国内货源。找到了某市浪潮鞋业有限公司，要和该鞋业公司签订内销合同。

补充资料：某市浪潮鞋业有限公司资料

英文名称：××TENDENCY SHOES CO., LTD.

地址：某市鞋都工业园区××号

电话：05××-65478××

传真：05××-65478××

请根据上述情况，为该公司签订一份国内购货合同。

工作任务二　工厂生产备货

引例

国内某食品出口商与国外一家进口商签下订单，进口商要求所有产品的包装上不能显示货号“828”，由于此次进口国海关对于“828”等几种产品征收很高的反倾销关税，所以进口商有此要求。而该出口商却在彩卡包装生产上都印有“828”字样。客户在收到该公司寄来的货样照片时，发现彩卡上仍有“828”字样，随即提出要去掉“828”。由于出口商的货物已全部完成，若换彩卡会造成5万元的经济损失，同时交货期将推迟20天。该出口商告诉客户货物已全部生产完毕，若返工将造成5万元的经济损失，并希望客户接受有“828”的彩卡。最后客户答应接受我们的货物，但是客户疏通海关的2 000美元的费用需由出口商承担。

案例简析

在准备货源的过程中，包装是极其重要的一个环节。包装条款主要包括包装材料、包装方式、包装规格、包装的文字说明和包装费用的负担等内容。在实际操作中，任何一点都不能忽视。尤其是包装材料、包装方式和包装的文字说明，在国际贸易中往往因为这三项而引起纷争、索赔，甚至取消合同。实际上，只要严格按照合同及国际惯例进行包装，这些都是可以避免的。

案例中，由于出口商没有按照进口商的要求来进行包装，在货物包装上出现了对方要求禁用的字样，给对方造成了额外的损失，出口商理应按照规定进行赔偿。

知识链接

有出口经营权的大型企业，企业集团内一般设有自己的生产企业、车间。这种企业出口备货，一般由出口部门向生产加工及仓储部门下达出口生产加工通知，即整装备货通知单。大型生产企业备货流程如下：

一、业务审批

业务部收到订单后，首先做出业务审核表。按“出口合同审核表”的项目如实填写，尽可能将各种预计费用都列明。合同审核表需附上客人订单传真件与工厂的收购合同。审核表要由业务员签名，部门经理审批，再交管理部人员审核后才能执行。金额较大的，或有预付款和佣金等条款的，要经公司总经理审批才行。合同审批之后，制成销售订单，交给部门进程员跟进。

二、下达生产通知

业务部在确认交货期后，满足下列情况可下达生产通知，安排生产计划，通知工厂按时生产。

（1）如果是信用证付款，通常是在交货期前一个月确认信用证已经收到，收到信用证后，业务员和单证员分别审查信用证，检查是否存在错误、交货期能否保障及其他可能的问题，如有问题应立即请客户改证。

（2）如果是前电汇付款，要确认定金已经到账。

（3）如果是后电汇即放账，或通过银行承兑交单等方式收汇等，需经理确认。

三、制订生产计划

外贸业务员应协助生产管理人员将订单及时转化为生产计划，以便顺利制造产品。

1. 生产计划的制订

生产计划主要是依据订单要求、前期生产记录、计划调度以及产能分析制订的。其计划内容主要有各月份各规格设备及销售类别的数量，并且每月应修订一次。

2. 月度生产计划的制订

计划内容包括当月各批号、产品名称、生产数量、生产日期和生产单位的产量等。

3. 一周生产计划的制订

一周生产计划是由月度生产计划或紧急订单转换而制订的，它是具体生产安排及物料控制的依据。

四、跟踪生产进度

1. 生产进度控制工作程序

（1）外贸业务员通过生产管理部门每日的“生产日报表”统计，调查每天的成品数量及累计完成数量，以了解生产速度并加以控制，确保能按订单要求准时交货。

（2）外贸业务员可利用每日实际生产的数量同预定的生产数量加以比较，看是否有差异，追踪记录每日的生产量。

（3）外贸业务员若发现实际进度与计划进度产生差异，应及时查找原因。如进度发生延误导致影响交货期，除追究企业责任外，还应要求企业尽快采取各种补救措施，如外包或加班等。

（4）企业采取补救措施后，外贸业务员应调查其结果是否有效，如效果不佳，应要求企业再采取其他补救措施，直到问题得到解决。

（5）补救措施无效、仍无法如期交货时，外贸业务员应及时联络境外客户，争取取得客户谅解并征求延迟交货日期。

2. 生产进度控制重点

生产进度控制的重点如下：计划落实执行的情况；机器设备运行情况；原材料供应保障情况；不合格及报废情况；临时任务或特急订单插入情况；各道工序进程；员工工作情绪等。

3. 生产异常的处理

各种生产异常会导致生产进度无法按计划进行。外贸业务员在生产过程中要掌握生产异常情况，及时进行跟踪处理。

五、验货

1. 验货的方式和种类

（1）验货服务的方式：

①DUPRO 方式：是在生产过程中的验货，验货人员按照协定，在产品完成 20% 或 50% 时，到生产厂家进行抽样检验，验证其是否符合订单的要求。

②FPI 方式：是最终产品检验，验货人员到工厂、仓库、码头、货仓等地按订单或国家标准或国际惯例对已完成、装箱号的批量产品进行现场抽样检查，必要时抽样进行质量相关专案的检验，验证其是否符合订单或相关国家标准的规定或要求，验证认可后按验货协议出具验货报告，在需要时可对所验货物粘贴验货标志。

③TRI 方式：是验货人员按验货协定对一批产品的全数进行检验的方式。

（2）验货服务的种类：

①初步生产检验：于生产初期执行，检验项目含零件、原材料、存货等，目的是在生产初期即将问题找出来，及早改进，以减少返工成本，并避免延迟交货。

②生产过程检验：于生产过程中的检验，验货人员对生产线上的半成品或刚下线的产成品进行检验，检查纰漏和偏差，报告厂方，并提出纠正错误和偏差的有效方法，以确保产品符合规定要求，维持生产过程中的产品品质。

③成品随机抽样：验货人员在产品生产及包装完成待交运前，依检验的程序，对货物的数量、工艺、功能、颜色、尺寸规格和包装等细节是否符合合同要求进行检验，进行随机抽样，并且在港口、机场或厂商处，监督装货的情形。

④工厂评估（附加）：验货人员按客户的要求指派工厂审查员对生产企业的工作条件、生产状况、设施、制造设备、制造方式及质量保证管理和人员情况等进行检查，并提出相

应的说明和意见书，不仅可为客户调查可能引起质量事故的问题，还将提供整改意见。

2. 验货的流程

（1）在交货前一周通知公司验货员验货。

（2）如果客户要自己或指定验货人员来验货，要在交货期一周前约客户查货并将查货日期告知计划部。

（3）如果客户指定由第三方验货公司或公正行等验货，要在交货期两周前与验货公司联系，预约验货时间，确保在交货期前安排好时间。确定后将验货时间通知工厂。

六、加工、包装、整装刷唛

对加工、包装、整装刷唛的要求和注意事项与本流程工作任务一相同。

【课堂讨论】

A公司接到国外客户的订单，业务经理让小王负责这个单子的跟进工作。跟单员小王是一位新人，你认为小王应如何确定备货计划以保证产品按质按量供应。

【课堂练习】

分析下面这些企业在备货过程中有无问题。

（1）某企业出口凤梨罐头一批，合同规定为纸箱装，每箱24听，共100箱。但在发货时发现该规格的纸箱不够，于是改为每箱40听，共60箱。

（2）某企业出口自行车1 000辆，由于货源紧张，备货时就只准备了1 000辆，但是装运时突然发现有50辆自行车的包装破裂，并且商品已经有所损坏。

（3）某出口企业收到国外信用证，规定唛头为：

ZZZ/tree. CV/65 – 134/LC NO. 6875/DAR – ESSALAAM.

此唛头过长，货物的运输包装和单据上的唛头栏又太窄，于是该公司在包装和单据上将唛头刷制为：

ZZZ
tree. CV/65 – 134
LC NO. 6875
DAR – ESSALAAM.

【案例分析】

我国江苏省一家服装企业（以下简称出口商）承接了为澳大利亚一家服装公司（以下简称进口商）生产PVC革服装的业务，价值10万澳元。由于双方已合作多次，且出口商在澳大利亚有办事处，所以双方合同订为送货到对方的仓库，交货后付款，并按双方交易的常规在合同中规定，交货延误一天罚款（从货款中扣除）1 000澳元。让出口商没有料到的是该项交易在进行到最后交货时出了问题。当出口商按质、按量完成订单，装入纸箱，遵照合同将货物运抵订货公司仓库交货时，遭到进口商仓库工人的拒收。工人拒收的原因是每个纸箱的装货重量超过了20公斤，不适宜徒手搬运。据了解，澳大利亚工会规定工人有权拒绝要求其徒手搬运超过 25 公斤的货物的要求，同时，保险公司对由于搬运超重物品引起的工伤也不予赔偿。为避免可能引起的损害，许多企业都制定了低于 25 公斤的重量标准，例如，澳洲邮政（AUSTRALIA POST）将可要求个人徒手搬运的货物的最高重量确定为 16 公斤，远远低于工会的标准。而澳洲的这家服装公司则将该重量定为 20 公斤。由于进口商不但要卸货，还要以同样包装送往其在各地的销售点，因此，虽经再三交涉，出口商仍无法说服对方接收货物。最后，出口商不得不将货拉回到办事处，买来纸箱，并请临时工将货物重新装成低于 20 公斤一箱。隔天后，再送往进口商的仓库交货，但已晚了一天。进口商收货后，付款时不顾出口商的解释仍按合同扣除罚款 1 000 澳元。这次交易虽最终完成，但出口商却遭受了一定的损失。

分析：

国际贸易商品的包装不仅是保护商品在流通过程中质量完好和数量完整的重要措施，同时还是货物说明的重要组成部分。因此，包装条款被认为是国际贸易合同中的一项主要条款。包装条款一般包括包装材料、包装方式、包装规格、包装标志和包装费用的负担内容。在国际贸易出口商品的运输包装方面，首先要注意按合同规定操作，另外，还要考虑有关国家的法律规定及适应不同的运输方式。为了装卸、运输、仓储、检验和交接工作的顺利进行，要严格按照国际标准采用运输包装标志。卖方应保证商品的包装符合规格和装运要求，保证商品包装或外包装足够牢固，能保护该商品。在出口产品包装装箱时，一定要仔细全面地进行考虑，必须符合进口商所在地的相关规定和要求，甚至惯例，不仅要考虑产品的保护、标记和包装材料等问题，还应考虑到搬运的方便性，特别是要明确了解进口方的规定和要求，将人性化的理念融入包装之中。对于任何一项交易，一定要在交易商谈中与对方确定详细的包装要求，包括单箱重量、花色搭配、包装材料等，并将其包括在交易合同之中。在可能的情况下，在合同中注明合同中未明确的包装问题的责任不在出口商。我国很多出口企业对出口包装的关注一般只集中在对内装产品的保护，如防压、防潮，以及包装上的标志，即适合海运方面，却很少关注重量是否适合徒手搬运，而对此的疏忽有时会引起不必要的麻烦和损失。

【实训项目】

接上一节实训项目的情况，某市浪潮鞋业有限公司进行商品的生产。请根据相关资料填写工厂生产订单。

工厂订单

TO

下单日：
交货期：
订单号：
制单员：

客人单号	型号	品牌	数量（双）	单价（美元）	总价（美元）	备注
总计						
其他说明：						

工作流程六　报检及出口许可

工作任务一　安排出口商品报检

引例

我国 A 出口公司向新加坡 B 公司以 CIF 新加坡条件出口一批土特产品，B 公司又将该批货物转卖给马来西亚 C 公司。货到新加坡后，B 公司发现货物的质量有问题，但 B 公司仍将原货转销至马来西亚。其后，B 公司在合同规定的索赔期限内凭马来西亚商检机构签发的检验证书，向 A 公司提出退货要求。

任务 1：B 公司出具的马来西亚商检机构签发的检验证书是否有效？

任务 2：A 公司应如何处理 B 公司提出的退货要求？

任务 3：假设 A 公司知道该批货物会转销马来西亚，货到新加坡后被立即转运至马来西亚。B 公司凭马来西亚商检机构的检验证明向我方提出索赔是否有效？

案例简析

1. B 公司所提交的马来西亚商检机构出具的检验证书无效。尽管这批土特产质量有问题，但按照合同中商检条款对于商检时间和地点的规定，只有由中国商检机构或新加坡商检机构开具的商检证书才有效。新加坡 B 公司虽然发现货物的质量有问题，但仍然转卖给马来西亚 C 公司，这就意味着对货物的部分接受，部分接受视同整体接受，B 公司已经丧失了对货物的检验权。

2. 我国的 A 公司应拒绝新加坡 B 公司的退货要求。

3. B 公司所提交的马来西亚商检机构出具的检验证书有效。理由是：根据《公约》第 38 条第 3 款的规定：如果货物在运输途中改运或卖方在发运货物中没有合理机会加以检验，而卖方在订立合同时已知道或理应知道这种改运或发运的可能性，检验可以推迟到新的目的港后进行。

知识链接

一、出口报检的含义

出口商品报检，是指出口商品的发货人或者代理人，包括具有出口经营权的单位或出口商品的生产企业按照法律法规的规定，在商检机构规定的期限内向商检机构申请对其出口商品实施法定检验的程序。

根据《中华人民共和国出口商品检验法》的规定，一切出口商品都必须经过检验，未经检验或检验不合格的，不准出口。这里的检验，包括国家商检机构的检验和生产、经营单位的自行检验。

属于法定检验的商品，或合同规定由国家商检机构检验出证的商品，在货物备齐后，应向商品检验局申请检验，一般应在商品出运前一周内提出申请，报验时应填写出口报验申请单，并随附合同和信用证副本，以及出口货物报关单等通关用的凭证。

报验的商品由商检机构或指定的检验机构进行检验。检验的依据是法律法规规定的标准或其他必须执行的检验标准（如进口国法律法规规定的标准）或合同规定的检验标准。当合同的约定和法定标准不同时，以高标准为准。

经检验合格，由商检机构签发检验证书，或在出口货物报关单上加盖检验印章。发货人应在签发证书之日起60天内报运出口，逾期报运出口的，应重新申报检验。

对于不在法定检验范围内的出口商品，可以由生产、经营单位或委托其他检验机构检验，国家商检机构对其进行定期或不定期的抽查，抽查不合格的商品，不准出口。

二、商品报检的作用和种类

（一）商品报检的作用

（1）有效地保证了出口商品质量，维护了出口商的信誉。
（2）有效地维护了进出口国的集体利益。

（二）商品报检的种类

（1）法定检验：出入境检验检疫机构根据国家法律法规对进出口商品进行的强制性检验。

（2）委托检验：出入境检验检疫机构接受进出口当事人的委托对商品进行公证鉴定。

（3）抽样检验：出入境检验检疫机构根据国家质检总局的规定对于法定检验以外的商品实施抽样检查。

三、商品报检的标准

为了统一检验的尺度，我国国家质检总局根据检验的实践需要和国际标准，制定出进出口商品检验的技术规范和标准，提出进出口商品检验工作的抽样、试验、分析、测定、检查、统计等步骤、程序和要求。

商品检验的国际标准有国际标准化组织（ISO）、国际电工委员会（IEC）、食品发电委员会（CAC）、国际电信联盟（ITU）等制定的标准。

四、出口商品报检的条件和要求

（一）报检条件

（1）已经生产加工完毕完成包装、刷好唛头、准备发运的整批出口商品。

（2）已经经过生产企业检验合格，并出具厂检合格单的出口商品。

（3）对于执行质量许可制度的出口商品，必须具有商检机构颁发的质量许可证或卫生注册登记证。

（4）必须具备各种互相吻合的单证。

上述四条必须同时具备。

（二）报检要求

报检人预先要与商检机构约定检验时间并提供必要的工作条件。为提高工作效率、方便出口，商检机构对常年出口且信誉好的出口企业，接受其电话预约报检或传真报检。特殊情况实行急事急办，保证做到出口检验不误发运。

经商检机构检验合格的出口商品或其运载工具逾期报运出口的，发货人或承运人必须重新向商检机构报检。

五、出口商品报检的时间和地点

（一）报检时间

属于法定检验的出口商品，发货人应当在接到合同或信用证后，备货完毕，最迟在报关或出口发运前10日内报检。

属于法定检验以外的出口商品，如果对外贸易合同约定由商检机构出证，也应按上述要求办理。

对于盛装出口危险货物的包装容器或属于法定检验出口商品的包装容器，应由生产企业在将包装容器交付出口商品企业使用之前，向商检机构申请性能检验；在装运出口前，应由出口商品企业或经营单位向商检机构申请使用鉴定。

对装运出口易腐烂变质食品、冷冻品的船舱、集装箱等运载工具的清洁、卫生、冷藏、密固等的适载检验必须在装运前向商检机构申请进行。

（二）报检地点

出口商品应向货物产地的商检机构报检。

属于产地检验后需要到口岸换证出口的商品，发货人应当在规定的期限内向生产企业所在地商检机构报检，货物到口岸后再及时向口岸商检机构申请查验放行。

需要对外出证的出口商品，发货人应当在规定期限内向生产企业所在地商检机构报检，要求其实施检验并签发检验证书。

（三）国际货物买卖中检验时间地点的规定方法

（1）在出口国检验：

①工厂（仓库）检验；

②装运港检验。

（2）在进口国检验：

①目的港检验；

②买方营业处所或用户所在地检验。

（3）出口国检验，进口国复验。

（4）装运港检验重理，目的港检验品质，又称为“离岸重量，到岸品质”。

六、出口商品报检的工作程序

出口商品检验总的来说分为法定检验和非法定检验两大部分，其中法定检验的范围包括《种类表》及其他法律法规规定必须经过商检机构和国家商检部门、商检机构指定的检验机构检验的进出口商品。

（一）法定报检出口的检验工作程序

（1）报检人填写出口检验申请单。

（2）提供合同、信用证及有关单据资料。

（3）商检机构对已报检的出口商品实施检验，并出具检验结果。直接出口的出口商品，经检验合格后出具放行单或商检证书；运往口岸或已出口的出口商品，经检验合格后出具出口商品检验报检凭单；经检验不合格的，出具出口商品检验不合格通知书。

（4）报检人领取商检单据。

法定报检程序如下图所示：

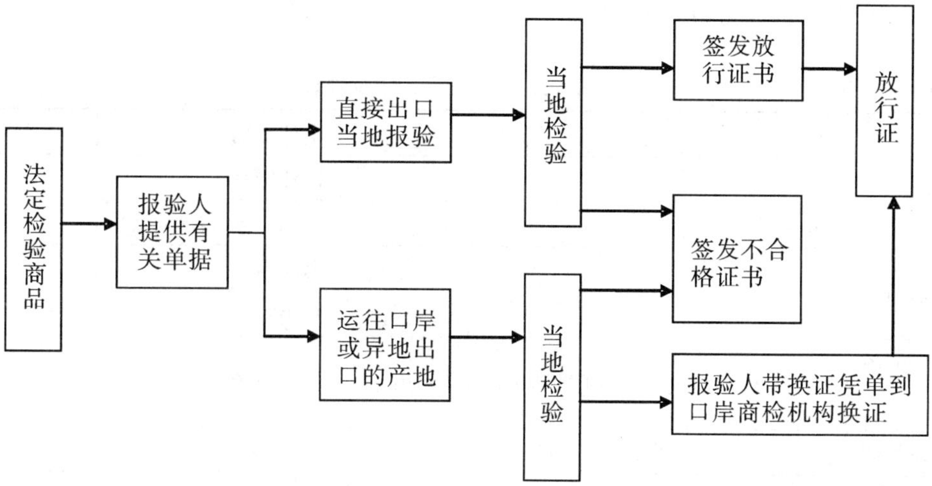

图 7　法定报检程序图示

（二）非法定报检出口的检验工作程序

（1）根据合同、信用证的规定或申请人的要求，需商检机构出具商检证书的，可以向商检机构报检。

（2）填写出口检验申请单并提供有关单据和资料。

（3）商检机构根据申请人的申请，对出口商品实施检验。对合格的商品出具商检证书，对不合格的商品则出具出口商品不合格通知单。

（4）领取商检单证。

非法定报检程序如下图所示：

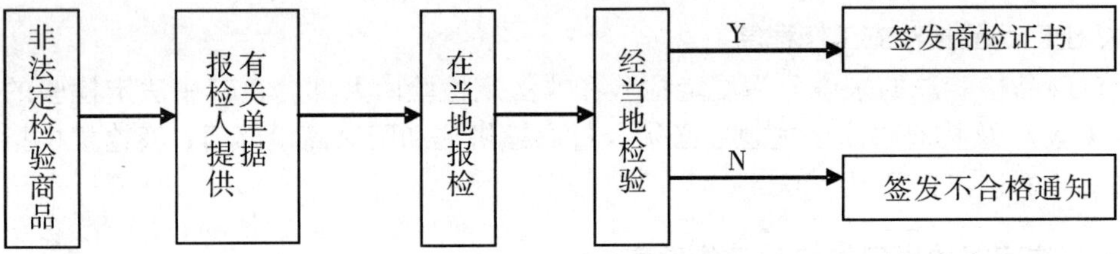

图 8　非法定报检程序图示

（三）报检申请

（1）报检人在报检时应填写规定格式报检申请单，提供与出入境检验检疫有关的单证资料，按规定交纳检验检疫费用。

样单 7　出口检验申请单

出口检验申请单

中华人民共和国北京进出口商品检验局　　　　报检号

兹有下列商品申请报检，请照章办理。　　　　存货地点

报检单位：

日期：　　年　　月　　日　　　联系人：　　电话：　　地址：

发货人			生产部门	
收货人			输往国别	
品名			H. S. 编码（8 位）	
报检数量			总净重 总毛重	
成交单价（美元）	成交总值（美元）	收购单价（人民币元）	收购总值	
标记及号码	申请证书份数		运输方式	

（续上表）

<table>
<tr><td rowspan="12"></td><td>品质　　份</td><td rowspan="9">放行　更改证书</td><td colspan="2" rowspan="2">随附证件号：
合同号：</td></tr>
<tr><td>分析　　份</td></tr>
<tr><td>重量　　份</td><td colspan="2">信用证号：</td></tr>
<tr><td>数量　　份</td><td colspan="2">厂验单：</td></tr>
<tr><td>兽医　　份</td><td colspan="2">预验单：</td></tr>
<tr><td>卫生　　份</td><td colspan="2">换证凭单：</td></tr>
<tr><td>健康　　份</td><td colspan="2">包装性能检验结果单：</td></tr>
<tr><td>换证凭证　份</td><td colspan="2">其他：</td></tr>
<tr><td>其他</td><td colspan="2">结汇方式：</td></tr>
<tr><td>预约工作日期</td><td></td><td colspan="2">出运口岸</td></tr>
<tr><td>领取单证</td><td>正副</td><td colspan="2" rowspan="2">商品包装情况</td></tr>
<tr><td>检验方式　贸易方式</td><td>一般贸易</td></tr>
<tr><td rowspan="4">检验出评定意见</td><td>商品检验　　自检
共检
抽检</td><td colspan="3" rowspan="4">备注</td></tr>
<tr><td>组织检验　　认可</td></tr>
<tr><td>其他</td></tr>
<tr><td>免检</td></tr>
<tr><td colspan="2">流程　　月　　日　　经办人</td><td colspan="2">流程　　月　　日　　经办人</td><td>计收费栏</td></tr>
<tr><td>受理</td><td></td><td>检务复审</td><td></td><td>预收</td></tr>
<tr><td>送检</td><td></td><td>翻译</td><td></td><td></td></tr>
<tr><td>抽样</td><td></td><td>制证</td><td></td><td>补收</td></tr>
<tr><td>检验</td><td></td><td>校对</td><td></td><td></td></tr>
<tr><td>化检</td><td></td><td>总校</td><td></td><td>共计实收</td></tr>
<tr><td>拟证</td><td></td><td>发证</td><td></td><td></td></tr>
<tr><td>审核</td><td></td><td colspan="3" rowspan="2">检验处</td></tr>
<tr><td>签发</td><td></td></tr>
<tr><td>返回</td><td></td><td>检验科</td><td></td><td></td></tr>
</table>

填表说明：

1. 报检号：商检机构受理报检的编号，由商检机构受理报检人员填写。
2. 报检单位：填写报检单位全称并加盖公章或报检专用章（或附单位介绍信）。
3. 报检日期：填写报检当天日期。
4. 存货地点：出口货物存放处的详细地址。
5. 联系人、电话、地址：按实际情况填写。
6. 卖方或发货人（Seller or Consignor）：合同上的卖方或信用证的受益人要求用中文、英文填写，填写时要保持一致。

7. 收货人（Buyer or Consignor）：合同上的买方或信用证的开证人。

8. 品名（Commodity）：按合同、信用证中所列名称填写，但中英文要保持一致。

9. 报检数量（Quantity Declared）：按实际申请检验数量填写，并注明计量单位，如：××吨。

10. 生产部门：生产出口商品的企业名称。

11. 输往国别：出口货物的最终销售国。

12. H. S. 编码：按《商品分类及编码协调制度》填写 8 位数字，如皮革服装的 H. S. 编码为 42031000。

13. 总净/毛重：按实际申请检验总净/毛重填写，并注明计量单位名称。

14. 成交单价及总值：按出口合同或发票所列货物的成交单价和总值填写并注明货币名称。

15. 收购单价与总值：外贸经营单位向生产经营部门收购商品以人民币计的单价及总值。

16. 运输方式：填海运、陆运、空运、邮运、多式联运等多种运输方式之一。

17. 标记及号码（Mark and No.）：即唛头，按出口货物的报关单或明细单所列填写（应与实际货物运输包装上所示一致）。中性包装或裸装、散装商品应填“N/M”并注明“裸装”或“散装”。

18. 方式：此为支付货款的方式。常用的有信用证方式（L/C）、汇付（包括信汇 W/T，电汇 T/T，票汇 D/D）、付款交单（D/P）、承兑交单（D/A）等。

19. 出运口岸：办理报关出运的地点或口岸。

20. 商品包装情况：按实际包装填写。使用的包装材料及包装情况是否良好应加以注明，如箱装，填“纸箱包装，包装完好”。

21. 注：如对检验证书的内容有特殊要求或有其他需要特别说明的可在此注明，如：①来证要求商检证书抬头为分析证书，则以品质/分析证书申请出证，即 Inspection Certificate Of Quality/Analysis；②来证要求列明收货人，或收货人栏需敬启者（To Whom It May Concern）、凭指示（To Order）出证的，都应写在此栏内，以供商检机构出证时参考，使报检人顺利结汇；③其他未加说明的栏目按实际情况填写或打“√”，其中检验处评定意见、检验方式、计收费等由商检机构自填。

（2）报检人申请撤销报检时，应书面说明原因，经批准后方可办理撤销手续。报检后 30 天内未联系检验检疫事宜的，作自动撤销报检处理。

（3）应重新报检的情况有：①超过检验检疫有效期限的；②变更出入国家或地区，并有不同检验检疫要求的；③改换包装或者重新拼装的；④已撤销报检的。

（4）报检人申请更改证单时，应填写更改申请表，附有关函电等证明单据，并退还原证单，经审核同意后方可办理更改手续。品名、数（重）量、检验检疫结果、包装、发货人、收货人等重要项目更改后与合同、信用证不符的，或者更改后与输出、输入国家或地区法律法规不符的，均不能更改。

（四）出口商品检验时应提供的单据和资料

（1）外贸合同或销售确认书或订单。

（2）信用证及有关函电。

（3）生产经营部门出具的厂检报告单。

（4）法定检验出口商品报检时，还应提供商检机构签发的出口商品运输包装容器性能检验结果单（正本）。

（5）发货人委托其他单位代理报检时，应加附委托书（原件）。

（6）凭样成交的应提供成交样品。

（7）经预检的商品，在向商检机构办理放行手续时，应加附该商检机构签发的出口商品预检结果单（正本）。

（8）经其他商检机构检验的商品，应附加发运地向商检机构签发的出口商品查验报检凭单（正本）。

（9）按照国家法律、行政法规规定实行卫生注册及出口质量许可证的商品，必须提供商检机构批准的注册编号及许可证编号。

（10）出口危险货物时，必须提供危险品包装容器的性能检验和使用鉴定合格证（单）。

（11）出口锅炉、压力容器时，必须提供锅炉监察机构（如市劳动局）审核盖章的安全性能检查报告（正本）。

（五）出口报检应注意的事项

（1）关于出口报检的时间，要求最迟应于报关或装运出口前10天向商检机构报检。出境动物应在出境前60天预报，隔离前7天报检；出入境的运输工具应在出境前向口岸检验检疫机关报检；对检验周期较长的商品，如羊绒，还需增加相应抽样、检验、化验等工作的时间。

（2）法定检验出口商品必须在原产地商检机构办理报检手续。内地运往口岸的法定检验出口商品，一般在原产地商检机构预先检验合格，取得出口商品换证、凭单后，才能运往口岸办理出口检验换证或放行手续。合同或信用证规定需要某商检机构证书的，须向该商检机构报检。

（3）每份出口检验申请单仅限填报一批商品。

（4）需签发外文证书的，有关栏目应用打字机填写相应的外文。

（5）要求商检机构出具证书的，应及时向商检机构提出申请。发现有违反我国政策法令的，应及时向外国进口商提出修改意见。

七、商检机构和商检证书

（一）商检机构

商检机构是指接受委托进行商品检验和公正鉴定工作的专门机构。

商检机构根据经营性质来分，有官方的，有私营的，也有行会、协会经营的。从经营范围来看，有综合的，也有专业的。检验机构名称也较为多样，如检验公司、公证行、鉴定公司、公证鉴定人、实验室等。

国际上比较著名的检验机构有：英国劳氏公证行（Lloyd's Surveyor）、瑞士日内瓦通用鉴定公司（S. G. D. S.）、日本海事鉴定协会（NKKK）、美国担保人实验所（UL）。

我国的国家商品检验机构是中华人民共和国国家质量监督检验检疫局（通常简称为国家质检总局）及其设在全国各口岸的出入境检验检疫局，这是官方的检验机构。

另外，中国进出口商品检验公司（CCIC）是以非官方身份出现，接受进出口业务中当事人和国外检验机构的委托，办理进出口商品的检验鉴定工作，并提供咨询服务的机构。

（二）检验证书

检验证书（Inspection Certificate）是商检机构根据有关规定对进出口商品进行检验或鉴定后出具的检验证明文件。

1. 检验证书的作用

检验证书可以作为货物品质、数量、包装、卫生条件等是否符合合同规定的依据，也是卖方向银行交单议付的重要单据，还可以作为买方对货物的品质、数量等提出异议，拒收货物，要求索赔的凭证。

2. 检验证书的种类

在我国进出口业务中，常用的检验证书有：品质检验证书（Inspection Certificate of Quality）；重量检验证书（Inspection Certificate of Weight）；数量检验证书（Inspection Certificate of Quantity）；卫生检验证书（Inspection Certificate of Health）；消毒检验证书（Disinfection Inspective）；兽医检验证书（Disinfection Inspection Certificate）；产地检验证书（Inspection Certificate of Origin）；价值检验证书（Inspection Certificate of Value）；残损检验证书（Inspection Certificate on Damaged Cargo）。

至于一笔交易中究竟要哪些检验证书，则要根据商品的性质、交易习惯和双方国家的有关法律由买卖双方协商确定。

八、买卖合同中的检验条款

合同中的商检条款一般需要包括检验的时间和地点、检验机构、检验内容、检验的标准和方法、检验证书等。

订立检验条款时应该注意以下问题：

（1）商检条款必须与商品的品质、重量、数量、包装等条款相互衔接、密切配合，以防止有脱节或矛盾的现象。

（2）规定进口方有复检权时，应明确复检的期限。复检期限的长短应该与商品的特性、检验需要的时间以及港口的情况相适应。

（3）尽量选择声誉较好、有足够的检验能力和检验设备的商检机构。

在我国的出口合同中，商检条款的一般订法为："双方同意以装运港中国进出口商品检验检疫局签发的品质和数量（重量）检验证书作为信用证项下议付单据的一部分。买方有权对货物的品质、数量（重量）进行复检。复检的费用由买方承担。买方如果发现品质/数量（重量）与合同不符，买方有权向卖方索赔，但需要提供经卖方同意的公证机构出具的检验报告。索赔期限为货到目的港××天内。"

【课堂讨论】

1. 商品报检在对外贸易中有什么作用？
2. 出口商品的报检应具备哪些条件？

3. 出口商品法定检验程序包括哪些环节?

4. 报检有哪些注意事项?

【课堂练习】

1. 某公司以 FOB 汕头价外销美国一批货物，货物出口时已由商检机构检验并出具检验证书。在大连港装船时情况良好，但在纽约港卸货时却发现包装破裂，产品散失，同时部分货物由于包装破裂而风化，此时卖方是否应该负责赔偿?

2. 合同中的检验条款规定:“以装运港检验报告为准。”但货到目的地后，买方发现货物与合同规定不符，经当地商品检验机构出具检验证书后，买方可否向卖方索赔? 为什么?

【案例分析】

2005 年 5 月，国内某公司（以下简称卖方）向德国某公司（以下简称买方）出口一批货物。合同约定，货物装于木箱之中以海运的方式（CIF）运往汉堡港。该笔交易采用即期信用证支付货款。卖方在备妥货物、投保了一切险后，委托一家货代公司办理熏蒸处理、报检及安排运输等有关事宜。卖方按约定将货物运往德国并顺利结汇。但是买方很快电告卖方：在德国入境商检时发现木质包装上有活的成虫，且数量较多，要求卖方承担由此产生的一切费用和损失。试问：谁应承担由此产生的一切费用和损失? 理由是什么?

分析:

卖方或货代公司虽然提供了信用证规定的合格单据（包括熏蒸证书)，但在进口港对货物进行商检时发现了大量的活虫，说明货物在出境时，显然没有按合同规定对木质包装箱进行严格的熏蒸处理。对输往欧盟的木质包装需进行严格的除害处理，代理报检单位和报检人员不得违反国家质检总局有关报检行为的规定。采用投机取巧的办法以降低报检费用，导致熏蒸处理未能达到合同要求，属于过失检验行为。该案例中，卖方应积极承担责任，及时向买方进行赔偿，并要求买方在对货物包装进行熏蒸处理之前保留足够的证据（如照片、检验检疫证明等)，以便据此向货代公司追究责任。

【实训项目】

1. 上网查找中华人民共和国国家质量监督检验检疫总局（http://www.aqsiq.gov.cn)，搜索有关的检验检疫法规。

2. 以一家出口公司为例，写出该公司的出口报检业务流程。

工作任务二　办理出口许可证

引例

美国一家进口公司以 FOB 里斯本条件向中国某企业购买一种食品添加剂，而实际上该批货物由葡萄牙供货人供货，并规定由该供货人取得出口许可证。但当作为买方的美国船只到达里斯本港口时，葡萄牙政府拒绝签发货物发往中国的出口许可证，卖方船只由此未能装船。美方向中国相关部门提起上诉。判决结果为，根据 FOB 合同规则，中国企业须承担未能装船的全部责任。中国企业败诉。

案例简析

卖方与供货方之间的约定不影响它在 FOB 价格条件下对买方应承担的义务。本案中，卖方中国企业与供货方葡萄牙商虽不在同一国家，但并不影响其承担在葡萄牙取得出口许可证的义务。卖方因未申请到出口许可证致使货物无法装船，已构成违约，应承担违约责任。

知识链接

一、出口许可证（Export Licence）的定义

出口许可证是由国家对外经贸行政管理部门代表国家统一签发的、批准某项商品出口的具有法律效力的证明文件，也是海关查验放行出口货物和银行办理结汇的依据。根据国家规定，凡是国家宣布实行出口许可证管理的商品，不管任何单位或个人，也不分任何贸易方式（对外加工装配方式，按有关规定办理），出口前均须申领出口许可证；非外贸经营单位或个人运往国外的货物，不论该商品是否实行出口许可证管理，价值在人民币1 000元以上的，一律须申领出口许可证；属于个人随身携带出境或邮寄出境的商品，除符合海关规定自用或在合理数量范围内的商品，都应申领出口许可证。

目前，我国执行审批并签发出口许可证的机关为国家外经贸部及其派驻在主要口岸的特派员办事处；各省、自治区、直辖市以及经国务院批准的计划单列市的对外经贸行政管理部门。我国实行按商品、按地区分级发证的办法。

出口配额的有效期为当年 12 月 31 日前（含 12 月 31 日），另有规定者除外。经营者应当在配额有效期内向发证机构申领出口许可证。出口许可证的有效期不得超过 6 个月。出口许可证应当在有效期内使用，逾期自行失效，海关不予放行。出口许可证因故在有效期内未使用，经营者应当在出口许可证有效期内向原发证机构提出延期申请，发证机构收回原证，在发证计算机管理系统中注销原证后，重新签发出口许可证，并在备注栏中注明使用和原证证号。

申领单位不许伪造、变造、买卖出口许可证，对违反者，将按《中华人民共和国对外贸易法》和海关法规追究其刑事责任。

二、申领出口许可证的基本程序

（一）申请

即由申领单位或个人（以下简称领证人）向发证机关提出书面申请函件。申请的内容包括出口商品（货物）名称、规格、输往国别或地区、数量、单价、总金额、交货期、支付方式（即出口收汇方式）等项目。同时，还须向发证机关交验有关文件或材料。

1. 各类进出口企业申领出口许可证时需提交的一般文件和材料

（1）出口许可证申请表。申请表（正本）须填写清楚并加盖申领单位公章。所填写内容必须规范。

（2）出口合同（正本复印件）。

（3）申领单位的公函或申领人的工作证。

（4）代办人员应出示委托单位的委托函。

（5）非外贸单位（指没有外贸经营权的各机关、团体和企事业单位，下同）申领出口许可证，需提供其主管部门（司、局级以上）的证明。

（6）第一次办理出口许可证的申领单位，应提供外经贸部或经其授权的地方外经贸主管部门批准企业进出口经营权的文件（正本复印件）。

（7）外商投资企业第一次申领出口许可证，应提供政府主管部门批准该企业的批准证书和营业执照（复印件），由发证机关存档备案。

2. 一般贸易项下出口应提交的文件和材料

（1）出口配额管理商品，国家部委各类进出口企业应提交外经贸部出口配额审批部门批件，各地各类进出口企业应提交各地外经贸主管部门出口配额审批文件。

（2）出口军民通用化学品，应提交化工部的批件。

（3）出口易致毒化学品，应提交外经贸部的批件。

（4）出口重水，应提交外经贸部的批件。

（5）出口计算机，应提交外经贸部批准的《出口计算机技术审查表》。

（6）出口配额有偿招标商品，应提交有关招标委员会下发的《申领配额有偿招标商品出口许可证证明书》。

（7）出口无偿招标商品，应提交有关招标委员会下发的中标证明书。

3. 承包工程带出商品应提交的文件和材料

（1）国家部委各类进出口企业应提交外经贸部的项目批件及出口单位的合同。

（2）各地各类进出口企业应提交各地外经贸主管部门项目批件及出口单位的合同。

（3）出口合同应列明承包工程需带出的许可证商品的种类、数量。

4. 进料加工复出口应提交的文件和材料

（1）国家部委各类进出口企业应提交外经贸部批准的出口配额文件和进料加工的文件。

（2）各地各类进出口企业应提交各地外经贸主管部门批准的出口配额和进料加工的文件。

（3）非占用额度的进料加工复出口商品，国家部委各类进出口企业应提交外经贸部的批准文件和进料加工登记手册。

（4）钢材、生铁、锌、食糖等商品的进料加工复出口，全国各类进出口企业应提交外经贸部的批件及进料加工登记手册。

5. 非贸易项下出口应提交的文件和材料

（1）出运样品。非外贸单位出口货样时，每批货样价值高于人民币 5 000 元、不超过人民币 1 万元的，应提交上级主管部门（司、局级以上）出具的公函；各类进出口企业，出运实行许可证管理的货样，每批货样价值高于人民币 5 000 元的，应按一般贸易管理规定申领出口许可证。

（2）出运展品。非外贸单位主办出国展销会所带物品，凡将在外销售或展后不带回国的，应提交经外经贸部批准的举办展览会的批件；外经贸部授权的部委直属总公司主办出国展览会所带在外销售的物品，属许可证管理商品，应提交经外经贸部批准的举办展览会的批件。

（二）审核、填表

发证机关收到上述有关申请材料后进行审核。经同意后，由领证人按规定要求填写《中华人民共和国出口许可证申请表》。填好的出口许可证申请表，由申请单位加盖公章后送交发证机关，经审核符合要求的，由发证机关将申请表内各项内容输入电脑。

样单8　中华人民共和国出口许可证

中华人民共和国出口许可证

中华人民共和国出口许可证

EXPORT LICENCE OF THE PEOPLE'S REPUBLIC OF CHINA No.

<table>
<tr><td colspan="4">1. 出口商：
Exporter</td><td colspan="2">3. 出口许可证号：
Export licence No.</td></tr>
<tr><td colspan="4">2. 发货人：
Consignor</td><td colspan="2">4. 出口许可证有效截止日期：
Export licence expiry date</td></tr>
<tr><td colspan="4">5. 贸易方式：
Terms of trade</td><td colspan="2">8. 进口国（地区）：
Country /Region of purchase</td></tr>
<tr><td colspan="4">6. 合同号：
Contract No.</td><td colspan="2">9. 支付方式：
Payment conditions</td></tr>
<tr><td colspan="4">7. 报关口岸：
Place of clearance</td><td colspan="2">10. 运输方式：
Mode of transport</td></tr>
<tr><td colspan="2">11. 商品名称：
Deascription of goods</td><td colspan="4">商品编码：
Code of goods</td></tr>
<tr><td>12. 规格、等级
Specification</td><td>13. 单位
Unit</td><td>14. 数量
Quantity</td><td>15. 单价
Unit price</td><td>16. 总值
Amount</td><td>17. 总值折美元
Amount in USD</td></tr>
<tr><td></td><td></td><td></td><td></td><td></td><td></td></tr>
<tr><td></td><td></td><td></td><td></td><td></td><td></td></tr>
<tr><td></td><td></td><td></td><td></td><td></td><td></td></tr>
<tr><td>18. 总计
Total</td><td></td><td></td><td></td><td></td><td></td></tr>
<tr><td colspan="4">19. 备注
Supplementary details</td><td colspan="2">20. 发证机关签章
Issuing authoritys stamp & signature
21. 发证日期
Licence date</td></tr>
</table>

凡申领出口许可证的单位，应按以下规范填写出口许可证申请表：

（1）出口商：配额管理出口商品，应填写出口配额指标单位的进出口企业全称；一般许可证管理出口商品，应填写有出口经营权的各类进出口企业的全称；还贷、补偿贸易项目出口，应填写有出口经营权的代理公司全称；非外贸单位经批准出运货物，填写该单位名称。企业编码，应按外经贸部授权的发证机关编定的代码填写。

（2）发货人：配额招标商品（包括有偿和无偿招标）的发货人与出口商必须一致；其他出口配额管理商品的发货人原则上应与出口商一致，但与出口商有隶属关系的可以不一致；还贷出口、补偿贸易出口和外商投资企业委托代理出口时，发货人与出口商可以不一致。

（3）出口许可证号：由发证机关编排。

（4）出口许可证有效截止日期：实行“一批一证”制的商品，其许可证有效期自发证之日起最长为 3 个月；供港澳（不包括转口）鲜活冷冻商品的许可证有效期为 1 个月；不实行“一批一证”制的商品、外商投资企业和补偿贸易项下的出口商品，其许可证有效期自发证之日起最长为 6 个月。许可证证面有效期如需跨年度，可在当年将许可证日期填到次年，最迟至 2 月底。

（5）贸易方式：此栏内容有一般贸易、易货贸易、补偿贸易、进料加工、来料加工、外商投资企业出口、边境贸易、出料加工、转口贸易、期货贸易、承包工程、归还贷款出口、国际展销、协定贸易、其他贸易。进料加工复出口，此栏填写“进料加工”；外商投资企业进料加工复出口时，贸易方式填写“外商投资企业出口”；非外贸单位出运展卖品和样品每批价值在 5 000 元以上的，此栏填写“国际展览”；各类进出口企业出运展卖品，此栏填写“国际展览”；出运样品填写“一般贸易”。

（6）合同号：指申领许可证、报关及结汇时所用出口合同的编码。原油、成品油及非贸易项下出口，可不填写合同号。展品出运时，此栏应填写外经贸部批准办展的文件号。

（7）报关口岸：指出运口岸，此栏允许填写三个口岸，但仅能在一个口岸报关。

（8）进口国（地区）：指最终目的地，即合同目的地，不允许使用地域名（如欧洲）。

（9）支付方式：此栏的内容有信用证、托收、汇付、本票、现金、记账和免费等。

（10）运输方式：可填写海上运输、铁路运输、公路运输、航空运输、邮政运输、固定运输。

（11）商品名称和编码：按外经贸部发布的出口许可证管理商品目录的标准名称填写。

（12）规格、等级：规格、等级栏用于对所出口商品作具体说明，包括具体品种、规格（如水泥标号、钢材品种等）、等级（如兔毛等级）。当同一编码商品规格型号超过 4 种时，应另行填写出口许可证申请表。劳务出口物资也应按此填写。出运货物必须与此栏说明的品种、规格或等级相一致。

（13）单位：指计量单位。非贸易项下的出口商品，此栏以“批”为计量单位，具体单位在备注栏中说明。

（14）数量、单价及总值：数量表示该证允许出口商品多少。此数值允许保留一位小数，凡位数超出的，一律以四舍五入进位。计量单位为“批”的，此栏均为 1。单价是指与计量单位相一致的单位价格，计量单位为“批”的，此栏为总金额。

(15) 备注：填写以上各栏未尽事宜。

（三）发证

发证机关在申请表送交后的3个工作日内，签发《中华人民共和国出口许可证》，一式四联，将第一、二、三联交领证人，凭以向海关办理货物出口报关和银行结汇手续。同时，收取一定的办证费用。

三、出口许可证进行更改、延期、遗失的处理

（一）出口许可证更改、延期的处理

各类进出口企业领取许可证后，因故需要对出口许可证更改、延期时，应按以下规定办理：

(1) 按规定，出口许可证一经签发，任何发证机关不得更改任何证面内容。

(2) 如确需更改某一项目，出口单位应填写出口许可证申请表并提供出口合同，提交原出口许可证，由发证机关换发新证。

(3) 出口许可证在有效期内未使用或未使用完，出口单位可申请延期，并将原出口许可证退还给原发证机关。

(4) 由原发证机关按规定对未使用完的许可证作换证处理。

(5) 出口许可证的有效期最迟可延期到次年的2月底。

（二）出口许可证遗失的处理

申领单位如丢失出口许可证，应及时向发证机关和该证的报关口岸海关挂失。重新申领出口许可证时，应向发证机关提供未报关证明和遗失报告，发证机关应按规定办理。

四、进出口许可证联网申领系统

为方便企业申领进出口许可证（不含被动管理的各类纺织品出口证书），提高办事效率，促进企业管理的信息化，加强企业对发证机关的监督，在商务部的领导下，商务部配额许可证局和北京国富安公司推出了网上申领进出口许可证系统。

根据商务部的要求，网上申领许可证的企业必须进入由商务部统一管理的进出口许可证网上申领系统。凡已经取得电子钥匙的企业，经正确安装和调试，可直接进行进出口许可证网上申领；还未办理电子钥匙的企业，需先申请电子钥匙。

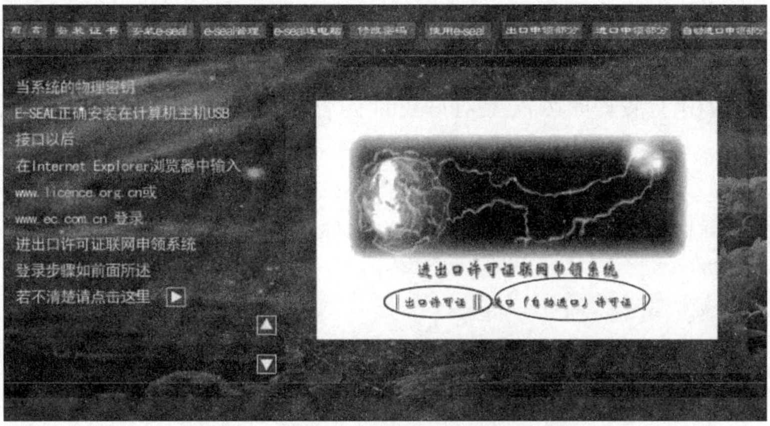

图9　进出口许可证联网申领系统

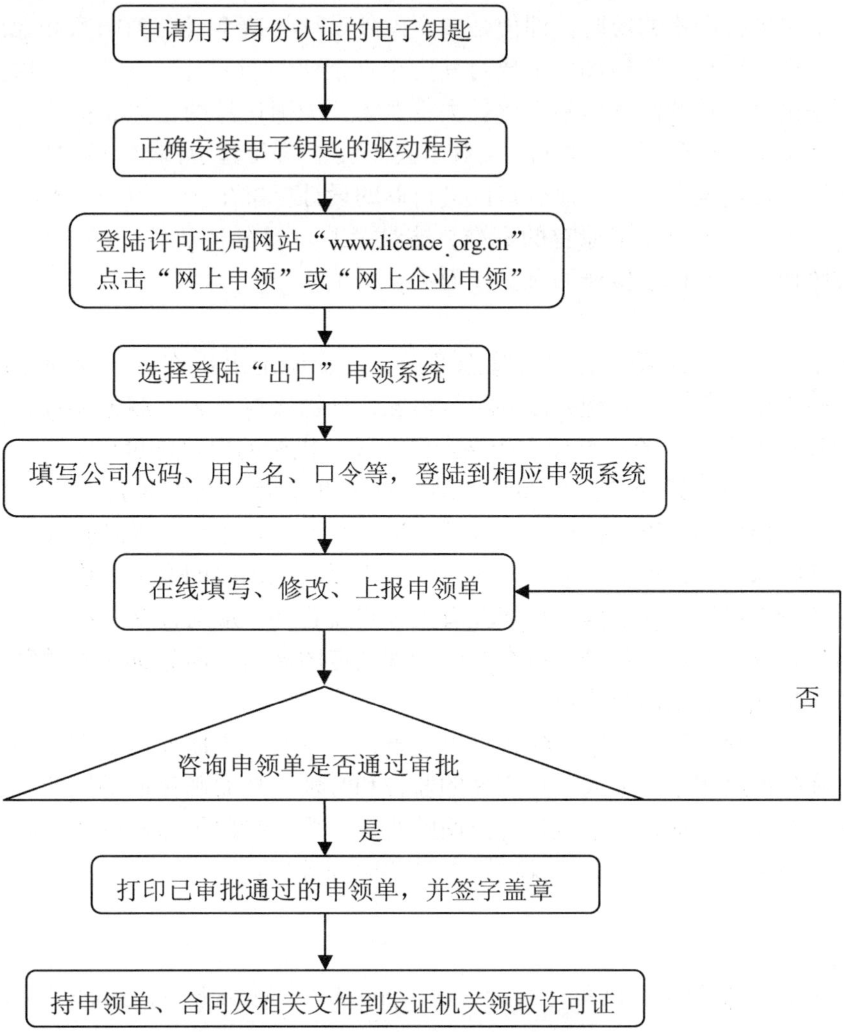

图10　进出口许可证联网申领流程图示

【课堂讨论】

1. 如果出口商品需要许可证，应该在什么时候去办理?

2. 如果领证后由于某些原因需要对许可证内容进行更改，应该注意什么?

【课堂练习】

模拟一桩进出口商品交易，以此为例写出具体的申请许可证的流程并作出流程图。

【案例分析】

在全国产品质量与食品安全专项整治中，600 多家质量保障体系不健全、产品质量不稳定的玩具企业被撤销了出口许可证。据国家质检总局介绍，在专项整治期间，质检部门对所有玩具生产企业进行了全面的普查登记，特别是对 3 000 多家生产和供应出口玩具的企业进行了认真的审查。质检总局还要求玩具生产企业必须建立完善的质量保障体系，对所有的玩具都要进行严格的检验。即使是按照国外设计的造型或有关国家和地区进口商提供的标准所生产的玩具，质检部门也要对其安全性能进行再审查。“经过专项整治，对于玩具，特别是出口玩具的监管措施，比过去更严了，中国玩具的整体质量水平将会有进一步的提高，安全将会得到可靠的保障。”对于去年发生的几起中国出口玩具召回事件，有的是由于被召回玩具没有完全按照进口国进口商的设计标准生产，设计上有问题；有的是由于一些进口国和地区改变了原有的标准，或是一些玩具制造业组织的指标出现了问题，使得原来按照他们指定标准生产的玩具反而不合格了。

分析：

商务部是全国出口许可证的归口管理部门，负责制定出口许可证管理办法及规章制度，监督、检查出口许可证管理办法的执行情况，处罚违规行为。商务部授权配额许可证事务局（简称许可证局）统一管理、指导全国各发证机构的出口许可证签发工作，许可证局对商务部负责。许可证局及商务部驻各地特派员办事处（简称各特办）和各省、自治区、直辖市、计划单列市以及商务部授权的其他省会城市商务厅、外经委（厅、局）为出口许可证发证机构，在许可证局统一管理下，负责授权范围内的发证工作。

对商品实行出口许可证管理，按海关有关规定监管外，应对商品的质量、安全性等方面进行严格的检查和审核，对于不符合监督管理规定的商品，商务部及相关部门有权不予办理出口许可证或者撤销出口许可证。

对于案例中的众多玩具厂家被撤销许可证事件，企业一方面要认识到产品质量和安全的重要性，在生产过程中，加大对这方面的监督和管理，从而确保产品完全符合国家的标准要求；另一方面，企业的产品质量等方面的要求应及时参照国家标准进行相应的调整和改进，以便更好地与国际接轨，保证国际贸易的顺利进行。

【实训项目】

1. 自行查阅《货物出口许可证管理办法》http：//www. gov. cn/gongbao/content/2008/content_ 1175829. htm。

2. 阅读《出口许可证管理货物目录》和《出口许可证管理分级发证目录》的相关内容。

3. 浏览中华人民共和国商务部配额许可证事务局网站 www. licence. org. cn。

工作流程七　办理国际货物运输

工作任务一　确定运输方式

引例

1. 我国某公司与南美商人按 CIF 条件达成一笔花生酥糖交易。我方在规定时间内将货物装上直驶目的港的班轮。由于货轮陈旧，船速太慢且沿途到处揽活，结果航行 4 个月才到达目的港。花生酥糖因受热时间过长，全部软化，难以销售。外商就此向我方提出索赔。

（资料来源：刘文广，项义军，张晓明．国际贸易实务．北京：高等教育出版社，2002）

2. 广州某进出口公司从广州白云机场发运一批海鲜到日本东京机场。2006 年 8 月 6 日，发货人向航空公司订妥了 8 月 8 日 16 时的航班，并于 8 月 8 日 10 时将货物交给了航空公司。当天下午 15 时，海鲜被拖到客机坪准备装机。由于飞机发生故障，起飞时间推迟，直至下午 18 时才开始装货。由于当时广州气温高达 35 摄氏度，海鲜在高温下暴晒太久，装机时就有部分已经腐烂，航空公司只好决定将该批货物退关，并通知发货人提回货物。发货人将海鲜提回后，发现海鲜由于在高温下长时间暴晒，基本全部腐烂，于是向航空公司提出索赔。

（资料来源：苏波辉．国际货物运输．大连：东北财经大学出版社，2007）

3. 杭州一家公司出口一批工艺品去意大利，提单上注明“CY - CY”、“SLCAS”，并由承运人加注“SAY ONE CONTAINER”。收货人打开箱门拆箱时，发现箱内装载的并非工艺品，而是石头和砖头，收货人即通知警方。经过一系列的侦查，最终查明是码头堆场的工人与海关勾结捣箱后伪造关封所致。杭州工艺品公司出口装载的确系工艺品，而且进口国海关也知道这一装箱情况，于是在该箱子卸船运至堆场堆存期间，海关在验货后没有将关封扣死，然后码头工人利用工作之便进行捣箱装载后再将关封扣死。如警方没有侦破这一案例，收货人也无法举证责任方，只能由自己承担责任。

（资料来源：http：//www. foreigntradelawyer. com/Article_ View. asp？ id = 692）

案例简析

从上述三则案例来看，国际货物运输是一笔交易能否顺利完成的关键所在。国际货物运输方式的种类很多，包括海洋运输、铁路运输、公路运输、航空运输、邮政运输、江河运输、管道运输和联合运输等，具体采用何种运输方式应由买卖双方在磋商交易时约定。我国对外贸易货物绝大部分通过海洋运输，少部分通过铁路运输，还有一部分货物是通过空运等其他运输方式运输的。对我国外贸企业而言，根据进出口货物的特点、运量的大小、路程的远近、需要的缓急、运费的高低、风险的程度、装卸的情况、气候与自然条件以及国际政治形势的变化等因素，审慎选择合理的运输方式，对按时、按质、按量地完成进出口货物的运输任务有着十分重要的意义。本节将对国际货物运输方式及其特点进行阐述。

知识链接

一、海洋运输

（一）海洋运输的定义及特点

海洋运输（Ocean Transportation）是指使用船舶通过海上航道在不同的国家和地区的港口之间运送货物的一种运输方式，简称海运。海洋运输是当今国际贸易中最主要的运输方式，国际贸易总量的80%以上通过海洋运输来完成，而在我国进出口货运总量中海运占了90%。海上运输与其他运输方式相比，具有以下特点：

（1）货运量大。随着造船技术的更新，船舶日趋大型化。散装船的运量可达16万～17万吨，巨型油船的运量可达50万～70万吨，第五代集装箱船的载箱能力超过5 000个TEU，船舶的载运能力远远大于火车、汽车和飞机，是运输能力最大的运输工具。

（2）投资少、运费低。海洋运输利用天然航道，港口设备一般均为政府修建，而铁路、公路和航空运输等需要大量投资修建铁路、公路和航道，而且海运运载量大，单位运输成本低，因此运价相对低廉。据统计，海运运费约为铁路运费的1/5，公路运费的1/10，航空运费的1/30。

（3）具有灵活性。海洋运输利用四通八达的天然航道，不像公路、铁路和航空运输要受道路、轨道和航道的限制，而且在遇到政治、经济、军事及自然条件等变化时，可以随时改变航线驶往有利于装卸的目的港。

（4）运输速度慢。海洋运输由于船舶体积大，水流阻力大，因此速度较慢。

（5）风险较大。海洋运输周期长，容易受气候和自然条件的影响，如遇到暴风、巨浪、冰冻、雷击、迷雾等容易发生事故。据统计，全世界每年约有300艘船舶遇险沉没。此外，海上运输还存在着社会风险，如受战争、罢工、贸易禁运等事件的影响。

（二）班轮运输

根据船舶运营方式的不同，海洋运输可分为班轮运输和租船运输两种。

班轮运输（Liner Transport）又称定期船运输，是指船舶在固定的航线上和港口间按事先公布的船期表航行，从事客货运输业务并按事先公布的费率收取运费的运输方式。班轮运输是国际货物运输的主要方式之一，我国海运总量的70%通过班轮运输完成。

1. 班轮运输的特点

（1）“四固定”，即航线固定、停靠港口固定、船期固定和运费费率相对固定。

（2）管装管卸。货物的配载和装卸由承运人负责，班轮运价内已包含货物的装卸费用，承运人和托运人之间不计装卸时间及滞期费或速遣费。

（3）不论货物的种类及数量多少，都能接受装运。这对于成交数量少、批次多、交货港口分散的货物运输比较合适。

（4）班轮提单是运输合同的证明。在班轮运输中承运人和托运人不签订运输协议，双方的权利、义务和责任豁免均以班轮提单上所载条款为依据。

2. 班轮运费及其计收标准

班轮运费是班轮公司因承运货物向货主收取的费用，而计算班轮运费的单价（或费率）则称为班轮运价。实际业务中，班轮公司按班轮运价表的规定计收运费。班轮运价表也称班轮费率表，是班轮公司收取运费、货方支付运费的计算依据。不同的班轮公司有不同的运价表，实际业务中，等级运价表使用得最多。该表前部列有常用商品等级表（中英文对照），不同商品有不同等级（一般分为 20 个等级），每一等级有一基本费率（1 级费率最低，20 级费率最高）。在等级表后列有各航线的杂货与集装箱货的费率（等级费率和包箱费率），同时附有计收标准以及各种附加费的收取。

班轮运费由基本运费和附加费两部分构成。基本运费是主体，根据基本费率和计费吨计算得出。基本运费的计收标准主要有以下几种：

（1）按货物的毛重计收。这种方式以“重量吨”（Weight Ton，W/T）作为计算运费的单位。在运价表上用“W”表示，1 重量吨为 1 公吨。适用于价值不高、体积小、重量大的货物。

（2）按货物的体积或容积计收。这种方式以“尺码吨”（Measurement Ton，M/T）作为计算运费的单位。运价表上用“M”表示，1 尺码吨为 1 立方米。适用于价值不高、重量轻、体积大的货物。重量吨和尺码吨统称为运费吨或计费吨（Freight Ton）。

（3）按货物的价值计收，俗称从价运费。运价表上用“Ad. Val.”、“Val.”、“A. V.”（拉丁文 *Ad Valorem*，即从价的缩写）表示，一般按货物的 FOB 价收百分之零点几到五不等的运费。适用于珠宝首饰、精密仪器、手工艺品等贵重商品运费的计算。

（4）按货物的毛重或体积计收，即重量吨和尺码吨两种计收标准中选择数量较高者。在运价表上用“W/M”表示。这是常见的一种计收标准，由船公司选择其中数值较高的一种计收。

（5）按货物的毛重、体积及价值三种计收标准中收费最高的一种计收，在运价表上用“W/M or A. V.”表示。

（6）按货物重量或体积中收费较高的作为计收标准再另行加收一定百分比从价运费，运价表上用“W/M plus A. V.”表示。

（7）按货物的件数（Per Unit /Per Head）计收。如运输的货物为卡车时按每辆计收运费；活牲畜按每头计收运费。

（8）按议价（Open Rate）计收。由货主和船公司临时商定运价，适用于运量较大、装卸容易、货价较低的大宗货物，如粮食、矿石、煤炭等。

（9）按起码运费（Mini Rate）计收。是指按每一提单上所列的重量或体积计算出来的运费尚未达到运价表中规定的最低运费时，按运价表中的最低运费即起码运费计收。一般不足 1 个运费吨（1 重量吨或 1 尺码吨）的货物才可按起码运费计收。

根据一般费率表的规定，不同的商品如混装在一个包装内（集装箱除外），则全部货物按其中收费最高的商品计收运费；同一种货物因包装不同而计费标准不同，但托运时如未申明具体包装形式，全部货物均要按运价最高的包装计收运费；同一提单内有两种以上不同计价标准的货物，托运时如未分列货名和数量，计价标准和运价全部要按最高者计算。这是在包装和托运时应该注意的。此外，对无商业价值的样品，在体积不超过 0.2 立方米，重量不超过 50 公斤时，可要求船方免费运送。

班轮承运货物除了收取基本运费外，往往还要加收种种附加费，以弥补船方在运输上的额外开支或其所承受的某些损失。常见的附加费有超重附加费（Heavylift Additional）、超长附加费（Long Length Additional）、直航附加费（Direct Surcharge）、转船附加费（Transhipment Surcharge）、港口附加费（Port Surcharge）、港口拥挤费（Port Congestion Surcharge）、燃油附加费（Bunker Adjustment Factor，简称 BAF）、选卸港附加费（Additional on Optional Discharging Port）、绕航附加费（Deviation Surcharge）、货币贬值附加费（Devaluation Surcharge）等。各种附加费的计算方法主要有两种：一种以百分比表示，即在基本费率的基础上增加一定百分比；另一种用绝对数表示，即每运费吨增加若干金额，可以与基本费率直接相加计算。

3. 班轮运费的计算

班轮运费的计算可遵循以下步骤：

（1）根据货物的名称从货物等级表中查出商品等级和计收标准。

（2）从按航线港口划分的航线费率表中查出相应的基本费率，再查出附加费的费率和计收方法。

（3）基本费率加上附加费率即为该货物的单位运费（每重量吨或尺码吨的运费）。

（4）以货物的单位运费乘以总计费吨即得到该批货物的总运费。

例：某外贸公司出口一批闹钟，共 200 箱，每箱毛重 15 千克，每箱尺码为长 40 厘米、宽 30 厘米、高 20 厘米，由广州装船运至目的港伦敦。求该批闹钟的总运费。

解：第一步，查货物等级表得知闹钟属 8 级货，计算标准为 W/M；

第二步，查航线费率表得知 8 级货从广州运至伦敦的费率为 60 美元；

第三步，查附加费率表得知伦敦要收港口附加费 10%，燃油附加费 20%；

第四步，计算。

（1）分别计算这批闹钟的重量和体积，再进行比较：

货物重量 W = 15 千克 = 0.015（运费吨）

货物体积 M = 0.4 × 0.3 × 0.2 = 0.024（立方米）= 0.024（运费吨）

因为 M > W，所以采用 M 计算运费。

（2）单位运费 = 基本运费 + 附加运费 = 60 + 60 ×（10% + 20%）= 78（美元）

（3）该批货物总运费 = 单位运费 × 总计费吨 = 78 × 200 × 0.024 = 374.4（美元）

（三）租船运输

租船运输（Shipping by Chartering）又称不定期船（Tramp）运输，是指根据租船合同，船东将船舶出租给租船人使用，租船人按合同的运价支付运费，以完成货物运输任务的一种海洋运输方式。与班轮运输的“四固定”不同，租船运输的船期、航线、停靠的港口和运费等都由租船双方在租船合同中约定。在国际贸易中，粮谷、矿砂、煤炭、石油、木材等大宗货物，一般都需要包租整船运输。

在国际海运业务中，使用较广泛的租船方式分为定程租船、定期租船和光船租船三大类。

1. 定程租船

定程租船（Voyage Charter）又称程租船或航次租船，是以航次为基础的一种租船方式，由船舶所有人负责提供船舶，在指定的港口间进行一个或数个航次来承运指定货物。定程租船按运输形式又可以分为单程租船、来回航次租船和连续航次租船等。

定程租船的特点是：①租赁期间，船舶的经营管理由船方负责；②规定一定的航线和装运货物的种类、名称、数量以及装卸港口；③船方除对船舶航行、驾驶、管理负责外，还应对货物运输负责；④ 在多数情况下，运费按所运货物数量，即按重量吨或尺码吨计算；⑤规定一定的装卸期限或装卸率，并计算滞期费和速遣费；⑥ 租船双方的责任、义务以定程租船合同为准。

2. 定期租船

定期租船（Time Charter）又称期租船，指租船人在规定的期限内取得船舶的使用权，并负责安排调度和经营管理，船方负责船员的工资给养和船舶航行与维修的一种租船方式。租期可长可短，从几个月到若干年不等。

定期租船的特点是：①租赁期间，船舶的经营管理由租船人负责；②不规定航线和装卸港口，只规定船舶航行区域；③除另有规定外，可装运各种合法货物；④ 租金按租期每月每载重吨若干金额计算；⑤不规定装卸期限或装卸率，不计算滞期费和速遣费；⑥租船双方的权利、义务以定期租船合同为准。

3. 光船租船

光船租船（Bare Boat Charter）也称船壳租船，指船东只负责提供空船而不提供船员，由租船人自行配备船员、提供工资给养、负责船舶的经营管理和航行等各项事宜的一种租船方式。此方式多半是在船东想卖船而买方又无力一次性支付价款的情况下采用。

（四）国际海运出口货物的运作程序

海运出口货物的运作程序根据合同中所使用的贸易术语不同而有所差别。按照 FOB 条件成交，卖方无需办理租船订舱手续；按照 CFR 条件成交，由卖方租船订舱安排运输，但卖方无需办理保险；按照 CIF 条件成交，卖方既要租船订舱，又要办理保险。

下面就以 CIF 条件下由卖方安排运输工作为例，介绍海运出口货物的运作流程：①备货、报检；②审核信用证中与装运和提单有关的各种要求，主要审核装运港和目的港、是否允许分批装运和转船、信用证规定的最迟装运期以及正本提单的份数和提单的填制要求；③租船订舱；④ 办理保险事宜；⑤货物集港；⑥货物出口报关和装船；⑦出口方发出装船通知；⑧支付运费。

二、铁路运输

铁路运输（Railway Transportation）是我国对外贸易运输中仅次于海洋运输的主要运输

方式。铁路运输具有许多优点，如运行速度较快、运载量较大、不易受气候条件的影响、能终年正常运行、在运输过程中面临的风险较小、具有高度的连续性等，而且货运手续简便，发货人可就近办理托运和提货手续。我国对外贸易铁路运输包括对港澳铁路运输和国际铁路货物联运两部分。

（一）中国内地对港澳铁路运输

1. 对香港的铁路运输

中国内地对香港的铁路运输不同于国际铁路联运，也不同于一般的国内铁路运输，而是一种特殊的租车方式的两段运输，由大陆段和港九段两部分铁路运输组成。其特点是“两票运输、租车过轨”。出口单位在始发站将货物托运至深圳北站，收货人为深圳外运公司。货到深圳北站后，由深圳外运公司作为出口单位的代理向铁路局租车过轨，交付租车费并办理出口报关手续。经海关放行过轨后，由香港的中国旅行社有限公司（简称中旅）作为深圳外运公司在港代理，在罗湖车站向港九铁路办理港段铁路运输的托运、报关工作。货到九龙站后由“中旅”负责卸货后转交给收货人。

内地对香港地区铁路货物运输的托运程序，一般包括以下步骤：

（1）发货地的外运公司或外贸公司在当地铁路局办理发货地至深圳北站的国内段托运手续，填写国内铁路运单托运。

（2）发货地的外运公司或外贸公司委托深圳外运公司作为收货人办理接货、报关、查验、租车过轨等中转手续。

（3）发货地的外运公司或外贸公司将有关单证如供港货物委托书、出口许可证（如需要）、报关单、商检证、商业发票、装箱单或重量单等寄给深圳外运公司，货物装车后24小时内发起运电报以便深圳外运公司办理中转。

（4）火车到达深圳北站后，深圳外运公司与铁路进行票据交接，如单证齐全，则向铁路编制过轨计划。准备过轨的货车，由深圳外运公司将出口货物报关单送海关申报，经海关审单无误后，即会同联检单位对过轨货车进行联检，联检通过后由海关、边检站共同在“出口货车组成单”上签字放行。

（5）放行后的货车由铁路运到深圳北站以南1公里与港段罗湖站连接处，然后由罗湖站验收并托运过境。过境后由“中旅”向港段海关报关，并在罗湖站办理起票。港段承运后，即将过轨货车送到九龙站，由“中旅”负责卸车并将货物分别交给收货人。

2. 对澳门的铁路运输

内地对澳门铁路运输的货物在广州中转，出口单位先从发送地车站将货物运至广州，整车到广州南站新风码头42道专用线，零担到广州南站，危险品零担到广州吉山站，集装箱和快件到广州车站，收货人均为广东省外运公司。由于澳门目前尚未通铁路，货到广州后由广东外运办理水路中转将货物运往澳门，货到澳门后由南光集团的运输部负责接货并交付收货人。

（二）国际铁路货物联运

国际铁路货物联运（International Railway Transportation），是指在两个或两个以上国家之间进行铁路货物运输时使用一份统一的国际联运票据，由一国铁路向另一国铁路移交货物时，无需发、收货人参加，铁路当局对全程运输负连带责任的运输方式。开展国际铁路联运，对于简化货运手续、加速货物流转、降低运输费用、促进国际贸易发展非常有利。

国际铁路联运通常是依据有关的国际条约进行的。目前参加国际铁路联运的国家分为两个集团：一个是由法国、英国、意大利等 32 个国家参加并签有《国际铁路货物运送公约》的“货约”集团；另一个是曾由前苏联为首的 12 个国家参加并签有《国际铁路货物联运协定》的“货协”集团。我国于 1954 年参加该协定。20 世纪 80 年代末苏联解体、东欧剧变导致“货协”解体，但铁路联运业务并未终止，运作制度仍被沿用。

国际铁路联运既适用于原“货协”国家间的运输，也适用于“货协”至“货约”国家间顺向或逆向的货物运输。我国国内凡可办理铁路货运的车站都可以接受国际铁路货物联运。

根据货量和体积的不同，国际铁路联运可分为整车货（Full Wagon Cargo）、零担货（Less than Wagon Cargo）以及集装箱等装运方式。根据运送速度的不同，国际铁路联运可分为快运、慢运、随客列挂运三种。

我国办理国际铁路联运的承运人和总代理是中国对外贸易运输公司（外运）。与我国开展铁路联运的邻国有俄罗斯等独联体国家以及蒙古、朝鲜和越南等国。货物可经上述地区转往欧洲、中亚。

国际铁路联运货物的运送费用，按《国际铁路货物联运协定》的规定，发送国铁路的运送费用，按发送国铁路的国内运价计算，在始发站由发货人支付；到达国铁路的运送费用，按到达国铁路的国内运价计算，在终到站由收货人支付；过境国铁路的运送费用，按国际货协统一过境运价规程（简称“统一价规”）的规定计算，由发货人向始发站，或者收货人向终到站支付。

铁路局从承运货物时起，至到站交付货物时止，应对货物逾期到达和货物中途灭失、毁损所发生的损失负责。如货物逾期到达，铁路应按有关规定向收货人支付逾期罚款。如货物遭中途毁损或腐坏，以致部分或全部不能按原用途使用，收货人可以拒绝领取货物。

三、航空运输

航空运输（Air Transport）是一种现代化的运输方式，具有不受地面条件的限制、航行便利、运输速度很快、航行时间很短、货物中途破损率小、节省包装费等优点。因此，某些急需物资、鲜活商品和贵重商品适于用航空运输，如羊绒、丝绸、海鲜、菌苗、精密仪器等。其最大不足在于运载量小、运费高。我国办理航空货物托运的代理是中国对外贸易运输公司当地分公司。

（一）国际航空货物运输方式

国际航空货物运输包括班机运输、包机运输、集中托运、航空快递四种方式。

1. 班机运输

班机运输（Scheduled Airline）是指航班在固定航线上定期飞行的运输方式。这种运输方式有固定的始发站、途经站和目的站。一般航空公司都使用客货混合型飞机，因舱位有限，不适于大批量货物的运输。

2. 包机运输

包机运输（Chartered Carrier）是指租机人包租整架飞机或由几个发货人（或航空货运代理）联合包租一架飞机来运送货物的航空运输方式。包机运输分为整包机和部分包机两种形式。前者适合运送大批量的货物，如往返都有货载，则运费较班机低，否则，单程载货费用较高；后者适用于运送货物重量在一吨以上但又不够装一整架飞机，货物到达站又是同一地点的多个客户的货物运输，运费较班机低，但运输时间比班机长。

3. 集中托运

集中托运（Consolidation）是指由航空货运代理公司将若干个发货人的货物集中起来组成一整批货，集中向航空公司办理托运，采用一份航空总运单将货物发送到同一目的站，货到国外目的站后由当地的空运代理办理收货、报关并分拨给各个实际收货人的一种运输方式。此种方式运费一般较班机低，是国际航空货运使用较普遍的一种方式。

4. 航空快递

航空快递（Air Express）是指由专门经营快递业务的公司与航空公司合作，派专人以最快的速度在发货人、机场、收货人之间传递货物的方式。该方式适用于急需的药品、医疗器械、贵重物品、图纸资料、货样及单证等的传送，被称为“桌到桌运输”（Desk to Desk Service），是目前航空货运中最快捷的运输方式。

（二）空代办理出口货物的程序

（1）出口单位向空代提供“空运出口货物委托书”和出口合同各一份。

（2）空代根据委托书向航空公司办理订舱手续，订妥后及时通知发货人备货备单。

（3）出口单位备妥货物及所有出口单证后送交空代，以便办理报关手续。

（4）空代接货时，根据发票、装箱单，逐一清点、核对，查验有无残损。

（5）空代向航空公司交货时，应预先制作交接清单一式两份。

（6）空代将报关单证交海关后，如未发现问题，便在航空运单正本、出口收汇核销单和出口报关单上加盖放行章。

（7）出口单位凭空代签发的“分运单”向银行办理结汇，如出口单位向航空公司托运，就凭其签发的“主运单”办理结汇。

（8）货到目的地后，航空公司以书面或电话通知当地空代或收货人提货。

（三）航空运费

航空运费是航空公司为承运货物而收取的报酬，仅是货物从始发机场至目的机场的基本运费，不包括报关、提货、仓储等附加费用。班机运费根据适用的运价和货物的计费重量计算得出。

1. 航空货物的计费重量

计费重量是指用以计算货物航空运费的重量，包括货物的实际毛重和体积重量两种，以高者为准。

（1）实际毛重：是指一批货物包括包装在内的实际总重量。凡重量大体积小的货物都用实际毛重作为计费重量。具体界限是货物每 6 000 立方厘米的体积，其重量大于 1 千克称为重量货物。计费重量的最小单位是 0.5 千克，当重量不足 0.5 千克时，按 0.5 千克计算。

（2）体积重量：即将货物的体积按一定比例折合成的重量。适合于体积大而重量相对小的轻泡货物。即 1 千克重量的货物，体积超过 6 000 立方厘米者，以体积重量作为计费重量。体积重量按每 6 000 立方厘米折合成 1 千克计算。

2. 航空运价的形式

（1）特种货物运价（Special Cargo Rate）：指特定货物在特定航线上享有的特别优惠的运价。特种货物运价规定起码重量为 100 千克，达不到此重量不能按此特价计算。

（2）等级货物运价（Class Cargo Rate）：仅适用于少数货物，通常在一般货物运价基础上增加或减少一定的百分比计收，其起码重量为 5 千克。

（3）一般货物运价（General Cargo Rate）：货物的种类既不适用特种货物运价也不适用等级货物运价，就必须按一般货物运价计收。以 45 千克为界，45 千克以上货物的运价比 45 千克以下货物的运价低。

四、集装箱运输、国际多式联运和大陆桥运输

（一）集装箱运输

集装箱运输（Container Transport）是以集装箱作为运输单位一种现代化运输方式。它可以从发货人仓库运到收货人仓库，实现门到门的运输。适用于海洋运输、铁路运输及国际多式联运。

集装箱（Container）是一种可反复使用的运输辅助设备，具有坚固、密封的优越性。国际标准化组织制定的集装箱标准规格共有 13 种，目前应用最广泛的是 20 英尺集装箱（也叫标准集装箱或标箱，用 TEU 表示）和 40 英尺集装箱（FEU）。两个 20 英尺集装箱不等于一个 40 英尺集装箱，笨重货宜装 20 英尺集装箱，轻货宜装 40 英尺集装箱。与传统运输方式相比，集装箱运输具有能提高装卸效率、加快货运速度、降低货运成本、简化货运手续、提高货运质量、减少货差货损、节省包装物料和运杂费等优点。正因为如此，集装箱运输在现代化运输中被广泛采用，发展迅速。

1. 集装箱运输货物的装箱方式

（1）整箱货（Full Container Load，简称 FCL）：适用于货方有足够的货源装载一个或数个整箱的情况。整箱货物由货方在工厂或仓库自行装箱，也可由承运人代为装箱，装箱后加锁、铅封并打上印记，直接送往集装箱堆场等待装运。

（2）拼箱货（Less Container Load，简称 LCL）：指货量不足一整箱时，由货方将货物运到集装箱货运站，再由承运人或其代理人根据货物的性质和目的地进行分类整理，将不同发货人的货物拼在一个集装箱内，货到目的地后，由承运人拆箱后分拨给各个收货人。

成交拼箱货时，尽量不要接受指定船公司，以免在托运时无法满足客户要求。

2. 集装箱运输机构

（1）集装箱堆场（Container Yard，简称 CY）：是专门用来保管和堆放集装箱（重箱

和空箱）的场所，是整箱货办理交接的地方，一般设在港口的装卸区内。

（2）集装箱货运站（Container Freight Station，简称 CFS）：又叫中转站或拼装货站，是拼箱货办理交接的地方，一般设在港口、车站附近，或内陆城市交通方便的场所。

3. 集装箱货物的交接方式

（1）整箱交，整箱接（FCL—FCL）：承运人以整箱为单位负责交接，货物的装箱和拆箱均由货方负责。

（2）拼箱交，拆箱接（LCL—LCL）：货物的装箱和拆箱均由承运人负责。

（3）整箱交，拆箱接（FCL—LCL）：货物的装箱由货方负责，拆箱由承运人负责。

（4）拼箱交，整箱接（LCL—FCL）：货物的装箱由承运人负责，拆箱由货方负责。

4. 集装箱货物的交接地点

集装箱货物的交接地点可以分为：门到门（Door to Door），门到场（Door to CY），门到站（Door to CFS），场到门（CY to Door），场到场（CY to CY），场到站（CY to CFS），站到门（CFS to Door），站到场（CFS to CY），站到站（CFS to CFS）九种。

5. 集装箱运输出口操作程序

集装箱运输出口的整个操作程序如下：①发货人或货代向船公司或其代理人申请订舱（即订箱），填制订舱单；②船公司或其代理确定订舱接受托运并出具手续；③发送空箱；④拼箱货的装箱与交货/整箱货的装箱与交货；⑤货物进港；⑥换取提单；⑦货箱装船；⑧发货人寄送提单副本、仓单、装箱单等随船资料；⑨海上运输；⑩船舶抵达卸货港卸船；⑪拼箱货交付/整箱货交付；⑫空箱回运。

（二）国际多式联运

国际多式联运（International Multimodal Transport）是在集装箱运输的基础上产生和发展起来的一种综合性的连贯运输方式，它以集装箱为媒介，把海、路、空各种单一运输方式有机地结合起来，组成一种国际连贯运输。按照《联合国国际货物多式联运公约》的定义，国际多式联运是指按照多式联运合同，以至少两种不同的运输方式，由多式联运经营人将货物从一国境内接管货物的地点运至另一国境内指定交货地点的运输方式。

根据以上定义，构成国际多式联运必须同时具备以下 6 个条件：

（1）多式联运经营人与托运人之间要签订一份多式联运合同。

（2）必须使用一份包括全程的多式联运单据（Multimodal Transport Documents，简称 MTD）。

（3）必须通过两种或两种以上不同运输方式的连贯运输。

（4）必须是国际货物运输。

（5）必须由一个多式联运经营人对货物运输全程负责。

（6）必须实行全程统一运价，一次收取。

国际多式联运集中了各种运输方式的特点，与单一运输方式相比，国际多式联运具有一次托运、手续简便，运输时间缩短，货运质量提高，中途无须拆箱倒载、节省运杂费，提前结汇、减少利息开支等优点，因而受到越来越多进出口商的青睐。

（三）大陆桥运输

大陆桥运输（Land－bridge Transport）是指以横贯大陆的铁路（公路）运输系统作为中间桥梁，将大陆两端的海洋运输连接起来的集装箱连贯运输方式。简单地说，就是两边是海运，中间是陆运，用大陆把海洋连接起来，形成海——陆联运。大陆桥运输属于多式联运。目前，世界上的大陆桥主要有两条：北美大陆桥和欧亚大陆桥。

1. 北美大陆桥

包括美国大陆桥和加拿大大陆桥，这两条大陆桥是平行的，都是连接大西洋和太平洋的大陆通道，主要运送从远东国家经北美销往欧洲的货物，是世界上第一条大陆桥，现在运输量已经萎缩。

2. 欧亚大陆桥

包括西伯利亚大陆桥和中荷大陆桥。西伯利亚大陆桥以俄罗斯西伯利亚铁路作为桥梁，把远东地区与波罗的海和黑海沿岸以及西欧大西洋口岸连接起来，主要运送远东国家经西伯利亚到欧洲各国或亚洲的伊朗、阿富汗等国的货物。经过这条路线运往欧洲的货物要比经苏伊士运河缩短路程约 8 000 公里，时间减少 20 天左右。中荷大陆桥也称第二条欧亚大陆桥。它东起我国连云港，途经陇海、兰新、北疆铁路进入独联体，西至荷兰鹿特丹，1992 年正式营运。

五、公路、内河、邮政和管道运输

（一）公路运输

公路运输（Road Transport）是现代运输的主要方式之一，也是车站、港口和机场集散进出口货物的重要手段。公路运输适用于邻国之间的进出口货物运输。我国同越南、朝鲜、尼泊尔、缅甸等邻国都有公路相连通，我国同这些国家的部分进出口货物，可以经由国境公路运输。公路运输具有以下特点：

（1）机动灵活、简捷方便，适用于进出口货物在内陆的集疏中转，在短途运输中，公路运输灵活简便的优势更是其他运输方式所无法比拟的。

（2）在以集装箱为媒介的多式联运中，为保证联运过程能及时衔接，实现“门到门”的运输，公路运输必不可少。

（3）公路运输的不足：载货量有限；运输成本高；不适宜长途运输；车辆运行时震动较大，易造成货损事故。

（二）内河运输

内河运输（Inland Water Transportation）是水上运输的重要组成部分，它是连接内陆腹地与沿海地区的纽带，在运输和集散进出口货物中起着重要的作用。它具有投资少、运量大、成本低的特点。我国江河密布，除有边境河流外，内地还分布有许多终年通航的河流，特别是长江、珠江水系，航运十分便利。有些河港还能直接停靠海洋货轮和装卸进出口货物，这就为发展我国对外贸易货物的江河运输提供了有利的条件。

（三）邮政运输

邮政运输（Parcel Post Transport）又称邮包运输，是国际贸易的一种运输方式。有手续简便、费用不高的优点，但运量有限。它包括普通邮包和航空邮包两种。按邮包运输时，每件包裹重量不得超过20千克，长度不得超过1米。因此国际邮政运输只适于重量轻、体积小的商品的运输，如精密仪器、机器零件、金银首饰、药品和急需的零星物资及样品等的运输。若买卖双方商定采用此种运输方式，卖方只要根据买卖合同规定的条件，遵照邮局有关规定，向邮局办理商品包裹的投寄手续，并取得邮包收据，即完成交货义务。邮件到达目的地后，收件人可凭邮局到件通知提取。国际邮包运输具有国际多式联运和门到门运输的性质。

（四）管道运输

管道运输（Pipeline Transportation）是随着石油的产生而产生和发展起来的一种特殊运输方式，主要适用于运送液体、气体货物，如石油、天然气等。它具有固定投资大、建成后运营成本低的特点。因为管道运输速度快、流量大、减少了中途装卸环节、运费低廉，许多盛产石油的国家都在积极发展管道运输。

【课堂讨论】

1. 海洋运输有何特点？海洋运输有哪几种经营方式？
2. 班轮运费的计算标准有哪几种？
3. 国际多式联运应当具备哪些条件？

【课堂练习】

1. 上海运往苏丹港五金工具500箱，总毛重量15公吨，总体积为12立方米。根据海运公司规定，计费标准是W/M，等级为10级。若基本运费率为90美元，试计算应付运费。若燃油附加费率为20%，港口拥挤附加费率为10%，则运费是多少？

2. 某公司出口箱装货物一批，报价为每箱50美元CFR利物浦，英国商人要求改报FOB价。已知该批货物体积每箱长45厘米、宽40厘米、高25厘米，每箱毛重35千克，商品计费标准为W/M，每运费吨基本运费率为120美元，并加收燃油附加费20%，货币附加费10%。试问：我方应报价多少？

【案例分析】

有一批货物共1 000箱，自A国港口装运至B国某港口，承运人签发了“已装船清洁提单”。但货运到目的港后，收货人发现下列情况：（1）少10箱货。（2）20箱包装严重破损，内部货物大部分散失。（3）50箱包装外表完好，箱内货物短少。试问：上述三种情况是否属于承运人的责任？为什么？

【实训项目】

某轮船从广州港装载杂货——人造纤维，体积为 20 立方米，毛重为 17.8 公吨，运往欧洲某港口，托运人要求选择鹿特丹港或汉堡港作为卸货港，两者都是基本港口，基本运费率为 USD80/FT，三个以内选卸港的附加费率为每运费吨加收 USD3，基本运费计算标准为 W/M。试问：

（1）该托运人应支付多少运费（以美元计）？

（2）如果改用集装箱运输，海运费的基本运费率为 USD1 100/TEU，货币附加费 10%，燃油附加费 10%，该托运人应支付多少运费（以美元计）？

（3）若不计杂货运输和集装箱运输两种运输方式的其他费用，托运人从节省海运费考虑，是否应选择改用集装箱运输？

工作任务二　商定合同中的运输条款

引例

1. 中国某外贸公司曾在广州秋交会上与英国某商人按 CIF 伦敦条件签订了一项出口白薯干的合同。由于卖方货源充足，急于出售，所以当月成交时便约定当月交货。后因卖方租不到船，未能按期交货，致使双方产生争议，买方遂提请在中国仲裁，结果卖方败诉。

（资料来源：http：//jpkc. hnjmxy. cn/gmsw/onews. asp？ id =296）

2. 中国某公司曾按 FOB 条件从北欧进口一批大宗商品。双方约定的装运港原是一个比较偏僻的小港，大船不能直接进港装货。签约后，买方才了解到该港条件，便要求变更装运港，但卖方不同意更改。买方只好租用小船，将货物运至汉堡集中，然后再装海洋巨轮运回国内，这不仅延误了时间，而且增加了运杂费用，给企业造成了不该发生的经济损失。

（资料来源：http：//jpkc. hnjmxy. cn/gmsw/onews. asp？ id =296）

3. 我国某公司接到加拿大 A 公司的订单，A 公司欲以 CIF 魁北克每公吨 2 000 加元购买我公司某商品，当年 12 月装船，用不可撤销即期信用证支付。对此交易条件，我公司是否应接受？

（资料来源：叶德万，陈原．国际贸易实务案例教程（第二版）．广州：华南理工大学出版社，2006）

4. 某份即期付款信用证（信用证表明适用《UCP 600》）规定提交全套海运提单，禁止分批装运，起运港为中国港口，卸货港为英国港口，最迟装运日期为 2008 年 5 月 11 日。受益人甲公司按照信用证的规定于 5 月 3 日将一部分货物在天津新港装上“东风”号轮，又于 5 月 4 日将剩余货物在上海港装上同一轮船，目的港均为英国利物浦港。甲公司取得了天津港和上海港签发的两套提单，在交单期内将单据交开证银行要求付款，但是遭到拒付，理由是分批装运。开证行的拒付理由是否成立？为什么？

案例简析

装运期作为买卖合同中的主要条件，在买卖合同中合理地规定装运期非常重要。为了使装运期定得明确、合理和切实可行，就必须正确处理贸易和运输的关系。案例一中的卖方在签约时只顾成交，不管运输，只考虑手中有货而不考虑租船是否困难，就采用当月成交、当月交货的做法，是十分错误而有害的，这是导致本案争议产生的主要原因。对此，我们应当引以为戒。

在国际贸易中，装运港和目的港是买卖合同中不可缺少的重要内容。因此，在磋商交易和签订买卖合同时，必须对装运港和目的港作出明确、合理的规定。同时必须注意装卸港的具体条件，如有无直接班轮航线、港口装卸条件以及运费和附加费用水平等。租船运输时，还应进一步考虑码头泊位水的深度、有无冰封期、冰封的具体时间以及对船舶国籍有无限制等港口规定。导致案例二买方损失的原因是签约前买方缺乏对装运港的调查了解，对装运港的规定带有盲目性。

案例三中魁北克在加拿大东岸，属于季节性封冻的港口，对于目的港定为魁北克，并且在 12 月装船的条件我方不能接受。

案例四中开证行的拒付理由不成立。根据《UCP600》第 31 条（b）款的规定，表明货物系使用同一运输工具并经由同次航程运输的数套运输单据在同一次提交时，只要显示相同目的地，将不视为部分发运，即使运输单据上表明的发运日期或装货港、接管地或发运地点不同。案例四中，货物尽管是在不同的日期从不同的港口装船，但是装船日期在信用证规定的装运期限内，装货港在信用证规定的区域内，并且装上了同一条船“东风”号轮，运往同一目的港英国利物浦港，所以不属于分批装运。

知识链接

在对外磋商交易和签订买卖合同时，必然涉及装运条件。买卖合同中涉及装运方面的条款主要有装运期、装运港和目的港、装卸时间、装卸率、装运通知、分批装运和转船等。合理、明确地规定装运条件是保证装运工作顺利进行和及时完成进出口任务的一个很重要的环节。本节将对装运期、装运港和目的港、装卸时间、装卸率、装运通知等项内容进行阐述。

一、装运时间

装运时间又称装运期（Time of Shipment），是卖方按合同规定在起运地点将货物装上运输工具或交给承运人的期限。装运期和交货期（Time of Delivery）是两个不同的概念。以 FOB、FCA、CFR、CPT、CIF、CIP 六种主要贸易术语成交的买卖合同，当卖方将货物装上船或交给承运人时，即完成交货义务，此时装运期等同于交货期。而以其他贸易术语达成的买卖合同，装运期和交货期是不同的。以 DES 为例，装运期为卖方在装运港将货物装上船的期限，交货期则是指卖方在指定的目的港码头将货物交给买方处置的时间。装运期是买卖合同中的主要条件，如卖方违反这一条件，买方有权撤销合同，并要求卖方赔偿其损失。因此，在买卖合同中，合理地规定装运期是非常重要的。

（一）装运时间的规定方法

在国际货物买卖合同中，装运时间通常有以下几种规定方法：

1. 规定一段时间装运

（1）规定在某月内装运。如：2009 年 4 月份装运（Shipment during/in April, 2009）。按此规定，卖方可在 4 月 1 日至 4 月 30 日之间的任何一天进行装运。

（2）规定跨月装运。如：2009 年 4/5 月份装运（Shipment during April/May, 2009）；2009 年 4/5/6 月份装运（Shipment during April/May/June, 2009）。按以上规定，卖方可分别在 4 月 1 日至 5 月 31 日和 4 月 1 日至 6 月 30 日之间的任何一天装运出口。

2. 规定最迟装运期限

（1）规定在某月某日以前装运。如：2009 年 4 月 20 日以前装运（Shipment on or before April 20, 2009）。按此规定，卖方可以在 2009 年 4 月 20 日前的任何时间装运出口。

（2）规定在某月月底以前装运。如：2009 年 4 月底以前装运（Shipment at or before the end of April, 2009）。按此规定，卖方可以在 2009 年 4 月 30 日前的任何时间装运出口。

3. 规定在收到信用证或电汇后若干天装运

（1）规定在收到信用证后若干天内装运。如：收到信用证后 45 天内装运（Shipment within 45 days after receipt of L/C.）。采用此种方法，同时要规定信用证最迟开到卖方的日期（The relevant L/C must reach the Seller not later than...），并规定买方如果不按合同规定时间开证，则构成违约，卖方有权提出索赔。这类规定方法，主要适用于下列情况：①商品是按买方要求的花色、品种和规格或专为某一地区或某商号生产的，这些商品既不宜内销，又无法销给国外其他客户。卖方为了避免盲目生产造成产品积压，可以采用这种规定方法。②在一些外汇管制较严的国家和地区，一般都实行进口许可证和进口配额制度。签订合同时，买方还不能肯定批准进口许可证或外汇配额的具体时间，因而也无法确定具体装运期。为了促进成交，有时采用这种方法。③对某些信用较差的客户，为促使其按时开证，也可酌情采用这一方法。

（2）规定在收到信汇、电汇或票汇后若干天内装运。如：收到你方 30% 电汇货款后 30 天内装运（Shipment will be effected within 30 days after receipt of your 30% deposite of the total amount by T/T.）。

4. 笼统规定近期装运

如：立即装运（Immediate Shipment），即刻装运（Prompt Shipment），尽速装运（Shipment as soon as possible）等。各国对近期装运的术语解释不统一，有的理解为一月，有的为两周，在实际业务中容易引起争议和纠纷。因此，除非买卖双方已有共识外，应尽量避免使用。《UCP600》规定，除非确需在单据中使用，银行对诸如“迅速”、“立即”、“尽快”之类词语将不予理会。

（二）规定装运期应当注意的事项

1. 应考虑货源和船源的实际情况

如对货源无把握就盲目成交，有可能导致到时交不了货，出现有船无货的情况。按

CFR或CIF出口和按FOB进口时，还应考虑船源情况。如对船源无把握就盲目成交，或者没有留出安排船位的合理时间，则可能导致到时租不到船或订不到舱位，出现有货无船的情况。

2. 装运期的长短应适度

装运期的长短应视不同商品和租船订舱的实际情况而定。装运期如规定得过短，势必给船货安排带来困难；装运期规定得过长，势必积压买方资金，增加其利息开支，影响买方订购的积极性，同时也会使卖方出口的商品不能卖出好价。

3. 应注意使装运期与开证日期相衔接

为了保证按期装运和及时交货，在规定装运期的同时，还应明确合理地规定开证日期，并使两者互相衔接起来。一般来说，信用证开证日期要比装运日期提前30～45天，至少应在装运期开始前15天开到卖方，以便卖方有足够的时间安排装货。

二、装运港和目的港

装运港（Port of Shipment）是指货物起始装运的港口；目的港（Port of Destination）是指最终卸货的港口。为了便于卖方根据货源情况安排装运和适应买方接收和转售货物的实际需要，装运港一般由卖方提出，经买方同意后确定，目的港则由买方提出，经卖方同意后确定。装运港和目的港的确定，不仅关系到卖方履行交货义务和货物风险何时转移的问题，还关系到运费、保险费以至成本和售价的计算等问题，因此必须在合同中具体规定。

（一）装运港的规定办法

（1）一般情况下，只规定一个装运港。例如，装运港：上海（Port of shipment：Shanghai）。

（2）在货物数量较大或货源分散，集中一点装运有困难时，可规定两个或两个以上装运港。例如，装运港：青岛/烟台/威海（Port of shipment：Qingdao/Yantai/Weihai）。

（3）交易磋商时，货源不十分固定，无法确定装运港时可不规定具体港口。例如：在中国港口装运（Shipment from Chinese ports）。

（二）目的港的规定办法

（1）在一般情况下，只规定一个目的港。例如，目的港：伦敦（Port of destination：London）。

（2）有时明确目的港有困难，买方可规定两个或两个以上的目的港备选，在发货前由买方确定后通知卖方据以安排运输。例如，目的港：伦敦/汉堡/鹿特丹（Port of destination：London/Hamburg/Rotterdam）。必要时还可规定“选择港”，例如，目的港：伦敦/利物浦/曼彻斯特，任选，选港费由买方负担（Port of destination：London/Liverpool/Manchester optional. Optional charges are for Buyer's account.）。

（3）笼统规定某一航区为目的港，如“欧洲主要港口”（European Main Ports，EMP）、“非洲主要港口”（African Main Ports，AMP）等。

（三）规定装运港和目的港的注意事项

（1）应注意装运港和目的港的具体条件。主要是：有无直接班轮航线、港口装卸条件以及运费和附加费用水平等。租船运输时，还应进一步考虑码头泊位水的深度、有无冰封期、冰封的具体时间以及对船舶国籍有无限制等港口规定。

（2）应注意装运港、目的港有无重名的问题。世界各国港口重名的很多。例如，维多利亚（Victoria）港，全世界有 12 个；波士顿（Boston）港在美国和其他国家都有同名港。为了防止发生差错、引起纠纷，在买卖合同中应注明重名港口所在国家和地区的名称。

（3）合理使用选择港。选择港数目一般不超过 3 个，备选港应在同一航线上，且为班轮能挂靠的港口。合同中应明确规定买方最后确定目的港的时间，若其未在规定时间内通知船方最后选定的卸货港，船方有权在任一备选港口卸货。同时应在合同中明确规定，如所选目的港需要增加运费、附加费等，应由买方负担。

（4）对装运港和目的港的规定应力求具体明确。在磋商交易时，如国外商人笼统地提出以“欧洲主要港口”或“非洲主要港口”为装运港或目的港时，不宜轻易接受，因为欧洲或非洲港口很多，究竟哪些港口是主要港口，并无统一的解释。而且各港距离远近不同，港口条件不一，运费和附加费相差很大，所以我们应避免采用此种规定方法。

（5）除非采用多式联运方式运输，一般不接受内陆城市为装运港和目的港的条款。因为若接受这一条件，我方要承担从沿海港口到内陆城市这段路程的运费和风险。

三、分批装运

（一）分批装运的含义

分批装运（Partial Shipment）是指将一笔成交的货物，分若干批在不同的航次、车次、班次装运。出现分批装运的原因很多，比如运输工具的限制、港口的装卸能力、卖方的生产能力和买方一定时间内某种货物的市场容量等。

（二）分批装运的规定方法

（1）只注明允许分批装运，但不作具体规定。如，允许分批装运（Partial Shipment is allowed）。采用这种方法，卖方可以根据货源和运输情况，在合同规定的装运期内灵活掌握装运的具体批次、时间和数量，对卖方较为有利。

（2）规定允许分批装运，并具体订明批次、每批装的时间和数量。如，20××年 7、8、9 月每月装 1 000 公吨（shipment during July/August/September 20××1 000 metric ton monthly）；20××年 7/8 月份分两次大约平均装运（shipment during July/August 20×× in two about equal lots）。这种方法对买方较为有利，买方可以根据对进口货物的使用或转售的需要来确定装运的批次、时间及数量。但这种方法对卖方有限制，如采用信用证支付方式，卖方必须按时、按量、按品名装运，任何一期未按规定装运，则该批及以后各期均不得凭单收汇。

（三）约定分批装运时应注意的事项

（1）如信用证中不明确规定不准分批装运，则视为允许分批装运。

（2）运输单据表明货物系使用同一运输工具并经由同次航程运输的数套运输单据在同一次提交时，只要显示相同目的地，将不视为分批装运，即使运输单据上表明的发运日期不同或装货港、接管地或发运地点不同。

（3）如信用证规定在指定的时间内分批装运，若其中任何一批未按约定的时间装运，则该批和以后各批均告失效。

四、转运

（一）转运的含义

转运（Transshipment）是指货物没有直达船或一时无合适的船舶运输，而需通过中途港转运。一般来说，当货物运往无直达船停靠的港口或虽有直达船而无固定船期或船期较少的港口，可在合同中规定“允许转运”条款。

（二）转运的规定方法

（1）不准转运（Transshipment not to be allowed or Transshipment to be prohibited），如：7/8 月份装运，禁止转运（shipment during July/August，transshipment is prohibited）。

（2）准许转运（Transshipment to be allowed），如：20××年 3/4 月份装运，允许分批装运和转船（shipment during Mar./Apr. 20××，partial shipment and transshipment is allowed）。

（三）约定转运条款时应注意的事项

（1）载明交易双方同意转运，并对转运的办法和转运费的负担作出明确具体的规定。

（2）转运条款通常是与装运时间结合起来规定的。

（3）合同中是否规定允许转运或不准转运条款，应视具体情况而定。

（4）《UCP600》规定：除非信用证另有规定，可准许转运。

【课堂讨论】

1. 买卖合同中的装运条款包括哪些内容？装运时间如何规定？
2. 合同中规定装运港和目的港有哪些办法？应注意什么问题？
3. 海运进出口合同中的装卸时间一般是怎样规定的？
4. 信用证对货物是否发生分批装运是如何界定的？
5. 在合同中对分批装运和转运是如何规定的？
6. 分批装运和转运的原因是什么？

【课堂练习】

某公司从天津新港向坦桑尼亚出口一批货物，采用信用证支付方式，目的港为坦埸。国外来证未明确可否转船，而实际上从新港到坦埸无直达船。试问：这种情况下是否需要修改信用证加上“允许转船 ”字样？在未改证的情况下，货物可否转运到坦埸？

【案例分析】

1. 我某出口公司按 CFR 条件向日本出口红豆 250 吨，合同规定卸货港为日本口岸。发货物时，正好有一艘船驶往大阪卸货，我公司打算租用该船，在装运前，我方主动去电询问在哪个口岸卸货。时值货价下跌，日方故意让我方在日本东北部的一个小港卸货，我方坚持要在神户、大阪卸货，双方争执不下，日方就此撤销合同。试问：我方做法是否合适？日本商人是否违约？

2. 我方甲公司以 CFR 贸易术语与英国的乙公司订立成交一批消毒碗柜的出口合同，合同规定装运时间为 8 月 18 日前。我方备妥货物，并于 8 月 12 日中午装船完毕，由于遇星期日休息，我方的业务员未及时向买方发出装运通知，导致英国的乙公司未能及时办理投保手续，而货物在 8 月 13 日晚因发生了火灾被烧毁。试问：货物损失责任由谁承担？为什么？

3. 我国 A 公司对澳大利亚 B 公司出口 1 000 公吨大豆，信用证支付。国外开来信用证规定：不允许分批装运。A 公司在规定的期限内分别在大连、新港各装 500 公吨于同一航次的同一船上，提单也注明了不同的装运地和不同的装船日期。试问：A 公司是否违约？银行能否议付？

4. 我国 A 公司向英国 B 公司出口某商品 15 000 箱，合同规定 2 ~ 7 月份内分批装运，不可撤销即期信用证支付。合同签订后，B 公司按时开来信用证，装运条款规定为“最迟装运期为 7 月 30 日，2 ~ 7 月按月等量装运，每月 2 500 箱”。我方实际出口时，2 ~ 5 月份交货正常，我方顺利结汇，6 月份因船期延误，拖延至 7 月份才实际装运出口，7 月份装运数量为 5 000 箱。开证行在收到单据后来电表示对这该批货物拒付货款。试问：我方有何失误？开证行拒付是否有理？

【实训项目】

1. 将下列条款翻译成中文：

（1）Time of shipment：within 15 days after receipt of your letter of credit from Shanghai to London.

（2）Shipment will be effected during March/April/May 20 × × in three equal monthly lots.

2. 将下列条款翻译成英文：

（1）2009 年 4 月 30 日前交货，装运港大连、目的港纽约。

（2）5/6 月份装运，不允许分批装运，可以由香港转船。

3. 我方按 FOB 价格从澳大利亚购进一批矿产品 3 000 公吨，买卖合同中规定卖方每天负责装货 200 公吨，按晴天工作日计算；但我方租船合同中规定每天装货 250 公吨，按连续日计算。上述两个合同的滞期费均为每天 6 000 美元，速遣费 3 000 美元。结果卖方只用13天（其中包括两个星期天）便将全部货物装完。试问：（1）我方共支付滞期费和速遣费多少元？（2）从中可以吸取什么教训？

工作流程八　办理国际货物运输保险

工作任务一　确定海上货物运输保险承保的范围

引例

货轮在海上航行时，某舱发生火灾，船长命令灌水施救，扑灭大火后，发现纸张已烧毁一部分，未烧毁的部分，因灌水后无法使用，只能作为纸浆处理，损失原价值的70%。另有印花棉布没有烧毁但有水渍损失，其水渍损失使该布降价出售，损失该货价值的10%。

任务1：纸张的损失70%是部分损失吗？为什么？

任务2：棉布的损失10%是部分损失吗？为什么？

（资料来源：http：//jpkc. hdu. edu. cn/finance/gjmy/jxzy/al/bx/4. html）

案例简析

从数字上看，一个是70%，另一个是10%，好像都是部分损失，其实不然。根据保险公司的规定，纸张的损失70%，应属于全部损失。印花棉布的损失10%，则属于部分损失。这是因为，保险业务中的全部损失，分为实际全损和推定全损，在实际全损中有三种情况：一是全部灭失，二是失去使用价值（如水泥变成硬块），三是虽有使用价值，但已丧失原来的使用价值。从第一种情况看，纸张原来应该用作印刷书报或加工成其他成品，现在不行，只能作为纸浆造纸，因此属于实际全损中的第三种情况。而印花棉布虽遭水渍，处理之后仍作棉布出售，原来的用途未改变，因此，只能认定为部分损失。

知识链接

在出口货物从卖方运到买方的长途运输和装卸过程中，常常会由于自然灾害、意外事故或其他外来原因遭受损失，为了在货物受损后获得经济补偿，货主在货物出运前就必须及时向保险公司办理投保。采用不同的贸易方式出口，办理投保的人就不同。

凡以CIF条件成交的出口合同，均需向保险公司按保险金额、险别和适用的条款投保，并订明由卖方投保。国际贸易价格条件是买卖双方协商决定的。争取以CIF或CIP贸易术语成交不仅可为国家多创收外汇，扩大我国的保险业务，还有利于出口商。海洋运输货物保险的责任范围是仓至仓，由出口商投保，货物从仓库出口开始，保险公司就承担责任。

相反，以 CFR、FOB 或 CPT、FCA 术语成交，保险由进口商自行购买，由于买卖双方的风险划分是以货物越过发货港船舷为界，所以保险责任也就从这一点开始，这样，从仓库到装上海轮前这一段风险要么由出口商自负，要么由出口商再向保险公司购买保险，陡然增加了出口商的风险或保费负担。

以 CFR 或 CPT 成交，出口商在发货装船时，应向进口商发出装船通知，以便进口商及时办理保险手续。如果出口商由于疏忽或其他原因漏发、迟发通知，以致进口商未能及时办理投保手续，那么根据国际贸易惯例和某些国家的国内法，在此期间发生的一切风险损失，由出口商承担。因此，按 CFR 或 CPT 条件成交明显增加了出口商的费用和责任。

在采用 D/P、D/A 付款方式的出口交易中，则更应以 CIF 或 CIP 成交。由于已在国内买了保险，即使出口货物在运输途中遭到重大损失，进口商拒绝付款或承兑，出口商也能从保险人手中获得相应的经济补偿。

国际货物运输保险是以运输过程中的各种货物作为保险标的，被保险人（买方和卖方）向保险人（保险公司）按一定金额投保一定的险别，并交纳保险费，保险人承保以后，如果保险标的在运输过程中发生约定范围内的损失，应按规定给予被保险人经济上补偿的一种财产保险。国际货物运输保险因采用的运输方式不同，分为海上货物运输保险、陆上货物运输保险、航空货物运输保险和邮包运输保险，其中海上货物运输保险起源最早、历史最久，陆上、航空等货物运输保险都是在海上货物运输保险的基础上发展而来的，为此本章将重点介绍海上货物运输保险。海上货物运输保险承保的风险与损失包括海上风险和外来风险及其所引起的货物本身损失和有关的费用损失。

一、海上货物运输风险的种类

国际贸易货物在海上运输、装卸和储存过程中，可能会遭遇到各种不同风险。海上货物运输保险人主要承保的风险有海上风险和外来风险。

（一）海上风险

海上风险在保险界又称为海难，包括海上发生的自然灾害和意外事故。自然灾害是指由于自然界的变异引起破坏力量所造成的灾害。海运保险中，自然灾害仅指恶劣气候、雷电、海啸、地震、洪水、火山爆发等人力不可抗拒的灾害。意外事故是指由于意料不到的原因所造成的事故。海运保险中，意外事故仅指搁浅、触礁、沉没、碰撞、火灾、爆炸和失踪等。

搁浅是指船舶与海底、浅滩、堤岸在事先无法预料到的意外情况下发生触礁，并搁置一段时间，使船舶无法继续行进以完成运输任务。但规律性的潮涨潮落所造成的搁浅则不属于保险搁浅的范畴。

触礁是指载货船舶触及水中岩礁或其他阻碍物（包括沉船）。

沉没是指船体全部或大部分已经没入水面以下，并已失去继续航行能力。若船体部分入水，但仍具航行能力，则不视作沉没。

碰撞是指船舶与船或其他固定的、流动的固定物猛力接触。如船舶与冰山、桥梁、码头、灯标等相撞。

火灾是指船舶本身、船上设备以及载运的货物失火燃烧。

爆炸是指船上锅炉或其他机器设备发生的爆炸和船上货物因气候条件（如温度）影响产生化学反应引起的爆炸。

失踪是指船舶在航行中失去联络，音讯全无，并且超过了一定期限后仍无下落和消息。

（二）外来风险

外来风险一般是指由于外来原因引起的风险。它可分为一般外来风险和特殊外来风险。

（1）一般外来风险是指货物在运输途中由于偷窃、下雨、短量、渗漏、破碎、受潮、受热、霉变、串味、沾污、钩损、生锈、碰损等原因所导致的风险。

（2）特殊外来风险是指由于战争、罢工、拒绝交付货物等政治、军事、国家禁令及管制措施所造成的风险与损失。如因政治或战争因素，运送货物的船只被敌对国家扣留而造成交货不到；某些国家颁布的新政策或新的管制措施以及国际组织的某些禁令造成货物无法出口或进口而造成损失。

二、海上损失

被保险货物因遭受海洋运输中的风险所导致的损失称之为海损或海上损失。海损按损失程度的不同，可分为全部损失和部分损失。

（一）全部损失

全部损失简称全损，是指被保险货物在海洋运输中遭受全部损失。从损失的性质看，全损又可分为实际全损和推定全损两种。

1. 实际全损

实际全损又称绝对全损，是指保险标的物在运输途中全部灭失或等同于全部灭失。在保险业务上构成实际全损的情况主要有以下几种：

（1）保险标的物全部灭失。例如，载货船舶遭遇海难后沉入海底，保险标的物实体完全灭失。

（2）保险标的物的物权完全丧失已无法挽回。例如，载货船舶被海盗抢劫，或船货被敌对国扣押等。虽然标的物仍然存在，但被保险人已失去标的物的物权。

（3）保险标的物已丧失原有商业价值或用途。例如，水泥受海水浸泡后变硬；烟叶受潮发霉后已失去原有价值。

（4）载货船舶失踪、无音讯已达相当长一段时间。在国际贸易实务中，一般根据航程的远近和航行的区域来决定时间的长短。

2. 推定全损

推定全损是指保险货物的实际全损已经不可避免，进行施救、复原的费用已超过施救、复原后货物的价值。构成被保险货物推定全损的情况有以下几种：

（1）保险标的物受损后，其修理费用超过货物修复后的价值。

（2）保险标的物受损后，其整理和继续运往目的港的费用，超过货物到达目的港后的价值。

（3）保险标的物的实际全损已经无法避免，为避免全损所需的施救费用将超过获救后标的物的价值。

（4）保险标的物遭受保险责任范围内的事故，使被保险人失去标的物的所有权，而收回标的物的所有权，其费用已超过收回标的物的价值。

（二）部分损失

部分损失是指被保险货物的损失没有达到全部损失的程度。部分损失按其性质，可分为共同海损和单独海损。

1. 共同海损

根据1974年国际海事委员会制定的《约克安特卫普规则》的规定，载货船舶在海运上遇难时，船方为了共同安全，以使同一航程中的船货脱离危险，有意而合理地作出的牺牲或引起的特殊费用称为共同海损。构成共同海损的条件是：

（1）共同海损的危险必须是实际存在的，或者是不可避免的，而非主观臆测的。因为不是所有的海上灾难、事故都会引起共同海损。

（2）必须是自愿地和有意识地采取合理措施所造成的损失或发生的费用。

（3）必须是为船货共同安全而采取谨慎行为或措施时所作出的牺牲或引起的特殊费用。

（4）必须是属于非常性质的牺牲或发生的费用，并且是以脱险为目的。

共同海损行为所作出的牺牲或引起的特殊费用，都是为使船主、货主和承运方不遭受损失而支出的，因此，不管其大小如何，都应由船主、货主和承运各方按获救的价值，以一定的比例分摊。在分摊共同海损费用时，不仅要包括未受损失的利害关系人，还需包括受到损失的利害关系人。

2. 单独海损

单独海损是指除共同海损以外的、由海上风险直接导致的船舶或货物的部分损失。这种损失只属于特定利益方，而不属于所有其他的货主或船方，由受损方单独承担。例如，在运输过程中，有茶叶、机器设备、钢材三种货物，途中遇到暴风雨，部分海水进入船舱，海水浸泡了部分茶叶，茶叶的损失只是使一家货主的利益受到影响，跟同船所装的其他货物的货主和船东利益无关，因而属于单独海损。

共同海损与单独海损都属于部分损失，两者的主要区别为：

（1）损失的构成不同。单独海损一般是指货物本身的损失，不包括费用损失，而共同损失既包括货物损失，又包括因采取共同海损行为而引起的费用损失。

（2）造成损失的原因不同。单独海损是海上风险直接导致的货物损失，而共同海损是为了减轻船、货、运三方共同危险而人为造成的损失。

（3）损失的承担者不同。单独海损由受损方自行承担损失，而共同海损则由船、货、运三方按获救财产价值大小的比例分别承担。

三、费用

发生海上危险事故时，往往需要采取一定的措施以避免损失的发生或扩大，由此会引起费用的支出，对这些费用，保险人根据其性质规定了不同的赔付原则。在海运货物保险中，保险人负责赔偿的费用主要有以下两种：

1. 施救费用

施救费用是指保险货物遭遇保险责任范围内的事故时，被保险人或其代理人、雇佣人员和受让人为避免或减少损失而采取各种抢救、保护、整理措施而产生的合理费用。例如，船舶在航行中因意外触礁，致使海水从船底进入船舱，舱内服装部分被浸湿，船长下令将服装搬离该舱，并对已浸湿的服装进行整理和烘干，由此而支出的费用就是施救费用。

施救费用的构成必须符合三个条件：

（1）施救行为必须是由被保险人或其代理人、雇佣人或受让人所采取的。

（2）施救费用的支出受保险责任范围的限制，如果保险货物的损失不属保险责任，被保险人为此而支出的抢救费用就不能作为施救费用得到补偿。

（3）施救费用应该是必要的、合理的费用，如果施救行为不当，因此而支付的费用不能作为施救费用，保险人不予赔偿。

通过对保险货物进行施救，不仅可以减少物质财富的损失，还可以减少保险赔款的支付，所以保险人对这种行为是予以鼓励和支持的。根据我国《海商法》的规定，被保险人为防止或减少根据合同可以得到赔偿的损失而支出的必要的合理费用，应当由保险人在保险标的的损失赔偿之外另行支付，保险人对上述费用的支付，以相当于保险金额的数额为限。此外，即使施救行为没有效果，保险人在支付保险标的赔款后，还应赔偿被保险人支付的合理的施救费用。

2. 救助费用

救助费用是指当船舶遇到海难，虽经船上人员尽力采取办法亦不能使船舶脱离危险，必须由他人来救助时，向他人支付的报酬。确定救助报酬时，不仅要考虑救助效果，还要综合考虑救助工作的时间、危险程度、救助采取的技术措施和投入的工具、被救助财产的价值、救助的开支和所受的损失等事实，通过协商或由仲裁确定，但救助报酬最高不得超过获救财产的价值。

【课堂讨论】

1. 什么是共同海损？构成共同海损的条件是什么？
2. 共同海损与单独海损有何区别？

【课堂练习】

1. 在海运货物保险中，保险公司承保哪些风险、损失和费用？
2. 请用实例说明施救费用与救助费用的区别。

【案例分析】

1. 我国某进出口公司以 FOB 价格向国外客户购买了一批集装箱货物，收货时发现货物被盗，最终确认货物系在海外运输公司仓库被盗，进出口公司请求保险公司赔偿，遭到保险公司拒绝。法院认为，本案买卖合同约定的价格条件是 FOB，意为货物在装运港越过船舷或装船后，货物的风险才发生转移。在此之前，货物的风险则仍由卖方承担。因此，货物被盗时，进出口公司不具有保险利益，不能获赔。试问：进出口公司能否获赔？为什么？

2. 有一载货的海轮，在航行途中不幸触礁，船身撞穿一个大洞，海水随即大量涌入，不仅使一部分货物遭到严重的水渍损失，而且船舶由于海水的大量涌入，随时有沉没的危险。船长为了船、货的共同安全，立即下令将船舶驶上附近的浅滩，采取有意搁浅来避免船舶下沉的危险。试问：在上述事故中出现的下列 3 种情况分别属于何种性质的海损？为什么？

（1）因触礁，船身撞穿一个大洞。

（2）因船身撞穿而使货物发生水渍损失。

（3）因有意搁浅而造成的损失。

（资料来源：李秀华．国际贸易实务实训与练习．北京：对外经济贸易大学出版社，2006）

【实训项目】

货轮从天津新港驶往新加坡，在航行途中船舶货舱起火，大火蔓延到机舱，船长为了船、货的共同安全，下令往舱内灌水，火很快被扑灭。但由于主机受损，无法继续航行，于是船长决定雇用拖轮将船拖回新港修理，修好后重新驶往新加坡。这次事故造成的损失有：（1）1 000 箱货被火烧毁。（2）600 箱货被水浇湿。（3）主机和部分甲板被烧坏。（4）拖轮费用。（5）额外增加的燃料和船上人员的工资。试问：从损失的性质看，上述损失各属何种损失？为什么？

（资料来源：李秀华．国际贸易实务实训与练习．北京：对外经济贸易大学出版社，2006）

工作任务二　选择保险险别

引例

一批货物共 5 000 箱由货轮从上海港运往德国汉堡港，在航行途中，货船遭遇海上飓风，海水灌入部分货舱，50 箱货物被海水浸湿而受损。后货船又与流冰相撞，部分货物计 150 箱因受挤压而破碎，此时船舶也发生侧翻，船长下令将部分货物抛入海中以保持船舶平衡，共抛弃货物 20 箱，之后船舶得以正常航行驶往目的地。试问：在最经济的情况下，投保人投保中国海洋运输货物保险条款的哪种险别时，货主的所有损失均可获得赔偿？

案例简析

保险人承担的保险责任以保险险别为依据，不同的保险险别，保险人承担的责任范围不同，保险费率也不相同。投保人在选择保险险别时，应当遵循如下原则：根据进出口运输货物的具体情况，恰当地选择投保的险别，做到运输货物既能得到应有的保障，又能节约保险费支出，以利于提高经济效益。

选择保险险别时需要考虑如下因素：

（1）货物的种类、性质和特点。

（2）货物的包装情况。

（3）货物的运输情况。

（4）运输季节。

（5）目的地市场的变动趋势。

知识链接

一、我国海洋货物运输保险条款与险别

根据中国人民保险公司1981年1月1日修订的《海洋运输货物保险条款》的规定，保险险别分为基本险、附加险和专门险三大类。保险险别是保险公司对风险和损失的承保责任范围。基本险可以单独投保，而附加险不能单独投保，只有在投保基本险的基础上才能加保附加险。

（一）基本险

基本险包括平安险、水渍险和一切险。

1. 平安险（Free from Particular Average，简称FPA）

平安险的原意是“单独海损不赔”，但现在早已名不副实。平安险承担的责任范围如下：

（1）在运输过程中，由于恶劣气候、雷电、海啸、地震、洪水等自然灾害造成的实际全损或推定全损。

（2）由于运输工具遭遇搁浅、触礁、沉没、互撞、与流冰或其他物体碰撞以及失火、爆炸等意外事故造成的全部损失或部分损失。

（3）在运输工具发生搁浅、触礁、沉没、焚毁等意外事故的情况下，货物在此前后又在海上遭受恶劣气候、雷电、海啸等自然灾害所造成的部分损失。

（4）被保险人对遭受承保责任内的保险货物采取抢救、防止或减少货损的措施所支付的合理费用，但以不超过该批被救货物的保险金额为限。

（5）运输工具遭遇海难后，在避难港由于卸货所引起的损失，以及在中途港、避难港由于卸货、存仓和运送货物所产生的特殊费用。

（6）共同海损的牺牲、分摊和救助费用。

（7）运输合同中订有“船舶互撞条款”，根据该条款规定应由货方偿还船方的损失。

平安险通常适用于大宗、低值、粗糙的货物，如废钢材、矿砂等。

2. 水渍险（With Particular Average，简称WPA）

水渍险承担的责任范围如下：① 平安险所承担的全部责任。② 被保险货物由于

恶劣气候、雷电、海啸、地震、洪水等自然灾害造成的部分损失。

水渍险通常适用于不易损坏或者容易生锈但不影响使用的货物，如钢板、线材等。

3. 一切险（All Risks）

一切险承担的责任范围如下：① 水渍险所承担的全部责任。② 货物在运输过程中由于一般外来原因造成的被保险货物的全部损失或部分损失。

也就是说，一切险既包括水渍险的范围，又包括所有一般附加险的范围。因此，投保了一切险之后，不需要再投保一般附加险。

一切险适用于价值较高、可能遭受的风险因素较多的货物，如丝绸、茶叶等。

上述三种基本险别中，被保险人投保时必须从中选择一种进行投保。

（二）附加险

在海运保险业务中，进出口商除了投保货物的上述基本险别外，还可根据货物的特点和实际需要，酌情再选择若干适当的附加险别。附加险别包括一般附加险和特殊附加险。

1. 一般附加险

一般附加险不能作为一个单独的项目投保，而只能在投保平安险或水渍险的基础上，根据货物的特性和需要加保一种或若干种一般附加险。如加保所有的一般附加险，就等同于投保一切险。可见一般附加险被包括在一切险的承保范围内，故在投保一切险时，不存在再加保一般附加险的问题。

一般附加险的种类很多，其中主要包括：

（1）偷窃提货不着险（Theft Pilferage and Non-Delivery）。在保险有效期内，本保险对保险货物遭受的下列损失，按保险价值负责赔偿：①偷窃行为所致的损失；②整件提货不着；③根据运输契约规定船东和其他责任方免除赔偿的部分。被保险人必须及时提货，遇有第①项损失，必须在提货后十日内申请检验，遇有第②项损失必须向责任方取得整件提货不着的证明，否则，保险公司不负赔偿责任。

（2）淡水雨淋险（Fresh water &/or Rain Damage）。本保险对被保险货物因直接遭受雨淋或淡水所致的损失负责赔偿，但包装外部应有雨水或淡水痕迹或有其他适当证明。被保险人必须及时提货，并在提货后十天内申请检验，否则，保险公司不负赔偿责任。

（3）短量险（Risk of Shortage）。本保险对被保险货物在运输过程中，因外包装破裂或散装货物发生数量散失和实际重量短缺的损失负责赔偿，但正常的途耗除外。

（4）混杂污染险（Risk of Intermixture and Contamination）。被保险货物在运输途中，因混进了杂质致损，如矿砂、矿石等混进了泥土、草屑等因而使质量受到影响，以及被保险货物因为和其他物质接触而被玷污致损，如布匹、纸张、食物、服装等被油类或带色的物质污染而引起的损失，保险人负责赔偿。

（5）渗漏险（Risk of Leakage）。本险对流质、半流质的液体物质和油类物质在运输过程中因为容器损坏而引起的渗漏损失，以及用液体装存的物质，如湿肠衣、酱渍菜等因为液体渗漏而使肠衣、酱菜等发生腐烂、变质所致的损失负责赔偿。

（6）碰损破碎险（Risk of Clash and Breakage）。碰损主要是对金属、木质类货物来说的。例如，木质家具、钢精器皿等在运输途中因受到震动、颠簸，挤压等造成货物本身的凹瘪、脱漆、划痕等损失。破碎则主要是对易碎物质来说的，例如，陶器、瓷器、玻璃器皿、大理石等在运输途中由于装卸粗鲁、运输工具的震颠等造成货物本身的破裂、断碎等损失。鉴于水渍险责任范围包括对自然灾害或运输工具遭遇意外事故所引起被保险货物的碰撞和破碎损失，故本保险系扩大至承保一切外来原因所致的碰损、破碎损失。

（7）串味险（Risk of Odour）。被保险货物，如食用物品、中药材、化妆品原料等在运输过程中，因为受到其他物品的气味影响而造成的串味损失，保险人负责赔偿。例如茶叶、香料、药材在运输途中受到一起堆储的皮张、樟脑等异味的影响使品质受到损失，或因装载在未清洗干净的船舱里，受到船舱中遗留的异味的影响使品质受到损失。

（8）钩损险（Hook Damage）。被保险货物在装卸过程中因为使用手钩、吊钩等钩类工具造成的损失，以及对包装进行重新更换、修补所支付的合理费用，保险人负责赔偿。例如，捆装棉布因使用手钩钩破，包装粮食因吊钩钩坏麻袋而使粮食外漏。

（9）受潮、受热险（Damage Caused by Sweating and Heating）。本保险对被保险货物在运输过程中因气温突然变化或由于船上通风设备失灵致使船舱内水汽凝结、发潮或发热所造成的损失负责赔偿。

（10）包装破裂险（Breakage of Packing）。本保险对被保险货物在运输过程中因搬运或装卸不慎，包装破裂所造成的损失，以及为继续安全运输所需对包装进行修补或调换所支付的费用，均负责赔偿。

（11）锈损险（Risk of Rust）。被保险货物在运输过程中因为生锈造成的损失，保险人负责赔偿，但这种生锈必须是在保险有效期内发生的。如果被保险货物在保险有效期之前就已生锈，则保险人不负赔偿责任。一般来说，对裸装的金属板、块、条、管等是不保此险的，因为这些裸装货物几乎必然生锈。

2. 特殊附加险

特殊附加险是指承保由于军事、政治、国家政策法令以及行政措施等特殊外来原因所引起的风险与损失的险别。中国人民保险公司承保的特殊附加险包括下列险别：

（1）战争险（War Risk）。承保因战争、类似战争行为和敌对行为、武装冲突或海盗行为及由此引起的捕获、拘留、禁止和扣押所造成的损失，或各种常规武器所造成的损失，以及由于上述原因引起的共同海损牺牲、分摊和救助费用。

（2）罢工险（Strikes Risk）。指对货物因罢工者、被迫停工工人、参加工潮暴动和民变的人员采取的行动，或任何人的恶意行为所造成的直接损失，以及上述行为所引起的共同海损的牺牲、分摊和救助费用负责赔偿。罢工险不承保罢工等行为的间接损失。其按战争险费率计收，按国际保险业惯例，如投保战争险再加保罢工险，不另增收保险费。罢工险的保险责任起讫，采取“仓至仓”条款。

（3）交货不到险（Failure to Deliver Risk）。指不论任何原因，从承保货物装上船舶开始，不能在预定抵达目的地的日期起6个月内交货的，保险公司负责按全损赔偿。

（4）进口关税险（Import Duty Risk）。指承保货物遭受保险责任范围以内的损失，而海关仍要求被保险人按完好货物价值完税时，保险公司对损失部分货物的进口关税负责赔偿。

（5）拒收险（Rejection Risk）。指如果货物在具备有效进口许可证的情况下，被进口国当局拒绝进口或没收，保险公司按货物的保险价值负责赔偿。

（6）舱面险（On Deck Risk）。指货物存放舱面时，保险公司除按保险单所载条款负责外，还承保其被抛弃或被风浪冲击落水的损失。如果普通集装箱装在舱面，则视同舱内货物承保，货主不必加保舱面险。

（7）黄曲霉素险（Aflatoxin Risk）。指承保货物因所含黄曲霉素超过进口国的限制标准，被拒绝进口、被没收或被强制改变用途而遭受的损失。

（8）货物出口到香港（包括九龙）或澳门存仓火险责任扩展条款（Fire Risk Extension Clause for Storage of Cargo at Destination Hongkong，Including Kowloon，or Macao）。指承保货物运抵目的港香港（包括九龙在内）或澳门卸离运输工具后，直接存放于保险单载明的过户银行所指定的仓库遭受火灾造成的损失，该保险对存仓火险的责任至银行收回押款解除货物的权益为止，或运输险责任终止时起满30天为止。

（三）专门险

（1）运输冷藏货物保险。

（2）海上运输散装桐油险。

（四）基本险的除外责任

除外责任是保险公司不负赔偿责任的范围。我国海运货物保险条款中之所以对“除外责任”作出规定，主要是为了划清保险人、被保险人、发货人和承运人等有关方面对损失应负的责任，以使保险人的赔偿责任更为明确。除外责任主要包括下列内容：

（1）保险人的故意行为或过失所造成的损失。“故意行为”是指明知自己的行为可能造成损害结果，而仍希望其结果发生或放任这种结果发生。例如，被保险人参与欺诈，故意装运走私货物等。“过失”是指应当预见自己的行为可能发生损害结果，却因为疏忽大意而没有预见或者已经预见但轻信能够避免，以致发生这种损害结果。例如，被保险人未能及时提货而造成货物损失扩大，被保险人租用不适航的船舶或者是租用信用不佳的承运人的船舶导致货物损坏等。

（2）属于发货人责任所引起的损失。发货人责任是指由于发货人的故意行为或过失而引起的货损，主要有货物包装不足、不当或标志不清或错误等。

（3）在保险责任开始前，被保险货物已存在的品质不良或数量短缺所造成的损失。这是所谓货物的“原残”，如易生锈的钢材、二手机械设备、露天堆放的豆饼等货物常存在严重的原残。

（4）被保险货物的自然损耗、本质缺陷、特性以及市价跌落、运输延迟所引起的损失或费用。货物的自然损耗系指因货物自身特性而导致的在运输途中必然会发生的损失，如粮谷、豆类含水量减少而导致的货物自然短重，油脂类货物在油舱、油管四壁粘留而造成的短量损失等。货物的本质缺陷是指货物本身固有的缺陷，或是货物在发运前已经存在的质量上的瑕疵。例如有些粮谷商品在装船前已有虫卵，遇到适当温度而孵化，货物被虫蛀受损。货物特性指在没有外来原因或事故的情况下，在运输途中，货物因自身性能变化引起的损失。如水果腐烂、面粉发热发霉、煤炭自燃等。市价跌落属于商业风险，是保险人无法控制的风险，故而属于除外责任。市价跌落是投机风险，非纯粹风险，不属于可保风险。运输延迟是指由于运输过程中的种种原因致使货物未能在明确约定的时间内、在约定的港口交付。由于运输延迟造成的损失，常见的有季节性货物市价大幅度下跌；新鲜水果、蔬菜类货物发生腐烂变质等。由于运输延迟而导致的货物损失，保险人一概不负赔偿责任，即使引起延迟的原因是承保风险。

（5）海洋运输货物战争险条款和货物运输罢工险条款规定的责任范围和除外责任。战争险和罢工险属于特殊附加险，不在基本险的责任范围之内，需另行附加投保。战争险条款和罢工险条款规定的除外责任，当然亦不应在基本险的责任范围之内。在现行中国海洋货物保险条款中，“海盗”属于战争险承保责任，因而不属于基本险一切险的承保责任，这一点不同于ICC条款。

（五）保险责任起讫

1. 基本险的保险责任起讫

我国《海洋运输货物保险条款》对保险责任的起讫作了具体规定。保险公司对“平安险”、“水渍险”和“一切险”三种基本险别的责任起讫，均采用国际保险业所惯用的“仓至仓条款”（Warehouse to Warehouse Clause，W/W Clause），内容如下：

（1）本保险负“仓至仓”责任，即保险责任自被保险货物运离保险单所载明的起运地仓库或储存处所开始运输时生效。包括正常运输过程中的海上、陆上、内河和驳船运输在内，直到该项货物到达保险单所载明目的地收货人的最后仓库或储存处所，或被保险人用作分配、分派或非正常运输的其他储存处为止。如未抵达上述仓库或储存处，则以被保险货物在最后卸载港全部卸离海轮后满60天为止。如在上述60天内被保险货物需转运到保险单所载明目的地，则以该项货物开始转运时终止。

（2）由于被保险人无法控制的运输延迟、绕道、被迫卸货、重行装载、转载或承运人运用运输契约赋予的权限所作的任何航海上的变更或终止运输契约，致使被保险货物运到非保险单所载明目的地，在被保险人及时将获知的情况通知保险人，并在必要时加缴保险费的情况下，本保险仍继续有效，保险责任按下列规定终止：

①被保险货物如在非保险单所载明的目的地出售，保险责任至交货时为止，但不论任何情况，均以被保险货物在卸载港全部卸离海轮后满60天为止。

②被保险货物如果在上述60天期限内继续运往保险单所载原目的地或其他目的地，保险责任仍按上述规定终止。

2. 战争险的保险责任起讫

战争险的责任起讫与基本险的责任起讫不同，不采用“仓至仓条款”。战争险的责任起讫期限仅限于水上危险，规定如下：

（1）本保险责任自被保险货物装上保险单所载起运港的海轮或驳船时开始，到卸离保险单所载明的目的港的海轮或驳船时为止。如果被保险货物不卸离海轮或驳船，本保险责任最长期限以海轮到达目的港的当日午夜起算满15天为限，海轮到达上述目的港是指海轮在该港区内一个泊位或地点抛锚、停泊或系缆，如果没有这种泊位或地点，则指海轮在原卸货港或地点或附近第一次抛锚、停泊或系缆。

（2）如在中途港转船，不论货物在当地卸载与否，保险责任以海轮到达该港或卸货地点的当日午夜起算满 15 天为止，俟再装上续运海轮时恢复有效。

（3）如运输契约在保险单所载明目的地以外的地点终止，该地即视为本保险目的地，仍照前述第（1）款的规定终止责任，如需运往原目的地或其他目的地，在被保险人于续运前通知保险人并加缴保险费的情况下，可自装上续运的海轮时重新有效。

特别注意的是，在 CIF 交易条件下才是真正的“仓至仓条款”，CFR 和 FOB 交易条件下属于“船至仓条款”。

二、伦敦保险协会海洋运输货物保险条款

在国际上，英国制定的保险法、保险条款、保险单等对国际保险业务影响很大，由英国伦敦保险业协会制定的《协会货物条款》（Institute Cargo Clause，简称 ICC）在国际运输货物保险中得到了广泛的应用。在我国按 CIF 或 CIP 条件成交的出口交易中，外国商人有时要求按伦敦保险业协会《协会货物条款》投保，我国的出口公司一般均按该条款办理。

（一）《协会货物条款》

《协会货物条款》最早制定于 1912 年。为了适应不同时期国际贸易、航运、法律等方面的变化和发展，该条款已先后多次被补充和修改。修订工作于 1982 年 1 月 1 日完成，新条款于 1983 年 4 月 1 日起正式施行。同时，新的保险单格式代替原来的 S. G. 保险单格式，也自同日起使用。

1. 险别

伦敦保险业协会《协会货物条款》共有 6 种险别，它们是：

（1）协会货物条款（A）（ICC（A））。

（2）协会货物条款（B）（ICC（B））。

（3）协会货物条款（C）（ICC（C））。

（4）协会战争险条款（货物）（IWCC）。

（5）协会罢工险条款（货物）（ISCC）。

（6）恶意损害险（MDC）。

恶意损害险是新增加的附加险别，承保被保险人以外的其他人（如船长、船员等）的故意、破坏行为所致被保险货物的灭失或损坏。

2. 前 5 种险别的组成

在上述 6 种险别条款中，除恶意损害险外，其余 5 种险别均按条文的性质统一分为 8 个部分：①承保范围（Risks Covered）；②除外责任（Exclusions）；③保险期限（Duration）；④赔偿（Claims）；⑤保险利益（Benefit of Insurance）；⑥减少损失（Minimizing Losses）；⑦防止延迟（Avoidance of Delay）；⑧法律实施（Law and Practice）。

各个险别的条款结构统一，体系完整。因此，除（A）、（B）、（C）3 种险别可以单独投保外，战争险和罢工险在需要时也可作为独立的险别进行投保。

（二）ICC（A）

ICC（A）险是基本险中承保责任范围最大的险别，它与前述的一切险范围大致相同，在这里采用一切风险减“除外责任”的方式，即除了在“除外责任”项下所列风险所致损失不予负责外，其他风险所致损失均予负责。具体的除外责任有四项：

（1）一般除外责任。一般除外责任是指被保险人故意的不法行为所造成的损失或费用；保险标的自然渗漏、重量或容量的自然损耗或自然磨损；由于包装或准备不足或不当所造成的损失或费用；因保险标的内在缺陷或特征所造成的损失或费用；直接由于延迟所引起的损失或费用；因船舶所有人、租船人经营破产或不履行债务所造成的损失或费用；由于使用任何原子或热核武器所造成的损失或费用。

（2）不适航、不适货除外责任。不适航、不适货除外责任主要是指被保险人在保险标的物装船时已知船舶不适航以及船舶、运输工具、集装箱等不适货，而不采取对措施所造成的损失或费用。

（3）战争除外责任。战争除外责任是指由于战争、内战、敌对行为等造成的损失和费用；由于捕获、拘留、扣留等（海盗除外）所造成的损失；由于漂流水雷、鱼雷等所造成的损失或费用。

（4）罢工除外责任。罢工除外责任是指由于罢工、被迫停工所造成的损失或费用；由于罢工者、被迫停工工人等所造成的损失或费用；任何恐怖主义者或出于政治动机而行动的人所致损失或费用。

（三）ICC（B）

ICC（B）险对承保风险的规定采用“列明风险”的方式，将所承担的风险一一列举，凡属承保责任范围内的损失，无论是全部损失还是部分损失，保险人按损失程度均负责赔偿。（B）险承保的风险是：火灾、爆炸；船舶或驳船触礁、搁浅、沉没或者倾覆；陆上运输工具倾覆或出轨；船舶、驳船或运输工具同水外的任何外界物体碰撞；在避难港卸货；地震、火山爆发、雷电；共同海损牺牲；抛货；浪击落海；海水、湖水或河水进入船舶、驳船、运输工具、集装箱和大型海运箱或贮存处所；货物在装卸时落海或跌落造成整件的全损。（B）险在除外责任方面，除对海盗行为和恶意损害造成的损失或费用不予负责外，其余均与（A）险的除外责任相同。

（四）ICC（C）

ICC（C）与前述的平安险类似，但责任范围要小一些。（C）险采用“列明风险”的方式，但是仅对“重大意外事故”所致损失负责，对非重大意外事故和自然灾害所致损失不负责。（C）险承保的风险是：火灾、爆炸；船舶或驳船触礁、搁浅、沉没或倾覆；陆上运输工具倾覆或出轨；船舶、驳船或运输工具同除水以外的任何外界物体碰撞；在避难港卸货；共同海损牺牲；抛货。（C）险的除外责任与（B）险完全相同。

【课堂讨论】

1. 什么是“仓至仓条款”？简述中国保险条款中对不同运输方式下保险责任的起讫规定。

2. 我国海运货物保险条款中基本险的除外责任包括哪些内容？

【课堂练习】

1. 中国人民保险公司的海运基本险别有哪些？承保的范围分别是什么？

2. 伦敦保险协会保险条款主要有哪几种？

【案例分析】

有一批货物已按发票金额的110%投保了平安险，载运该批货物的海轮于5月3日在海面遇到暴风雨的袭击，使该批货物受到部分水渍影响，损失1 000美元；该轮在继续航行中，又于5月8日发生触礁事故，致使该批货物再次发生部分损失，也为1 000美元。试问：保险公司按平安险条款应赔付多少？为什么？

【实训项目】

2007年12月3日，某保险公司与中国香港某贸易公司签署保险协议一份，约定贸易公司海上货物运输保险业务由该保险公司承办，运输的货物为花生仁，并规定贸易公司应在货物起运前申请对货物进行检验，确保货物水分含量在8%以下，并将取得有关货物的数据、资料告知保险人。2007年12月29日，贸易公司将准备交予某远洋运输公司所属A轮由山东运往英国的8 000余吨花生仁向保险公司投保，并提交了相关单据，保险公司出具了正式保单。2008年3月6日，A轮抵达目的地，收货人发现其中部分货物有霉损。经现场联合检验，结果为：部分货物发霉、短卸、短量。发生货损后，贸易公司向保险公司提出索赔，认为发生了保险合同约定的保险事故，保险公司应向贸易公司赔偿上述货物损失。保险公司接到索赔通知后，经调查取证，获取了贸易公司向商检局出具的接受不符合保险协议和信用证要求的货物的保函。保险公司据此认为，保险标的物在起运前即存在水分过高、不符合要求等严重问题，贸易公司在投保时未将上述情况告知保险人，于是保险公司作出拒赔的决定。贸易公司接到保险公司的拒赔通知后，向法院提起诉讼。在本案例中，保险公司是否应当承担赔偿责任？

工作任务三　确定保险金额和计算保险费

引例

有一份CIF合同，卖方甲投保了一切险，自法国内陆仓库起，直到美国纽约的买方仓库为止。合同中规定，投保金额是“按发票金额点值另加百分之十”。卖方甲在货物装船后，已凭提单、保险单、发票、品质检验证书等单证向买方银行收取了货款。后来，货物在运到纽约港前遇险而全部损失。当卖方凭保险单要求赔偿保值的百分之十部分金额时，卖方保险公司拒绝。

任务：卖方甲有无权利要求保险公司赔偿发票总值10%的这部分金额？为什么？

（资料来源：陈岩. 国际贸易实务. 北京：清华大学出版社，2008）

案例简析

根据本案情况，卖方无权要求这部分赔款，保险公司只能将全部损失赔偿支付给买方。

在国际货物运输保险中，投保加成是一种习惯作法。保险公司允许投保人按发票总值加成投保，习惯上是加成百分之十，当然，加成多少应由投保人与保险公司协商约定，不限于百分之十。在国际商会的《国际贸易术语解释通则》中，关于CIF卖方的责任有如下规定："自费向信誉卓著的保险人或保险公司投保有关货物运送中的海洋险，并取得保险单，这项保险，应投保平安险，保险金额包括CIF价另加百分之十。"

在CIF合同中，虽然由卖方向保险公司投保，负责支付保险费并领取保险单，但在卖方提供符合合同规定的单据（包括提单、保险单、发单等）换取买方支付货款时，这些单据（包括保险单）已合法、有效地转让给买方。买方作为保险单的合法受让人和持有人，也就享有根据保险单所产生的全部利益。包括超出发票总值的保险价值的各项权益都应属买方享有。因此，在本案中，保险公司有权拒绝向卖方赔付任何金额，也有义务向买方赔付包括加成在内的全部保险金额。

知识链接

保险费是被保险人从保险人那里获得货物损失赔偿的代价，也是保险人经营业务的基本收入。保险费的多少受保险金额与保险费率的影响，因此在办理保险时，首先要确定保险金额，然后再根据相应的保险费率计算保险费。

一、保险险别的选择

保险人承担的保险责任以保险险别为依据，然而不同的保险险别，保险人承担的责任范围不同，保险费率也不相同。投保人在选择保险险别时，应当遵循如下原则：根据进出口运输货物的具体情况，恰当地选择投保的险别，做到运输货物既能得到应有的保障，又能节约保险费支出，以利于提高经济效益。

选择险别时需要考虑如下因素：

1. 货物的种类、性质和特点

不同种类、不同性质和特点的货物，在运输途中遭遇风险和发生损失的可能性往往有很大的差别，因此，在投保时必须充分考虑货物的状况，选择适当的险别。例如，陶瓷、玻璃器皿容易破碎，可以在平安险或水渍险的基础上加保碰损破碎险，或者投保一切险；油脂类货物在运输途中常因容器破裂而导致渗漏，可以在投保平安险或水渍险的基础上加保渗漏险；毛、棉、麻、丝、绸、服装类和化学纤维类商品，遭受损失的可能性较大，如玷污、偷窃、短少、雨淋等，有必要投保一切险；而像低值、裸装的大宗货物，如矿砂、钢材、铸铁制品，没有必要投保一切险，主险投保平安险就可以了。另外，也可根据实际情况再投保舱面险作为附加险。对于不大可能发生碰损、破碎或容易生锈但不影响使用的货物，如铁钉、铁丝、螺丝等小五金类商品，以及旧汽车、旧机床等二手货，可以投保水渍险作为主险。

2. 货物的包装情况

货物的包装对货物在运输途中的安全至关重要。对于货物的包装在运输过程中可能发生的损失及其对货物可能造成的数量和质量上的损害也应加以考虑。但保险人对因包装不良或不当等属于装运前发货人责任而导致的损失不负责赔偿。

3. 货物的运输情况

货物的运输情况包括运输方式、运输工具、运输路线等，以何种运输方式运输、以何种运输工具装载货物，以及运输途中停靠的港口的设备状况、装卸能力、安全状况等因素有很大的差异，在投保前应当适当加以考虑，以便选择适当的险别予以保障。例如，运到菲律宾、印度尼西亚、印度的货物，因为当地码头情况混乱，风险比较大，所以应该选择偷窃提货不着险和短量险作为附加险，或者干脆投保一切险。

4. 运输季节

在特定的季节运输，某些货物遭受风险的可能性大大增加。例如，夏季装运粮食、果品等，极易发生受潮受热、霉烂等损失，投保时必须考虑这些因素。

5. 目的地市场的变动趋势

按照国际贸易惯例，出口货物保险的保险金额一般有10%的加成，然而，有时国际贸易货物的价格变动异常剧烈，在出口商实际交货时，目的地市场上该种商品的价格已经大幅上涨，为了保证货物受损后，能够按照上涨后的价值得到保险公司的补偿，可以向保险公司另行加保增值保险。

二、保险金额的确定

保险金额（Insured Amount）是指保险人承担赔偿或给付保险金责任的最高限额，也是保险人计算保险费的基础。保险金额一般由买卖双方商订。

在出口贸易中，凡是按CIF或CIP条件达成的合同一般均规定保险金额为发票金额的110%，即在发票金额基础上增加10%（实际业务中也称作“加一成”）计算。增加的比例（如10%）称为保险加成率，用以在出现风险后弥补买方的经营管理费用和预期利润。如买方投保时要求按较高的加成率计算保险金额，在保险公司同意承保的情况下，卖方亦可接受，但由此而增加的保险费原则上由买方承担。

根据国际保险业的习惯，保险金额的计算公式为：

$$\text{保险金额} = \text{CIF（或 CIP）价} \times (1 + \text{投保加成率})$$

出口贸易中如果是以其他贸易术语（如FOB、CFR）成交，则应先折算为CIF或CIP值再按加成率计算保险金额。

我国进口货物的保险金额，在原则上虽也按进口货物的 CIF 或 CIP 值计算，但不另加成。目前，我国进口合同大多采用 FOB（或 FCA）条件，为简化手续，方便计算，一些外贸企业与保险公司签订预约保险合同，共同议定平均运费率（也可按实际运费计算）和平均保险费率。其计算保险金额的公式为：

保险金额 = FOB（或 FCA）价 ×（1 + 平均运费率）/（1 − 平均保险费率）

这里的保险金额即估算的 CIF（或 CIP）价，而不另加成。如投保人要求在 CIF（或 CIP）价基础上加成投保，保险公司也可接受。

三、计算保险费

我国进出口货物保险费率是按照不同货物、不同目的地、不同运输工具和投保险别，由保险公司以货物损失率和赔付率为基础，参照国际保险费率水平，结合我国国情而制定的。

保险费的计算公式为：

保险费 = 保险金额 × 保险费率

如按 CIF（或 CIP）加成投保，保险费的计算公式为：

保险费 = CIF（或 CIP）价 ×（1 + 投保加成率）× 保险费率

【课堂讨论】

1. 采用 CIF 条件成交时，按国际惯例，保险金额如何确定？并说明理由。
2. 简单叙述买卖合同中保险条款的主要内容。

【课堂练习】

某批出口货物的 CPT 价值是 USD20 000，如果按 10% 投保加成，投保一切险，费率为 0.15%，加保战争险和罢工险，费率分别为 0.05%，试问：（1）货物的 CIP 价值应是多少？（2）保险金额应是多少？（3）保险费应是多少？

【实训项目】

我国某出口公司原来对外报价为 USD1 890CFR 鹿特丹，后外商来电要求改报 CIFC5% 鹿特丹。规定按发票金额的 120% 投保一切险和战争险，一切险保险费率为 0.6%，战争险保险费率为 0.03%。试计算 CIFC5% 的价格。该公司应付给保险公司多少保险费？应付多少佣金？

工作任务四　取得保险单据

引例

我方出口蜡烛一批，投保一切险，后有变更保险合同内容，证明附贴在原保险单上。由于货轮陈旧，速度慢，加上该轮沿途到处揽载，结果航行了3个月才到达目的港。卸货后，蜡烛因受热时间太长，已经软化变形无法销售。但保险公司不给予赔偿。请分析原因。

案例简析

本案例中提及后有变更保险合同内容，证明附贴在原保险单上，如果加盖了骑缝章，成为保险单不可分割的一部分，还是有效的。但根据我国海运货物保险条款基本险的除外责任第四条，被保险货物的自然损耗、本质缺陷、特性及市价跌落、运输延迟所引起的损失或费用不属保险公司赔偿范围。

知识链接

一、投保单

凡以CIF和CIP条件成交的出口货物，由我国出口企业在当地保险公司办理投保手续（尤其在“仓至仓条款”下），被保险人应在货物运离仓库前向保险公司办理投保手续。被保险人根据信用证或合同（托收方式时）规定填制《运输保险投保单》（Application for Transportation Insurance）或其他名称的投保申请单。

投保单主要内容和项目要正确、齐全，因为保险公司是根据该投保申请单出具正式保险单的。如果出现差错、不完整会影响将来安全、及时收汇，甚至造成国外拒付的事故。投保申请单的主要内容有：

（1）被保险人名称（The Insured's Name）。一般是出口企业名称。如信用证要求以进口商名称投保或指明要过户给银行，要在投保单上明确表明，以便保险公司按要求制作保险单据。

（2）标记（Marks & Nos.）。与发票、提单上的标记一致，如标记繁杂，可以简化。如“与×××号发票同”（as per invoice NO. ×××）。

（3）包装及数量（Package & Quantity）。写明包装性质，如箱、捆、包以及具体数量，以集装箱装运的也要注明。

（4）货物名称（Description of Goods）。不能将货物写成百货、食品，而要写具体品名，如服装、大米、小五金等。可写统称但不能与发票所列货名相抵触。

（5）保险金额（Amount Insured）。按买卖合同规定的加成比例计算保险金额，保额小数点后进位成整数（不能用四舍五入法），所用币制应与发票一致。

（6）船名或装运工具（Per Conveyance）。海运应注明船名。

（7）开航日期（Slg. On abt.）。按确定日期或大约月、日填写，但与提单所列开航日期要一致。

（8）航程（From... to...）。即写明从何地起运至何地止。如转内陆，则要写明内陆城市名称，不能笼统写"内陆城市"。

（9）保险险别（Conditions）。要明确具体险别，不能笼统地写"海运保险"（Marine Clauses）。

（10）赔款地点（Claim Payable At...）。通常是在货运目的地，如果在目的地之外的地点，要加以注明。

（11）投保日期（Applicant's Date）。保单上载明的出单日期，不能迟于提单上的开航日期。

投保申请单项目如发现差错、遗漏等情况，应及时通知保险公司更正，已出具保险单者，如发现保险单上任何内容有错误、遗漏或变更项目等现象，应及时向保险公司申请重新出具保险单或签发批单（Endorsement），作为更改保险单的书面文件。批单应粘贴在原保险单上，并经保险公司盖骑缝章，为保险单不可分割的一部分。如保险单已寄交收货人，应按原寄单路线寄交收货人，要求粘贴在原保险单上。如投保申请单有虚假或隐瞒真相的情况，发生损失，保险公司可以不负责赔偿。

目前我国有些地区的保险公司为了方便工作，不使用投保申请单，而由被保险人自己直接代保险公司缮制保险单，再提供发票及信用证副本给保险公司（或其他类似单据以代替申请单），保险公司再据以审核、填制险别及签章。

被保险人的投保申请单与保险单是保险公司与被保险人双方保险契约的一种形式。

对于某些特别附加险或超出保险公司所规定范围的险别，被保险人需要事先与保险公司联系，经保险公司同意后才能办理投保。

另外，在办理投保时还需注意：

（1）应根据出口合同或信用证规定，在备妥货物并已确定装运日期和运输工具后，按规定格式逐笔填制保险单。

（2）将填制好的保险单送保险公司投保，缴纳保险费，并向保险公司领取保险单证。

二、保险单据

保险单据是保险人与被保险人之间订立保险合同的证明文件，它反映了保险人与被保险人之间的权利和义务关系，也是保险人的承保证明。当发生保险责任范围内的损失时，它又是保险索赔和理赔的主要依据。在国际贸易中，保险单据是可以转让的。常用保险单据有保险单、保险凭证、联合凭证、预约保单、批单等。

（一）保险单

保险单又称大保单。它是使用最广泛的一种保险单据，保险单具有法律效力，对双方当事人均有约束力。保险单上一般须载明：当事人的名称和地址，保险标的的名称、数量或重量，运输工具，保险险别，保险责任起讫时间和地点及保险期限，保险币值和金额，保险费，出立保险单的日期和地点，保险人签章，赔款偿付地点以及经保险人与被保险人双方约定的其他事项等内容。保险单背面载明保险人与被保险人之间权利与义务等方面的保险条款。

（二）保险凭证

小保单是保险凭证的简称，又称保险单，是一种简化的保险单据，除其背面不载明保险人与被保险人双方的权利和义务等保险条款外，其余内容与保险单相同。凡保险凭证上没有列明的内容均以同类的大保单为准。小保单的法律效力与大保单相同，但不能作为对保险人提出诉讼的依据，因而在国际市场上使用不多。在实务中，小保单一般由保险人签发，也可由保险经纪人作为预约保险单代为签发。

（三）预约保险单

预约保险单是指保险人或保险经纪人以承保条形式签发的，承保被保险人在一定时期内发运的以 C 组术语出口的或以 F 组术语进口的货物运输保险单。它载明保险货物的范围、承保险别、保险费率、每批运输货物的最高保险金额以及保险费的计算办法。凡属预约保险单规定范围内的货物，一经起运，保险合同即自动按预约保险单上的承保条件生效，但要求投保人必须向保险人对每批货物运输发出起运通知书，也就是将每批货物的名称、数量、保险金额、运输工具的种类和名称、航程起讫点、开航或起运日期等通知保险人，保险人再据此签发正式的保险单证。

（四）联合凭证

联合凭证是一种将发票和保险单相结合的，比保险凭证更为简化的保险单据。

这种单据目前仅适用于对港澳地区部分华商的业务和少部分新马地区的业务，只有来证表明可以接受联合凭证时，才能使用这种单据。

（五）批单

批单指变更保险合同内容的一种书面证明，一般附贴在原保险单或保险凭证上。

根据法律规定，在保险合同有效期内，合同双方可以通过协商来变更保险合同的内容。变更方式有三种：一种是另行签订书面协议，一种是在原保险单或保险凭证上加批注，另一种就是在保单或保险凭证上附贴批单。

在保险合同中，批单具有和保险单同等的法律效力。

【课堂讨论】

1. “大保单”与“小保单”的主要区别是什么？其法律效力如何？
2. 预约保单是怎么一回事？

【课堂练习】

国际贸易中的保险单据主要有哪几类?

【案例分析】

2000 年 9 月，湖北省技术进出口公司在加拿大订购了一台价值 85 万余美元的数字网络设备。同年 11 月 15 日，该公司为此设备向中国人民保险公司湖北省分公司办理了运输保险，交纳保费 3 万余元。次日，设备在加拿大渥太华被盗，湖北省技术进出口公司提出索赔。而保险公司调查认为，原告在加拿大的运输商于 11 月 14 日（渥太华时间）提货并运输，遂以保险责任还未开始为由拒绝赔付。2001 年 3 月，这一纠纷被诉至武汉中级法院。法院一审判令被告赔偿原告 85 万余美元，被告不服向湖北高院提起上诉。试问：保险公司是否应该赔偿原告，为什么?

【实训项目】

一、基本案情

原告：钦州 A 糖厂

被告：B 保险公司

1992 年 1 月 22 日，A 糖厂与 B 保险公司签订了一份食糖保险协议书，约定：A 糖厂从防城港发运到全国各地的白糖均由保险公司承保；保险公司按照中国人民保险公司国内水路、铁路货物运输保险条款（以下简称保险条款）及保发（1990）66 号文件关于修改国内水路、铁路货物运输保险条款的报告（以下简称修改报告）所规定的责任承担保险责任。4 月 13 日，A 糖厂往上海发运白糖一批，由海南省 S 船务公司所属“红旗 151”轮承运。18 日装船完毕，实装白糖 75 792 包，净重 3 789. 6 吨。A 糖厂向保险公司投保，保险公司给 A 糖厂签发了国内水路货物运输保险凭证（以下简称保险凭证）。该凭证记载：保险金额 6 435 385 元；险别综合险；保险费 25 741. 54 元；运输工具“红旗 151”轮。19 日，“红旗 151 ”轮运载上述白糖从防城港开往上海港。

21 日，该轮航行至汕头港外海域时，因与汕头海运公司所属的“海兴”轮发生碰撞而沉没，船货全部灭失。当天，A 糖厂即得知“红旗 151”轮发生海损事故，并电话通知了保险公司。25 日，A 糖厂正式发函通知保险公司，其后向保险公司提交了索赔文件和索赔权益转让书。但保险公司以碰撞事故责任未明确为由，不接受权益转让书。此后，A 糖厂又多次向保险公司索赔。后经双方协商，保险公司同意分五次付给 A 糖厂 500 万元，作为预借赔款。6 月 22 日和 9 月 20 日，A 糖厂两次向承运人海南省 S 船务公司发出书面索赔函。1993 年 3 月 18 日，A 糖厂向海事法院提起诉讼。在案件审理过程中，A 糖厂向海事法院提出先予执行申请，请求先予执行保险赔款差额部分 1 435 385 元。1993 年 5 月 14 日，海事法院作出先予执行裁定。保险公司收到裁定书后，于同月 31 日向 A 糖厂支付了 1 435 385 元。

二、争议焦点

原告请求判令保险公司付清尚欠的保险赔款 1 435 385 元及利息 300 000 元。

保险公司答辩认为：保险公司已支付给 A 糖厂的 500 万元是借款，并不是保险赔款。对海损事故的原因和责任，海上安全监督局正在进行调查处理，尚未作出海事责任的裁决书，保险公司无法进行赔偿。A 糖厂未将向第三者追偿的权利转让给保险公司，故保险公司不能先予赔偿。A 糖厂最后一次向承运人索赔的时间是 1992 年 9 月 20 日，至保险公司答辩时已超过托运人向承运人索赔的时效，A 糖厂已不能将索赔的权益转让给保险公司，故对 A 糖厂的诉讼请求，保险公司不再赔偿。

请分析本案的裁决结果。

（资料来源：http：//fazheng. tjfsu. edu. cn/）

工作任务五　保险索赔与理赔

引例

某公司以 CIF 鹿特丹条件出口食品 1 000 箱，即期信用证付款，货物装运后，凭已装船清洁提单和已投保一切险及战争险的保险单，向银行收妥货款，货到目的港后经进口人复验发现下列情况：（1）该批货物共有 10 个批号，抽查 20 箱，发现其中 2 个批号涉及 200 箱内含沙门氏细菌超过进口国的标准；（2）收货人实收 998 箱，短少 2 箱；（3）有 15 箱货物外表情况良好，但箱内货物共短少 60 千克。试分析以上情况，指出进口人应分别向谁索赔，并说明理由是什么。

案例简析

（1）200 箱内含沙门氏细菌超过进口国的标准。这种情况应向卖方索赔，因为承运人已签发了清洁提单，货物在外包装完好的情况下，发生细菌超标，属货物内在缺陷，所以应向卖方索赔。

（2）收货人实收 998 箱，短少 2 箱。该情况应向承运人索赔，因承运人签发了清洁提单，承运人应按照提单中规定的收货数量在目的港如数交付货物，短少 2 箱属承运人保管货物不善。

（3）有 15 箱货物外表情况良好，但箱内货物共短少 60 千克。可以向保险公司或卖方索赔，因货物外表情况良好，箱内货物短少，若属保险单责任范围内损失，可向保险公司索赔。

从该案例可以看出，保险索赔有其一定的范围，必须是属保险单责任范围内损失，才可向保险公司提出索赔。

知识链接

出口货物在我国保险后，如果货到国外发现灭失或损坏，收货人或其代理人应及时向保险公司在当地的理赔、检验代理人申请检验。代理人的名称、地址、电话等一般都在保险单上注明。如果当地尚无保险公司的特约代理，则可委托当地有资格的检验人检验出证。

保险公司聘请的代理人一般有两种，一种是检验及理赔代理，收货人在委托检验并提供各项索赔单证后，由该代理直接赔付。另一种是仅限于代理检验货损的代理，收货人在取得其出具的检验报告后，连同保险单、提单、发票及其他有关必要的索赔单证直接寄交保险公司索赔。有时收货人将索赔单证直接寄送给出口商，由于出口商投保仅是代办性质，所以，如货损属于保险责任，出口商只需将全套单证转交保险公司处理，保险公司赔与不赔均与出口商无关。如货损属于品质不良、原装短少等出口商的责任，则应由出口商自行处理。

一、索赔

保险索赔可分为以下两种情况：

（一）出口货物遭受损失

对方（进口方）向保险单所载明的国外理赔代理人提出索赔申请。中国人民保险公司在世界各主要港口和城市，均设有委托国外检验代理人和理赔代理人两种机构，前者负责检验货物损失，收货人取得检验报告后，附同其他单证，自行向出单公司索赔，后者可在授权的一定金额内直接处理，就地给付赔款。

进口方在向我国外理赔代理人提出索赔时，要同时提供下列单证：①保险单或保险凭证正本；②运输合同；③发票；④装箱单；⑤向承运人等第三者责任方请求补偿的函电或其他单证，以及证明被保险人已经履行应办的追偿手续等文件；⑥由国外保险代理人或由国外第三者公证机构出具的检验报告；⑦海事报告，海事造成的货物损失，一般均由保险公司赔付，船方不承担责任；⑧货损货差证明；⑨索赔清单等。

（二）进口货物遭受损失

我国进口方向保险公司提出索赔申请。当进口货物运抵我国港口、机场或内地后发现有残损短缺时，应立即通知当地保险公司，会同当地国家商检部门联合进行检验。若经确定属于保险责任范围的损失，则由当地保险公司出具《进口货物残短检验报告》。同时，凡对于涉及国外发货人、承运人、港务局、铁路或其他第三者所造成的货损事故责任，只要由收货人办妥向上述责任方的追偿手续，保险公司即予赔款。但对于属于国外发货人的有关质量、规格责任问题，根据保险公司条款规定，保险公司不负赔偿责任，而应由收货人请国家商检机构出具公证检验书，然后由收货单位通过外贸公司向发货人提出索赔。

进口货物收货人向保险公司提出索赔时，要提交下列单证：①进口发票；②提单或进出口货物到货通知书、运单；③在最后目的地卸货记录及磅码单。

若损失涉及发货人责任，须提供订货合同，如有发货人保函和船方批注，也应一并提供。若损失涉及船方责任，须提供卸货港口理货签证，如有船方批注，也一并提供。凡涉及发货人或船方责任，还需由国家商检部门进行鉴定出证。若损失涉及港口装卸及内陆、内河或铁路运输方责任，须提供责任方出具的货运记录（商务记录）及联检报告等。

收货人向保险公司办理索赔，可按下列途径进行：海运进口货物的损失，向卸货港保险公司索赔；空运进口货物的损失，向国际运单上注明的目的地保险公司索赔；邮运进口货物的损失，向国际包裹单上注明的目的地保险公司索赔；陆运进口货物的损失，向国际铁路运单上注明的目的地保险公司索赔。

二、理赔

（一）索赔与理赔的关系

索赔与理赔是保险事故发生时一个问题两个角度的保险争议解决方式的法律用语。索赔是被保险人依据海上保险合同所享有的重要权利，当保险标的发生海上保险合同项下的保险事故造成损失时，被保险人有权向海上保险人要求赔偿或追偿。但被保险人在向海上保险人行使索赔权时应当履行相应的义务并遵守法定程序。理赔是保险人在知悉发生保险事故并调查确认法律责任归属后，审查索赔材料，作出赔付、部分赔付或拒赔等决定的法律行为。理赔是保险人应尽的保险义务，也是保险人完善经营管理的重要措施。

（二）理赔应遵循的基本原则

1. 以海上保险合同为依据的原则

海上事故发生后，是否属保险责任范围、是否在保险期限内、保险赔偿金额多少、免赔额的确定、被保险人自负责任等均依据保险合同确定。

2. 合理原则

海上保险人在处理保险赔偿时，要以保险合同为依据并注意合理原则，因为海上保险合同条款不能概括所有情况。

3. 及时原则

海上保险的主要职能是提供经济补偿。保险事故发生后，保险人应迅速查勘、检验、定损，将保险赔款及时送到被保险人手中。

（三）理赔的流程

1. 损失通知

当发生保险事故或保险责任范围内的损失时，被保险人应立即通知保险人。损失通知是保险理赔的第一项程序。在船舶保险中，如事故发生在国外，还应通知距离最近的保险代理人。

2. 查勘检验

保险人或其代理人获悉损失通知后应立即开展保险标的损失的查勘检验工作。海上保险事故或损失发生在国外时，查勘检验常由保险的代理或委托人进行。查勘检验作为海上保险理赔一项重要内容，主要包括事故原因调查、救助工作了解、第三者责任取证、勘察报告和检验报告制作等。海上保险的检验是理赔实务中一项十分重要的工作，它用于确定保险标的损失的责任归属、施救措施的合理性等。

在海上货物运输保险中，凡属保险责任的货损，收货人必须及时向承保的保险公司申请进行联合检验。检验分两个步骤：

（1）港口联合检验。货物抵达目的港后发现货损时，收货人应及时通知保险公司，向商检部门申请联检，共同查明致损原因、损坏数量和程度，并编制港口联检报告或情况记录。

（2）异地联合检验。当货运转运至内陆收货人时，无论货物在港口卸货时是否发现损坏，只要货物运抵目的地，发现有保险责任范围内的短缺残损时，收货人可通过当地保险公司进行联合检验并编制联检报告。货物检验后，理赔人员应据此确定货损责任的归属。货物“原残”是发货人的责任，属于保险条款的险外责任，保险人不负责赔偿。货物由于“船残”、“工残”或其他外来原因造成的损失，只要在承保期间内发生均属保险责任，保险人应予赔偿。所谓“原残”是指属发货人责任的货物残损，包括在生产、制造、加工、装配、整理和包装过程中的货损；发货港装船前堆存、转运过程中的货损；装货港理货公司出具例外单（Exception List）批明短少损失，货物品质、包装和标志不符合合同规定或国家惯例以及不适合远洋运输造成的残损。货物“船残”是指属船方责任的货物残损。货物“工残”是指属装卸公司或其他第三方责任的货物残损，包括装卸工人明显违章操作、粗暴搬运、不慎装卸、使用工具不当等造成的货损或在码头、仓库、堆场等处，因运输、堆存和保管不善所造成的货损。对货物损失的检验报告，国际上有统一的固定格式，通常用劳合社的检验报告格式，各国货物损失检验报告的内容基本相同。

3. 给付赔款

在我国，保险公司赔款方式有两种：一是直接赔付给收货单位；二是集中赔付给各有关外贸公司，再由各外贸公司与各订货单位进行结算。

【课堂讨论】

在进行保险索赔时应做好哪些工作？

【课堂练习】

海上保险的理赔原则有哪些？

【案例分析】

我方以 CFR 贸易术语出口货物一批，在从出口公司仓库运到码头的待运过程中，货物发生损失，该损失应由何方负责？如买方已经向保险公司办理了保险，保险公司对该项损失是否应给予赔偿？说明理由。

【实训项目】

1997 年，我国 WK 外贸公司向香港出口罐头一批共 500 箱，按照 CIF Hongkong 向保险公司投保一切险。但是因为海运提单上只写明进口商的名称，没有详细注明其地址，货物抵达香港后，船公司无法通知进口商来货场提货。船公司未与 WK 公司的货运代理联系，就自行决定将该批货物运回起运港天津新港。在运回途中因为轮船渗水，有 229 箱罐头受到海水浸泡。货物运回新港后，WK 公司没有将货物卸下，在海运提单上补写了进口商详细地址后，又运回香港。进口商提货后发现罐头已经生锈，所以只提取了未生锈的271箱罐头，其余的罐头又运回新港。WK外贸公司发现货物有锈蚀后，凭保险单向保险公司提起索赔，要求赔偿229箱货物的锈损。保险公司经过调查发现，生锈发生在第二航次，而不是第一航次。投保人未对第二航次投保，不属于承保范围，于是保险公司拒绝赔偿。试问：保险公司拒绝赔偿的做法是否正确？

（资料来源：http：//fazheng. tjfsu. edu. cn/）

工作流程九　出口报关

工作任务一　熟悉报关的业务内容

引例

三位同学正在参加外贸课程的学习，了解到报关是外贸环节中不可缺少的一部分，由于初次接触报关这个概念，几位同学便开始讨论为什么要报关，报关应当如何理解这两个问题。

A说：报关的目的是为了方便统计局统计数据，监督出口，打击走私。报关就是出入境的时候接受海关的监督，办理一些出入境手续。

B说：报关的目的是为了履行海关规定的手续，接受海关的监督与检查。办完各种手续，付清应缴税款及其他费用后，经海关同意，进出口商品即可通关放行，报关也就完成了。

C说：报关是国家税收核实的一个重要环节，倘若没有报关，出口货物都将陷入无人管的地步，这样一来会影响国家的长治久安。比如偷税、漏税等行为的出现会影响国家的财政收入，另外出口违禁物品、走私非法物品也将为他国带来危害，所以必须严格把关。

结合上述言论，谈谈你对“为什么要报关，报关应当如何理解”的看法。

案例简析

《海关法》第8条规定：“进出境运输工具、货物、物品，必须通过设立海关的地点进境或出境。”因此，由设关地进出境并办理规定的海关手续是运输工具、货物、物品进出境的基本规则，也是进出境运输工具负责人、进出口货物收发人、进出境物品的所有人应履行的一项基本义务。

实行报关的原因主要有三方面：一是加强海关监管，打击走私；二是对进出境的货物征收关税；三是便于统计。

报关是指进出口货物收发货人、进出境运输工具负责人、进出境物品的所有人或者他们的代理人向海关办理货物、物品或运输工具进出境手续及相关海关事务的过程。

知识链接

一、报关的概念与范围

（一）报关的概念

报关是指进出口货物收发货人、进出境运输工具负责人、进出境物品的所有人或者他们的代理人向海关办理货物、物品或运输工具进出境手续及相关海关事务的过程。

（二）报关的范围

按照法律规定，所有进出境运输工具、货物、物品都需要办理报关手续。报关的具体范围如下：

1．进出境运输工具

主要包括用以载用人员、货物、物品进出境，并在国际运营的各种境内或境外船舶、车辆、航空器和驮畜等。

2．进出境货物

主要包括一般进出口货物，保税货物，暂准进出境货物，特定减免税货物，过境、转运和通运货物及其他进出境货物。

另外，一些特殊形态的货物，如以货品为载体的软件等也属报关的范围。

3．进出境物品

主要包括进出境的行李物品、邮递物品和其他物品。以进出境人员携带、托运等方式进出境的物品为行李物品；以邮递方式进出境的物品为邮递物品；其他物品主要包括享有外交特权和豁免的外国机构或者人员的公务用品和自用物品等。

二、报关的分类

（一）按照报关的对象，分为运输工具报关、货物报关和物品报关

海关对进出境运输工具、货物、物品的监管要求各不相同。其中，进出境运输工具作为货物、人员及其携带物品的进出境载体，其报关手续较为简单。进出境物品由于其非贸易性质，其报关手续也很简单。进出境货物的报关较为复杂，为此，海关制定了一系列报关管理规范，并要求必须由具备一定的专业知识和技能且经过海关核准的专业人员代表报关单位专门办理。

（二）按照报关的目的，分为进境报关和出境报关

由于海关对运输工具、货物、物品的进境和出境有不同的管理要求，运输工具、货物、物品根据进境或出境的目的分别形成了一套进境报关和出境报关手续。另外，在实践中有些海关监管货物需要办理从一个设关地点运至另一个设关地点的海关手续，即“转关”，转关货物也需要办理相关的报关手续。

（三）按照报关的行为性质，分为自理报关和代理报关

《海关法》规定："进出口货物，除另有规定的外，可以由进出口货物的收发货人自行办理报关纳税手续，也可以由进出口货物收发货人委托海关准予注册的报关企业办理报关纳税手续。"这一规定从法律上明确了进出口货物的报关行为可以分为自理报关和代理报关两类。

1. 自理报关

自理报关是指进出口货物的收发货人自行办理报关手续的行为。进出口单位一般自行聘用报关员，自行办理进出口报关业务。根据我国海关目前的规定，进出口货物收发货人在依法向海关注册登记后方能办理报关业务。

2. 代理报关

代理报关是指接受进出口货物收发货人委托，代理其办理报关业务的行为。我国法律把有权接受他人委托办理报关业务的企业称为报关企业。根据代理报关法律行为责任承担者的不同，代理报关又分为直接代理报关和间接代理报关。

直接代理报关是指报关企业接受委托人的委托，以委托人的名义向海关办理报关业务的行为。在直接代理中，代理人代理行为的法律后果直接作用于被代理人，即进出口货物收发货人对进出口货物的合法进出口承担完全的法律责任。

间接代理报关是指报关企业接受委托人的委托以报关企业自身的名义向海关办理报关业务的行为。在间接代理中，报关企业对报关行为应当承担与收发货人相同的法律责任。

三、报关的基本内容

（一）进出境运输工具报关的基本内容

运输工具进出境的时间、航次；进出境时所载运货物的情况；运输工具服务人员名单及其自用物品、货币、金银情况；运输工具所载旅客情况；运输工具所载邮递物品、行李物品的情况以及其他需要向海关申报清楚的情况。

（二）进出境货物报关的基本内容

包括按照规定填制报关单、如实申报进出口货物的商品编码、实际成交价格、原产地及相应优惠贸易协定代码，并办理提交报关单证等与申报有关的事宜；申请办理缴纳税费和退税、补税事宜；申请办理加工贸易合同备案、变更和核销及保税监管等事宜；申请办理进出口货物减税、免税等事宜；办理进出口货物的查验、结关等事宜；办理应当由报关单位办理的其他事宜。概括地说主要是下面四项工作：提交申报、配合查验、缴纳税费、提取或装运货物。

（三）进出境物品报关的基本内容

《海关法》规定："个人携带进出境的行李物品、邮寄进出境物品，应当以自用合理数量为限。"所谓自用合理数量，对于行李物品而言，"自用"指进出境旅客本人自用、

馈赠亲友而非为出售或出租，“合理数量”是指海关根据进出境旅客旅行目的和居留时间所规定的正常数量；对于邮递物品，则指的是海关对进出境邮递物品规定的征、免税限制。自用合理数量原则是海关对进出境物品监管的基本原则，也是对进出境物品报关的基本要求。

1. 进出境行李物品的报关

我国海关规定，进出境旅客在向海关申报时，可以在分别以红色和绿色作为标记的两种通道中进行选择。带有绿色标志的通道适用于携运物品在数量和价值上均不超过免税限额，且无国家限制或禁止进出境物品的旅客；带有红色标志的通道则适用于携运绿色通道适用物品以外的其他物品的旅客。对于选择红色通道的旅客，必须填写“中华人民共和国海关进（出）境旅客行李物品申报单”或海关规定的其他申报单证，在进出境地向海关作出书面报告。从航空口岸进出境的旅客，除按规定享有免验和海关免于监管的人员以及随同成人旅行的16周岁以下的旅客以外，均应填写申报单，向海关如实申报。在申报单申报事项中选择“否”的进出境旅客，可以选择绿色通道通关；在申报单申报事项中选择“是”的进出境旅客，应在申报单相关项目中详细填写所携带物品的品名、币别、数量、金额、型号等内容，并选择红色通道通关，海关按规定验放。

2. 进出境邮递物品的报关

进出境邮递物品的申报方式由其特殊的邮递运输方式决定。我国是《万国邮政公约》的签约国，根据其规定，进出口邮包必须由寄件人填写“保税单”（小包邮件填写“绿色标签”），列明所寄物品的名称、价值、数量，向邮包寄达国家的海关申报。进出境邮递物品的“保税单”和“绿色标签”随同物品通过邮政企业或快递公司呈递给海关。

【课堂讨论】

报关、通关、报检之间有什么联系和区别？

【课堂练习】

简述报关的分类。

【案例分析】

2005年6月15日，某电子设备公司A（以下简称A公司）委托某国际运输代理有限公司B（以下简称B公司）以一般贸易方式向某海关申报进口缝合机3台，申报价格为每台15.4万美元。某海关经查验发现，当事人实际进口缝合机6台，少报多进3台，涉嫌漏缴税款人民币47.7万元。某海关遂对此立案调查，并查明事实如下：2005年6月13日，A公司在收到外商寄来的6台缝合机发票、装箱单和通过互联网发送的3台缝合机发票的电子邮件后，委托B公司以一般贸易方式办理报关事宜。A公司业务员在向B公司移交报关单据时未仔细核对，只将3台缝合机发票的电子邮件、6台缝合机的装箱单及到货通知提供给报关企业驻场客服人员；而B公司驻场客服人员只将收到的3台缝合机的发票及到货通知传真给该公司报关员。B公司报关员收到上述发票和到货通知后，向货运公司调取了6台缝合机的随货发票和记录缝合机编号、发票号码和运单后，也未认真核对从货运公司调取单证与A公司提供资料有关内容是否一致，便直接以3台缝合机的数量向某海关办理申请报关手续，致使申报内容不符合进口货物的实际情况。试问：本案中进出口货物申报不实，报关企业是否应承担法律责任？

（资料来源：张雪梅．报关实务．北京：对外经济贸易大学出版社，2007）

【实训项目】

1. 简述报关的含义。
2. 报关的范围包括哪些？
3. 登陆广州电子口岸网站 http：//www. gzeport. com/，查看电子报关相关内容。

工作任务二　熟悉出口货物报关的基本流程

引例

江苏某公司与美国某公司签订了出口一批货物的合同，江苏某公司备好货物，准备好出口报关的单证之后准备向海关申请报关。试问：出口报关都有哪些操作流程？

案例简析

一般出口货物通关的基本程序是：申报──→查验──→征税──→放行。

这四个程序在流程安排上如下：①纸质报关单证；②报关单电子数据输入；③审单中心电子/专业化审单；④现场接单审核；⑤送交查验部门实施查验；⑥经查验，报关单证送交征税部门；⑦归类、审价；⑧计征税款；⑨签发关税/增值税缴款书；⑩企业到银行办理交税；⑪海关核注税单；⑫海关签章放行。

知识链接

出口货物自运到检验场所向海关申报起到出境前，必须置于海关的监管之下。货物通关是国际货物交易的必要环节。出口商应了解海关的货运监管制度、保税制度和担保制度，了解海关对物流的监控体系，熟悉货物通关程序，掌握报关单的填制规范。

作为出境货物发货人，出口商相应的报关手续为：提出申报──→接受查验──→缴纳税费──→出船装运。

一、一般货物通关的基本程序

一般出口货物通关的基本程序是：申报──→查验──→征税──→放行。凡加工贸易的出口货物、经海关批准的减免税或缓期缴纳出口税费的出口货物，以及其他在放行后一定期限内仍须接受海关监管的货物的通关，其基本程序为：申报──→查验──→征税──→放行──→结关。

一般出口货物通关流程如下：①纸质报关单证；②报关单电子数据输入；③审单中心电子/专业化审单；④现场接单审核；⑤送交查验部门实施查验；⑥经查验，报关单证送交征税部门；⑦归类、审价；⑧计征税款；⑨签发关税/增值税缴款书；⑩企业到银行办理交税；⑪海关核注税单；⑫海关签章放行。

二、一般货物通关的办事程序

一般出口货物通关的办事程序可分为以下8个环节，13个步骤。

（一）电子申报

第一步：申报人根据《中华人民共和国海关进出口货物报关单填制规范》和海关监管、征税、统计等要求输入电子报关数据并通过网络传输方式向海关传输电子数据，进行电子申报。

（二）集中审单

第二步：海关计算机系统根据预先设定的各项参数对电子报关数据的规范性、有效性和合法性进行电子审核，审核结果将通过现场大屏幕显示器或计算机网络等通信手段通知申报人。审核结果有以下三种情况：

（1）符合计算机自动审核条件的，计算机将自动完成审单环节的全部作业，向现场海关下达作业指令，同时向申报人发出“到现场海关办理货物验放手续”的回执或通知。

（2）需人工审核的报关单数据，计算机将按设定的派单条件，将报关单数据派入通关管理处审单中心相应的人工审单岗位，同时向申报人员发出“等待处理”的回执或通知。

（3）对因申报不规范而不能通过计算机综合审核的报关单数据，计算机将自动退单，向申报人发出回执或通知，并在回执或通知中注明退单原因。

第三步：通关管理处审单中心对需人工审核的报关单数据进行人工审核，并将审核结果通知申报人。审核结果有以下三种情况：

（1）审核通过。如报关单数据经审核，符合海关审证作业要求，即预审核通过，通关管理处审单中心向现场海关发送有关指令和数据，同时向申报人发出“到现场海关办理货物验放手续”的回执或通知。

（2）人工退单。对明显不符合海关统计、征税、监管等有关业务要求而又不构成伪瞒报的报关单电子数据，予以退单处理，并向申报人发出注明退单原因的回执或通知。

（3）挂起。在审核过程中，审单人员认为有必要与申报人或有关部门联系，以了解或确定报关单数据有关内容的，可采用报关单挂起的措施，并向申报人发出“与海关联系”或“等待海关通知”的回执或通知。申报人在收到“与海关联系”通知后，应及时与通关管理处审单中心联系，说明情况或按通关管理处审单中心的要求提供有关资料；在收到“待海关通知”的回执时，应静待进一步的审核通知。

（三）现场通关——接单

第四步：口岸海关和通关现场以及区域海关为接单现场，申报人到现场海关接单窗口或派单窗口（一些业务量较大的现场）递交书面单证，办理单证审核手续。

第五步：海关验核申报人的报关资格，验核通过的，现场接单。有派单窗口的，现场派单人员则核对书面单证是否齐全，并分派接单窗口。

第六步：现场接单的海关人员验核书面单证。

（1）主要审核书面单证的各项内容是否单单（报关单与随附单证）相符，单据（报关单与电子数据）一致。

（2）对申报价格、商品归类等项目进行复核。

（3）按作业要求对有关单证进行批注。

（4）如发现单证不齐全、不合法，应及时查明原因，并按有关规定处理。

（四）现场通关——查验

第七步：申报人持查验通知单、报关单备用联、提单场站收据、海运提单、发票、装箱单（复印件），到现场海关查验受理部门办理查验计划（一般当天安排第二天的查验计划），申报人员应做好查验准备。

第八步：海关对需要查验的货物实施现场查验。出口货物的发货人或其代理人应派人员到现场协助查验，协助查验人员应出示有效证件并负责搬移货物，开拆和重封货物的包装，当海关对相关单证或货物有疑问时应负责解答。

第九步：查验结束后，申报人应在查验记录单上签名确认。

（五）现场通关——税费征收

第十步：办理税费征收手续。海关对应税货物征收税款（关税、增值税、消费税），并打印税款缴纳书；对逾期纳税货物征收滞纳金，打印滞纳金缴款书，并对缴纳的税费进行核销。

（六）现场通关——单证放行

第十一步：接单现场单证复核员对电子报关数据、书面单证及批注情况进行复核，对于情况正常，未设定查验的，办理单证放行手续，并在提货单或运单上加盖“单证专用章”及“工号章”，报关单备用联和提货单退还货主或其代理人；对已设定查验的，直接在提货单或运单上加盖“单证专用章”和“工号章”，报关单备用联和提货单退还货主或其代理人。

（七）口岸海关——实货放行

第十二步：货主或其代理人持运单及报关单备用联，并将其递交给口岸风险管理部门，根据计算机的提示进行放行处理。海关根据实际情况办理放行手续，对无需查验的，海关在处理完计算机操作后即在正本提单或运单上加盖“放行章”，货主即可办理放行手续；对须查验的货物，放行关员在提货单或运单上加盖“查验章”退还货主，由货主带至查验点接受海关对货物的查验。

（八）签发出口货物报关单

第十三步：申报人到业务现场办理报关单证明联的签证手续。

【课堂讨论】

将一般出口报关流程的 8 个环节，13 个步骤按照申报、查验、征税、放行 4 个程序进行分类归纳。

【课堂练习】

简述一般出口货物通关的基本流程。

【实训项目】

进行出口货物的模拟报关，组织同学分角色扮演海关关员、出口公司、报关人员，模拟出口报关的整个流程。

工作任务三　出口货物申报、查验与缴纳税费

引例

南京思科纺织服装有限公司与加拿大一客商签订出口全棉女上衣的服装合同。已知思科公司出口的全棉女式上衣属于法定检验的商品范围（属于《种类表》商品范畴），在商品报关时，报关单上必须有商检机构的检验放行章方可报关，此外加拿大对进口纺织品实行配额管理。请分析出口报关时应准备什么单证。

案例简析

申报单证可以分为主要单证、随附单证两大类，主要单证就是报关单（证），随附单证包括基本单证、特殊单证和预备单证。

（1）基本单证是指与出口货物直接相关的商业和货运单证，主要包括因出口交易而产生的货物成交、包装、运输、结算和保险等出口商业单据（如发票、装箱单、提单等）。

（2）特殊单证是指涉及各类国家管制的进出口货物以及适用于不同报关程序项下的货物在进出境环节必须向海关出具的单证。主要包括出口货物许可证、相关出入境检验检疫证书及其他各类特殊管理证件。

（3）预备单证主要是指在办理出口货物手续时，海关认为必要时需要查阅或收取的证件，主要包括贸易合同、货物原产地证明、委托单位的工商执照证书、委托单位的账册资料及其他有关单证。

本案中思科公司报关应准备以下单证：报关委托书、出口货物报关单、出口收汇核销单、商业发票、装箱单、外销合同、输加拿大纺织品出口许可证、商检换证凭单、出境货

物报关单。

知识链接

一、申报

（一）申报的含义

申报是指进出口货物收发货人、受委托的报关企业，依照《海关法》以及有关法律、行政法规和规章的要求，在规定的期限、地点，采用电子数据报关单和纸质报关单形式，向海关报告实际进出口货物的情况，并接受海关审核的行为。

（二）申报的地点

一般情况下，出口货物应当由发货人或其代理人在货物的出境地海关申报。经发货人申请，海关同意，出口货物的发货人或其代理人可以在设有海关的货物起运地申报。

（三）申报的期限

出口货物的发货人或其代理人除海关特许外，应在货物运抵海关监管区后、装货的24小时以前向海关申报。作出这样的规定是为了在装货前给海关以充足的查验货物的时间，以保证海关工作的正常运行。如果没有在这一规定期限内向海关申报，海关可以拒绝接受通关申报，这样出口货物就得不到海关的检验、征税和放行，无法装货运输，进而影响运输单据的取得。

（四）申报的日期

申报日期是指申报数据被海关接受的日期。出口货物发货人或其代理人的申报数据自被海关接受之日起，其申报的数据就产生法律效力，即发货人或其代理人应当向海关承担“如实申报”、“按期申报”等法律责任。

（五）申报的步骤

1. 准备申报的单证

申报的有关单证是指与所报货物相适应的，凭以支持报关单填报的单据和证件。申报单证可以分为主要单证、随附单证两大类。主要单证就是报关单（证），随附单证包括基本单证、特殊单证和预备单证。

（1）基本单证是指与出口货物直接相关的商业和货运单证，主要包括因出口交易而产生的货物成交、包装、运输、结算和保险等出口商业单据（如发票、装箱单、提单等）。

（2）特殊单证是指涉及各类国家管制的进出口货物以及适用于不同报关程序项下的货物在进出境环节必须向海关出具的单证。主要包括出口货物许可证、相关出入境检验检疫证书及其他各类特殊管理证件。

（3）预备单证主要是指在办理出口货物手续时，海关认为必要时需要查阅或收取的证件，主要包括贸易合同、货物原产地证明、委托单位的工商执照证书、委托单位的账册资料及其他有关单证。

报关单位在准备好了上述基本单证、特殊单证、预备单证后，报关员按规定填制好报关单向海关申报。准备申报单证的原则是：单证必须齐全、有效、合法；报关单填制必须真实、准确、完整；报关单与随附单证数据必须一致。

2. 正式申报

正式申报需经过如下程序：

（1）电子数据申报。按规定报关单位除特殊情况外，应当以电子数据报关形式向海关申报，并在规定时间内将纸质报关单及相关的随附单证向海关递交。出口人或其代理人可以选择终端申报方式、委托 EDI 方式、自行 EDI 方式、网上申报方式 4 种电子申报方式中的一种，将报关内容录入海关电子计算机系统，生成电子数据报关单。

（2）提交纸质报关单及随附单证。出口货物发货人或其代理人应当自接到海关“现场交单”或“放行交单”通知之日起 10 天之内，持打印的纸质报关单，备齐规定的随附单证并签名盖章，到海关提交书面单证并办理相关海关手续。

3. 申报的修改和撤销

报关员在递交报关单后发现有填报错误或因其他情况需要变更填报内容时，应主动、及时地向接受申报的海关递交更改单。出口报关后发生退关情况的，应当在 3 天内向海关办理更改手续。

自货物申报后海关接受起，申报单证即产生法律效力，对当事人来说具有约束力。对于采用电子数据报关单形式的，海关接受申报的含义是：海关计算机接到有关单位传输的电子数据报关单后进行逻辑处理，并将处理结果反馈给原数据发送单位，或公布于海关业务现场，即为“海关接受申报”。对于采用纸质报关单形式的，海关接受申报的含义是：海关人员接到报关员递交的货物报关单及随附的有关单证后，需要进行登记处理，凡海关人员已对报关单作登记处理的即为“海关接受申报”。

海关在接受申报后，报关单证及其内容不得修改和撤销；确有正当理由的，经海关同意，方可修改或撤销。一般情况下，“正当理由”是指：①由于计算机技术等方面的原因导致电子数据的错误；②海关在办理出口货物的放行手续后，由于装运、配载等原因造成原申报货物部分或全部退关，需要修改或撤销申报单证及内容；③其他特殊情况经海关核准同意的。

由于申报数据错误构成违反海关法有关规定的，海关可以给予报关单位相应的处罚。其中受到违规处罚的，在处罚后方可准予修改或撤销原申报单证及其内容，重新申报；对构成走私，受到没收货物处罚的，不允许重新申报。

二、接受查验

出口货物除海关批准免验的以外都应接受海关的查验。出口货物在通过申报环节后，即进入查验环节。出口货物的查验是指海关依法为确定出境货物的品名、规格、成分、原产地、货物状态、数量和价格是否与货物申报内容相符，对货物进行实际检查的行政执法行为。查验出口货物应当在海关规定的时间和场所进行。如果要求海关在海关监管场所以外的地方查验，应当事先报请海关同意，海关按规定收取费用。

海关查验货物时，出口货物的发货人或其代理人应当到场，并按海关的要求负责搬移货物，开拆和重封货物的包装等，海关认为必要时，可以径行开验、复验或提取货样。

海关确定查验后，由现场接单员打印《查验通知单》，必要时制作查验关封交报关员。查验结束后，由陪同人员在《查验记录单》上签名确认。

海关查验部门自查验受理时起，到实施查验结束、反馈查验结果为止最多不得超过48小时，出口货物应于查验完毕后半个工作日内予以放行。

三、缴纳税费

我国目前只对涉及40个左右税号的商品征收出口关税。征收出口关税的商品，主要是盈利特别高且比较稳定的大宗出口商品；在国际市场上我国出口已占有相当比重的商品；国际市场容量有限，盲目出口容易在国外形成销价竞争的商品；国内紧俏，又要大量进口的商品；以及国家控制出口的品种。除经特准免征出口税的商品以外，出口货物都应照章征收出口关税。

出口货物的发货人或出境物品的所有人是关税的纳税义务人，应凭海关填发的《税款缴纳证》向银行缴纳其进出口货物的应付税款。纳税人应当在海关签发《税款缴纳证》的次日起7天内，向指定银行缴纳税款。逾期不缴纳的，由海关自第8天起至缴清税款日止，按日征收税款总额0.1%的滞纳金，对超过3个月仍未缴纳税款的，海关可责令担保人缴纳税款或者将货物变价抵缴，必要时，可以通知银行从担保人或纳税人的存款内扣除。滞纳金的计算公式如下：

$$滞纳金 = (关税额 + 增值税或消费税应税额) \times 滞纳天数 \times 0.1\%$$

（一）出口货物的关税税率

我国《进出口税则》中出口货物的关税税率为单一税则制，即只使用一种税率。出口货物应当按照货物的发货人或其代理人申报出口之日实施的税则税率计税。

（二）出口货物完税价格的审定

出口货物的关税完税价格是指以海关审定的实际成交价格为基础的售予境外的FOB价扣除出口税后的实际价格。实际成交价格是一般贸易项下出口货物的买方为购买该货物向卖方实际支付或应当支付的价格。

海关在审定出口货物的完税价格时，将按以下情况区别办理：出口货物成交价格中含有的支付给外国的佣金，若与货物的离岸价格分列，应予扣除；未单独列明的，则不予扣除。除出口货物的FOB价格以外，买方还另行支付货物包装费的，应将其计入完税价格。

（三）出口货物完税价格中的运费、保险费的计算

（1）出口货物以售予境外的FOB价格成交的，以该价格扣除出口税后作为完税价格。

FOB价格以货物运离关境前最后一个口岸的FOB价格为实际FOB价格。如该项货物从内地起运，则从内地口岸至最后出境口岸所支付的国内运输费应予以扣除。

出口货物完税价格＝FOB/（1＋出口税率）

（2）出口货物以售予境外口岸的货价加运费价格（C＋F）成交的，应先扣除离开我国口岸后的运费，再按第一项的公式计算。

出口货物完税价格＝（C＋F－运费）/（1＋出口税率）

（3）出口货物以售予境外口岸的CIF成交的，应先扣除离开我国口岸后的运费和保险费，再按第一项的公式计算。

出口货物完税价格＝（CIF－保险费－运费）/（1＋出口税率）

（四）出口货物的关税计征

出口货物关税的计算公式为：

出口关税＝完税价格×出口税率

例：我国出口某货物，成交价为CIF纽约USD1 000（折合人民币6 900元），已知运费折合为1 500元人民币，保费为50元人民币，出口税率为15%，求应征收关税税额。

分析：首先将CIF价转变为FOB价。

解：FOB价＝6 900－（1 500＋50）＝5 350（元）

完税价格＝5 350/（1＋15%）＝4 652（元）

出口关税税额＝完税价格×出口税率＝4 652×15%＝698（元）

（五）出口商品的海关估价

出口商品的海关估价是应成交价格，即该出口商品售予境外的应售价格。中国各进出口商会协调的价格和出口许可证上核定的价格，可视为应售价格。

海关对重点审价的出口商品，依次按以下价格审定：中国各进出口商会协调的出口商品价格；出口许可证发证部门在出口许可证上确定的价格；其他重点商品的价格。

出口电动机、打字机色带、糖精钠、姜、草甘膦、柠檬酸等规定的商品的审价方式由“海关监审”改为由商会“预核签章”。出口企业报关时，应当递交由有关商会预核签章的《出口价格预核签章单》，供海关审核。

出口商品价格低于海关据以审定的价格的，海关将有关情况通报有关进出口商会和国家外汇管理部门处罚；对价格明显偏低，借以逃、套汇的，海关可以将货物扣留，不准出口，并处货物等值以下的罚款。

【课堂讨论】

出口申报有哪些步骤？

【课堂练习】

名词解释：申报、查验。

【案例分析】

某公司要将一批设备出口到德国，备好货物、准备好相关单证后向海关申请报关。海关接受申请后，要对货物进行查验。在海关依法查验该批进口设备时，陪同查验人员开拆包装不慎，将其中的一台设备的某一部件损坏。试问：海关是否应当承担责任？

【实训项目】

我国出口某货物，成交价为 CIF 纽约 USD1 000（折合人民币 6 900 元），已知运费折合为 2 000 元人民币，保费为 100 元人民币，出口税率为 15%，求应征收关税税额。

工作任务四　缮制出口货物报关单

引例

1. 某企业出口一批货物，该批货物从广州新风海关申报，再转关到深圳蛇口海关，后运往香港，报关单的“出口口岸”栏应该如何填写？

2. 我国某进出口公司（甲方）与美国某公司（乙方）签订一出口合同，货物从黄埔港装船运往香港，再从香港用飞机运至美国，在签订合同时，甲方得知该批货物运往美国后还需要运到加拿大。根据上述情况，报关单的运抵国（地区）和最终目的国（地区）应当如何填写？

案例简析

1. 出口口岸是指货物实际运出我国关境口岸海关的名称。由于新风海关并非该货物实际运出我国关境口岸海关，因此，报关单的出口口岸栏目应填写“深圳蛇口海关”。

2. 运抵国是指出口货物离开我国关境直接运抵或者在运输中转国未发生任何商业性交易的情况下最后运抵的国家。对发生运输中转的货物，如中转地未发生任何商业性交易，则运抵国不变，如中转地发生商业性交易，则以中转地作为运抵国填报。因此，该货物最后运抵的国家为“美国”，最终目的国为“加拿大”。

知识链接

出口货物的发货人或其代理人向海关申报时，必须填写并向海关递交出口货物报关单。

一、出口货物报关单缮制的基本要求

报关人必须按照《中华人民共和国海关法》和《中华人民共和国进出口货物报关单填制规范》的有关规定，向海关如实申报。填报出口货物报关单的基本要求如下：

（1）报关单的填报必须真实，不得出现差错，不能伪报、瞒报及虚报。要做到单证相符及单货相符。单证相符是指报关单与合同、发票、装箱单等相符；单货相符是指报关单中所报的内容与实际进出口货物情况相符。

（2）不同合同、不同运输工具名称、不同征免性质、不同许可证号的货物，不能填报在同一份报关单上。

（3）同一报关单上最多只能填报五项海关统一商品编号的货物。

（4）报关单填报要准确、齐全、字迹工整，如有改动必须加盖“校对章”。

（5）为满足报关自动化的需要，申报单位除填写报关单上的有关项目外，还应填上有关项目的代码。

（6）电脑预录入的报关单，其内容必须与原始报关单完全一致。

（7）向海关申报的进出口货物报关单，事后由于各种原因，出现原来填报的内容与实际出口货物不相一致时，需立即向海关办理更正手续，填写报关单更正单，对原来填报项目内容进行更改，更改内容必须清楚。一般情况下，错什么就改什么；但是如果更改的内容涉及货物件数的变化，则除应对货物的数目进行更改外，与数目有关的项目，如货物的重量、金额也应作相应的更改。对于海关接受申报并放行后的出口货物，由于运输工具配载等原因，全部货物或部分货物未能装载上原申报的运输工具的，出口货物发货人应当向海关递交《出口货物报关单更改申请》。

二、出口货物报关单的内容及缮制说明

（一）出口货物报关单的主要内容

出口货物报关单的内容主要是根据海关监管、征税及统计等工作需要而设置的，由预录入编号、海关编号、出口口岸、备案号、出口日期、申报日期、经营单位、运输方式、运输工具名称、提运单号、发货单位、贸易方式（监管方式）、征免性质、许可证号、结汇方式、运抵国（地区）、指运港、境内货源地、批准文号、成交方式、运费、保费、杂费、合同协议号、件数、包装种类、毛重、净重、集装箱号、随附单据、生产厂家、标记唛码及备注、项号、商品编号、商品名称及规格型号、数量及单位、最终目的国（地区）、单价、总价、币制、征免、税费征收情况、录入员、录入单位、申报单位、填制日期、海关审单批注栏等数据项组成。

样单9　出口货物报关单

中华人民共和国海关出口货物报关单

预录入编号：　　　　　　　海关编号：

出口口岸	备案号	出口日期	申报日期	
经营单位	运输方式	运输工具名称	提运单号	
收货单位	贸易方式	征免性质	结汇方式	
许可证号	运抵国（地区）	指运港	境内货源地	
批准文号	成交方式	运费	保费	杂费
合同协议号	件数	包装种类	毛重（千克）	净重（千克）
集装箱号	随附单据	生产厂家		
标记唛码及备注				
项号　商品编号　商品名称、规格型号　数量及单位　原产国（地区） 单价　总价　币制　征免				
税费征收情况				
录入员　录入单位　兹声明以上申报无讹并承担法律责任 报关员 申报单位（签章） 单位　地址 邮编　电话　填制日期			海关审单批注及放行日期（签章） 审单　审价 征税　统计 查验　放行	

（二）出口货物报关单的具体填写内容

（1）预录入编号。指预录入单位的书面报关单，或以EDI报关的单位的电子报关单编号。预录入编号仅限于上述报关或录入单位与接收申报的海关之间使用，能标志该单位录入或申报的每一张报关单。由海关填写。

（2）海关编号。该项为海关接受申报后所作的报关单标志号。由海关填写。

（3）出口口岸。填写货物出境的最后一个口岸海关的名称及代码。出口转关运输货物应填报货物出境地海关名称及代码，按转关运输方式监管的跨关区深加工结转货物，出口报关单填报转出地海关名称及代码；在不同出口加工区之间转让的货物，填报对方出口加工区海关名称及代码。

（4）备案号。备案号指进出口企业填写加工贸易的《登记手册》编号以及保税仓库进出口货物的《登记手册》编号。

(5) 出口日期。出口日期是指运载所申报货物的运输工具办结出境手续的日期。本栏目供海关打印报关单证明联用。本栏目为8位数字，顺序为年（4位）、月（2位）、日(2位)。例如，进口日期填报为“20080808”。

(6) 申报日期。指海关接受出口货物的发货人或其代理人申报货物的出境日期。本栏目为8位数字，申报时免于填报。

(7) 经营单位。指从事对外贸易经营活动的法人和其他组织（一般指出口人）。经营单位代码为10位数字，指出口企业向企业所在地主管海关办理注册登记手续时，由海关给企业设置的注册登记编码。

(8) 运输方式。指货物出境载运的最后运输方式（如水路运输，代码为2；铁路运输，代码为3；公路运输，代码为4；航空运输，代码为5，海运、陆运、空运、邮运等)，本栏目应根据实际运输方式按海关规定的“运输方式代码表”选择填报相应的运输方式。

(9) 运输工具名称。指运载该批货物出境的运输工具的名称及编号。

①直接在出境地办理报关手续的报关单具体填报如下：

A. 水路运输填报船舶编号或者船舶英文名称。

B. 公路运输填报跨境运输车辆的国内行驶车牌号。

C. 铁路运输填报车厢编号或交接单方。

D. 航空运输填报航班号。

②转关运输货物报关单填报要求：

A. 江海运输：非中转填报“@” +16位转关申报单预录入号（或13位载货清单号)。如多张报关单需要通过一张转关单转关的，运输工具名称字段填报“@”。中转情况下，境内江海运输填报驳船名；境内铁路运输填报车名（主管海关4位关别代码+“TRAIN”)；境内公路运输填报车名（主管海关4位关别代码+ “TRUCK”)。

B. 铁路运输、航空运输：填报“@” +16位转关申报单预录入号（或13位载货清单号)，如多张报关单需要通过一张转关单转关的运输工具名称字段填报“@”。

C. 其他各类出境运输方式：填报“@” +16位转关申报单预录入号（或13位载货清单号)。

(10) 提运单号。指各类货运单据号码，海运填写提单号码，即配舱回单上的D/R编号。

(11) 发货单位。指货物在境内的生产或销售单位名称，一般为国内供应商，也可以填出口商。

(12) 贸易方式。指货物进出境的交易方式，按海关《贸易方式代码表》中确定的贸易方式简称填报。如一般贸易、援助物资、补偿贸易、来料加工、进料加工、对外承包工程货物等。

(13) 征免性质。指海关对征、减、免税管理规定的性质类别，按海关核发的征免税证明中批注的征免性质填报，或根据实际情况按海关《征免性质代码表》确定的征免性质简称或代码填报。

(14) 许可证号。指货物出口许可证的编号。若无，则不用填写。

(15) 结汇方式。指出口货物的发货人或其代理人收结外汇的方式。本栏目填写按海关《结汇方式代码表》确定的结汇方式名称或代码填报。例如信用证L/C、付款交单D/

P、承兑交单 D/A 和电汇 T/T 等。

（16）运抵国。指出口货物离开我国关境直接运抵或者在运输中转国（地）未发生任何商业性交易的情况下最后运抵的国家（地区）。对发生运输中转的货物，如中转地未发生任何商业性交易，则运抵国不变；如中转地发生商业性交易，则以中转地作为运抵国（地区）填报。本栏目应按海关规定的“国别（地区）代码表”选择填报相应的运抵国（地区）中文名称或代码。

（17）指运港。指出口货物运往境外的最终目的港，最终目的港不可预知的，可按尽可能预知的目的港填报。本栏目应根据实际情况按海关规定的“港口航线代码表”选择填报相应的港口中文名称或代码。

（18）境内货源地。指货物在境内的产地或原始发货地（省市县）。若货源地是经济特区、经济技术开发区、高新技术开发区、保税区等还应填报所在的经济区划。本栏目应根据出口货物生产厂家或发货单位所属国内地区，并按海关规定的“国内地区代码表”选择相应的国内地区名称或代码。

国内地区代码由 5 位数字构成，1—4 位数为行政区划代码，其中第 1、2 位数表示省（自治区、直辖市）；第 3、4 位数表示省辖市（地区、省直辖行政单位）、计划单列市、沿海开放城市；第 5 位数为省辖市内经济区划性质代码（“1”表示经济特区；“2”表示经济技术开发区和上海浦东新区、海南洋浦经济开发区；“3”表示高新技术产业开发区；“4”表示保税区；“5”表示出口加工区；“9”表示其他）。

（19）批准文号。指除出口许可证外所需要的其他批准文件及编号，本栏目用于填报“出口收汇核销单”编号。

（20）成交方式。填报按海关《成交方式代码表》确定的价格条件。如 FOB、CFR 和 CIF 等。

（21）运费。填写整批货物出口实际支付的运费或运费率。若以 FOB 条件成交则不必填写。运费可按运费单价、总价或运费率三种方式之一填报，运费标记“1”表示运费率，“2”表示每吨货物的运费单价，“3”表示运费总价。以 H833/EDI 通关系统为例：

①运费率：直接填报运费率的数值，如 5% 的运费率填报为“5/1”。

②运费单价：填报运费币值代码 + “/” + 运费单价的数值 + “/” + 运费单价标记。如 24 美元的运费单价填报为“502/24/2”。

③运费总价：填报运费币值代码 + “/” + 运费总价的数值 + “/” + 运费总价标记。如 7 000 美元的运费总价填报为“502/7 000/3”。

（22）保费。指实际支付的保险费金额或保险费率。若以 FOB 或 CFR 条件成交则不必填写。保险费标记“1”表示保险费率，“3”表示保险费总价。

（23）杂费。填写实际支付的国内其他费用，包括包装费、劳务费等（以人民币填写）。杂费标记“1”表示杂费率，“3”表示杂费总价。

（24）合同协议号。指出口货物贸易合同（协议）的编号。

（25）件数。填写本批次申报出口货物的实际外包装的总件数。

（26）包装种类。填写货物外包装的种类，如箱、袋、包、桶等。本栏目应根据出口货物的实际外包装种类，按海关规定的《包装种类代码表》选择填报相应的包装种类代码。

（27）毛重。指本批货物全部的重量，包括外层包装的重量，计量单位为公斤，不足1公斤的填报为“1”。

（28）净重。指货物毛重扣除外层包装后的自然净重，计量单位为公斤，不足1公斤的填报为“1”。

（29）集装箱号。填写装载货物的集装箱号码。

（30）随附单据。指随出口货物报关单向海关一并寄交的有关单证。合同、发票、装箱单、进出口许可证等必备的随附单证不在本栏目填报。

（31）生产厂家。指境内生产该批出口货物的厂家。

（32）标记唛码及备注。指货物外包装上的标记唛码及其他说明事项。

（33）项号。指货物在本报关单中的序号和加工贸易保税货物在《登记手册》中的序号。

（34）商品编号。按《中华人民共和国海关统计商品目录》确定的海关统计商品编号填写。

（35）商品名称及规格型号。指货物中英文名称、规格、型号等。该项目是报关单上最主要的项目之一，必须填报清楚。

（36）数量及单位。指海关统计法定的计量单位及相应货物的数量。

（37）最终目的国（地区）。填写货物的消费、使用或进一步加工制造的国家（地区）。不能确定最终目的国（地区）时，以尽可能预知的最后运往国作为最终目的国（地区）。

（38）单价。填写货物的单位价格。

（39）总价。填写该类货物出口的总价格。

（40）币制。指按海关《币制代码表》确定的实际对外成交的货币符号，如USD、JPY等。

（41）征免。指按海关《征减免税方式代码表》确定的税款计征代码。征减免税方式主要有照常征税、折半征税、特案减免等。由海关填写。

（42）税费征收情况。填写税费征收及减免情况。由海关填写。

（43）申报单位。指就本报关单内容的真实性直接向海关负责的单位名称及报关专用章，同时加盖经海关核准的报关员章，填写该申报单位的地址、邮编、电话号码等。

（44）填制日期。指缮制本报关单的日期。电子数据报关单的填制日期由计算机自动打印。在H2000通关系统中，本栏目为8位数字，顺序为年年年年、月月、日日，如2010. 05. 24。

（45）海关审单批注栏。本栏目指供海关内部作业时签注的总栏目，由海关关员手工填写在预录入报关单上。其中“放行”栏填写海关对接受申报的进出口货物作出放行决定的日期。

【课堂讨论】

出口货物报关单缮制有什么要求？

【课堂练习】

出口货物报关单的主要内容包括哪些？

【案例分析】

中国粮油进出口公司对伊朗签约出口食用油5万吨，由广东粮油分公司执行合同，组织货源并安排出口。在填报出口报关单时，报关员将经营单位一栏填为“中国粮油进出口公司”申请报关时不被海关接受。试问，在这一情况下报关单“经营单位”栏目应当如何填写？

【实训项目】

根据以下资料，填写出口报关单。

资料一：广州天马自行车公司（企业代码440191××××）出口货物一批，该货物于2004年10月26日由该公司自理向广州新风窖心海关申报。经营单位与发货单位相同。生产厂家为星辉儿童车专业厂。“检验检疫出境货物通关单”（B：440300201016448），商品编码：9501.0000，法定计量单位：辆。

资料二：发票

国税

广东省出口商品发票
Guangdong Province Export Goods Invoice

出口专用
For Export
0000666880
No. 0061809

购货单位：HAI TIAN（KOREA）LTD
Purchaser：

地址：韩国　　电话：　　开票日期：2004年10月23日
Add：　　Tel：　　Issued date：Year　Month　Date

合同号码 Contract No.	2004GBE 2－88A	贸易方式 Trade Method	一般贸易	收汇方式 Foreign Exchange Collection Form	T/T
开户银行及账号 Bank where Account opened & A/C Number		发运港 Port of Departure	新风	转运港 Port of Transshipment	
信用证号 L/C No.		运输工具 Means of Transportation	船舶	目的港 Port of Destination	仁川

（续上表）

标记唛头号码 Marks & Nos.	品名规格 Description and Specification of Goods	单位 Unit	数量 Quantity	销售单价 Unit Price	销售总额 Total Sales Amount
N/M	儿童三轮车 AA08	辆	730	18.50 FOB 新风	13 505.00
合计金额（币种：USD）Total Amount（Currency）		美元壹万叁仟伍佰零伍元整			13 505.00
备注 Notes	44E818954				

填票：　　　　　　　　　　　　业户名称（盖章）Seller（Seal）：

Filler：　　　　　　　　　　　　地址 Add：

资料三：装箱单

广州天马自行车公司

GUANGZHOU TIAN MA BICYCLE COMPANY

装箱单

To：　　　　　　　　　　　　　　Dated：2004/10/23

Messrs：HAI TIAN（KOREA）LTD　　　　B/L NO. GZXF010382

Vessel Voyage No：FEIDA/5368　　　　Shipping Mark：N/M

（核销单号）：No. 44E818954

CASE No.	Commodity	Quantity	Gross Weight (kilos)	Net Weight (kilos)	Measurement
1 - 730	儿童三轮车 AA08	730 辆	7 154	6 570	62 × 17 × 40cm
Total：1 × 20		730 辆	7 154	6 570	30.78CBM
Packed：纸箱 Containers NO. TEXU2326802（20'）					

GUANGZHOU TIAN MA BICYCLE COMPANY

资料四：合同

SALES CONFIRMATION

NO. 2004GBE2 - 88A
DATE：2004/09/23

The Sellers：GUANGZHOU TIAN MA BICYCLE COMPANY
Address：______________________
The Buyers：HAI TIAN (KOREA) LTD.
Address：______________________

The undersigned Sellers and Buyers have agreed to close the following transaction according to the terms and conditions stipulated below：

1. Description	2. Specification	3. Quantity	4. Unit Price	5. Amount
CHILDREN'S TRI-CYCLES 儿童三轮车	AA08	730 SETS	FOB XINFENG USD18. 50	USD 13 505. 00
Total Value：U. S. DOLLARS THIRTEEN THOUSAND FIVE HUNDRED AND FIVE ONLY.				

With 5% more or less both in amount and quantity allowed at the Seller's option.

6. Packing：IN CARTON
7. Times of Shipment：BEFORE NOV. 10, 2004
8. Loading Port and Destination：ANY PORT, P. R. CHINA TO INCHON, KOREA
9. Insurance：To be effected by the BUYER for 110% of full invoice value against ALL RISKS.
10. Terms of Payment：By Irrevocable Letter of Credit to be available by 60 days reach the Sellers before NOV. 9, 2004.
11. Shipping mark：N/M
12. Others：

THE SELLERS　　　　THE BUYERS
天马自行车公司

工作流程十　安排装运

工作任务一　安排装运

引例

我方某公司收到一国外来证，货物为 1 × 20 集装箱各式运动鞋和塑料底布面库存拖鞋，价值分别为45 154美元和2 846美元，允许分批装运，单据要求我方必须提供由中国商品检验局签发的品质验证书（简称质检证）。货物备妥发运前，我方商检局认为该批拖鞋品质未达到国家标准不能为其签发质检证，为此，我方立即要求客户修改信用证（即删除库存拖鞋的质检证条款），客户以改证费太高且可能影响交货期为由拒绝改证，但表示只要货物和封样一致，仍会接受货物。

案例简析

上述案例涉及运输、结算、质检等多个国际贸易中的重要问题，如何协调好运输、质检以及结算问题，实现安全收汇是每个出口商最关心的问题。该案例中，可采取以下操作：

根据信用证要求如期装运货物，并要求船公司出具两套海运提单，分别代表运动鞋和库存拖鞋，然后将其会同各自出口单据，先后（日期差距应稍大，但都应在规定的交单期内）分套向银行议付。因信用证允许分批装运，银行便视每套单据为每批货物单据。经先后分套审核单据，议付行认为运动鞋项下的单据完全符合信用证要求，货款可以安全收回，而库存拖鞋项下的单据因缺少质检证，单据不符会遭到开证行拒付，进而转到进口商，由进口商进行付款。

所以，在国际贸易运输问题的处理上，要充分利用装运条款，尽可能减少不必要的麻烦。

知识链接

一、装运程序

（一）出口货物海洋运输

1. *以CIF或CFR条件成交时的装运程序*

（1）审核信用证中的装运条款：为使出运工作顺利进行，在收到信用证后，必须审核证中有关的装运条款，如装运期、结汇期、装运港、目的港、是否能转运或分批装运以及是否指定船公司、船名、船籍和船级等，有的来证要求提供各种证明，如航线证明书、船籍证等。对这些条款和规定，我方应根据我国政策、国际惯例、要求是否合理和是否能办到来考虑接受或提出修改要求。

（2）备货报验：就是根据出口成交合同及信用证中有关货物的品种、规格、数量、包装等的规定，按时、按质、按量地准备好应交的出口货物，并做好申请报检和领证工作。冷藏货要做好降温工作，以保证装船时符合规定的温度要求。在我国，凡列入商检机构规定的“种类表”中的商品以及根据信用证、贸易合同规定由商检机构出具证书的商品，均需在出口报关前，填写“出口检验申请书”申请商检。有的出口商品需鉴定重量，有的需进行动植物检疫或卫生、安全检验的，都要事先办妥，取得合格的检验证书。做好出运前的准备工作，货证都已齐全，即可办理托运。

（3）托运订舱：编制出口托运单，即可向货运代理办理委托订舱手续。货运代理根据货主的具体要求按航线分类整理后，及时向船公司或其代理订舱。货主也可直接向船公司或其代理订舱。当船公司或其代理签出装货单，定舱工作即告完成，就意味着托运人和承运人之间的运输合同已经成立。

（4）保险：货物订妥舱位后，属卖方保险的，即可办理货物运输险的投保手续。通常是以发票的 CIF 价加成投保（加成数根据买卖双方约定，如未约定，则一般加成 10% 投保）。

（5）货物集中港区：当船舶到港装货计划确定后，按照港区进货通知并在规定的期限内，由托运人办妥集运手续，将出口货物及时运至港区集中，等待装船，做到批次清、件数清、标志清。要特别注意与港区、船公司以及有关的运输公司或铁路等单位保持密切联系，按时完成进货，防止因工作脱节而影响装船进度。

（6）报关工作：货物集中港区后，把编制好的出口货物报关单连同装货单、发票、装箱单、商检证、外销合同、外汇核销单等有关单证向海关申报出口，经海关关员查验合格放行后方可装船。

（7）装船工作：在装船前，理货员代表船方，收集经海关放行货物的装货单和收货单，经过整理后，按照积载图和舱单，分批接货装船。装船过程中，托运人委托的货运代理应有人在现场监装，随时掌握装船进度并处理临时发生的问题。装货完毕，理货组长要与船方大副共同签署收货单，交与托运人。理货员如发现某批货有缺陷或包装不良，即在收货单上批注，并由大副签署，以确定船货双方的责任。但作为托运人，应尽量争取不在收货单上批注以取得清洁提单。

（8）换取已装船提单：装船完毕，托运人向收货人发出装船通知后，即可凭收货单向船公司或其代理换取已装船提单，这时运输工作即告一段落。

（9）制单结汇：将合同或信用证规定的结汇单证备齐后，在合同或信用证规定的议付有效期限内，向银行交单，办理结汇手续。

2. 集装箱运输出口程序

（1）订舱：发货人根据贸易合同或信用证条款的规定，在货物托运前一定时间内填好集装箱货物托运单（Container Booking Note），委托其代理或直接向船公司申请订舱。

（2）接受托运申请：船公司或其代理公司根据自己的运力、航线等具体情况考虑发货人的要求，决定接受与否，若接受申请就着手编制订舱清单，然后分送集装箱堆场（CY）、集装箱货运站（CFS），据以安排空箱及办理货运交接。

（3）发放空箱：通常整箱货货运的空箱由发货人到集装箱码头堆场领取，有的货主有自备箱；拼箱货货运的空箱由集装箱货运站负责领取。

（4）拼箱货装箱：发货人将不足一整箱的货物交至货运站，由货运站根据订舱清单和场站收据负责装箱，然后由装箱人编制集装箱装箱单（Container Load Plan）。

（5）整箱货交接：由发货人自行负责装箱，并将已加海关封志的整箱货运到 CY。CY 根据订舱清单，核对场站收据（Dock receipt，D/R）及装箱单验收货物。

（6）集装箱的交接签证：CY 或 CFS 在验收货物和/或箱子，即在场站收据上签字，并将签署后的 D/R 交还给发货人。

(7) 换取提单：发货人凭 D/R 向集装箱运输经营人或其代理换取提单（Combined Transportbill of Lading），然后去银行办理结汇。

(8) 装船：集装箱装卸区根据装货情况，制订装船计划，并将出运的箱子调整到集装箱码头前方堆场，待船靠岸后，即可装船出运。

（二）出口货物铁路运输

1. 托运前的工作

在托运前必须将货物的包装和标记严格按照合同中有关条款、国际货协和议定书中条款办理。

(1) 货物包装应能充分防止货物在运输途中灭失和腐坏，保证货物多次装卸不致毁坏。

(2) 货物标记、标示牌及运输标记、货签，内容主要包括商品的记号和号码、件数、站名、收货人名称等。字迹均应清晰，不易擦掉，保证多次换装中不致脱落。

2. 货物托运和承运的一般程序

发货人在托运货物时，应向车站提出货物运单和运单副本，以此作为货物托运的书面申请。车站接到运单后，应进行认真审核，对整车货物应检查是否有批准的月度、旬度货物运输计划和日要车计划，检查货物运单各项内容是否正确，如确认可以承运，车站即在运单上签证时写明货物应进入车站的日期和装车日期，即表示接受托运。发货人按签证指定的日期将货物搬入车站或指定的货位，并经铁路根据货物运单的记载查对实货，认为符合国际货协和有关规章制度的规定，车站方可予以承认，整车货物一般在装车完毕，发站在货物运单上加盖承运日期戳，即为承运。发运零担货物，发货人在托运时，不需要编制月度、旬度要车计划，即可凭运单向车站申请托运，车站受理托运后，发货人应按签证指定的日期将货物搬进货场，送到指定的货位上，经查验过磅后，即交由铁路保管。车站将发货人托运的货物，连同货物运单一同接受完毕，在货物运单上加盖承运日期戳，即表示货物业已承运。铁路对承运后的货物负保管、装车发运责任。

3. 出口货物交接的一般程序

(1) 联运出口货物实际交接是在接收路国境站进行。口岸外运公司接到铁路交接所传递的运送票据后，依据联运运单审核其附带的各种单证份数是否齐全、内容是否正确，遇有矛盾不符等缺陷，则根据有关单证或函电通知订正、补充。

(2) 运送单证经审核无误后，将出口货物明细单截留三份（易腐货物截留两份），然后将有关运送单证送各联检单位审核放行。

(3) 单证手续齐备的列车出境后，交付路在邻国国境站的工作人员会同接收路工作人员共同进行票据和货物交接，依据交接单进行对照检查。交接分为一般货物铁路方交接和易腐货物贸易双方交接。

（三）出口货物航空运输

出口货物航空运输的一般程序是：

1. 接受发货人的委托，预定舱位

口岸外运公司与内地公司出口运输工作的衔接：内地公司提前将要发运货物的品名、

件数、毛重及时间要求通知口岸公司，并制作分运单，与其他单据一起寄出或与货同行交给口岸公司。内地公司将货物按照规定的时间地点运至口岸。口岸公司设专人承接内地公司运交的货物。口岸公司负责向航空公司订舱，通知内地公司航班号、运单号或总运单号。内地公司将航班号、运单号打在分运单上，将分运单交于发货人办理结汇。

2. 申报海关

报关单据一般为商业发票、装箱单、商检证、出口货物报关单，有的商品则需要动植物检疫证书或产地证、出口外汇核销单、外销合同等。在海关验收完货物在报关单上盖验收章后，缮制航空运单。将收货人提供的货物随行单据订在运单后面。如果是集中托运的货物，要制作集中托运清单，并将清单、所有分运单及随行单据装入一个信袋，订在运单后面。将制作好的运单标签贴在每一件货物上。如果是集中托运的货物，还必须有分运单标签。持缮制完的航空运单到海关报关放行。将盖有海关放行章的运单与货物一齐交与航空公司，航空公司验收单货无误，在交接单上签字。集中托运的货物，需要电传通知国外代理的内容有航班号、运单号、品名、件数、毛重、收货人等。

（四）出口货物多式联运

多式联运经营人根据托运人的委托安排运输路线，进行订舱（或订车）委载，办理接货、仓储、装箱，再将集装箱发往实际承运人指定的场站备运。起运后，由实际承运人向多式联运经营人签发提单或运单（提单上的发货人为多式联运经营人，收货人及通知方应为多式联运经营人的国外分支机构或其代理），同时由多式联运经营人向托运人签发多式联运提单（多式联运提单上的收货人和发货人是真正的、实际的收货人和发货人，通知方则是目的港或最终交货地的收货人或该收货人的代理人）。根据托运人的要求，既可签发可转让的也可签发不可转让的多式联运提单，如属前者，收货人一栏采用指示抬头；如属后者，收货人一栏列明收货人名称，并注明不可转让。托运人凭此办理结汇。

（五）出口货物邮政运输

国际邮政运输的过程一般需要经过两个或两个以上国家的邮政局和两种或两种以上不同的运输方式的联合作业才能完成。但从邮政托运人角度来说，它只要向邮政局照章办理一次托运，一次付清足额邮资，并取得一张包裹收据（Parcel Post Receipt），全部手续即告完备。至于邮件运送、交接、保管、传递等一切事宜均由各国邮政局负责办理。邮件运抵目的地，收件人即可凭邮政局到件通知和收据向邮政局提取邮件。

二、装卸时间、装卸率、滞期费与速遣费

（一）装卸时间

装卸时间（Lay Time）是指合同中规定的允许完成货物装卸所用的时间。一般以天数或小时来表示。装卸时间的规定，通常有以下几种方法：

1. 按天（Days）或连续日（Running/Consecutive Days）计算

采用这种方法计算时，从装卸日开始后，即使中间遇到实际不进行装卸的星期日、节

假日和雨雪日，也不扣除，一律作为装卸日计算。这种计算方法，除装运矿石、石油等使用油管、传送带装卸的货物外，由于对租船人十分不利，一般很少使用。

2. 按工作日（Working Days）计算

指按港口习惯工作时间来计算装卸时间，一般不包括星期六日和节假日。

3. 按累计24小时工作日（Working Days of 24 Hours）计算

累计24小时作为一个工作日，如某港口每天作业8小时，则作业3个工作日才能算租约合同中的1个工作日。

4. 按连续24小时晴天工作日（Weather Working Days Consecutive Hours）计算

指在好天气情况下，连续作业24小时算一个工作日，因坏天气不能作业的时间扣除。这种方法适用于昼夜作业的港口，我国一般采用这种方法。

（二）装卸时间的起止

一般是在船长向租船人或代理人递交“装卸准备就绪通知书”后作为装卸的起算时间。各国习惯上都以最后一件货物装完或卸完的时间作为装卸的止算时间。按照一般惯例，如上午8点至12点收到通知，则从下午2点起算；如下午2点至6点收到通知，则从次日上午8点开始计算装卸时间。在未开始计算装卸时间以前（即从下午收到通知到次日上午8点前这段时间），租船人可以装卸货物，但不作装卸时间计算。

（三）装卸率

装卸率（Load/Discharge Rate）是指每日装卸货物的数量，一般按照港口的正常装卸速度来确定，不能过高也不能过低。过高，完不成装卸任务，要承担拖期损失；过低，虽然能提前完成任务，但船方会因装卸率低、船舶在港时间长而增加运费，也使租船人得不偿失。

（四）滞期费与速遣费

采用定程租船运输时，船方为了加速船舶的周转，促使对方尽快装卸，一般都在租船合同中订有带奖罚性的条款，即滞期速遣条款。根据这项条款的规定，如租船人未按约定时间完成装卸任务，延误了船期，给船方造成经济损失，租船人对超过的时间向船方支付一定的罚款，这项罚款称为滞期费（Demurrage）；反之，如租船人按约定时间提前完成装卸任务，使船方节省了在港开支，船方向租船人支付一定的奖金，这项奖金称为速遣费（Despatch），一般相当于滞期费的一半。

（五）装运通知

装运通知（Advice of Shipment）是买卖合同中必不可少的一项条款。规定这项条款的目的在于明确买卖双方的责任，促使买卖双方互相配合，共同做好船货衔接工作。按照国际贸易的一般做法，按FOB条件成交时，卖方应在约定的装运期前30至45天向买方发出货物备妥准备装船的通知，以便买方及时派船接货。买方接到通知后，也应按约定时间，将船名、抵港受载日期告知卖方，以便卖方及时安排货物出运和准备装船。在按CIF、

CFR 或 FOB 条件成交时，卖方应于货物装船后，立即将合同号、货物的品名、件数、重量、发票金额、船名及装船日期等项内容电告买方，以便买方在目的港做好接卸货物的准备，并及时办理进口报关等手续。如按 CFR 条件成交，买方接到此项装船通知后还需办理货物保险手续。按照国际贸易惯例，如因卖方漏发或未及时发出此项装船通知致使买方漏保或未及时保险，则卖方应负担买方因此而遭受的有关损失。

【课堂讨论】

1. 海运方式下，不同贸易术语的合同，出口运输业务的办理有何不同？
2. 出口运输与出口报检报关工作是如何衔接的？
3. 集装箱运输与海洋运输、铁路运输以及航空运输之间有什么联系与区别？

【课堂练习】

列出班轮运输、集装箱运输、航空运输、多式联运等不同运输方式的工作程序，并整理出相同点和不同点。

【案例分析】

国外客户 C 在 2009 年 5 月份向 A 公司下了 1×40H 集装箱的 P3 产品订单，由于很多产品的包装为新的包装，A 公司在下了订单后 1 个月还不能得到确切的装箱尺寸，由于其中一个工厂货物体积与刚下订单时的所报体积多出 7CBM，其他部分工厂给的装箱尺寸都是箱子的内径，实际上外径比内径都大了 0.5CM，由此造成所有货物生产完毕计算体积时，才发现共多出 10CBM。A 公司将此情况告诉国外客户，客户表示多出的货物他们不要了，他们不可能为了 10CBM 的货物再支付运费，A 公司提出可否由 A 公司支付海运费，将货物运至目的港。可是客户还是不同意，因为多余的货为拼箱出运，客户在目的港需重新办理清关手续。A 公司只得要求仓库在装箱时注意节省空间，务必尽可能多装货物，最后此高柜比平时多装了 4CBM 的货物，将存货减到最少，至于留下的存货，A 公司在以后的订单中，以低廉的价格卖给其他客户。试分析该案例给我们的启示。

【实训项目】

广东龙华贸易有限公司主要从事家用电器的进出口业务，业务员李明主要经营灯具、灯饰的出口，其客户遍及欧美和中东地区，但李明在芬兰仍没有业务关系，有意开拓芬兰市场。通过广交会，李明认识了芬兰 ABC 有限公司的 Smith 先生，从此建立业务联系，后来 Smith 来电询问节能灯价格，李明与其通过磋商签订了 CIF 出口合同。

请以李明的身份办理接下来的相关工作。

工作任务二　取得运输单据

引例

2008 年 4 月，我国 A 公司与德国 B 公司以 FOB 价格条件、信用证支付方式签订了一份出售 10 万公吨大豆的合同。2008 年 6 月 1 日，A 公司按时将大豆运到装运港口并按时装船，装船后承运人签发了清洁提单。2008 年 7 月 2 日，货物到达目的港，B 公司发现百分之九十的货物严重破包，造成重大损失。承运人称，破包是由于包装不坚固造成的，主张按照“因包装不坚固所发生的货损，承运人不承担赔偿责任”的规定，免除责任。

案例简析

根据《UCP600》第 27 条的规定，银行只接受清洁运输单据，清洁运输单据指未载有明确宣称货物或包装有缺陷的条款或批注的运输单据。“清洁”一词并不需要在运输单据上出现，即使信用证要求运输单据为“清洁已装船”。

在实际业务中，不要求托运人在交运货物的时候，提供货物表面的情况，但承运人在装货时，一定要对货物表面的情况进行检查，然后根据具体情况决定是否在提单上附加批注。收货人提货时，如果出示的是清洁提单，承运人就要把表面状况良好的货物交给收货人，如果发现货物表面受损，而且是由于承运人的责任所致，收货人可以要求承运人赔偿。当承运人签发了清洁提单以后，就不能再主张“因包装不坚固发生货损，承运人不承担赔偿责任”。

知识链接

一、海运提单

（一）海运提单的定义

海运提单（Bill of Lading，B/L）简称提单，是由船方或其代理人接管承运货物或货物装船后签发给托运人的货物收据，证明收到特定的货物，也是承运人据以保证交付货物的凭证。

托运人收到提单，证明其已经按时按量完成货运业务手续，托运人可持提单与其他有关单证向银行办理收汇；收货人收到提单，证明货物所有权已经从卖方转移到买方，在货物到港前，买方有权将提单权利转让给后来的购货人，或凭此证明向银行抵押贷款，买方拥有提单还可以依法就运输途中发生的事故向船方索赔。

（二）海运提单的性质和作用

（1）海运提单是承运人或其代理人签发的货物收据（Receipt for the Goods），证明承运人已经按海运提单所列内容收到货物。

（2）海运提单是一种货物所有权的凭证（Documents of Title）。海运提单的合法持有人凭海运提单可在目的港向船公司提取货物，也可以在载货船舶到达目的港之前，通过转让海运提单而转移货物所有权，或凭以向银行办理抵押贷款。

（3）海运提单是托运人与承运人之间所订立的运输契约的证明（Evidence of Contract of Carrier），是承运人与托运人处理双方在运输中的权利和义务问题的主要依据。

（三）海运提单的格式和内容

1. B/L 的正面条款

（1）托运人（SHIPPER）。

（2）收货人（CONSIGNEE）。

（3）被通知人（NOTIFY PARTY）。

（4）收货地或装货港（PLACE OF RECEIPT OR PORT OF LOADING）。

（5）目的地或卸货港（DESTINATION OR PORT OF DISCHARGE）。

（6）船名（VESSEL）。

（7）集装箱号或唛头（CONTAINER SEAL NO. OR MARKS AND NOS.）。

（8）货名及件数（DESCRIPTION OF GOODS & NUMBER OF PACKAGE）。

（9）重量和体积（WEIGHT & MEASUREMENT）。

（10）运费预付或运费到付（FREIGHT PREPAID OR FREIGHT TO COLLECT）。

（11）正本提单的张数（NUMBER OF ORIGINAL B/L）。

（12）船公司或其代理人的签名（NAME & SINGNATURE OF THE CARRIER）。

（13）签发提单的地点及日期（PLACE & DATE OF ISSUE）。

2. B/L 的背面条款

在提单背面，通常都印有运输条款，这些条款是作为确定承运人与托运人之间以及承运人与收货人及提单持有人之间的权利和义务的主要依据。

国际上为了统一提单背面条款内容，签署了 3 个有关提单的国际公约：

（1）1924 年签署的《关于统一提单的若干法律规则的国际公约》，简称《海牙规则》（The Hague Rules）。

（2）1968 年签署的《布鲁塞尔议定书》，简称《维斯比规则》（The Visby Rules）。

（3）1978 年签署的《联合国海上货物运输公约》，简称《汉堡规则》（The Humburg Rules）。

附：海运提单样本 Bill of Lading

样单 10　海运提单

<table>
<tr><td colspan="2">SHIPPER</td><td>B/L NO.</td></tr>
<tr><td colspan="2">CONSIGNEE</td><td rowspan="5">C O S C O
中国远洋运输（集团）总公司
CHINA OCEAN SHIPPING (GROUP) CO.
ORIGINAL
BILL OF LADING DIRECT OR TRANSHIPMENT
SHIPPED on board in apparent good order and condition (unless otherwise indicated) the Goods or packages specified herein and to be Discharged at the mentioned port of discharge or as near thereto as the vessel may safely get and be always afloat.
THE WEIGHT , measure , marks and numbers quality , contents and value , being particulars furnished by the Shipper, and not checked by the Carrier on loading.
THE SHIPPER , Consignee and the Holder of this
……………………………………………</td></tr>
<tr><td colspan="2">NOTIFY PARTY</td></tr>
<tr><td>PLACE OF RECEIPT</td><td>OCEAN VESSEL</td></tr>
<tr><td>VOYAGE NO.</td><td>PORT OF LOADING</td></tr>
<tr><td>PORT OF DISCHARGE</td><td>PLACE OF DELIVERY</td></tr>
</table>

CONTAINER SEAL NO. OR MARKS AND NOS.	NOS. & KINDS OF PKGS.	DESCRIPTION OF GOODS	G. W. (kg)	MEAS (m^3)

TOTAL NUMBER OF CONTAINERS OR PACKAGES (IN WORDS)	

FREIGHT & CHARGES		RATE	PER	PREPAID	COLLECT

<table>
<tr><td>PREPAID AT</td><td>PAYABLE AT</td><td rowspan="2">PLACE AND DATE OF ISSUE</td></tr>
<tr><td></td><td></td></tr>
<tr><td>TOTAL PREPAID</td><td>NUMBER OF ORIGINAL B (S) L</td><td rowspan="6"></td></tr>
<tr><td></td><td></td></tr>
<tr><td colspan="2">LOADING ON BOARD THE VESSEL</td></tr>
<tr><td>DATE</td><td>BY</td></tr>
<tr><td></td><td></td></tr>
</table>

（四）海运提单的种类

1. 根据货物是否已装船分为已装船提单和备运提单

（1）已装船提单（On Board B/L）是指提单上载明货物已经装上轮船，并有船名和装船日期的提单。装船日期表明装货完毕的日期，该日期应完全符合买卖合同规定的装运时间。业务中一般要求卖方提供已装船提单。

（2）备运提单（Received for Shipment B/L）是指承运人在收到托运货物等待装船期间，向托运人签发的提单。待运的货物一旦装运后，在备运提单上加注“已装船”批注，备运提单就变成了“已装船提单”。

2. 根据货物表面状况有无不良批注分为清洁提单和不清洁提单

（1）清洁提单（Clean B/L）是指货物交运时表面状况良好，承运人在签发提单时未加任何货损、包装不良等批注的提单。银行只接受清洁提单。

（2）不清洁提单（Unclean B/L，Foul B/L）是指承运人在提单上加注货物及包装状况不良或存在缺陷等批注的提单。一般情况下，银行拒绝接受不清洁提单。

3. 根据收货人抬头分为记名提单、不记名提单和指示提单

（1）记名提单（Straight B/L）亦称收货人抬头提单，是指在收货人栏内需列明特定收货人的名称的提单。这种提单不能背书转让，货物只能交给提单上的收货人。有些国家规定此种提单可以不凭正本提单提货，此时该提单就失去了物权凭证作用，一般用于买方预付货款情况。

（2）不记名提单（Blank B/L，Bearer B/L）是指收货人栏内不需列明任何收货人，只写明“货交提单持有人”（To Bearer）或不填写任何内容的提单。谁持有提单，谁就可凭以提货，船方交货是凭单而不是凭人。因此，该提单风险性较大，业务中较少使用。

（3）指示提单（Order B/L）。指示提单收货人栏内填写“凭指示”（To Order）或“凭某人指示”（To order of...）字样，此种提单经过背书才能转让。这种提单有利于资金周转，因此业务中使用较多。

指示提单的背书有“空白背书”和“记名背书”之分。空白背书是由背书人（提单转让人）在提单的背面签章，但不注明被背书人的名称；记名背书除了背书人签章外，还要注明被背书人的名称。目前业务中使用较多的是凭指示并经空白背书的提单，习惯上称为“空白抬头、空白背书”提单。

4. 根据运输过程中是否转船分为直达提单和转船提单

（1）直达提单（Direct B/L）是指货物从装运港装船后，中途不经换船而直接运达目的港所签发的提单。

（2）转船提单（Transshipment B/L）是指船舶从装运港装货后不直接驶往目的港而需在途中某港口换装另一船舶再将货物运往目的港，按此条件签发的包括运输全过程的提单。

5. 根据海运提单内容的繁简分为全式提单和略式提单

（1）全式提单（Long Form B/L）是指通常应用的、在主单背面列有承运人和托运人的权利、义务等详细条款的提单。

（2）略式（简式）提单（Short Form B/L）是指仅保留全式提单正面的必要项目，如船名、货名、标志、件数、重量或体积、装运港、托运人名称等的记载，而省略提单背面全部条款的提单。

6. 根据运费支付方式的不同分为运费预付提单和运费到付提单

（1）运费预付提单（Freight Prepaid B/L）指货物装船后立即支付运费的提单。

（2）运费到付提单（Freight to Be Collected B/L）指货物到达目的港后，收货人提取货物前支付运费的提单。

7. 根据提单使用效力的不同分为正本提单和副本提单

（1）正本提单（Original B/L）是指提单上有“正本”（Original）字样的提单，是提货的依据，议付的凭证。全套正本提单一般是一式三份，根据合同或信用证要求来确定，其中一份提货后，其余各份均告失效。

（2）副本提单（Non-negotiable or Copy B/L）是指提单上有“副本”（Copy）字样的提单，仅供内部流转、业务参考及企业确认之用。

8. 其他分类

（1）过期提单（Stale B/L）。过期提单是指超过信用证规定的期限才交到银行的提单或晚于货物到达目的港的提单。前者是指迟于信用证规定的交单日期才向银行提交的提单，银行一般不接受过期提单；后者是在近洋运输时，容易出现货物先于提单到达目的港的情况。在近洋国家间的贸易合同中，一般订有“过期提单可以接受”的条款。

（2）倒签提单（Anti - dated B/L）。倒签提单是指由于货物实际装船日期迟于信用证规定的装运日期，影响向银行交单结汇，承运人或其代理人应托运人的请求签发的早于货物实际装船日期的提单，以符合信用证的规定。

（3）预借提单（Advanced B/L）。由于信用证规定的装船日期已到期，货主因故未能及时备妥货物装船或尚未装船或因船期延误影响货物装船，托运人出具保函要求承运人先行签发已装船提单，以便结汇。这种在货物装船前或开始装船前已为托运人借走的提单，称为预借提单。

（4）舱面提单（On Deck B/L）。有些货物如危险品、活牲畜，只能装在甲板上，而有时因舱位拥挤或货物体积过大而将货物装在甲板上。对于装在甲板上的货物，承运人或其代理人出具的提单为舱面提单，又称甲板货海运提单。

装在甲板上的货物不仅遭受损失的可能性较大，而且承运人对货物的灭失或损坏不负赔偿责任，一旦发生共同海损也不能得到分摊。因此，货主一般都在合同中或信用证上规定不允许将货物装在甲板上，在非装不可的情况下托运人或货主一定要投保舱面险。除非信用证另有规定，银行一般也不接受舱面提单。

二、海运单

海运单（Sea Waybill）是由船长或船公司或其代理人签发的证明已收到特定货物（已接管或已装船）并保证将货物运至目的地交付给指定收货人的一种凭证。

海运单不是物权凭证，故不可以转让。收货人不能凭海运单提货，而是凭到货通知提货。因此，海运单收货人一栏应填写实际收货人的名称和地址，以利货物到达目的港后通知收货人提货。

三、铁路运单

国际铁路运单是国际铁路联运的主要运输单据。它是发货人、收货人与铁路之间订立的运输契约，具体规定了参加联运的各国铁路和收、发货人的权利和义务，对当事人各方都具有法律约束力。

铁路运单一般为一式两份，铁路运单正本随同货物到达终点站，交收货人作为通知、清关和交付货物的凭证，也是铁路与货主交接货物、核收运杂费和处理索赔与理赔的依据。运单副本由铁路始发站签发给发货人作为货物已经交运的凭证和凭以向银行办理货款结算的主要单据。在托收和信用证支付方式下，运单副本是发货人向银行办理结汇的主要单据之一。由于收货人向铁路提取货物时，无须提交运单，因此，铁路运单并非物权凭证，不能通过背书进行转让和作为抵押品向银行融通资金。

四、航空运单

航空运单（Air Waybill）简称为AWB，是航空运输货物的主要单据，是航空承运人及其代理人签发给托运人表示已收妥货物并接受托运的货物收据。收货人在目的地提货，不是凭航空运单，而是凭航空公司签发的到货通知。航空运单的收货人一律做成记名抬头；航空运单不是物权凭证，不能通过背书转移货物的所有权，一般在航空运单的正面印有“不可转让”（Not Negotiable）字样。

航空运单正本一式三份，分别注明：①Original 1（For Issuing Carrier）由航空公司留存；②Original 2（For Consignee）随机交给收货人；③Original 3（For Shipper）交托运人。

货物发运后，托运人得到运单Original 3，在货物到达目的地前，只要托运人仍掌握这张运单，就可像铁路运输的托运那样指示承运人停运或将货物交给其他收货人。在信用证和托收支付方式下，托运人可凭Original 3向银行办理结汇。

五、多式联运单据

多式联运单据（Multimodal Transport Documents，简称MTD）是为适应广泛开展的集装箱运输的需要而产生的，在使用多种运输方式联合运送货物时所签发的单据。它是由联运经营人签发给托运人的对联运全程负责的单据。它与海运业务中使用的“联运提单”有相似之处，但也有着本质的区别，主要表现在以下几个方面：

(1) 使用的范围不同。联运提单限于由海运与其他运输方式所组成的联合运输时使用。多式联运单据使用范围较广，它既可用于海运与其他运输方式的联运，也可用于不包括海运的其他运输方式的联运，但仍必须是至少两种不同运输方式的联运。

(2) 签发人不同。联运提单由承运人、船长或承运人代理签发。多式联运单据则由多式联运经营人或经他授权的人签发。

(3) 签发人对运输负责的范围不同。联运提单的签发人仅对第一程运输负责，而多式联运单据的签发人则要对全程运输负责。

(4) 运费费率不同。联运提单全程采用不同的运费费率，多式联运单据则是全程采用单一的运费费率。

六、邮政收据

邮政收据（（Parcel Post Receipt））是邮政运输的主要单据，它是邮局收到寄件人的邮包后所签发的凭证，也是收件人凭以提取邮件的凭证，当邮包发生损坏或丢失时，它还可以作为索赔和理赔的依据，但邮政收据不是物权凭证。

【课堂讨论】

1. 海运提单的性质和作用表现在哪些方面？

2. 什么是提单的抬头？简述不同抬头提单之间的区别。

3. 陆、海、空、邮等运输方式中的运输单据有何区别？

【案例分析】

1. 中国某公司与英国某公司签订一份出口 600 公吨大米的合同，价格条件是 CIF 利物浦，6 月份装运，即期信用证支付。买方开来信用证，有效期为 7 月 15 日。卖方 6 月 25 日装船完毕，取得已装船清洁提单。7 月 6 日卖方向银行交单议付，银行审核无误后向卖方支付了货款。但买方收到货物后，发现货物受损且短量明显，因此拒绝收货，并要求卖方退回货款。试问：

（1）买方拒收货物并要求卖方退款是否合理？

（2）买方应如何处理此事？

2. 某年 10 月我国某出口公司与荷兰商人签订了出口农产品的合同，合同规定装运期为当年的 11/12 月，目的港为鹿特丹，付款为不可撤销的即期信用证。可是由于种种原因，货物于第二年的 1 月 11 日才装船完毕，于是我方公司请求外轮代理公司以第一年 12 月 31 日的日期签发“已装船提单”，并凭此向银行办理了结汇手续。货到鹿特丹后买方查实提单签发日期是虚假的，立即向我方提出索赔。试问：我方是否应该赔偿？为什么？

【实训项目】

1. 某提单显示：Shipper : T. L. Co. Ltd.
Consignee : To order of shipper
Notify Party : ABC Co. Ltd.

试问：（1）该提单是属于哪一类型的提单？

（2）该提单可否转让？如果可以转让，应通过何种方式转让？

2. 信用证条款为：

Applicant : ABC Company, Tokyo, Japan
Issuing Bank : Fuji Bank Ltd., Tokyo, Japan
Beneficiary : LCD Company, Shanghai

Documents Required : Full set of clean on board ocean B/L made out to order of issuing bank notifying applicant marked freight prepaid.

试问：提单抬头/收货人应为__________。

工作流程十一　出口收汇核销与出口退税

工作任务一　出口收汇核销

引例

2003 年 5 月 25 日，出口方德意公司收到上个出口货物收入的银行收汇水单，证明开证行已如期付款。至此，该交易已安全收汇。6 月 15 日德意公司又收到货代寄来的海关退回的出口收汇核销单和报关单。当天，核销员在网上将此核销单向外汇局交单，并在进行网上交单时，对核销单和报关单的电子底账数据进行了认真的核对。核对无误、网上交单成功后，6 月 18 日，该核销员持纸质的收汇水单（即出口收汇核销专用联，经银行盖有“出口收汇核销专用章”）、出口收汇核销单（已经出口海关盖章，第三联）、报关单（白色报关联，海关已盖章）、商业发票及自制的核销单送审登记表到外汇管理局办理核销手续。核销完毕后，外管局当场将加盖“已核销”章的核销单（出口退税联）退回给德意公司。核销完成后，核销员将上述单据转交财务办税人员办理退税事宜。

案例简析

在贸易中，出口企业收到银行收妥的货款并不意味着这笔贸易业务的完成，还有些后续的手续要办理。其中第一件事就是办理收汇核销，它是给予办理退税的前提，也是国家对出口企业收汇的贸易真实性的审核监督。

知识链接

一、出口收汇核销制度

出口收汇核销是国家为加强出口收汇管理，确保国家外汇收入，防止外汇流失，指定外汇管理部门对出口企业贸易的外汇收入情况进行监督检查的一种制度。我国外汇管理局在商务、海关、税务、银行等有关部门的配合与协助下，以出口货物的价值为标准，核对是否有相应的外汇（或货物）收回国内，也是对出口收汇的贸易真实性的审核。

我国的出口收汇核销管理制度始于 1991 年 1 月 1 日。实行出口收汇核销管理制度，主要是在贸易背景真实的基础上，督促出口单位将与出口货物价值相对应的外汇及时、足额地收回，以实现货物出口量与外汇收回量的等量对流，提高我国出口贸易的收汇率，防止收汇资金流失或非出口贸易项下外汇资金的混入，从而维护国际收支平衡，促进我国对外贸易的发展。基于此，我国规定由国家外汇管理部门依托出口货物报关单实施出口收汇核销管理。

除经特别批准，以及援外项目物资、对外实物捐赠、暂时出口和无价样品、广告品等外，所有具有外贸经营权的单位的一切出口贸易，均应办理出口收汇核销手续。

二、出口收汇核销流程

（1）出口单位取得商务部或其授权单位批准的进出口经营权。

（2）出口单位到海关办理“中国电子口岸”入网手续，并到有关部门办理“中国电子口岸”企业法人 IC 卡和“中国电子口岸”企业操作员 IC 卡电子认证手续。

（3）出口单位持有关材料到注册所在地外汇局办理登记，外汇局审核无误后，为出口单位办理登记手续，建立出口单位电子档案信息。

（4）出口单位网上申领出口收汇核销单。

（5）出口单位凭操作员 IC 卡、核销员证、出口合同（首次申领时提供）到注册所在地外汇局申领纸质出口收汇核销单。

（6）出口企业网上向报关地海关进行出口核销单的报关前的备案。

（7）出口单位凭出口核销单及报关单等办理出口报关手续，海关放行后在核销单上加盖“放行”章。

（8）出口单位在货物出口后通过“中国电子口岸出口收汇系统”将已用于出口报关的核销单向外汇局交单。

（9）出口单位向银行交单时，须随附盖有海关“放行”章的核销单。银行在收妥货款后，应在核销单上盖章后连同结汇水单（收账通知）一并退回出口单位。

（10）银行结汇后，出口单位持包括银行签章的核销单、结汇水单及报关单等相关单证到外汇局办理出口收汇核销手续。即期出口项下，出口企业应当在出口报关之日起 100 天内办理出口收汇核销手续；远期出口项下，出口企业应当在收到外汇之日起 10 天内，办理出口收汇核销手续。

（11）外汇局为出口企业办理完核销手续后，在核销单的“出口退税专用联”上签注“已核销”，并将“出口退税专用联”等凭证退给出口企业办理退税。

三、出口收汇核销单

出口收汇核销单是指由国家外汇管理局统一管理，各分支局核发，出口单位及金融机构填写，海关凭以受理报关，外汇管理部门凭以核销收汇的有顺序编号的重要凭证。分为存根联、正联、出口退税专用联三部分。

出口收汇核销单是出口单位向海关报关和银行交单的必备单据。出口单位领到有编号的空白核销单，在正式使用前，应当加盖单位名称及组织机构代码的条形章，并在骑缝处加盖单位公章。该单只准本单位使用，不得借用、冒用、转让和买卖。空白核销单长期有效。

填写核销单，应当准确、齐全，不得涂改，并与出口货物报送单上记载的有关内容一致。

样单 11　出口收汇核销单

<table>
<tr><td colspan="3">出口收汇核销单
出口退税专用</td></tr>
<tr><td colspan="3">编 号：</td></tr>
<tr><td colspan="3">出口单位：</td></tr>
<tr><td colspan="3">货币代码：</td></tr>
<tr><td>货物名称</td><td>数量</td><td>币种总价</td></tr>
<tr><td></td><td></td><td></td></tr>
<tr><td></td><td></td><td></td></tr>
<tr><td></td><td></td><td></td></tr>
<tr><td colspan="3">报关单编号：</td></tr>
<tr><td colspan="3">外汇局签注栏：
年 月 日（盖章）</td></tr>
</table>

<table>
<tr><td colspan="5">出口收汇核销单</td></tr>
<tr><td colspan="5">编 号：</td></tr>
<tr><td colspan="5">出口单位：</td></tr>
<tr><td colspan="5">单位代码：</td></tr>
<tr><td rowspan="4">银行签注</td><td>类别</td><td>币种金额</td><td>日期</td><td>盖章</td></tr>
<tr><td></td><td></td><td></td><td></td></tr>
<tr><td></td><td></td><td></td><td></td></tr>
<tr><td></td><td></td><td></td><td></td></tr>
<tr><td colspan="5">海关签注栏：</td></tr>
<tr><td colspan="5">外汇局签注栏：
年 月 日（盖章）</td></tr>
</table>

出口收汇核销单 存 根
编 号：
出口单位：
单位代码：
出口币种总价：
收汇方式：
预计收款日期：
报关日期：
备注：
此单报关有效期截止到：

【课堂讨论】

我国出口收汇核销制度的作用是什么？

【课堂练习】

1. 简述出口收汇核销的流程。
2. 出口收汇核销单的用途有哪些？

工作任务二　出口退税

引例

2003年6月25日，德意公司的财务办税人员将退税要用的单据收集齐全无误后装订成册。其中，核销单（外管局退回的出口退税专用联）、报关单（黄色出口退税联）、商业发票为一册，增值税发票（抵扣联）、出口专用缴款书、认证结果通知书、认证清单为一册，并在退税申报软件中逐条录入进货明细及申报退税明细。录入完毕、核对无误后打印生成退税处所需要的表格，连同“外贸企业出口货物退税汇总申报审批表”送交外经委稽核处加盖稽核章。2003年7月5日，财务办税人员将上述资料送交国税局稽核部门待批。同月25日，接到国税局通知，于7月5日申报的资料已通过。26日，财务人员到银行查询，查到申报退税额已足额退回。至此，该笔出口业务顺利完成。

案例简析

出口退税是国家支持外贸出口的重要政策，在我国对外贸易出口的商品中，有不少属于可出口退税的商品。这些商品的出口企业可通过出口退税减少自己的出口成本，增强自己的贸易竞争力。

知识链接

一、出口退税制度

出口货物退（免）税，简称出口退税，其基本含义是指对出口货物退还其在国内生产和流通环节实际缴纳的国内税（包括产品税、增值税、营业税和特别消费税）。出口货物退税制度是一个国家税收的重要组成部分。出口退税主要是通过退还出口货物的国内已纳税款来减轻国内产品的税收负担，使本国产品以不含税成本进入国际市场，与国外产品在同等条件下进行竞争，从而增强竞争能力，扩大出口创汇。

对出口商品实行退税政策是国际惯例，是国家支持外贸出口的重要手段。根据世界贸易组织有关规则的要求，各成员国可以对本国出口商品实行退税，但退税的最大限度不能超过出口商品在国内已征的税款。我国从 1985 年开始实行出口退税政策。1994 年税制改革后，为增强中国出口产品的国际竞争力，对出口企业的出口货物制订了“征多少、退多少，未征不退和彻底退税”的基本原则。这样的退税政策极大地鼓励了我国企业产品的出口，为我国外贸发展作出了极大的贡献，但也使个别企业在对外经营中一味地追求出口数量而忽略了经营效益，使国家遭受了巨大损失。自 1995 年起，我国开始对出口退税的税率进行调整，2003 年 10 月又取消了对部分产品的出口退税政策，进而开始对部分出口商品征收出口税。

二、退税的基本条件

享受退税政策的货物必须是以下几类：报关离境的出口货物；财务上作出口销售处理的货物；属于增值税、消费税征税范围的货物。

三、贸易方式与出口退（免）税

出口企业出口货物的贸易方式主要有一般贸易、进料加工、易货贸易、来料加工（来件装配、来样加工）、补偿贸易（现已取消），对一般贸易、进料加工、易货贸易、补偿贸易可以按规定办理退（免）税，易货贸易与补偿贸易与一般贸易计算方式一致，来料加工免税。

四、出口退税的一般程序

出口企业在产品报关出口，并在财务上做完销售处理后，按月、旬逐批填具出口产品退税申请书，报主管出口退税税务机关申请退税。同时必须提供“三单两票”，即：银行结汇水单、出口收汇核销单（出口退税专用联）、出口货物报关单、出口销售发票、出口购货发票，经税务机关审核无误后，退还有关税款。

1．送验有关证件及领取登记表

出口企业办理出口退税应先办理出口退税登记，持出口经营权批件（复印件）和工商营业执照（副本），于批准日起30天内到当地主管退税业务的税务机关办理退税登记。企业领到“出口企业退税登记表”后，即按登记表及有关要求填写，加盖企业公章和有关人员印章后，连同出口产品经营权批准文件、工商登记证明等材料一起报送税务机关，税务机关经审核无误后，即受理登记。

2．按时申报出口货物退税

出口企业应按期向当地主管出口退税的税务机关申报退税。出口企业在报关后，通过“中国电子口岸”核对报关信息，并将有关信息输入国税局的出口货物退（免）税电子申报系统向税务机关办理预申报。从2005年起，已经取消对出口货物的退（免）税清算。关于出口货物退（免）税申报期限的现行政策为：出口企业应在货物报关出口之日（以出口货物报关单《出口退税专用》上注明的出口日期为准）起90日内，向退税部门申报办理出口货物退（免）税手续。逾期未报的，除另有规定者和确有特殊原因经地市级以上税务机关批准者外，不再受理该笔出口货物的退（免）税申报。如果出口企业未按上述规定期限申报退（免）税，主管征税部门应视同内销货物予以征税。所以，凡是超过上述规定期限未申报退（免）税的，出口企业应该尽快到主管征税部门将其视同内销申报纳税，否则主管征税部门可依据《中华人民共和国税收征收管理法》给予处罚。

3．税务机关定期审核

税务机关对出口企业的电子数据进行初审，受理申报，若预申报没有获得通过（如报关单、增值税专用发票无信息等情况），经同意可予以改正补报。

4．出口企业提供相关凭证，取得退税

出口企业向税务机关办理正式退税时需要提供出口货物的增值税专用发票（已认证）、出口货物报关单（出口退税专用联）、出口收汇核销单（出口退税专用联）以及已输入税务机关软件的光盘（包括三张表：《出口货物退税进货明细表》、《出口货物销售明细账》、《出口退税汇总申请表》）。税务机关在审核后，安排退税资金有关工作，将出口退税资金划转出口企业并通知出口企业退税款到达的时间。

五、出口退税附送材料

（1）报关单。报关单是货物进口或出口时进出口企业向海关办理申报手续，以便海关凭此查验和验放而填具的单据。

（2）出口销售发票。这是出口企业根据与出口购货方签订的销售合同填开的单证，是外商购货的主要凭证，也是出口企业财会部门凭以记账做出口产品销售收入的依据。

（3）进货发票。提供进货发票主要是为了确定出口产品的供货单位、产品名称、计量单位、数量，是否是生产企业的销售价格，以便划分和计算确定其进货费用等。

（4）结汇水单或收汇通知书。

（5）属于生产企业直接出口或委托出口的自制产品，凡以到岸价CIF结算的，还应附送出口货物运单和出口保险单。

（6）有进料加工复出口产品业务的企业，还应向税务机关报送进口料、件的合同编号、日期、进口料件名称、数量、复出口产品名称、进料成本金额和实纳各种税金额等。

（7）产品征税证明。

（8）出口收汇已核销证明。

（9）与出口退税有关的其他材料。

六、出口退税的计算

外贸企业出口货物退税的计算直接关系到核算出口货物的成本及其报价，故出口退税的计算对于外贸企业非常重要。

1. 应退增值税的计算

应退税额＝外贸收购不含增值税购进金额×退税率

＝税后货值（增值税发票金额）/（1＋增值税率）×出口退税率

例1：出口企业购入出口商品的货值为100万人民币，增值税率为17%，退税额为13%，则：

应退税额＝1 000 000/（1＋17%）×13%＝111 111.11（元人民币）

2. 应退消费税的计算

实行从价定率征收办法：应退税款＝购进出口货物的进货金额×消费税税率

实行从量定额征收办法：应退税款＝出口数量×单位税额

例2：出口企业购入出口商品的货值为100万人民币，消费税税率为9%，则：

应退税额＝1 000 000×9%＝90 000（元人民币）

例3：出口企业购入出口商品的数量为100公吨，原征消费税单位税额为240元/吨，则：

应退税额＝100×240＝24 000（元人民币）

【课堂讨论】

我国出口退税制度有何作用？

【课堂练习】

1. 简述出口退税的流程。
2. 哪些商品可以出口退税？

【案例分析】

轻工公司出口一批头饰，退税率为13%，头饰供货商报价129.6元/罗（含17%的增值税），数量900罗。试计算该批头饰的退税金额是多少？出口成本是多少？

模块二　进口贸易业务流程

工作流程一　进口交易前的准备

一、进口商品审批

我国规定，一切进口货物都须经过有关政府部门的审查批准。有关国计民生的大宗敏感性重要进口商品，以及限制进口的某些机电仪器产品，均须经国家级主管部门审批；国际市场上相对集中、价格敏感或国内紧缺的重要物资，由中央分配各地方一定的进口额度，由地方主管部门审批；其余一般商品，由地方主管部门审批。进口商品的单位根据国家的进口计划或经省、市、自治区政府主管部门批准的进口计划提出订货申请书，即填写进口订货卡片。由于国内企业一般无经营进口权或进口商品超出其经营范围，因此，它们进口商品，必须委托有对外经营权的进出口公司或外贸企业代理进口。进口订货卡片是进出口公司办理进口业务的主要依据之一，内容包括：商品中、外文名称，品质，规格，数量，包装，生产国别或厂商名称，用途，估计外币金额，要求到货时间，外汇来源等。进出口公司在收到用货单位的进口订货卡以及其他政府批准进口的各种文件后，应认真审查各项具体内容，如进口商品是否符合进口原则，订货卡中的中、外文品名是否正确，规格是否完整，要求是否适度，用途是否清楚，外汇落实情况如何以及估计金额是否足够等。一旦发现有含糊不清或错误的地方，应立即采取更正或其他相应措施，以保证进口交易的顺利进行和进口后的经济效益。

二、调查和选择进口商品市场

进口商品市场的调查和选择主要是指通过多种渠道，广泛了解国外欲购商品市场的供销状况、价格动态和各国有关的进出口政策、法规措施和贸易习惯做法。根据进口商品的不同规格、不同技术条件、不同供应地区，进行分析比较，在贯彻国家政策的前提下，结合我方的购买意图，尽量安排在产品对路、货源充足、价格较低的地区市场进行采购。对市场的调查研究包括以下几个方面：

（1）进口商品调研。根据我方的经济实力和现有的技术水平，了解国外产品的技术先进程度、工艺程度和使用效能，以便货比三家，进口我方最需要的、商品质量相对较好、技术水平相对较高的商品。

（2）国际市场价格调研。国际市场价格经常受到经济周期、通货膨胀、垄断与竞争、投机活动等多种因素的影响而变幻不定，并且各个国家和地区的同类商品的价格也往往由于自然条件、技术条件、成本、贸易政策等因素不同而不一致。这就要求我们对上述以及其他影响进口商品价格的因素进行详细分析，选择在价格最有利的国家和市场采购商品。

（3）国际市场供求关系调研。受到商品产地、生产周期、产品销售周期、消费习惯和水平因素的影响，国际市场上我方欲购商品的供给与需求状况也在不断变化。为保障我方进口货物货源充足和获得其他有利条件，有必要对世界各地进口市场的供求状况进行详细研究，以便作出最有利于我方的选择。

（4）进口商品国家的相关贸易政策和法规调研。进口前应先了解该国鼓励、限制商品出口的政策，以及海关税收、数量配额等情况，对国家的政治局势也应予以关注。

选择进口商品市场时除了应注重经济效果，还要考虑贯彻国家政策，密切配合外交活动。如果能从发展中国家买到同等条件的商品，应优先从这些国家购买。如果我国对某国有贸易顺差，则应优先考虑从该国进口。

三、选择交易对象

在进口商品时，寻找和了解贸易伙伴的渠道是很多的。例如：通过我国驻外商务机构、领事馆以及中国银行或其他外商银行的介绍了解和结识客户；通过国际友好组织（如中日、中美、中法友好协会等）、各国的商业或工业民间组织以及国内外的国际咨询公司寻找和了解客户；从国内外报纸、杂志上的广告，行业名录及厂商年鉴中了解和物色潜在客户；另外还可通过参加各种展销会、广交会、小交会、博览会来结识客户。不过通过这些途径得到的信息都较为宽泛。为了对客户有进一步的了解，可以从以下几个方面对客户进行资信调查：

（1）支付能力。主要是调查客户的注册资本额、营业额、潜在资本、资本负债和借贷能力等，据以了解其财力状况。

（2）经营能力。主要是调查客户的供销渠道、联系网络、贸易关系、经营做法等，据以分析其经营活动能力的大小。

（3）经营作风。主要是调查企业的商业信誉、商业道德、服务态度、公共关系水平等是否良好。

（4）经营范围。主要是调查企业经营的商品品种、业务范围以及是否与我国做过交易等。

选择贸易伙伴直接关系到进口的得失与成败，是交易前准备工作中至关重要的环节。进口公司应通过各种途径从各个方面对客户进行全面了解，进而选择最合适、成交可能性最大的客户。

四、制定进口商品经营方案

选择好进口商品市场和交易对象是经营方案的重要内容。除此之外，在方案中还要对订购商品的数量、时间、价格、贸易方式和交易条件等作出妥善合理的安排，它们是对外交易洽谈和进口的重要依据。

关于订购的数量和时间安排，要根据用货单位的需要，洞察国外市场波动，防止因采购时间、数量过度集中导致外商提高价格或提出其他苛刻条件等，要争取在满足国内需要的前提下，在最有利的时机成交适当的数量。

价格往往是买卖双方争论的焦点。若我方出价过低，可能导致无法成交；若我方出价过高，又将浪费国家外汇，影响经济效益。因此要在对国际市场价格作出详细调查的基础上，参照近期进口成交价，拟定出合理价格区间，并不宜过早透露给外商。

进口业务除采用单进的贸易方式外，还应针对不同的商品特点、交易地区、交易对象，灵活多样地采取招标、以货易货、补偿贸易、三来业务和技术贸易等多种方式。

在对诸如品质、运输、保险、商检，以及价格上的佣金、折扣等交易条件作出安排时也要机动灵活，努力做到既利于进口成交，又维护我方利益。

五、报批用汇计划

进口商品的用汇计划须按一定程序向主管部门申请批准。进口商品经国务院批准，列入中央进口计划的，一般由中央拨给外汇；地方进口商品使用的外汇来源主要有中央分配的、经中央批准的专项外汇和周转外汇。在我国进口业务的实践中，外贸公司的进口业务分为自营进口和代理进口两种。一般用货单位委托外贸公司代理进口的，进口用汇均须经规定部门批准后，才能向中国银行购买。在外汇落实后，才能办理进口业务。

六、申领进口许可证

对进口商品实施许可证制度是国家管理进出口贸易的一种重要行政手段。对于国家规定必须申领进口许可证的商品，进口单位必须于办妥进口商品的审批和申请外汇手续后，填制进口许可证申请表，连同有关应提交的文件，向发证部门申领进口许可证。国务院规定统一管理的进口商品和国际市场竞争性强的商品，以及中央各部门进口的许可证商品，由外经贸部发证（或授权各外经贸部特派员办事处发证），其余授权省级经贸厅（委、局）发证。

工作流程二　交易磋商与合同的签订

交易磋商是签订合同的基础，是对外贸易工作的重要环节。交易磋商的成功与否，直接关系到合同的质量，关系到国家和企业的利益。关于交易磋商各项环节的法律规定等内容已经在出口流程的工作流程二中进行了详细阐述，本部分不再赘述。本部分只根据进口流程的特点说明在磋商中的注意事项。

根据进口合同的特点，在磋商中，要注意谈判策略，讲究谈判艺术，争取有利的成交价格和条件。进口交易磋商与出口交易磋商有许多相同之处，但由于在进口业务中，进口方与出口方的地位不同，因此，对磋商中各个环节应注意的事项有很大不同。进口交易磋商多以谈判为主，特别是进口机械设备、成套设备，往往包括技术转让的内容，所以比出口交易磋商更为复杂。

进口交易磋商的程序一般有询盘、比价、还盘和接受四个环节。

工作任务一　询盘

在进口交易中，询盘是买方为了洽购某项商品向卖方提出各项交易条件的询问，并邀请卖方发盘的表示。询盘的目的是邀请卖方发盘。在询盘中，可以笼统询问对方能否供货，也可以直接提出一些交易条件，如欲购买货物的名称、规格、数量、价格及交货期等。

对外询盘一般采取订一询三，即一个进口货单，向几个国家的出口商或生产厂发出同样的询价单，要求对方发盘。询盘的对象应有所选择，询盘对象的多少也应视商品和交易的特点而定，并要注意一定的策略，使自己在谈判中处于有利的地位。对于大宗进口商品或急需进口商品的询盘，更要慎重，避免暴露自己的采购计划和急需购货的心理，造成在交易磋商中处于被动不利地位。对于外商主动向我方发来询盘兜售或主动发盘，应因势利导，巧妙利用，以争取有利的成交条件。

工作任务二　比价

在对外询盘之后，可能收到多方的发盘，这时要对所有发盘中的各项交易条件进行全面分析，根据已掌握的资料，结合自己的购买意图，认真研究和比较，以选择适当的对象进行还盘。

对于一般货物的进口，比价工作比较简单，只需对商务条件，如品质、规格、供货数量、交货期及支付条件等进行综合比较，对于机械设备的进口，比价工作比较复杂。我们在收到国外客户针对我方询盘所发来的报盘或发盘后，应进行审核和比价工作。审核的要点是：

（1）审核报盘的种类。判断国外来盘是实盘还是虚盘，如属实盘，就不要错失良机，应在有效期内答复。

（2）审核报盘的内容。商品的规格、数量是否符合用货部门的要求，所报价格条件和所使用购货币能否被我方接受等。

（3）审核交货期限是否符合用货部门生产上的需要，以及其他应审核的内容。

比价的要点是：

（1）对商品品质、数量、包装、交货条件相同等的发盘进行价格比较，对各种不同交易条件的发盘进行综合分析比较。

（2）将同一商品过去的成交价与现行的市价相比较。

（3）注意不同品质的差价，不同成交数量的差价，不同销售季节的差价以及汇率的变化。

工作任务三　还盘

比价之后，进口商可选择适当的发盘进行还盘。在还盘时，一般应注意以下几个问题：

（1）要根据订货任务的轻重缓急和我方的购买意图，在适当的时机给对方还盘。还盘必须在比价之后进行，绝不能因购买任务紧急而忽略比价环节。

（2）要根据国际市场货物的供求关系，提出不同的还盘条件。在国际市场货物供大于求的情况下，还盘条件可适当严格一些；反之，还盘条件可灵活一些。

（3）要注意还盘不能仅限于价格，要综合分析，灵活运用其他交易条件讨价还价。在讨价还价中可以对发盘直接还盘，也可以降低其他无关紧要的条件，迫使对方降价，或者在对方坚持不降价格的情况下，提出其他增加对方义务和对己方有利的条件，以达到讨价还价的目的。例如，由即期付款交单改为远期付款交单，将预付货款支付方式改为托收支付方式。

一封完整的还盘应包括以下内容：确认对方来函，礼节性地感谢对方来函，简洁地表明我方对来函的总体态度，强调发盘条件的合理性并列明理由，如出口可强调符合市场价格、品质优良、利润已降至最低、原料上涨、人工成本提升，进口可强调订货量大、付款条件优惠等。

工作任务四　接受

在交易磋商过程中，如果进口方完全同意对方发盘的各项交易条件，或者完全同意对方的还盘，即可在有效期内向对方表示接受，与对方达成交易，订立合同。在进口交易磋商中，接受既可由进口方作出，也可由出口方作出。如果出口方发盘或还盘的条件比较合理或对进口方有利，应抓住时机在有效期内向对方表示接受。

工作任务五　签订进口合同

一、进口合同的形式

进口合同的主要形式有购货合同书（Purchase Contract）、购货确认书（Purchase Confirmation）、协议书（Agreement）及备忘录（Memorandum）等，在我国进出口业务中主要采用前两种形式。

1. 购货合同书

它是书面合同中内容最为详细、条款最为具体、格式相对稳定的一种形式。主要用于大宗业务。一般由基本条款和一般条款两部分构成。基本条款与出口合同相同，主要包括货物的名称和规格，成交数量，货物包装和运输标志，单价和总值，装运期，装运口岸，装运通知，投保人、投保险别、投保金额及保险条款，支付工具和方式，单据。一般条款是对于合同基本条款的补充说明或作为进出口双方之间订立的多份合同的共性条款，主要包括商品检验、索赔、仲裁及不可抗力等项内容。

2. 购货确认书

它是一种简式合同，主要用于小批量业务。

购货合同书与购货确认书尽管在格式上、条款项目和内容繁简上有所不同，但在法律上具有同等效力。

在我国进出口业务中，各企业都印有固定格式的购货合同书或购货确认书。当面成交的，即由双方共同签署；通过函电往来成交的，由卖方签署后，将正本一式两份送交进口方签署，进口方签署后退回一份，以备存查，并作为履行合同的依据。

二、进口合同的内容

进口合同的内容分为以下几个部分：

（1）合同名称和编号。

（2）前文。包括订约日期、当事人名称及地址、签约地址、签约原由。

（3）合同的基本条款。包括商品名称和品质规格条款、数量条款、价格条款、付款条款、包装条款等。

（4）特别条款。如安装和调试条款等。

（5）通用条款。如不可抗力条款等。

（6）结尾。包括合同的有效期、合同使用的文字及其效力，买卖双方和见证签字。

具体合同条款分为法律条款和商务条款。

（一）法律条款

（1）合同名称。合同的名称必须正确体现合同的内容。

（2）合同编号和唛头。为简便易懂、查找方便，编制合同编号应考虑如下因素：①订货年度；②承办进口订货的公司代号；③订货单位代号；④商品类别代号；⑤合同顺序号；⑥供货国代号。

（3）订约日期。一般情况下，签字日期在订约日期之后，最后的签字日期即为合同生效日期。

（4）订约地点。我方进口合同应在我国签字，如在国外签字，合同应订明准据法和诉讼管辖条款。

（5）订约当事人名称、地址。合同双方均应以其全名在合同中准确表明其法律身份。

（6）裁判管辖。合同中如有仲裁条款的约定，在履行合同过程中发生的纠纷如双方无法协商解决，由约定的仲裁机构裁决。

（7）准据法。合同中规定的成立、履行及解释将依据的某国法律，当事人可自由选择约定。

（8）合同有效期。合同开始生效至合同期满的这段时间。

（9）合同终止。合同因下述事由而终止：①合同期届满；②解除条件的结果；③约定解除权的行使；④法定解除权的行使。

（10）合同的修改与变更条件。合同的签订、变更或解除的通知或者协议，均应采用书面形式。

（11）通知。合同达成后应以何种方法通知以及通知效力发生时间均应在合同中加以约定。

（二）商务条款

（1）商品名称。进口合同的商品名称应注意的几点：①使用国际通用名称；②注意同物异名问题；③注意同名异物问题；④名称应具有代表性和规定性；⑤使用有利于运费的名称。

（2）品质条款。是非常重要的条款，必须明确而具体地订立。其确定方法有两种，一是以实物确定品质，二是以说明确定品质。

（3）数量条款。数量单位、包装物的重量、计算数量的方法等都要明确规定。

（4）价格条件。①价格种类的选择。进口价格的种类有净价的佣金价、平均价和直接价等多种形式，在具体交易中，可视情况选用。②计价货币的选择。最好是采用国际上的软货币。③价格风险条款和货币保值条款。

（5）交货条款。进口贸易中以使用 FOB 条件为好。

（6）付款条款。①付款时间。分为四种，依次是交货前付款、交货付款、凭单付款、交货后付款。②付款方式。付款方式有汇款、托收、信用证等。

三、订立进口合同的注意事项

（1）在签订进口合同时，对一些特殊情况应作特殊的规定。例如，因商品的品质、运输方式或运输路线而要求供应商进行特殊包装，就需在包装条款中进行特殊的限定：供应商应提供在指定合同项下的货物从起运地到目的地之间防止货物损坏或变质的包装。

（2）在商品检验条款中，根据商品品质的特殊要求，在检验过程中如要有支出，就可以规定：供应商需提供该特殊商品检验时所需的原材料、工具或一些附加费用。

（3）在涉及专利权产品的买卖交易中，应在合同中明确规定，专利产品的交易并不侵犯专利或商标的所有权。如果条款中对这点含糊不清，就容易招惹侵权的麻烦。

（4）在进口合同中，根据产品的特殊性，应订有“担保”这一条款，以保护买方的人身权利，使卖方尽到应尽的法律责任。

（5）对于买方遭受损失后的清算问题进口合同中应予以规定。按国际贸易惯例，如果供应商迟交货物，则要赔偿买方损失费。对买方来说，这项条款也很重要，应作些限制性的规定。

（6）要写明买卖双方，并尽可能一个买方、一个卖方，避免多头买卖。即使有买方多头或卖方多头，也应注明哪一家是合同的主持人，以防发生问题时互相推诿责任。同时，应尽量和制造商或制造商的代理签订合同，避免通过第三者、第四者购买，这样既可减少佣金、转运费等额外附加费用，又可避免日后索赔时不必要的纠纷。

（7）要注意订明保证期、索赔期。进口货物包括成套设备的索赔期，有 3 个月或 4 个月，个别有订 6 个月的。保证期一般一年或更长一些，视货物或设备情况而定。索赔期宜长不宜短，短了对买方不利。订明索赔期的同时，也要订明索赔的依据和程序，如：持商检证书索赔或买方（注明是进货方或用货方）出证索赔。

（8）要认明货物进口的质量、规格条款，也要订明货物进口的生产国别、内外包装要求，这样验收到货时，有据可依，有章可循。在订明品质规格条款时，有的要订明检验的依据、标准、方法。由于世界上进出口贸易的发展，有些国家有自己的一套检验标准和方法，有的贸易区域的几个国家统一规定了检验方法和标准，有的则是世界统一采用的公认可行标准。订明检验的方法和标准，对于鉴别货物的优劣，才能有一致的尺度，否则有时会造成争执与被动。如果按卖方标准检验，还要由卖方提出详细检验标准，否则，可能造成因寻找检验标准贻误了对外索赔。

（9）签署合同前，要对国际市场该货物价格有所了解，熟悉该货物的销售情况，这样标定价格时，才不致使我方吃亏，此外包装费用、安装测试费用、保险费用等均宜订明。订得越详细，责任的分担就越明了。应以投保我方保险公司为宜，因为这样可以增加我方的外汇收入并减少支出。如果是由卖方负责投保，也应尽可能在中国投保。

订明货物（或设备）价格时，还要订明付款条款或记账条款。付款条款中要订明先付货款的比例，不可一次全部付清（绝不可未到货而先付款），即使是记账付款的也应如此处理。这样在到货出现质量、数量上的问题时，才有交涉的主动权。

（10）订立合同，要编上合同号码，在处理对外索赔时，将有利于引证所属合同。如进口设备品质达不到合同要求时，商检证书就有“根据合同×××号，该货物（或设备）品质……”的证书用语，引证时有依有据，十分有力。

（11）货物（设备）进口时，每批要随附所需的提单、发票、清单（或磅码单）、质检证书、产地证书等各种有关单证，一式多份以便及时向海关、商检申报。即使是在国内举办的国际或他国展销会上订购设备，也要提出这些要求。

（12）进口货物中，包装物及货物凡是有检验检疫要求的都要在进口前办理好有关检验检疫并出具应有的证书（如动物检验检疫证书、木质包装材料熏蒸证书、无疫区证明等），以利于进口后复检时不出问题并把疫菌病虫堵在国门之外。

（13）货物的HS编码至关重要，进口货物HS编码介于类与类之间，在申报进口时务必查清核实HS编码与实际货物是否相符合，以免报关、报检时出现麻烦。

（14）订立进口合同中的装运、索赔条款应注意以下问题：

进口合同中的装运条款主要应包括装运时间、装运港和目的港、装运通知、分批装运和转船等项内容。这些内容都应订得合理明确，有些商品需要装在水线以下，有的商品需要远离锅炉房，有些易碎商品需要装在甲板舱而不适宜装在底层舱，以免堆层高而被压碎等，这些都应提出具体要求。由于发货人或承运人未经收货人同意擅自改变发货条款，或转船、转港，甚至在转港时变更包装形式的情况常有发生，不但延长了装运期，有时还造成设备短缺、损坏，使收货人遭受直接或间接的经济损失。所以在订立装运条款时，注明如发生上述情况，责任方应承担经济赔偿责任。采用集装箱装运的货物仍然要订明符合规定的包装条款。

进口合同中的索赔条款应包括索赔有效期和质量保证期条款，以便在规定的期限内做好检验验收工作，分清买卖双方的责任期限。索赔有效期是指卖方未按合同约定要求提供商品时，买方向卖方提出赔偿要求的时间期限。

索赔有效期的约定应根据进口商品的特点、运输、检验条件等情况而定，一般商品订为45天、60天或90天，有些机电设备、技术设备和成套设备等商品，进口数量较多，技术条件较复杂，检验测试费时较长的，索赔有效期应适当延长，可订为120天、150天或

180 天。签订索赔有效期条款应明确的问题是索赔期开始计算的时间，根据国际贸易习惯，开始计算的时间可分为：装货日期开始，即从签发提单日期起算；进口日期开始，即从承运船舶抵达到货地港口锚地起算；抵岸日期开始，即从承运船舶抵达到货口岸的码头或浮筒时起算；卸毕日期开始，即从全船货物卸毕之日起算。上述四种起算时间，以卸毕日期开始最为合理，对收、用货部门也最为有利。

质量保证期是指买方在接受卖方提交货物后，在保存或使用中发现进口商品有质量问题而向卖方提赔的时间期限。对于在开箱检验中不易发现和测定到内在质量，不经一段时间的保存或使用无法考查其质量性能的进口商品，在对外签订合同时，应订明质量保证期。具体时间期限，应根据商品特点和贸易条件，一般订为 1 年或 1 年 6 个月，起算日期最好订为“从买方收货后检验、验收、启用之日起计算”或“安装调试完毕之日起计算”。

（15）订明进口商品的品质、规格、成分等是做好进口商品检验的重要条件，必须根据各种进口商品的特点订好进口合同条款。进口原材料，应根据国内生产和使用的需要，订明具体的品质、规格和成分，订好理化方面的主要项目，有上下幅度地订明具体数据，便于进口到货时对照验收。进口有色金属和黑色金属材料，在合同中应订明化学分析和物理性能试验的品质、规格、成份和试验数据等具体要求，还要对炉号、批次等约定具体的限制数据，并要求唛头标记醒目清晰，如不同炉号生产的应以钢印标明，避免只用油漆做标记而易造成脱落或模糊不清，影响到货时分清批次和抽样检验。有关安全、卫生、检疫等方面的商品，应按国家法律、行政法规的规定，在合同中订明有关的具体要求。不够明确的应向有关主管部门查明情况，或与出入境检验检疫机构和其他检验机构研究确定。

样单 12　进口合同

进口合同范本

Purchase Contract

合同编号（Contract No.）：____________________

签订日期（Date）：____________________

签订地点（Signed at）：____________________

买方：____________________

The Buyer：____________________

地址：____________________

Address：____________________

电话（Tel）：____________________传真（Fax）：____________________

电子邮箱（E－mail）：____________________

卖方：____________________

The Seller：____________________

地址：____________________

Address：____________________

电话（Tel）：____________________传真（Fax）：____________________

电子邮箱（E－mail）：____

买卖双方同意按照下列条款签订本合同：

The Seller and the Buyer agree to conclude this Contract subject to the terms and conditions stated below：

货物名称、规格和质量（Name，Specifications and Quality of Commodity）：

数量（Quantity）：

允许__________的溢短装（__________% more or less allowed）

单价（Unit Price）：

总值（Total Amount）：

交货条件（Terms of Delivery）FOB/CFR/CIF __________

原产地国与制造商（Country of Origin and Manufacturers）：

包装及标准（Packing）：

货物应具有防潮、防锈蚀、防震并适合于远洋运输的包装，由于货物包装不良而造成的货物残损、灭失应由卖方负责。卖方应在每个包装箱上用不褪色的颜色标明尺码、包装箱号码、毛重、净重及“此端向上”、“防潮”、“小心轻放”等标记。

The packing of the goods shall be preventive from dampness，rust，moisture，erosion and shock，and shall be suitable for ocean transportation/ multiple transportation. The Seller shall be liable for any damage and loss of the goods attributable to the inadequate or improper packing. The measurement，gross weight，net weight and the cautions such as “Do not stack up side down”，“Keep away from moisture”，“Handle with care” shall be stenciled on the surface of each package with fadeless pigment.

唛头（Shipping Marks）：

装运期限（Time of Shipment）：

装运口岸（Port of Loading）：

目的口岸（Port of Destination）：

保险（Insurance）：

由__________按发票金额__________%投保__________险和__________附加险。

Insurance shall be covered by the __________ for __________% of the invoice value against __________ Risks and __________ Additional Risks.

付款条件（Terms of Payment）：

（　　）信用证式：买方应在装运期前/合同生效后__________日，开出以卖方为受益人的不可撤销的议付信用证，信用证在装船完毕后__________日内到期。

Letter of Credit：The Buyer shall，__________ days prior to the time of shipment /after this Contract comes into effect，open an irrevocable Letter of Credit in favor of the Seller. The Letter of Credit shall expire __________ days after the completion of loading of the shipment as stipulated.

（　　）付款交单：货物发运后，卖方出具以买方为付款人的付款跟单汇票，按即期付款交单（D/P）式，通过卖方银行及__________银行向买方转交单证，换取货物。

Documents against payment：After shipment，the Seller shall draw a sight bill of exchange on the Buyer and deliver the documents through Sellers bank and __________ Bank to the Buyer against payment，i. e D/P. The Buyer shall effect the payment immediately upon the first presentation of the bill（s）of exchange.

（　　）承兑交单：货物发运后，卖方出具以买方为付款人的付款跟单汇票，付款期限为__________

后__________日，按即期承兑交单（D/A __________日）式，通过卖方银行及__________银行，经买方承兑后，向买方转交单证，买方在汇票期限到期时支付货款。

Documents against Acceptance: After shipment, the Seller shall draw a sight bill of exchange, payable __________ days after the Buyers delivers the document through Seller's bank and __________ Bank to the Buyer against acceptance (D/A __________ days). The Buyer shall make the payment on date of the bill of exchange.

(　　) 货到付款：买方在收到货物后__________天内将全部货款支付卖方（不适用于 FOB、CFR、CIF 术语）。

Cash on delivery (COD): The Buyer shall pay to the Seller total amount within __________ days after the receipt of the goods (This clause is not applied to the Terms of FOB, CFR, CIF).

单据（Documents Required）：

卖方应将下列单据提交银行议付/托收：

The Seller shall present the following documents required to the bank for negotiation/collection:

(　　) 标明通知收货人/受货代理人的全套清洁的、已装船的、空白抬头、空白背书并注明运费已付/到付的海运/联运/陆运提单；

Full set of clean on board Ocean/Combined Transportation/Land Bills of Lading and blank endorsed marked freight prepaid/ to collect;

(　　) 标有合同编号、信用证号（信用证支付条件下）及装运唛头的商业发票一式__________份；

Signed commercial invoice in __________ copies indicating Contract No., L/C No. (Terms of L/C) and shipping marks;

(　　) 由__________出具的装箱或重量单一式__________份；

Packing list/weight memo in __________ copies issued by __________;

(　　) 由__________出具的质量证明书一式__________份；

Certificate of Quality in __________ copies issued by __________;

(　　) 由__________出具的数量证明书一式__________份；

Certificate of Quantity in __________ copies issued by __________;

(　　) 保险单本一式__________份（CIF 交货条件）；

Insurance policy/certificate in __________ copies (Terms of CIF);

(　　) __________签发的产地证一式__________份；

Certificate of Origin in __________ copies issued by __________;

(　　) 装运通知（Shipping advice）：卖方应在交运后__________小时内以特快专递式邮寄给买方上述第__________项单据副本一式一套。

The Seller shall, within __________ hours after shipment effected, send by courier each copy of the above-mentioned documents No. __________.

装运条款（Terms of Shipment）：

(　　) FOB 交货式

卖方应在合同规定的装运日期前__________天，以__________式通知买方合同号、品名、数量、金额、包装件、毛重、尺码及装运港可装日期，以便买方安排租船/订舱。装运船只按期到达装运港后，如卖方不能按时装船，发生的空船费或滞期费由卖方负担。在货物越过船舷并脱离吊钩以前一切费用和风险由卖方负担。

The Seller shall, __________ days before the shipment date specified in the Contract, advise the Buyer by __________ of the Contract No., commodity, quantity, amount, packages, gross weight, measurement, and the date of shipment in order that the Buyer can charter a vessel/book shipping space. In the event of the Seller's failure to effect loading when the vessel arrives duly at the loading port, all expenses including dead freight and/or demurrage charges thus incurred shall be for the Seller's account.

( ) CIF 或 CFR 交货式

卖方须按时在装运期限内将货物由装运港装船至目的港。在 CFR 术语下，卖方应在装船前__________天以__________式通知买方合同号、品名、发票价值及开船日期，以便买方安排保险。

The Seller shall ship the goods duly within the shipping duration from the port of loading to the port of destination. Under CFR terms, the Seller shall advise the Buyer by __________ of the Contract No. , commodity, invoice value and the date of dispatch __________ days before the shipment for the Buyer to arrange insurance in time.

装运通知（Shipping Advice）：

一经装载完毕，卖方应在__________小时内以__________式通知买方合同编号、品名、已发运数量、发票总金额、毛重、船名/车/机号及启程日期等。

The Seller shall, immediately upon the completion of the loading of the goods, advise the Buyer of the Contract No. , names of commodity, loading quantity, invoice values, gross weight, name of vessel and shipment date by __________ within __________ hours.

质量保证（Quality Guarantee）：

货物品质规格必须符合本合同及质量保证书之规定，品质保证期为货到目的港__________个月内。在保证期限内，因制造厂商在设计制造过程中的缺陷造成的货物损害应由卖方负责赔偿。

The Seller shall guarantee that the commodity must be in conformity with the quatity, specifications and quanlity specified in this Contract and Letter of Quality Guarantee. The guarantee period shall be __________ months after the arrival of the goods at the port of destination, and during the period the Seller shall be responsible for the damage due to the defects in designing and manufacturing of the manufacturer.

检验（Inspection）（以下两项任选一项）：

( ) 卖方须在装运前__________日委托__________检验机构对本合同之货物进行检验并出具检验证书，货到目的港后，由买方委托__________检验机构进行检验。

The Seller shall have the goods inspected by __________ days before the shipment and have the Inspection Certificate issued by __________. The Buyer may have the goods re-inspected by __________ after the goods arrival at the destination.

( ) 发货人，制造商应对货物的质量、规格、性能和数量/重量作精密全面的检验并出具检验证明书，说明检验的技术数据和结论。货到目的港后，买方请中国商品检验局（以下简称商检局）对货物的规格和数量/重量进行检验，如发现货物残损或规格、数量与合同规定不符，除保险公司或轮船公司的责任外，买方需在货物到达目的港后__________日内凭商检局出具的检验证书向卖方索赔或拒收该货。在保证期内，如货物由于设计或制造上的缺陷而发生损坏或品质和性能与合同规定不符，买方将委托中国商检局进行检验。

The manufacturers shall, before delivery, make a precise and comprehensive inspection of the goods with regard to its quality, specifications, performance and quantity/weight, and issue inspection certificates certifying the technical data and conclusion of the inspection. After arrival of the goods at the port of destination, the Buyer shall apply to China Commodity Inspection Bureau (hereinafter referred to as CCIB) for a further inspection as to the specifications and quantity/weight of the goods. If damages of the goods are found, or the specifications and/or quantity are not in conformity with the stipulations in this Contract, except when the responsibilities lies with Insurance Company or Shipping Company, the Buyer shall, within __________ days after arrival of the goods at the port of destination, claim against the Seller, or reject the goods according to the inspection certificate issued by CCIB. In case of damage of the goods incurred due to the design or manufacture defects and/or in case the quality and performance are not in conformity with the Contract, the Buyer shall, during the guarantee period, request CCIB to make a survey.

索赔（Claim）：

买方凭其委托的检验机构出具的检验证明书向卖方提出索赔（包括换货），由此引起的全部费用应由卖方负担。若卖方收到上述索赔后__________天未予答复，则认为卖方已接受买方索赔。

The buyer shall make a claim against the Seller (including replacement of the goods) by the further inspection certificate and all the expenses incurred therefore shall be burdened by the Seller. The claims mentioned above shall be regarded as being accepted if the Seller fail to reply within __________ days after the Seller received the Buyer's claim.

迟交货与罚款（Late delivery and Penalty）：

除合同第__________条不可抗力原因外，如卖方不能按合同规定的时间交货，买方应同意在卖方支付罚款的条件下延期交货。罚款可由议付银行在议付货款时扣除，罚款率按每__________天收__________%，不足__________天时以__________天计算。但罚款不得超过迟交货物总价的__________%。如卖方延期交货超过合同规定__________天，买方有权撤销合同，此时，卖方仍应不迟延地按上述规定向买方支付罚款。

买方有权对因此遭受的其他损失向卖方提出索赔。

Should the Seller fail to make delivery on time as stipulated in the Contract, with the exception of Force Majeure causes specified in Clause __________ of this Contract, the Buyer shall agree to postpone the delivery on the condition that the Seller agree to pay a penalty which shall be deducted by the paying bank from the payment under negotiation. The rate of penalty is charged at __________% for every __________ days, odd days less than __________ days should be counted as __________ days. But the penalty, however, shall not exceed __________% of the total value of the goods involved in the delayed delivery. In case the Seller fail to make delivery __________ days later than the time of shipment stipulated in the Contract, the Buyer shall have the right to cancel the Contract and the Seller, in spite of the cancellation, shall nevertheless pay the aforesaid penalty to the Buyer without delay.

The Buyer shall have the right to lodge a claim against the Seller for the losses sustained if any.

不可抗力（Force Majeure）：

凡在制造或装船运输过程中，因不可抗力致使卖方不能或推迟交货时，卖方不负责任。在发生上述情况时，卖方应立即通知买方，并在__________天内，给买方特快专递一份由当地民间商会签发的事故证明书。在此情况下，卖方仍有责任采取一切必要措施加快交货。如事故延续__________天以上，买方有权撤销合同。

The Seller shall not be responsible for the delay of shipment or non-delivery of the goods due to Force Majeure, which might occur during the process of manufacturing or in the course of loading or transit. The Seller shall advise the Buyer immediately of the occurrence mentioned above and within __________ days thereafter the Seller shall send a notice by courier to the Buyer for their acceptance of a certificate of the accident issued by the local chamber of commerce under whose jurisdiction the accident occurs as evidence thereof. Under such circumstances the Seller, however, are still under the obligation to take all necessary measures to hasten the delivery of the goods. In case the accident lasts for more than __________ days the Buyer shall have the right to cancel the Contract.

争议的解决（Arbitration）：

凡因本合同引起的或与本合同有关的任何争议应协商解决。若协商不成，应提交中国国际经济贸易仲裁委员会深圳分会，按照申请仲裁时该会现行有效的仲裁规则进行仲裁。仲裁裁决是终局的，对双方均有约束力。

Any dispute arising from or in connection with the Contract shall be settled through friendly negotiation. In case no settlement is reached, the dispute shall be submitted to China International Economic and Trade Arbitration Commission (CITAC), Shenzhen Commission for arbitration in accordance with its rules in effect at the time of applying for arbitration. The arbitral award is final and binding upon both parties.

通知（Notices）：

所有通知用__________文写成，并按照如下地址用传真/电子邮件/快件送达给各方。如果地址有变更，一方应在变更后__________日内书面通知另一方。

All notice shall be written in __________ and served to both parties by fax/courier according to the following addresses. If any changes of the addresses occur, one party shall inform the other party of the change of address within __________ days after the change.

本合同使用的 FOB、CFR、CIF 术语以国际商会《__________年国际贸易术语解释通则》为依据。

The terms FOB、CFR、CIF in the Contract are based on INCOTERMS __________ of the International Chamber of Commerce.

附加条款（Additional Clause）：

本合同上述条款与本附加条款抵触时，以本附加条款为准。

Conflicts between Contract clause here above and this additional clause, if any, it is subject to this additional clause.

本合同用中英文两种文字写成，两种文字具有同等效力。本合同共__________份，自双方代表签字（盖章）之日起生效。

This Contract is executed in two counterparts each in Chinese and English, each of which shall deemed equally authentic. This Contract is in __________ copies, effective since being signed/sealed by both parties.

买方代表（签字）：
Representative of the Buyer
(Authorized signature)：
卖方代表（签字）：
Representative of the Seller
(Authorized signature)：

【课堂讨论】

订立进口合同应注意哪些事项？

【课堂讨论】

进口交易磋商的一般程序是什么？

【案例分析】

1. 甲公司拟进口一批货物，请乙公司发盘。9 月 1 日乙公司发盘，对该货物报价每件 10 美元，限 9 月 30 日复到有效。对此，甲公司作出还盘，提出价格每件 8 美元，并要求乙公司 9 月 20 日前答复。至 9 月 20 日乙公司一直未予回复。由于该货物价格看涨，甲公司 9 月 20 日去电，表示接受对方 9 月 1 日的发盘。试问：此接受是否有效？乙公司的发盘有效期未过，对乙公司是否还有约束力？

2. 我国某商务公司与某外商磋商进口一台四色胶印机，经往来电传磋商，已就合同的基本条款初步达成协议，但我方在事后所发的表示接受的电传中提出“以签订确认书为准”的要求，之后，外商拟就合同书电传我方，并要求我方予以确认。但由于某些条款的措辞尚待进一步商讨，同时我方又发现该种机器市场价格趋降，因此未及时给予答复。外商又连续电催我方迅速开证，我方拒绝开证。试问：我方公司的行为是否违反合同？是否应承担违约责任？

【实训项目】

买方发盘要求卖方凭发盘人提供的规格、性能生产供应某机械设备，方发盘人除列明品质、数量、价格、付款、交货期等必要条件外，还规定有效期 1 个月，以便卖方能有足够时间研究决定是否能按所提条件生产供应。卖方收到发盘后，立即组织人员进行设计，分析必要生产设备添置的可能性和进行成本核算。两周后，突然接到买方通知，由于资金原因，决定不再订购该项机械设备，并撤销发盘。此时，卖方已因设计、分析生产设备、核算成本等付出了大量费用。接到买方撤盘通知后，卖方被迫停止尚未完成的设计与成本核算等工作。对此，你认为卖方能否提出异议？应该如何处理？并说明理由。

工作流程三　申请开立信用证

引例

我国某外贸出口公司与外商签订一份出口合同，合同中规定不可以分批装运，但外商开来的信用证上并未规定不可分批装运条款，我方出口按照分批装运发货。外商以我方违反合同为由请求银行不予我方议付款项。请问：银行该不该接受外商请求？

案例简析

银行按照单证一致原则，应该给予议付，不该接受外商请求。外商申请开证时没有把不允许分批装运条款写进信用证，没做到单证一致，是申请开证的业务人员的工作失误。

知识链接

一、申请开立信用证的手续

（1）备齐开证资料，填写开证申请书。

（2）合同复印件备案。

（3）缴纳开证担保。

（4）支付开证手续费。

（5）填写进口付汇核销单。

二、信用证的开证时间

信用证应在合同规定的期限内开出。如合同只规定了装运期的起止日，则应保证受益人在装运期开始前收到信用证；如合同只规定最迟装运日期，则应在合理时间内开证，以使卖方有足够时间备妥货物并凭以出运，通常在交货期前1个月至1个半月左右；如合同规定在卖方领到出口许可证或支付履约保证金后开证，应在收到对方已领到出口许可证的通知或银行转知保证金已照收后开证。

三、进口开证应注意的问题

（1）开证前一定要落实进口批准手续及外汇来源。
（2）应满足“证同一致”的要求。
（3）单据条款要明确。
（4）我国银行一般不接受开立他行保兑的信用证，对可转让信用证也持谨慎态度。
（5）开证申请书文字力求规范、完整、明确。
（6）网上申请开证的用户必须在注册网上银行证书版后才能办理相应的业务。
（7）开证上应明确规定分批装运和转运条款以及需要提交的单据。

【课堂讨论】

开立信用证为何要求做到“证同一致”？

【实训项目】

以一次进口业务为例，准备相关资料，模拟申请开立一份跟单信用证。

工作流程四　办理进口货物运输

引例

国内A公司从香港B公司进口数套德国设备，合同价格条件为CFR广西梧州，装运港是德国汉堡，装运期为开出信用证后90天内，提单通知人是卸货港的外运公司。合同签订后，A公司于7月25日开出信用证，10月18日香港B公司发来装船通知，11月上旬B公司将全套议付单据寄交开证行，A公司业务员经审核未发现不符并议付了货款。船运从汉堡到广西梧州包括在香港转船正常时间应在45～50天内，12月上旬，A公司屡次查询梧州外运公司都无货物消息，公司怀疑B公司倒签提单，随即电询B公司，B公司却答复已如期装船。12月下旬，A公司仍未见货物，再次电告B公司要求B公司联系其德国发货方协商查询货物下落。B公司回电说德国正处圣诞节假期，德方无人上班，没法联络。A 公司无奈只好等待。元月上旬，圣诞假期结束，B 公司来电，称货物早已在去年 12 月初运抵广州黄埔港，请速派人前往黄埔港办理报关提货手续。此时货物海关滞报已 40 多天，待 A 公司办好报关提货手续已是次年元月底，发生的滞箱费、仓储费、海关滞报金、差旅费及其他相关费用达十几万元。

案例简析

上述进口案例中，造成这种结果的原因有以下几个：

（1）合同未列明转运港，A 公司按经验想当然认为转运港是香港，卸货港是梧州。可德国发货方并不知道香港——梧州有船来往，他们安排了汉堡——香港——广州——梧州的运输路线。所以，作为进口方，随时掌握船舶动态很重要。

（2）原合同规定提单通知人为卸货港的外运公司较为笼统。货抵黄埔后，黄埔外运不知货主是谁，A 公司认为合同目的港是梧州，因此只和梧州外运联系，根本没想到黄埔外运。办理运输业务时，单据的制作要谨慎。

知识链接

一、海运进口货物运输业务

海运进口业务是指根据贸易合同中有关运输条件，把向国外的订货加以组织，通过海运方式运进国内的一种业务。这种业务取决于价格条件，如果是 CIF 或 CFR 条件，则由国外卖方办理租船订舱工作；如果是 FOB 条件，则由买方办理租船订舱工作，派船前往国外港口接运。由于经营外贸业务的公司或有外贸经营权的企业一般本身不掌握运输工具，运输工作主要依靠国内、外的有关运输部门来完成。这是一项复杂的运输组织工作，外贸部门或其运输代理要根据贸易合同的规定，妥善组织安排运输，使船货相互适应、密切配合，按时、按质、按量完成进口运输任务。

海运进口货物运输工作，一般包括八个环节。

（一）租船订舱

按照贸易合同的规定，负责货物运输的一方，要根据货物的性质和数量来决定租船或订舱。大宗货物需要整船装运的，洽租适当船舶承运；小批量的杂货，大多向班轮公司订舱。不论租船或订舱，均需办理租船或订舱手续。除个别情况外，一般均委托代理来办理。在我国，一般是委托中国对外贸易运输总公司及其分公司来办理。在办理委托时，委托人需填写《进口租船订舱联系单》（以下简称《联系单》）并提出具体要求。《联系单》的内容一般包括货名、重量、尺码、合同号、包装种类、装卸港口、交货期、买货条款、发货人名称和地址、电挂或电传号等项目。如有其他特殊要求事项，也应在《联系单》中注明。填写《联系单》时应注意以下几点：

（1）货名、重量、尺码、包装、件数要用中、英文两种文字填写。对重量一项，应填毛重。对长大件货物，要列明其长、宽、高的尺寸。对集重货物，要列明最大件的重量和件数。

（2）“买货条款”一栏要与贸易合同条款相一致，对合同中的装运条件另有规定者，要在联系单上详细列明，以便划分责任、风险和费用。

（3）贵重物品要列明其售价。

（4）危险货物要注明危险品性质和国际危规的页码 IMDGC（International Maritime Dangerous Goods Code Page）及联合国编号（UN No....）。国际危规把危险品分为爆炸品、气体、易燃液体、易燃固体、氧化剂和有机氧化物、有毒和有感染性的物质、放射性物品、腐蚀性物品和其他危险物品九大类，在填《联系单》时需注明其类别。填写货物品名时，必须用其学名（技术名称），不要使用其俗名。对易燃液体还必须注明其闪点（Flash Point）。

（5）《联系单》的内容必须与贸易合同完全一致。如租整船，还须附贸易合同副本。

（二）掌握船舶动态

掌握进口货物船舶动态，对装卸港的工作安排，尤其对卸货港的卸船工作安排极为重要。船舶动态主要包括船名、船籍、船舶性质、装卸港顺序、预抵港日期、船舶吃水和该船所载货物的名称数量等方面的信息。船舶动态信息可获自各船公司提供的船期表、国外发货人寄来的装船通知、单证资料、发货电报以及有关单位编制的进口船舶动态资料等。

（三）收集和整理单证

进口货物运输单证一般包括商务单证和船务单证两大类。商务单证有贸易合同正本或副本、发票、提单、装箱单、品质证明书和保险单等。船务单证主要有载货清单、货物积载图、租船合同或提单副本。如系程租船，还应有装卸准备就绪通知书（Notice of Readiness）、装货事实记录（Loading Statement of Facts）、装卸货物时间表（Time Sheet）等，以便计算滞期费、速遣费。

单证多由装货港口的代理和港口轮船代理公司、银行、国外发货人提供。近洋航线的单证也可由进口船舶携带而来。

进口货物的各种单证是港口进行卸货、报关、报验、接交和疏运等工作不可缺少的资料，因此负责运输的部门收到单证后，应以此与进口合同进行核对。若份数不够，要及时复制分发有关单位，以便船只到港后各单位相互配合，共同做好接卸疏运等工作。

（四）报关

进口货物需向海关报关，填制《进口货物报关单》。报关单的内容主要有船名、贸易国别、货名、标记、件数、重量、金额、经营单位、运杂费和保险费等项，货主凭报关单、发票、品质证明书等单证向海关申报进口。办理报关的进口货物，经海关查验放行，交纳进口关税后，方可提运。

根据《中华人民共和国海关法》第 18 条规定，进口货物应当自运输工具申报进境之日起 14 日内向海关申报。超过上述规定期限未向海关申报的，由海关征收滞纳金。

非贸易进口货物的货主，需填制《免领许可证进口物品验放凭证》，连同有关证件，向海关申报查验放行。凡不在港口查验放行的贸易货物的货主，需填制《国外货物转运准单》，向港口海关申报，经海关同意并监管运至目的地，由目的地海关查验放行。对国外免费赠送的样品，需填制《进口非贸易样品申报单》，附发票一份，向海关申报。如系使领馆物品，则凭使领馆或有关单位证明文件向海关申报。

（五）报验

进口货物按我国《商检法》的规定，必须向商检局申请办理检验、鉴定手续，查验进口商品是否符合我国规定或订货合同的有关规定，以保护买方利益。

报验进口货物需填写《进口商品检验申请单》，同时需提供订货合同、发票、提单、装箱单、理货清单、磅码单、质保书、说明书、验收单、到货通知单等资料。

凡列入《商检机构实施检验的商品种类表》（以下简称《种类表》）的进口商品，需接受法定检验。但表内所列商品如属援助物资、礼品、样品及其他非贸易物品，一般可免予检验。

为了提高进出口通关效率，降低进出口检验费用，我国国务院将原国家进出口商品检验局、原卫生部卫生检疫局和原农业部动植物检疫局合并组建成新的国家出入境检验检疫局。“三检合一”，把过去的三次申报、三次抽样检验，变为一次报验、一次取样、一次检验检疫、一次卫生除害处理、一次发证放行，形成一种高效率的通关制度。

对列入《种类表》的进口商品，商检机构接受报验后，在《进口货物报关单》上加盖印章，海关据以验放。对未列入《种类表》的进口商品，收货或用货部门应向所在地区商检机构申报后自行检验，在索赔有效期内将检验结果报告商检机构。如检验不合格需要提出索赔，应及时申请商检机构复检出证。在法定检验商品之外，对外贸易关系人还可申请商检机构对进口货物进行各项检验、鉴定工作，此为公证鉴定。公证鉴定的货物范围广、项目多，但它不是强制性的，对外贸易关系人可根据需要而自行申请。进口货物的质量检验、重量和数量的鉴定、货载吨位衡量、残损鉴定等最为常见。

如进口的是危险品，应在船舶到港前向港口、航运、铁路等部门提供《进口危险货物技术说明书》，其中品名与危规号必须正确无误。对尚未列入我国危险品货物品名表的进口货物，订货单位或用货部门应提供详细的中文资料，说明货物的化学性质、消防和急救方法以及装卸搬运过程中应注意的事项，以便安排接、卸、运工作。

（六）监卸和交接

一般由船方申请理货，负责把进口货物按提单、标记点清件数，验看包装情况，分批拨交收货人。监卸人员一般是收货人的代表，履行现场监卸任务。监卸人员要与理货人员密切配合，把好货物数量和质量关。港方卸货人员应按票卸货，严禁不正常操作和混卸。已卸存库场的货物应按提单、标记分别码垛、堆放。对船边现提货物和危险品货物，应根据卸货进度及时与车、船方面有关人员联系，做好衔接工作，防止因卸货与拔运工作脱节而产生等车卸货或车到等工的现象，对于超限货物或集重货物应事先提供正确尺码和重量，以便准备接运车驳，加快疏运进度。对重点货物，如规格复杂的各种钢材、机械、零配件等，要有专人负责，以防错乱。货物从大船卸毕后，要检查有无漏卸情况，在卸货中如发现短损，应及时向船方或港方办理有效签证，并共同做好验残工作。验残时要注意查清：

（1）货物内包装的残损和异状。

（2）货物损失的具体数量、重量和程度以及受损货物或短少货物的型号、规格。

（3）判断并确定货物致残或短少的原因。

在验残时，应坚持实事求是，分清责任方，以维护国家的利益。

（七）代运

为了解决用货部门在到货港口无机构和人员的困难，并使进口货物能及时提离港口，保证港口畅通，防止出现压港、压船、压货现象，各港口接卸单位可接受用货部门的委托，代为办理进口货物到达国内港口后的国内转运业务，这称为代运工作。

代运进口货物如包装完整、外表无异状、件数相符，一般不在港口办理申请检验手续，如发现代运进口货物短少、残损或外表有异状，接卸单位除应在港口取得有关证件并做好残损记录外，还应由收货人按有关责任人的不同情况分别处理。货到目的地后，收货人应与承运人办理交接手续，如发现货物不符或有残损、短少，应取得承运部门的商务记录或普通记录，直接向承运部门或责任方索赔。

（八）保险

若系我方以 FOB 或 CFR 条件成交的进口货物，由我方办理保险。我方负责进口的单位在收到发货人装船通知后应立即办理投保手续。目前为简化手续和防止发生漏保现象，一般采用预约保险的办法，由负责进口的单位与保险公司签订进口货物预约保险合同。

二、航空货物进口运输业务

航空货物进口运输业务是指空运货物从入境到提取或转运之整个流程所需通过的环节、所需办理的手续以及必备的单证。所谓“环节、手续和单证”，是指同一过程中的三个方面。航空货物入境后，要通过各个环节才能从海关监管仓库或场所提出，而每经过一道环节都要办理一定的手续，而办理手续不能单凭口头阐述，必须出具有关的单证，如商业单据、运输单据及所需的各种批文和证明等。

在入境地海关清关的进口货物，大致要经过以下几个环节：接单接货——货物驳运进仓——单据录入和分类——发到货通知或查询单——制报关单、预录入——检验、报关——送货或转运。

（一）接单接货

航空货物入境时，与货物有关的单据（运单、发票和装箱单等）也随机到达。运输工具及货物处于海关监管之下。航空公司的地面代理公司（即机场货运站）从飞机卸货后，将货物存入其海关监管库（一级海关监管仓库）内，同时根据运单上的收货人及地址寄发取单提货通知。若运单上的收货人或通知方为海关及民航总局共同认可的一级航空货运代理公司，则把运输单据及与之相关的货物交给该一级航空货运代理公司（一级航空货运代理公司的海关监管仓库为二级海关监管仓库）。

一级航空货运代理公司在与机场货运站办理交接手续时，应根据总运单核对实际货物。若存在有单无货或有货无单的现象，应及时告知机场货运站，并要求其在国际货物交接清单上注明，同时在舱单数据中作相应说明。若发现货物短少、破损或有其他异常情况，应向机场货运站索要商务事故记录，作为实际收货人交涉索赔事宜的根据。

（二）货物驳运进仓

一级航空货运代理公司与机场货运站单货交接手续办理完毕后，即根据货量安排运输工具，驳运至该一级货运代理公司自行使用的海关监管仓库内。

（三）单据录入和分类

为便于用户查询和统计货量，一级航空货运代理公司或海关授权的数据录入公司，负责将每票空运运单的货物信息及实际入库的相关信息，通过终端输入到海关监管系统内。

一般按集中托运货物和单票直单货物，按不同发货代理、不同实际收货人、收货人所在的特殊监管区域（如出口加工区、保税区等）进行单证分类。集中托运货物需要对总运单项下的货物进行分拨，对每一份分运单对应的货物分别处理。单票直单货物则无需分拨。

（四）发到货通知单

单据录入后，根据运单或合同上的发货人名称及地址寄发到货通知单。到货通知单一般发给实际收货人，告知其货物已到空港，催促其速办报关、提货手续。到货通知单需要填写的项目有公司名称、运单号、到货日期、应到件数及重量、实到件数及重量、合同号、货物名称、是否为特种货物、货运代理公司业务联系人及其电话等。

（五）制报关单并预录入

制单就是缮制《进口货物报关单》。制单的依据是运单、发票及证明货物合法进口的有关批准文件。因此，制单一般在收到客户的回复及确认，并获得必备的批文和证明之后方可进行。不需批文和证明的，可直接制单。

报关单上需由申报单位填报的项目有进口口岸、经营单位、收货单位、合同号、批准机关及文号、运输工具名称及号码、贸易性质（方式）、贸易国别（地区）、原产国别（地区）、进口日期、提单或运单号、运杂费、件数、毛重、海关统计商品编码、货名规格及货号、数量、成交价格、价格条件、货币名称、申报单位、申报日期等。

在手工完成制单后，将报关单的各项内容通过终端输入到海关报关系统内，并打制出报关单一式多联（具体份数按不同贸易性质而定）。完成电脑预录入后，在报关单右下角加盖申报单位的“报关专用章”。然后将报关单连同有关的运单、发票、装箱单、合同，并随附批准货物进口的证明和批文，由经海关认可并持有海关签发的报关员证件的报关员，正式向海关申报。

（六）进行商品的相关检验

根据进口商品的种类和性质，按照进口国家的有关规定，对其进行商品检验、卫生检疫、动植物检疫等。上述检验前要填制《中华人民共和国出入境检验检疫入境货物报检单》，并到当地的出入境检验检疫局进行报检报验。

报检报验一般发生在报关前，即“先报检报验，后报关”。报检报验时，一般需由经出入境检验检疫局认可，并持有出入境检验检疫局签发的报验员证件的报验员，凭报关单、发票、装箱单（正本或复印件），向当地的出入境检验检疫局进行报检报验。出入境检验检疫局核查无误后，或当即盖章放行，或加盖“待检章”。如是前者，则单证货物可转入报关程序，且在海关放行后，可直接从监管仓库提货；如是后者，则单证货物可先办理报关手续，海关放行后，必须由出入境检验检疫局对货物进行查验，无误后方能提货。

（七）进口报关

进口报关就是向海关申报办理货物进口手续的过程。报关是进口程序中最关键的环节，任何货物都必须在向海关申报并经海关放行后才能从海关监管仓库或场所提出。把报关称为一个过程，是因为其本身还包含许多环节，大致可分为初审、审单、征税、验放四个环节。

1. 初审

初审是从总体上对报关单证作粗略的审查。它一般只审核报关单所填报的内容与原始单证是否相符，申报价格是否严重偏离市场平均水平（海关建有商品价格档案库），商品的归类编号是否准确，报关单的预录入是否有误等。也就是说，初审只对报关单证作形式上的审核，不作实质性的审查。如果报关单证在形式上符合海关要求，负责初审的关员就在报关单左下角的“初审”一栏内签章，以示初审通过。

2. 审单

审单是报关的中心环节，狭义的报关就是审单。海关的“报关”窗口履行审单的职责。审单是从形式上和内容上对报关单证进行全面、详细的审核。审核内容包括：报关单所填报的货物名称、规格、型号、用途及金额与批准文件所批注的是否一致，确定关税的征收与减免事宜，等等。如果报关单证不符合海关法的有关规定，海关则不接受申报。如果可以通关，审单的关员则在报关单左下角的“审单”一栏内签章。

3. 征税

不管货物是否应该征税，征税作为报关的一个重要环节是必须经过的。征税关员的职责是根据报关单证所填报的货物名称、用途、规格、型号及构成材料等确定商品的归类编号和税率。如商品的归类编号或税率难以确定，海关可先查看实物或实物图片及有关资料再行征税。若申报的价格过低或未注明价格，海关可以估价征税。征税部门除征收关税外，还负责征收增值税、消费税、行邮税及免税货物的监管手续费等。货主在按照海关出具的税单如数缴纳税款后，征税的关员即在报关单左下角的“征税”一栏内签章，并通过电脑核销税单。

4. 验放

验放是报关程序的最后一个环节。货物放行的前提是海关报关系统终端上显示必须提供的单证已经齐全，税款和有关费用已经结清，报关未超过报关期限，实际货物与报关单证所列完全一致。放行的标志是在运单正本上加盖放行章。验放关员在放行货物的同时，将报关单据（报关单、运单、发票各一份）及核销完的批文和证明全部留存海关。如果报关超过了《中华人民共和国海关法》（以下简称《海关法》）规定的报关期限，必须在向海关缴纳滞报金之后才能放行。如果验放关员对货物有疑义，可以要求开箱，查验货物。此时的查货与征税查货，其目的有所不同，征税关员查看实物主要是为了确定税率，验放关员查验实物是为了确定货物的物理性质、化学性质以及货物的数量、规格、内容是否与报关单证所列完全一致，有无伪报、瞒报、走私等问题。除经海关总署特准免检的货物以外，所有货物都在海关查验范围之内。

5. 报关期限与滞报金

报关期限与滞报金的问题虽不属于报关环节，却是进口货物报关不容忽视的一个问题，收货人及其报关代理人都必须对它有充分的了解。报关期限是指货物运抵口岸后，收货人或其货运代理公司、报关行向海关报关的时间限制。海关法规定的进口货物报关期限为自运输工具申报进境之日起的 14 日内。超过这一期限报关的，由海关征收滞报金。滞报金的计征时间为自运输工具申报进境之日起的第 15 日到货物报关之日。滞报金每天的征收金额为货物到岸价格的 0.5‰。

（八）送货或转运

货物无论送到进境地当地还是转运到进境地以外的地区，收货人或其货运代理公司、报关行都必须首先完成清关或转关手续，然后才能从海关监管仓库或场所提取货物。提取货物的凭证是海关及出入境检验检疫局盖有放行章的正本运单。未经海关放行的货物处于海关的监管之下，不能擅自提出监管仓库或场所。货主或其货运代理公司、报关行在提取货物时须结清各种费用，如国际段到付运费、报关费、仓储费、劳务费等。货物出库时，提货人应与仓库保管员仔细检查和核对货物外包装上的合同号、运单号、唛头及件数、重量等与运输单据所列是否完全一致。

三、国际铁路货物联运进口货物运输

国际铁路联运进口货物的发运工作是由国外发货人根据合同规定向该国铁路车站办理的。根据《国际货协》规定，我国从参加《国际货协》的国家通过铁路联运进口货物，凡国外发货人向其所在国铁路办理托运，一切手续和规定均按《国际货协》和各该国国内规章办理。我国国内有关订货及运输部门对联运进口货物的运输工作，主要包括联运进口货物在发运前编制运输标志；审核联运进口货物的运输条件；向国境站寄送合同资料；国境站的交接、分拨；进口货物交付给收货人以及运到逾期计算等。

（一）联运进口货物运输标志的编制

运输标志又称唛头（Mark），一般印制在货物外包装上。我国规定，联运进口货物在订货工作开始前，由经贸部统一编制向国外订货的代号，作为收货人的唛头，各进出口公司必须按照统一规定的收货人唛头对外签订合同。

（二）审核联运进口货物的运输条件

联运进口货物的运输条件是合同不可缺少的重要内容，因此必须认真审核，使之符合国际联运和国内的有关规章。审核联运进口货物运输条件的内容主要包括收货人唛头是否正确；商品品名是否准确具体；货物的性质和数量是否符合到站的办理种别；包装是否符合有关规定等。

（三）向国境站寄送合同资料

合同资料是国境站核放货物的重要依据，各进出口公司在贸易合同签字以后，要及时将一份合同中文抄本寄给货物进口口岸的外运分公司。合同资料包括合同的中文抄本和它的附件、补充书、协议书、变更申请书、更改书和有关确认函电等。

（四）联运进口货物在国境站的交接与分拨

1. 联运进口货物交接的一般程序

联运进口货物的交接程序与出口货物的交接程序基本相同。其做法是：进口国境站根据邻国国境站货物列车的预报和确报，通知交接所及海关做好到达列车的检查准备工作。进口货物列车到达后，铁路会同海关接车，由双方铁路进行票据交接，然后将车辆交接单及随车带交的货运票据呈交接所，交接所根据交接单办理货物和车辆的现场交接，海关则对货物列车执行实际监管。我国进口国境站交接所通过内部联合办公，开展单据核放、货物报关和验关工作，然后由铁路负责将货物调往换装线，进行换装作业，并按流向编组向国内发运。

2. 联运进口货物交接中的几个问题

（1）进口合同资料。进口合同资料是国境站核放货物的唯一依据，也是纠正并处理进口货物在运输中出现错乱的重要资料。口岸外运分公司在收到合同资料后，如发现内容不齐全、有错误、字迹不清，应迅速联系有关进出口公司修改更正。联运进口货物抵达国境站时，口岸外运分公司根据合同资料对各种货运单证进行审核，只有单、证、票、货完全相符，才可核放货物。通常联运进口货物货运事故有以下几类：①合同资料与随车单证不符；②单证与货物不符，包括有票无货，有货无票；③货物错经国境口岸；④货物混装、短装或超过合同规定的数量；⑤货物不符国际货协规定，铁路拒收等。对上述情况，口岸外运分公司应本着以下原则处理：因铁路过失造成的，联系铁路处理；因发货人过失造成的，根据合同资料和有关规定认真细致地查验货物，确有可靠依据的可予以纠正，否则联系有关公司处理。

（2）联运进口货物变更到站和变更收货人。国际铁路联运货物，根据发货人和收货人的需要，可以提出运输变更。运输变更申请应由发货人或收货人提出。联运进口货物变更到站、变更收货人时，首先应通过有关进出口公司向国外发货人提出，在国外发货人不同意办理变更时，可向国境站外贸运输机构申请，在国境站办理变更。联运进口货物变更的受理，应在货物到达国境站前，如由收货人申请变更到站和收货人，则只可在货车开至到达国进口国境站且货物尚未从该站发出时提出变更。

(3) 联运进口货物的分拨与分运。对于小额订货（具有零星分散的特点）、合装货物和混装货物，通常以口岸外运分公司作为收货人。因此，在双方国境站办妥货物交接手续后，口岸外运分公司应及时向铁路提取货物，进行开箱分拨，并按照合同编制有关货运单证，向铁路重新办理托运手续。在分运货物时，必须做到货物包装牢固，单证与货物相符，并办清海关申报手续。如发现货损货差，属于铁路责任的，必须由铁路出具商务记录；如属发货人责任，由各有关进出口公司向发货人提出赔偿。

（五）运到逾期

1. 运到期限

铁路承运货物后，应在最短期限内将货物运送至最终到站。货物从发站至到站所允许的最大限度的运送时间，即为货物运到期限。货物运到期限由发送期间、运送期间以及特殊作业时间三部分组成。

(1) 发送期间。不论慢运、快运、随旅客列车挂运的整车或大吨位集装箱、由货物列车挂运的整车或大吨位集装箱以及零担一律为 1 天（昼夜），由发送站和到达站平分。

(2) 运送期间。按每一参加运送的铁路分别计算。如果是慢运，整车或大吨位集装箱每 200 运价公里为 1 天（昼夜），零担每 150 运价公里为 1 天（昼夜）；如果是快运，整车或大吨位集装箱每 320 运价公里为 1 天（昼夜），零担每 200 运价公里为 1 天（昼夜）；挂旅客列车运送的整车或大吨位集装箱，每 420 运价公里为 1 天（昼夜）。

(3) 特殊作业时间。在国境站每次换装或更换轮队，或用轮渡运送车辆，不论慢运、快运、整车或大吨位集装箱、零担以及随旅客列车挂运的整车或大吨位集装箱，一律延长 2 天（昼夜）。运送超限货物时，运到期限按算出的整天数延长百分之百。

以上货物运到期限，应从承运货物的次日零时起开始计算，不足 1 天按 1 天计算。如承运的货物在发送前需预先保管，运到期限则从货物指定装车的次日零时起开始计算。

在计算运到期限时，下列时间不计算在内：

(1) 为履行海关规定和其他规章所需要的滞留时间。

(2) 非因铁路过失而造成的暂时中断运输的时间。

(3) 因变更运送契约而发生的滞留时间。

(4) 因检查而发生的滞留时间（即检查货物同运单记载是否相符，或检查按特定条件运送的货物是否采取了预防措施，而在检查中确实发现不符时）。

(5) 因牲畜饮水、溜放或兽医检查而造成的站内滞留时间。

(6) 由于发货人的过失而造成多出重量的卸车、货物或其容器、包装的修整以及倒装或整理货物的装载所需的滞留时间。

(7) 由于发货人或收货人的过失而发生的其他滞留时间。

2. 运到逾期

货物实际运到天数超过规定的运到期限天数，即为该批货物运到逾期。如果货物运期逾期，造成逾期的铁路则应按该路收取的运费的一定比例向收货人支付逾期罚款。逾期罚款的规定及计算方法如下：

逾期罚款 = 运费×罚款率

逾期百分率 =（实际运送天数－按规定计算运到期限天数）/按规定计算运到期限天数×100%

按《国际货协》的规定，罚款率为：逾期不超过总运到期限1/10时，为运费的6%；逾期超过总运到期限1/10，但不超过2/10时，为运费的12%；逾期超过总运到期限2/10，但不超过3/10时，为运费的18%；逾期超过总运到期限3/10，但不超过4/10时，为运费的24%；逾期超过总运到期限4/10时，为运费的30%。

自铁路通知货物到达和可以将货物移交给收货人处理时起，一昼夜内如收货人未将货物领出，即失去领取运到逾期罚款的权利。

【课堂讨论】

1. 对于进口货物的运输业务，FOB、CFR与CIF合同在办理货物运输时有何不同？
2. 航空货物进口运输业务的整个程序包括哪些手续？
3. 采用国际铁路联运进口时，运到期限如何计算？

【课堂练习】

广州某化妆品公司从法国巴黎进口一批香水，目的地为广州，运到期限为35天，运费3 000美元，实际运到时间用了43天，请计算运输部门需要支付的逾期罚款是多少？

【案例分析】

2001年3月，国内某公司（以下简称甲方）与加拿大某公司（以下简称乙方）签订一设备引进合同，根据合同，甲方于2001年4月30日开立以乙方为受益人的不可撤销即期信用证，信用证中要求乙方在交单时，提供全套已装船清洁提单。2001年6月12日，甲方收到开证银行进口信用证付款通知书，甲方业务人员审核议付单据后发现乙方提交的单据存在以下疑点：

（1）提单签署日期早于装船日期。

（2）提单中没有“已装船”字样。

根据以上疑点，甲方断定该提单为备运提单，并采取以下措施：

（1）向开证行提出单据不符，并拒付货款。

（2）向有关司法机关提出诈骗立案请求。

（3）查询有关船运信息，确定货物是否已装船发运。

（4）向乙方发出书面通知，提出甲方疑义并要求对方作出书面解释。

乙方收到甲方通知及开证行的拒付函后，知道了事情的严重性并向甲方作出书面解释，强调船务公司方面的责任。在此情况下，甲方再次发函表明立场，并指出由于乙方原因，设备未按合同规定期限到港并安装调试已严重违反合同，并给甲方造成了不可估量的损失，要求乙方及时派人来协商解决问题，否则，甲方将采取必要的法律手段解决双方的纠纷。试问：乙方的做法是否合理？

【实训项目】

德尚贸易有限公司成立于1998年，是经国家外经贸部批准的具有进出口经营权的贸易公司，主营各类罐头食品。2001年2月10日，公司业务人员张亮从阿里巴巴网站上看到德国NEO公司销售罐头食品的信息，于是跟NEO公司取得联系，经过洽谈后签订FOB合同。本批货物采用集装箱班轮运输，业务员张亮向上海各家货运代理公司询价，最终确定委托上海凯通国际货运代理有限公司代为订舱。试问：在接下来的运输业务中，业务员张亮将需要办理哪些手续？

工作流程五　办理进口货物运输保险

引例

国内某单位按CIF条件从中东地区进口某批货物，由于海湾战争，货轮于途中被扣押。合同规定投保水渍险附加偷窃、提货不着险。我方在提货不着后向保险公司提出索赔。请问：

（1）保险公司是否应给予赔偿？为什么？

（2）如我方投保的是水渍险加交货不到险，则保险公司是否应给予赔偿？

案例简析

（1）偷窃、提货不着险是指在保险有效期内，保险货物被偷走或窃走，以及货物运抵目的地以后，货物的全部或整件未交的损失，由保险公司负责价值赔偿。本案例中，货物提货不着是由于海湾战争致使货轮于途中被扣导致的，因此不属于因偷窃或其他不明的原因导致的提货不着，所以我方向保险公司提出索赔时，保险公司不会给予赔偿。

（2）交货不到险是不论何种原因，从被保险货物装上船开始，如货物不能在预定抵达目的地的日期起6个月内交付的，保险公司负责按全损赔偿。如我方投保的是交货不到险，在这种情况下，可以向保险公司提出赔偿要求，但需要注意的是，我方只能在货物不能在预定抵达目的地的日期起6个月内交付时，才能向公司索赔。如果按正常情况，该批货物应该于3月1日抵达目的港，从3月1日起算，如果6个月内该批货物仍没有交付给收货人，则从9月1日以后，我方可以向保险公司索赔。

知识链接

进口货物保险是指被保险人为了货物在进口运输过程中能安全地到达目的地，不受自然灾害和意外事故导致的损失，向保险人交纳一定的保险费，双方订立保险契约，一旦货物遭受各种灾害和意外事故，被保险人可以从保险人那里得到货物损失的经济补偿。

在国际贸易中，货物除了采用海洋运输方式之外，还采用陆上运输、航空和邮包运输等方式，对于不同的运输方式，保险公司订有不同的保险条款。现根据中国人民保险公司制定的货物运输保险条款，将陆运、空运、邮包运输货物保险的主要内容分别加以简单介绍。

一、海洋货物运输保险

海洋货物运输保险的基本内容在模块一中已有详细介绍，此处不再赘述，仅对海洋货物运输保险责任的起讫作一些介绍。

目前我国现行的海洋货物运输保险条款对保险责任起讫规定了“仓至仓”、“卸离海轮60天”和“非正常运输”等内容。“发货人仓库”是指保单所载起运地发货人的仓库或储存处所，不包括其收购仓库。“收货人仓库”是指保单所载明的目的港（地）收货人仓库。货物储存处所包括收货人租用的仓库或收货人用作分配、分派或非正常运输中的其他储存处所。根据以上分析，海洋货物运输保险责任的期限自货物运离发货人仓库开始至货物运抵收货人仓库或在目的港卸离海轮60天止（两者以先发生者为准）。

对于一些特殊情况下责任的起讫按如下原则理解：

（1）由于收货人无法控制的延迟提货，不受上述责任期限的限制。此种情况包括：

①码头、铁路工人罢工或进口国政府突然改变进口货物有关法令，采取临时措施导致收货人无法提货；

②由于收货人无法控制的原因所造成的船舶绕行，改变运输航线或被保险货物被迫在另一港口卸下而转往目的地致收货人无法在60天内提货；

③因收货人未收到银行单据而无法在60内提货。

（2）由收货人自行派车在港口、车站提货的，自货物装车后保险责任终止。但是货物在运往收货人仓库途中由于地震等不可抗力导致的损失仍然属于保险责任。

（3）收货人的运输代理应视为第三者，货物在收货人运输代理保管期间或转运途中发生的损失仍属保险责任。

（4）出口货物在发货人仓库由外运公司装车过程中发生的货损，由于此时保险责任尚未开始，故保险公司不承担赔偿责任。

（5）联运货物的保险责任期限以货物抵达最终目的地收货人仓库或卸离最后运输工具60天（海运、陆运）或30天（空运）时终止。联运货物在中途港（站）更换运输工具的时间不受上述保险责任（60天或30天）终止的限制。

联运货物是指贸易合同中的成交条件为CIF某港口至某内陆城市，或某内陆城市至某港口（或内陆），货物需采用两种以上方式才能按合同完成其全过程的运输，而对于成交条件为CIF港至港，保单起讫地为内陆城市的则属于海运责任扩展情况。

（6）散装货保险责任从装港码头仓库或码头堆场（直接装上船的以货物在吊钩上）开始至卸港码头仓库或堆场终止。

散装货的理赔事宜：散装货一般不接受重量检测，保单持有人可凭港口卸货报告提赔，如卸货港口没有计重或没有计重设备，代理可安排在港口检验计重。对散装货较大数量短重的索赔，在考虑赔付前保险公司一般尽量督促索赔人凭提单要船方解释短重的原因并提供证据，必要时保险人可以出面与船东联系，同时主动调查装货、卸货和装、卸港计重情况，如经调查并有证据证明发货人短装，按拒赔案的程序考虑拒赔。

二、陆运、空运和邮包运输保险

（一）陆运货物保险

陆上运输货物保险是货物运输保险的一种，包括基本险、陆上运输冷藏货物险和陆上运输货物的战争险，基本险分为陆运险和陆运一切险两种。

1. 陆运险（Overland Transportation Risks）

陆运险的责任范围是被保险货物在运输途中由于遭受暴风、雷电、地震、洪水等自然灾害，或由于陆上运输工具（主要是指火车、汽车）遭受碰撞、倾覆或出轨，如有驳运过程，包括驳运工具搁浅、触礁、沉没，或由于遭受隧道坍塌、崖崩或火灾、爆炸等意外事故所造成的全部损失或部分损失。保险公司对陆运险的承保范围大致相当于海运险中的水渍险。

2. 陆运一切险（Overland Transportation All Risks）

陆运一切险的责任范围，除包括上述陆运险中的责任外，还包括被保险货物在运输途中由于外来原因造成的短少、短量、偷窃、渗漏、碰损、破碎、钩损、雨淋、生锈、受潮、霉变、串味、玷污等全部或部分损失。保险人对陆运一切险的承保责任范围大致相当于海运险中的一切险。陆运险和陆运一切险的责任范围仅限于火车和汽车运输。

3. 陆上运输冷藏货物险（Overland Transportation Insurance “Frozen Products”）

陆上运输冷藏货物险具有基本险性质，责任范围除包括陆运险的责任外，还负责赔偿由于冷藏设备在运输途中损坏而导致货物变质的损失。陆上运输冷藏货物险的索赔时效为：从被保险货物在最后目的地车站全部卸离车辆后起算，最多不超过2年。

4. 陆上运输货物战争险（Overland Transportation War Risks）

在陆上运输货物保险中，被保险货物除投保陆运险和陆运一切险外，经过协商还可以加保陆上运输货物保险的附加险，如陆运战争险等。陆运战争险与海运战争险，由于运输工具有其自身的特点，具体责任有一些差别，但就战争险的共同负责范围来说，基本上是一致的，即对直接由于战争、类似战争行为以及武装冲突所导致的损失，如货物由于捕获、扣留、禁制和扣押等行为引起的损失负责赔偿。上述承保范围仅以铁路运输为限，其责任起讫不是“仓至仓”，而是以货物置于运输工具为限，即自被保险货物装上保险单所载起运地的火车时开始，到卸离保险单所载目的地火车时为止。如不卸车，则以火车到达目的地的当日午夜起算，满48小时为止。

5. 陆上运输货物保险的除外责任

（1）被保险人的故意行为或过失所造成的损失。

（2）属于发货人所负责任或被保险货物的自然消耗所引起的损失。

（3）由于战争、工人罢工或运输延迟所造成的损失。

6. 保险责任的起讫期限

与海洋运输货物保险的“仓至仓”条款基本相同，保险责任是从被保险货物运离保险单所载明的起运地发货人的仓库或储存处所开始运输时生效，包括正常陆运和有关水上驳运在内，直至该项货物送交保险单所载明的目的地收货人仓库或储存处所，或被保险人用作分配、分派或非正常运输的其他储存处所为止。但如未运抵上述仓库或储存处所，则以被保险货物到达最后卸载的车站后60天为限。

（二）航空货物运输保险

航空货物运输是20世纪才出现的运输方式，随着国际贸易的迅猛发展，通过航空进行运输的货物也在逐渐增多，也就出现了对这些航空运输货物进行保险的需求。伦敦保险协会在1965年制订了用于航空运输的保险条款，经过1982年的修订，现为《协会货物险条款（航空）（邮包除外）》，此外还有《协会战争险条款（航空货物）（邮包除外）》和《协会罢工险条款（航空货物）》。为适应航空运输的需要，我国保险公司也制订了“航空运输险”和“航空运输一切险”两种基本险条款及“航空运输货物战争险”附加险条款。

1. 航空运输险和航空运输一切险

航空运输保险的基本险别分为航空运输险（Air Transportation Risks）和航空运输一切险（Air Transportation All Risks）。

航空运输险与海运保险中水渍险的承保责任大致相同，还包括货物在运输途中遭受雷电、火灾、爆炸或由于飞机遭受恶劣气候或其他危难事故而被抛弃，或由于飞机遭受碰撞、倾覆、坠落或失踪等自然灾害和意外事故所造成的全损或部分损失。

航空运输一切险的承保责任范围除了包括航空运输险的全部责任外，还包括货物由于一般外来原因所造成的全部损失和部分损失。

上述两个基本险的除外责任与海洋运输货物险的除外责任基本相同。

航空运输货物两种基本险的保险责任也采用“仓至仓”原则，即自被保险货物运离保险单所载明的起运地仓库或储存处所开始运输时生效，直至被保险货物到达保险单载明的目的地收货人的最后仓库或储存处所或被保险人用于分配、分派或非正常运输的其他储存处所为止。如货物运到保险单上的目的地，但未运抵收货人的仓库，则被保险货物在最后卸载地卸离飞机后满30天保险责任终止。

如果由于被保险人无法控制的运输延迟、绕道、被迫卸货、重新装载、转载或承运人运用运输契约赋予的权限所做的任何航行上的变更或终止运输契约，致使被保险货物运到非保险单上所载的目的地时，在被保险人及时将情况通知保险人，并在必要时加缴保险费的情况下，航空运输货物保险合同继续有效，保险责任的终止时间要按照下列的具体规定确定：如被保险货物在非保险单载明的目的地出售，保险责任至交货时为止；如被保险货物在30天期限内继续运往保险单所载原目的地或其他目的地时，保险责任仍采用上面的“仓至仓”原则，货物运到目的地收货人仓库或在目的地卸离飞机满30天时保险责任终止。

2. 航空运输货物战争险

航空运输货物战争险（Air Transportation War Risks）是航空运输险的一种附加险。投保人只有投保了航空运输险或航空运输一切险后，才能够加保航空运输货物战争险。

在航空运输货物战争险项下，保险人负责承担在航空运输途中由于战争、类似战争的行为、敌对行为和武装冲突，以及各种常规武器和炸弹所造成的货物损失。与其他方式下的战争险一样，也把使用原子或热核武器所造成的损失作为除外责任。

航空运输货物战争险的保险责任是自被保险货物装上保险单所载明的起运地的飞机开始，直到在保险单载明的目的地卸离飞机时为止。如被保险货物没卸离飞机，则以飞机到达目的地当日午夜起，计算满 15 天为止；如被保险货物需在中途转运，则保险责任以飞机到达转运地的当日午夜起，算满 15 天为止，一旦装上续运的飞机，保险单再恢复为有效。

与其他运输方式下的做法相同，投保人在投保战争险后，如欲加保罢工险，不需另行缴纳保费，如仅要求加保罢工险，则按照战争险的费率缴纳保费。

（三）邮包货物保险

邮包货物保险分为基本险和附加险。邮包险（Parcel Post Risks）和邮包一切险（Parcel Post All Risks）属于基本险，这两种险别，都可以单独投保。

1. 邮包险

邮包险的承保责任范围包括被保险邮包在运输途中由于恶劣气候、雷电、海啸、地震、洪水、自然灾害或由于运输工具搁浅、触礁、沉没、碰撞、出轨、倾覆、坠落、失踪，或由于失火和爆炸意外事故造成的全部或部分损失；另外，还包括被保险人对遭受承保责任范围内风险的货物采取抢救、防止或减少货损的措施而支付的合理费用，但以不超过该批被救货物的保险金额为限。

邮包险的除外责任包括下列几方面，即因战争、敌对行为、类似战争行为、武装冲突、海盗行为、工人罢工所造成的损失；直接由于运输延迟或被保险物品本质上的缺陷或自然损耗所造成的损失，以及属于寄件人责任和被保险邮包在保险责任开始前已存在的品质不良或数量短差所造成的损失；被保险人的故意行为或过失所造成的损失。上述各种损失，保险公司不负责赔偿。

邮包险保险责任的起讫是自被保险邮包离开保险单所载起运地点寄件人的处所运往邮局时开始生效，直至被保险邮包运达保险单所载明的目的地邮局发出通知书给收件人当日午夜起算满 15 天为止。但在此期限内邮包一经递交至收件人的处所时，保险责任即行终止。本险索赔时效，从被保险邮包递交收件人时起算，最多不超过两年。

2. 邮包一切险

邮包一切险的承保责任范围大于邮包险的承保责任范围，邮包一切险的承保责任除包括邮包险的全部承保责任外，还包括被保险邮包在运输途中由于一般外来原因所致的全部或部分损失。

邮包一切险的除外责任、保险责任起讫和索赔时效，均与邮包险的规定相同。

3. 邮包战争险

邮包战争险是一种特殊附加险，它只能在投保了邮包险或邮包一切险的基础上方可加保。

加保邮包战争险后，保险公司负责赔偿在邮包运输过程中由于战争、类似战争行为、敌对行为、武装冲突、海盗行为以及各种常规武器包括水雷、鱼雷、炸弹所造成的损失。

此外，保险公司还负责被保险人对遭受以上承保责任内危险的物品采取抢救、防止或减少损失的措施而支付的合理费用。但保险公司不承担因使用原子或热核制造的武器所造成的损失的赔偿。

邮包战争险的保险责任起讫是，自被保险邮包经邮政机构收讫后自储存处所开始运送时生效，直至该项邮包运达保险单所载明的目的地邮政机构送交收货人为止。

邮包运输保险的特殊附加险，除战争险外，还有罢工险。在投保战争险前提下，加保罢工险不另收费。若只加保罢工险，按战争险费率收费。邮包罢工险的责任范围与海洋运输罢工险的责任范围相同。

三、进口运输保险流程

（一）填制投保单

当一个贸易商需要对一笔货物进行进口货物保险投保时，首先要跟保险公司或保险代理商联系，通常是填制一张投保单，经相关公司接受后就开始生效。保险公司出立保险单以投保人的填报内容为准。

1. 投保单内容

（1）被保险人名称：要按照保险利益的实际有关人填写。

（2）标记：应该和提单上所载的标记符号相一致，特别要同刷在货物外包装上的实际标记符号一样，以免发生赔案时，引起检验、核赔、确定责任的混乱。

（3）包装数量：要将包装的性质如箱、包、件、捆以及数量都写清楚。

（4）货物名称：要具体填写，一般不要笼统地写纺织品、百货、杂货等。

（5）保险金额：通常按照发票 CIF 价加成 10% ~20% 计算，如发票价为 FOB 带保险或 CFR，应将运费、保费相应加上去，再另行加成。需要指出的是保险合同是补偿性合同，被保险人不能从保险赔偿获得超过实际损失的赔付，因此溢额投保（如过高的加成、明显偏离市场价格的投保金额等）是不能得到全部赔付的。

（6）船名或装运工具：海运需写明船名，转运也需注明，联运需注明联运方式。

（7）航程或路线：如到目的地的路线有两条，要写上自 × ×经 × ×至 × ×。

（8）承保险别：必须注明，如有特别要求也在这一栏填写。

（9）赔款地点：除特别声明外，一般在保险目的地支付赔款。

（10）投保日期：应在开航前或运输工具开行前。

2. 进口货物保险投保的注意事项

（1）投保申报情况必须属实。

（2）投保险别、币制与其他条件必须和信用证上所列保险条件相一致。

（3）投保险别、币制与其他条件必须和买卖合同上所列保险条件相一致。

（4）投保后若发现投保项目有错漏，要及时向保险公司申请批改，如保险目的地变动、船名错误以及保险金额增减等。

（二）保险金额确定和保险费的计算

1. 保险金额（Insured Amount）

按照国际保险市场的习惯做法，出口货物的保险金额一般按 CIF 货价另加 10% 计算，这增加的 10% 叫保险加成，也就是买方进行这笔交易所付的费用和预期利润。保险金额计算的公式是：

保险金额 = CIF 货值 ×（1 + 加成率）

2. 保险费（Premium）

投保人按约定方式缴纳保险费是保险合同生效的条件。保险费率（Premium Rate）是由保险公司根据一定时期、不同种类的货物的赔付率，按不同险别和目的地确定的。保险费则根据保险费率表按保险金额计算，其计算公式是：保险费 = 保险金额 × 保险费率。在我国出口业务中，CFR 和 CIF 是两种常用的术语。鉴于保险费是按 CIF 货值为基础的保险额计算的，两种术语价格应按下述方式换算：

由 CIF 换算成 CFR 价：CFR = CIF ×［1 − 保险费率 ×（1 + 加成率）］
由 CFR 换算成 CIF 价：CIF = CFR ／［1 − 保险费率 ×（1 + 加成率）］

在进出口业务流程中，按双方签订的预约保险合同承担，保险金额按进口货物的 CIF 货值计算，不另加减，保费率按“特约费率表”规定的平均费率计算。如果以 FOB 条件进口货物，则按平均运费率换算为 CFR 货值后再计算保险金额，其计算公式如下：

FOB 进口货物：保险金额 =［FOB 价 ×（1 + 平均运费率）］／（1 − 平均保险费率）
CFR 进口货物：保险金额 = CFR 价／（1 − 平均保险费率）

（三）保险单据

在国际贸易业务中，常用的保险单据主要有两种形式。

1. 保险单（Insurance Policy，Policy）

俗称大保单，它是保险人和被保险人之间成立保险合同关系的正式凭证，因险别的内容不同而形式有所不同，海上保险最常用的形式有船舶保险单、货物保险单、运费保险单、船舶所有人责任保险单等。其内容除载明被保险人、保险标的（如是货物段填明数量及标志）、运输工具、险别、起讫地点、保险期限、保险价值和保险金额等项目外，还附有关保险人责任范围以及保险人和被保险人的权利和义务等方面的详细条款。如当事人双方对保险单上所规定的权利和义务需要增补或删减时，可在保险单上加贴条款或加注字句。保险单是被保险人向保险人索赔或对保险人上诉的正式文件，也是保险人理赔的主要依据。保险单可转让，通常是被保险人向银行进行押汇的单证之一。在 CIF 合同中，保险单是卖方必须向买方提供的单据。

2. 保险凭证（Insurance Certificate）

俗称小保单，它是保险人签发给被保险人，证明货物已经投保和保险合同已经生效的文件。证上无保险条款，表明按照本保险人的正式保险单上所载的条款办理。保险凭证具有与保险单同等的效力，但在信用证规定提交保险单时，一般不能以保险单的简化形式提交。

（四）保险索赔

保险索赔是指当被保险人的货物遭受承保责任范围内的风险损失时，被保险人向保险人提出的索赔要求。在国际贸易进出口业务流程中，如由卖方办理投保，卖方在交货后即将保险单背书转让给买方或其收货代理人，当货物抵达目的港（地），发现残损时，买方或其收货代理人作为保险单的合法受让人，应就地向保险人或其代理人要求赔偿。中国保险公司为便利我国出口货物运抵国外目的地后及时检验损失，就地给予赔偿，已在100多个国家建立了检验或理赔代理机构。至于我国进口货物的检验索赔，则由有关的专业进口公司或其委托的收货代理人在港口或其他收货地点，向当地人民保险公司要求赔偿。

被保险人或其代理人向保险人索赔时，应做好下列几项工作：

（1）当被保险人得知或发现货物已遭受保险责任范围内的损失，应及时通知保险公司，并尽可能保留现场。由保险人会同有关方面进检验，勘察损失程度，调查损失原因，确定损失性质和责任，采取必要的施救措施，并签发联合检验报告。

（2）当被保险货物运抵目的地，被保险人或其代理人提货时发现货物有明显的受损痕迹、整件短少或散装货物已经残损，应立即向理货部门索取残损或短理证明。如货损涉及第三者的责任，则首先应向有关责任方提出索赔或声明保留索赔权。在保留向第三者索赔权的条件下，可向保险公司索赔。被保险人在获得保险补偿的同时，须将受损货物的有关权益转让给保险公司，以便保险公司取代被保险人的地位或以被保险人名义向第三者责任方进行追偿。保险人的这种权利叫做代位追偿权（The Right of Subrogation）。

（3）采取合理的施救措施。保险货物受损后，被保险人和保险人都有责任采取可能的、合理的施救措施，以防止损失扩大。因抢救、阻止、减少货物损失而支付的合理费用，保险公司负责补偿。被保险人能够施救而不履行施救义务，保险人对于扩大的损失甚至全部损失有权拒赔。

（4）备妥索赔证据，在规定时效内提出索赔。保险索赔时通常应提供的证据有：保险单或保险凭证正本；运输单据；商业票据和重量单、装箱单；检验报告；残损、短量证明；向承运人等第三者责任方请求赔偿的函电或其他证明文件；必要时还需提供海事报告；索赔清单，主要列明索赔的金额及其计算依据，以及有关费用项目和用途等。根据国际保险业的惯例，保险索赔或诉讼的时效为自货物在最后卸货地卸离运输工具时起算，最多不超过两年。

四、在洽商保险条款时应注意的问题

（1）应尊重对方的意见和要求。有些国家规定，其进口货物必须由其本国保险，这些国家有 40 多个，如朝鲜、缅甸、印度尼西亚、伊拉克、巴基斯坦、加纳、也门、苏丹、叙利亚、伊朗、墨西哥、阿根廷、巴西、秘鲁、索马里、利比亚、约旦、阿尔及利亚、扎伊尔、尼日利亚、埃塞俄比亚、肯尼亚、冈比亚、刚果、蒙古、罗马尼亚、卢旺达、毛里坦尼亚等。对这些国家的进口，对方不宜按 CIF 价格报价。

（2）如果国外客户要求我们按伦敦保险协会条款投保，我们可以接受客户的要求，将此订在合同里。因为英国伦敦保险协会条款在世界进出口业务流程中有很大的影响，很多国家的进口货物保险都采用这种条款。

【课堂讨论】

办理进口货物运输保险的流程是怎样的？

【课堂练习】

陆上运输货物保险的除外责任有哪些？

【案例分析】

某年，我国福建省某进出口公司（卖方）与法国某有限公司（买方）签订合同，约定由卖方提供 20 000 箱芦笋罐头，每箱 15.50 美元，FOB 厦门，合同总值为 310 000 美元，收到信用证后 15 天内发货。买方致电卖方，要求代其以发票金额 110% 将货物投保至法国马赛的一切险。卖方收到买方开来的信用证及派船通知后，按买方要求代其向 A 保险公司投保，保险单的被保险人是买方，保险单上所载明的起运地为供货厂商所在地龙岩市，目的港为法国马赛。但是，三天后货物自龙岩市运往厦门港的途中，由于发生了意外，致使 10% 的货物受损。事后，卖方以保险单中含有“仓至仓”条款为由，向 A 保险公司提出索赔要求，但遭到拒绝。后卖方又请买方以买方的名义凭保险单向 A 保险公司提出索赔，同样遭到拒绝。试问：在此情况下，卖方以自己的名义向福建省中级人民法院提起诉讼，法院将如何裁决？

（资料来源：http：//fazheng. tjfsu. edu. cn/）

【实训项目】

德国 M 公司从德国 ALBSTADL 港出口一台装于集装箱内的圆筒针织机至上海，并向赫尔微底亚瑞士保险公司投保了海上货物运输险。该集装箱货物承运人为中国远洋运输（集团）总公司，托运人为香港 A 公司，收货人为上海 A 公司。收货人将货物提离目的港港区，运至收货人仓库的次日，被告上海 B 公司在收货人场地拆箱，当作业人员提升已拆箱的货盘架准备将机器送入仓库时，货盘从 1 米多高处掉落，导致针织机全损。

保险合同订明，原告赫尔微底亚瑞士保险公司（以下简称保险公司）为该保险合同保险人，保险责任期间为仓库至仓库。保险责任终止于货物在目的地交付于收货人指定的地点（最终交付地）。德国 M 公司在收到保险人支付的 190 000 德国马克赔偿款后，签署了权益转让书，将对第三人的索赔权转让给保险人。

被告认为，货物受损时，保险期间已经结束。原告在没有核实德国 M 公司有无保险利益即向无保险利益的 M 公司进行了赔偿，原告的保险代位求偿权的取得缺乏法律和事实依据。

试问：法院将如何裁决？

（资料来源：http：//fazheng. tjfsu. edu. cn/）

工作流程六　对外付款

引例

1999 年 6 月，浙江某进口公司与印度某出口商达成一笔总金额为 6 万多美元的香料进口合同，合同中规定的贸易条件为 CFR Shanghai By Air，支付方式为 100% 不可撤销的即期信用证，装运期为 1999 年 8 月间自新德里空运至上海。合同订立后，进口方按时通过国内一家商业银行开来信用证，通知行和议付行均为印度某银行，信用证中的价格术语为“CNF Shanghai”，出口方当时并未太在意。他们收到信用证后，按规定发运了货物，提交了相关单据，并办理了议付手续。然而，出口商国内议付行在将有关单据寄到中国开证行后不久即收到开证行的拒付通知书，拒付理由为单证不符：商业发票上的价格术语“CFR Shanghai”与信用证中的“CNF Shanghai”不一致。得知这一消息后，出口方立即与进口方联系要求对方付款赎单，同时通过其国内议付行向开证行发出电传，申明该不符点不成立，要求对方按《UCP600》的规定及时履行偿付义务，但进口方和开证行对此都置之不理。在此情况下，出口方立即与货物承运人联系，其在上海的货运代理告知该批货物早已被收货人提走。在如此被动的局面下，后来出口方不得不同意对方降价 20% 的要求作为问题的最后解决办法。

案例简析

在象征性交货方式下，单据对于进口商而言就代表出口商所交货物，故进口商为减轻自己相关风险往往严格审单。而在信用证支付方式下，出口商所交来的信用证项下单据，要经过银行和进口商的双重严格审核，其审核的依据主要就是“单证一致、单单一致、单货一致”。因为根据信用证性质，对出口商付款的前提是开证行或付款行审核认可出口商所交来的符合信用证的单据，否则出口商得不到支付；而进口商对开证行付款的前提则是认可经过开证行审核的单据，否则开证行就要面临支付风险。从上例中我们可看出，出口商单证不符的疏忽导致其收汇被动，而进口商的严格审单给自己带来了丰厚的利益。另通过此例还可提醒出口商，在信用证结算中谨慎选择用空运这种装运方式。

知识链接

在信用证付款方式下，国外发货人（出口商）将货物交付装运后，即将汇票和各项单据提交开证行或其他指定银行。根据《UCP600》，开证行应在规定的5个工作日内完成对货物单据的审核，决定接受还是拒绝接受出口商的单据。如果审核无误开证行即须接受单据，履行信用证下汇票付款、承兑义务，然后要求进口商按国家公布的外汇牌价，用人民币向银行赎单或用现汇付款赎单。

一、审单

（一）审单付汇程序

进口货物单据审核，是进口合同履行过程中的一个重要环节。信用证支付方式中，进口货物单据审核由开证银行和进口企业共同进行。开证行对单据进行初审，进口商对单据进行复审。具体如下：

1. 开证行审单

我国进口业务大多采用信用证付款方式，国外出口人将货物装运后，即将全套单据和汇票交出口地银行转我方进口地开证行或指定付款行收取货款。按照我国现行的做法，开证行收到国外寄来的全套单证后，根据信用证条款全面逐项审核单据与信用证之间、单据与单据之间在表面上是否相符，重点是：

（1）单据的种类、份数与信用证要求及议付行寄单回函所列是否相符。

（2）汇票、发票上的金额是否一致，与信用证规定的最高金额相比是否超额，与议付行寄单回函所列金额是否一致。

（3）单据中对货名、规格、数量、包装等描述是否与信用证要求相符。

（4）货运单据的出单日期及内容是否与信用证相符。

（5）货运单据及保险单据等其他单据的背书是否有效。

开证行如审单无误，即将上述单证交进口人进行复审，同时准备履行付款责任。如审单发现单据表面与信用证规定不符，开证行可直接拒付，实际业务中，开证行往往先与进口企业联系征求进口企业的意见。

2. 进口企业审单

进口企业收到开证行交来的全套货物单据和汇票后，根据合同和信用证的规定认真审核出口商提交的单据，审核各种单据的内容是否符合信用证要求，单据的种类和份数是否齐全，即单证（单同）是否一致，同时，以商业发票为中心，将其他单据与之对照，审核单单是否一致。进口企业审单后，如在3个工作日内没有提出异议，开证行即按汇票履行付款或承兑的义务。

（二）审单要点

我国进口业务审单主要审核国外出口商提交的汇票、发票、提单等。审单的目的是为了确定它们是否做到严格相符（单证一致、单单一致、单货一致），以先从单据上确定出口商是否履行了合同义务，从而决定是否应该对其付款。

1. 海运提单

提单是物权凭证，是出口人凭以议付货款和持单人（进口商）凭以提货的重要单据。

海运提单审核要点是：

（1）提单是否可转让（Negotiable），同时有承运人的具体名称并经承运人或承运人代理签署。

（2）提单上的文字如有更改，提单上是否有提单签署人的签字或签发提单公司的签章。

（3）提单的抬头人是否按证要求进行填写，如是“To Order”或“To Order of Shipper”的，出口（发货）人是否有效背书。

（4）提单的抬头人和被通知人的名称、地址是否与信用证规定相符。

（5）价格条件为“CFR”或“CIF”时，运费栏是否注明的是“Freight Prepaid”；价格条件为“FOB”时，运费栏注明的是否是“Freight to Collect”。

（6）提单的日期是否迟于信用证上规定的最迟装运日期。

（7）提单的提示日期是否迟于提单签发日后21天（信用证有其他规定者按其规定）。

（8）商品栏记载的商品是否与信用证列明的商品一致。

（9）装运港与卸货港名称是否正确。

（10）提单上是否有说明货物瑕疵的不良批注，或货装舱面（On Deck）字样，如有，不应接受。

（11）提单所载件数、唛头、号码、重量及船名等是否与发票、包装单及重量单上所载完全相符。货物可用总名称描述，但不得与其他单据的货物名称有抵触。

（12）提单上的发货人是否与信用证受益人一致。

2. 汇票

国际贸易中采用信用证托收支付方式一般都用跟单汇票。信用证项下，汇票除一般内容外，还应有信用证开证日期、开证行名称及信用证号码等。托收项下，汇票除一般内容外，通常也注明合同号码、商品名称、数量等。汇票的审核要点是：

（1）汇票是否正副本两份，是否与信用证的规定一致。

（2）金额的大小写是否相符，支取的金额是否与信用证规定相符，一般应为发票金额。

（3）汇票付款人填写是否正确。在信用证业务下，汇票付款人应为开证行，不应是开证申请人。

（4）出票日期是否在信用证有效期限内。

（5）出票条款是否正确，即它是否按信用证条款规定填写；信用证无规定时，是否按习惯注明开证行名称、信用证号码及开证日期。

（6）出票人、抬头人（收款人）及付款人的名称、地址是否正确无误。出票人通常为出口人，抬头人通常为议付行，付款人为开证银行。

（7）出票人是否为信用证受益人和受让人，出票人名称是否与信用证所载名称相符并由其负责人签章。

（8）收款人是否为出票人指示抬头（Pay to the Order of Drawer），汇票是否由出票人背书。

（9）付款期限是否与信用证规定相符。

3. 商业发票

商业发票是单据的中心和交易情况的总说明。商业发票的记载必须详尽，计算必须正确，特别是对货物的描述必须与信用证规定完全相符。商业发票的审核要点是：

（1）发票的开票人是否是信用证规定的受益人（可转让信用证除外），是否与汇票的出票人为同一人。

（2）发票的抬头人是否是信用证开证申请人。

（3）发票的开票日期不应迟于汇票的出票日期，也不应迟于信用证的议付有效期。

（4）商品名称、规格、单价、包装、价格条款、合同号码等对货物的描述是否与信用证规定相符。单价乘以数量是否与发票总金额相符。分记 FOB 价、运费、保险费时，三档金额相加是否与发票总金额相符。

（5）发票金额是否与汇票金额一致，且没超过信用证规定金额。

（6）信用证金额、单价及商品的数量的掌握是否正确，证中“约”字是否正确掌握在10%以内。

（7）唛头、号码、货名、装运日期、起运地等是否与提单或其他单据相符。

（8）发票所列合同号码、发票日期、份数等是否与信用证要求相符。

（9）经修改更正的发票是否有出票人签章。

4. 保险单

在按 CIF 条件进口时，国外出口商须向我方提交保险单。保险单的审核要点是：

（1）保险单的签发是否有其负责人签名。

（2）保险单的种类、正本份数是否与信用证规定相符并提交银行。

（3）被保险人是否与信用证规定相符，通常为信用证受益人。

（4）保险单是否可转让并由被保险人背书。

（5）投保的险别是否与信用证规定相符。

（6）投保的是否是货物全程运输。

（7）投保金额、货币是否符合信用证规定，金额大小写是否一致。

（8）装运船名、航程、装运港、起运日期等记载是否与提单一致。

（9）列明的投保货物名称、数量、唛头等是否与提单、发票及其他单据一致。

（10）是否列明赔款地点、支付赔款代理行及支付币别。信用证无规定时，应以货运抵达目的地为赔款地点。

（11）保险单生效日期是否不晚于货物单据上的装货、发货、承运日期。

5. 其他单证

审核其他如装箱单、商检证、产地证等是否由信用证规定的机构签发；有关单证的名称、份数是否与信用证规定相符；单据上货物名称、品质、数量、唛头等是否与信用证及其他有关单据一致。

（三）“不符点”的处理

进口交易中，银行审核出口商提交单据无误，便按汇票付款或承兑，然后通知进口商付款赎单。如审核发现不符，银行一般也会找进口商征求其对不符单据的处理意见。业务中，出现卖方所交单据“不符”时，我方应在《UCP500》及国际银行业务惯例基础上，考虑“不符”性质并作出适当处理。

1. "不符"性质严重

"不符"性质严重，包括所交单据份数或种类与信用证规定不符，货款金额大于信用证金额，单据中重要项目的内容与信用证规定不符，或单据之间相同项目的填写不一致。如出现上述不符，我方可拒绝接受单据并拒付全部货款。

2. "不符"性质不太严重

如果"不符"性质不太严重，可按下列方法处理：

（1）部分付款、部分拒付。如果卖方提供单据"不符"性质不太严重，买方一般不宜全部拒付，可采取部分付款、部分拒付好办法。

（2）货到检验合格付款。即买方向银行提出货到后如经检验货物符合合同规定，再接受单据，支付货款。

（3）凭担保付款。即要求卖方或议付行出具货物与合同相符的担保，然后凭此担保付款。

（4）更正单据后付款。如"不符"系打印错误，且时间允许，可在卖方更改单据后付款。

二、购汇付款

审单无误之后，进口商接下来的工作就是要按照要求购汇付款了。按照中国人民银行制定的《结汇、售汇及付汇管理规定》以及国家外汇管理局的有关规定，各外贸进出口总公司、工贸总公司、外商投资企业、合资企业、国内企事业单位等境内机构办理进口项下的预付款、货款以及贸易从属费用等的购汇均需经过审核。我国境内机构到银行办理购汇手续时，应按要求填写"中国银行总行营业部购买外汇申请书"，且需提供与支付方式相应的有效商业单据和所列有效凭证。

（1）用跟单信用证/保函方式结算的贸易进口，如需在开证时购汇，应持进口合同、进口付汇核销单、开证申请书；如需在付汇时购汇，还应当提供信用证结算方式要求的有效商业单据。

（2）用跟单托收方式结算的贸易进口，应持进口合同、进口付汇核销单、进口付汇通知书及跟单托收结算方式要求的有效商业单据。

（3）用汇款方式结算的贸易进口，应持进口合同、进口付汇核销单、商业发票、正本运输单据、正本进口货物报关单。若提单上的"提货人"和报关单上的"经营单位"与进口合同中列明的买方名称不一致，还应提供两者间的代理协议。

（4）进口项下不超过合同总金额的15%或者虽超过15%但未超过等值10万美元的预付款，应持进口合同、进口付汇核销单。若付汇后90天内（不含90天）不能到货报关的，还应提供外汇管理局签发的"进口付汇备案表"。

上述（1）至（4）项下的进口，实行进口配额管理或者特定产品进口管理的货物，还应提供有关部门签发的许可证或者进口证明；进口实行自动登记制度的货物，还应当提供填好的登记表格。进口项下的运输费、保险费，应持进口合同、正本运输费收据和保险费收据。

（5）进口项下的尾款，应持进口合同、进口付汇核销单、验货合格证明。

（6）进口项下的资料费、技术费、信息费等从属费用，应持进口合同或出口合同、进口付汇核销单或出口收汇核销单、发票或收费单据及进口或者出口单位负责人签字的说明书。

样单 13 购买外汇申请书

购买外汇申请书

中国银行_________分（支）行：

我公司为执行第_________号合同项下对外支付，需向贵行购汇。现按外汇局有关规定向贵行提供下述内容及所附文件，请审核并按实际付汇日牌价办理售汇。所需人民币资金从我公司_________号账户中支付。

1. 购汇金额：
2. 用途： □ 进口商品 □ 从属费用 □ 其他
3. 支付方式： □ 信用证 □ 代收 □ 汇款（□ 货到付款□预付货款）
4. 商品名称：
5. 数量：
6. 合同号： 金额：
7. 发票号： 金额：
8. □ 一般进口商品，无须批文
   □ 控制进口商品，批文随附如下：
   □ 进口证明 □ 许可证 □ 登记证明 □ 其他批文
   批文号码： 批文有效期：
9. 附件： □ 批文 □ 合同/协议 □ 发票 □正本运单
   □ 报关单 □ 运费单/收据 □ 保险费收据 □ 佣金单
   □ 关税证明 □ 仓单 □其他

申请单位_________（盖章）

银行审核意见： 银行业务编号：
上述内容与随附文件/凭证描述相符，拟按申请书要求办理售汇
经办人： 复核人： 核准人：
售汇日期： 经办人：
（加盖售汇专用章）

【课堂讨论】

进口商审单出现不符点的解决办法有哪些？

【课堂练习】

1. 信用证审单的程序是什么？
2. 审单的原则是什么？

【案例分析】

2005 年 9 月 30 日，交单行 P 银行收到受益人 B 公司提交的信用证项下出口单据一套，金额 USD77 000。经过审核，单据存在如下不符点：过了装船期；产地证未按信用证要求提供正本。当天 B 公司确认不符点后 P 银行寄单索汇，并在索汇面函上注明单据有瑕疵，但仍遵循《UCP500》。10 月 17 日，P 银行仍然未收到开证行的付款。同时从 DHL 公司了解到单据于 10 月 2 日已经寄达开证行，并由开证行盖章确认。据此，P 银行判断，开证行既未在合理的时间内提出拒付，又未付款，因此向开证行发电查询。10 月 23 日，开证行回电说："单据有实质性不符点，你们交单的时候也知道，并且在面函上也提到，所以我们默认了就没有再发函电对你们提出拒付。现在我们正在跟申请人协商解决。"后来 P 银行去电几次与开证行交涉，开证行都没有回音。试问：你对本案里交单行跟开证行的做法有什么看法？是否有一些别的意见？

【实训项目】

根据"信用证的样本"SWIFT 信用证，审核下面相关的汇票：

<table>
<tr><td colspan="6" align="center">BILL OF EXCHANGE</td></tr>
<tr><td>凭
Drawn Under</td><td colspan="2">ASIA COMMERCIAL BANK LTD.，SINGAPORE</td><td>不可撤销信用证
Irrevocable L/C No.</td><td colspan="2">DZ/3/IM/302052</td></tr>
<tr><td>日期
Date</td><td colspan="2">03/11/28</td><td colspan="3">支取 Payable With interest　@　%　按　息　付款</td></tr>
<tr><td>号码
No.</td><td>911R121101</td><td>汇票金额
Exchange for</td><td>USD122, 800. 00</td><td>上海
Shanghai</td><td></td></tr>
<tr><td colspan="2"></td><td>见票
at</td><td>***</td><td colspan="2">日后（本汇票之副本未付）付交
sight of this FIRST of Exchange (Second of Exchange</td></tr>
<tr><td colspan="2">Being unpaid) Pay to the order of</td><td colspan="4"></td></tr>
<tr><td>金额
the sum of</td><td colspan="5">UNITED STATED DOLLARS ONE HUNDRED TWENTY TWO THOUSAND EIGHT HUNDRED ONLY</td></tr>
<tr><td>此致
To</td><td colspan="3">ASIA COMMERCIAL BANK LTD.，SINGAPORE</td><td colspan="2">HANGHAI YU AN ZHI YING DISPLAY EQUIPMENT CO. LTD
SIGUNATURE:++++++</td></tr>
</table>

工作流程七　进口报关

工作任务一　熟悉一般进口货物通关流程

引例

2009 年 1 月，某电视机厂为生产电视机内销，通过外贸公司向 A 商订购了 100 吨卷钢、50 吨 PVC 粒子、10 吨盐酸，并委托某货运报关公司 B 办理报关手续。卷钢进口后，经检验只到货 96 吨，其中有 7 吨与合同规定的质量不符合。与 A 商协商后，A 商答应退还 11 吨卷钢的货款，并没有要求退运 7 吨质量不符的卷钢。请问：作为 B 公司的报关员，应当办理哪些海关手续？

案例简析

(1) 进口手续。填写报关单，贸易方式为“一般贸易”，征免性质为“一般征税”；预录入，电子通关，向海关交单，陪同查验，缴纳进口关税。

(2) 7 吨质量不符的卷钢的处理（未要求退运）。如果电视机厂留用，办理进口纳税手续，由海关按照卷钢的实际情况估价征税。或者放弃交海关处理，进行书面申请，由海关提取货物后开具收据。

(3) 办理 11 吨卷钢的退税手续。

知识链接

一、一般进口货物通关的步骤

根据进出境海关通关制度所适用的管理对象和管理范围，可以把进出境货物的通关分为一般通关和特殊通关。“一般”一词是通关业务中的一种习惯用语，其本身并无更多的特别内涵，用它来作为一种基本通关制度的标志，主要是易于与其他通关制度相区别。一般通关指办结了各项海关手续后，进口货物可以在境内自行处置的通关。适用一般进口通关制度的进口货物可以永久留在境内或境外。

一般进口货物的通关通常可以分为 4 个基本环节：申报、查验、征税、放行，如图 9 所示：

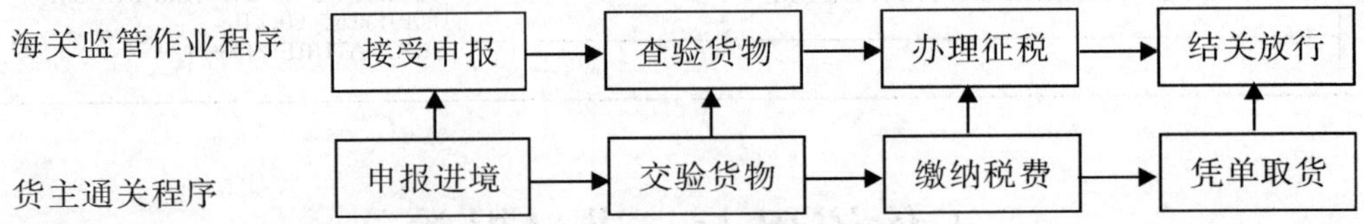

图 11　一般进口货物通关程序图示

图 11 显示了一般进口货物海关通关的全过程，从海关角度和进口货物收货人的角度，展示了在通关过程中双方各自相应的职责。与海关监管 4 个环节相对的进境货物收货人或其代理人通关过程也分为 4 个环节，一一对应。

二、一般进口货物通关的办事程序

为进一步提高口岸的通关效率，加快通关速度，我国的一些海关实施了“提前报关、实货放行”的新通关模式，即运输公司或其代理在运输工具进港前，向海关及时传输准确、完整并具有法律效力的电子舱单数据，包括空运分运单和海运分拨舱单。进口货物的收货人在海关得到空运单或海运舱单数据后即可办理提前报关手续，在到货后即可办理货物放行手续。

有进出口经营权的企业在向海关办理注册登记手续、取得注册登记编码（又称经营单位代码）后，可以自行或委托海关准予注册的报关企业办理货物进出境报关手续。无进出口经营权的企业或单位进出口货物、物品，可向海关申请临时注册登记编码。取得登记编码后，可以持批准文件委托海关准予注册的报关企业办理货物、物品的进出境报关手续。

一般进口货物通关的办事程序可以分为以下 8 个环节，13 个步骤。

（一）电子申报

第一步：货物的收货人或其代理人根据《中华人民共和国海关进出口货物报关单填制规范》和海关监管、征税、统计等要求录入电子报关数据，并通过网络传输方式向海关传输电子数据，进行电子申报。

（二）集中审单

第二步：海关计算机系统根据预先设定的各项参数对电子报关数据的规范性、有效性和合法性进行电子审核，审核结果将通过现场大屏幕显示器或计算机网络等通信手段通知申报人。审核结果有以下三种情况：

（1）符合计算机自动审核条件的，计算机将自动完成审单环节的全部作业，向现场海关下达作业指令，同时向申报人发出“到现场海关办理货物验放手续”的回执或通知。

（2）需人工审核的报关单数据，计算机将按设定的派单条件，将报关单数据派入通关管理处审单中心相应的人工审单岗位，同时向申报人员发出“等待处理”的回执或通知。

（3）对因申报不规范而不能通过计算机综合审核的报关单数据，计算机将自动退单，向申报人发出回执或通知，并在回执或通知中注明退单原因。

第三步：通关管理处审单中心对需人工审核的报关单数据进行人工审核，并将审核结果通知申报人。审核结果有以下三种情况：

（1）审核通过。如报关单数据经审核，符合海关审证作业要求，即预审核通过，通关管理处审单中心向现场海关发送有关指令和数据，同时向申报人发出“到现场海关办理货物验放手续”的回执或通知。

（2）人工退单。对明显不符合海关统计、征税、监管等有关业务要求而又不构成伪瞒报的报关单电子数据，予以退单处理，并向申报人发出注明退单原因的回执或通知。

（3）挂起。在审核过程中，审单人员认为有必要与申报人或有关部门联系，以了解或确定报关单数据有关内容的，可采用报关单挂起的措施，并向申报人发出“与海关联系”或“等待海关通知”的回执或通知。申报人在收到“与海关联系”通知后，应及时与通关管理处审单中心联系，说明情况或按通关管理处审单中心的要求提供有关资料；在收到“待海关通知”的回执时，应静待进一步的审核通知。

（三）现场通关——接单

第四步：口岸海关和通关现场以及区域海关为接单现场，申报人到现场海关接单窗口或派单窗口（一些业务量较大的现场）递交书面单证，办理单证审核手续。

第五步：海关验核申报人的报关资格，验核通过的，现场接单。有派单窗口的，现场派单人员则核对书面单证是否齐全，并分派接单窗口。

第六步：现场接单的海关人员验核书面单证。

（1）主要审核书面单证的各项内容是否单单（报关单与随附单证）一致，单据（报关单与电子数据）一致。

（2）对申报价格、商品归类等项目进行复核。

（3）按作业要求对有关单证进行批注。

（4）如发现单证不齐全、不合法，及时查明原因，并按有关规定处理。

（四）现场通关——查验

第七步：申报人持《查验通知单》、报关单备用联、提单场站收据、海运提单、发票、装箱单（复印件），到现场海关查验受理部门办理查验计划（一般当天安排第二天的查验计划），申报人员应做好查验准备。

第八步：海关对需要查验的货物实施现场查验。进口货物的收货人或其代理人应派人员到现场协助查验，协助查验人员应出示有效证件并负责搬移货物，开拆和重封货物的包装，当海关对相关单证或货物有疑问时应负责解答。

第九步：查验结束后，申报人应在《查验记录单》上签名确认。

（五）现场通关——税费征收

第十步：办理税费征收手续。海关对应税货物征收税款（关税、增值税、消费税），并打印税款缴纳书；对列为反倾销货物的征收反倾销税；对逾期纳税货物征收滞纳金，打印滞纳金缴款书；对减免税货物、保税货物按规定征收监管手续费；对缴纳的税费进行核销。

（六）现场通关——单证放行

第十一步：接单现场单证复核员对电子报关数据、书面单证及批注情况进行复核，对于情况正常、未设定查验的，办理单证放行手续，并在提货单或运单上加盖“单证专用章”及“工号章”，报关单备用联和提货单退还货主或其代理人；对已设定查验的，直接在提货单或运单上加盖“单证专用章”和“工号章”，报关单备用联和提货单退还货主或其代理人。

（七）口岸海关——实货放行

第十二步：在获得运输工具到港信息后，进口货主或其代理人持提货单或运单及报关单备用联交口岸风险管理/放行部门，根据计算机的提示进行放行处理。如计算机提示“货物未到港”，则不予办理放行手续；如计算机提示“与实卸情况不符或未找到实卸记录”，海关根据实际情况办理放行手续。对无需查验的，海关在处理完计算机操作后即在正本提单或运单上加盖“放行章”，计算机自动将有关实货放行电子信息传送至港区或机场货代，货主即可办理放行手续；对须查验的货物，放行关员在提货单或运单上加盖“查验章”退还货主，由货主带至查验点接受海关对货物的查验。

（八）签发进口货物报关单

第十三步：申报人到业务现场办理报关单证明联的签证手续。进口货物放行后，海关向申报人签发进口付汇证明联。

【课堂讨论】

将一般进口报关流程的 8 个环节，13 个步骤按照申报、查验、征税、放行 4 个程序进行分类归纳。

【课堂练习】

简述一般进口货物通关的基本流程。

【实训项目】

模拟进口货物的报关，组织同学分角色扮演海关关员、进口公司、报关人员，模拟进口报关的整个流程。

工作任务二　进口申报、接受查验与缴纳税费

引例

某年 9 月，深圳某台商自美国进口一批 150 公吨的牛皮卡纸。由于该台商工厂仓库容量有限，因此均分两批将 6 个 40 英尺的货柜运抵深圳。9 月底，首批 3 个货柜运抵深圳某海关，该公司的报关员带齐所有的单证（美国公司寄来的原始发票、装箱单、海运提单）和填好的报关单、进境汽车载货清单，向海关报关。但报关时发现此批货物共有 3 辆货柜车，而美国的原始发票是整批货物共 6 个货柜，海关关员不同意该公司进行报关。该公司立即电告美国公司，要求美国公司赶填两份发票及装箱单，一份为 3 个货柜，另一份也为 3 个货柜。次日，该公司报关员再次报关，海关拒绝接受美国方面开来的原始发票，因为美国开来的发票只有签名而没有印鉴。该公司只得再与美国公司进行联系，但由于时差的关系，等收到美方传真已是第三日清晨了。该公司报关员又进行申报，但是又出现了新问题，该公司报关单注明的是牛皮卡纸，而司机载货清单上填写的是白板纸。海关认为，报关单注明的牛皮纸是每公吨 300 美元的，但实际可能进口的是每公吨 1 000 美元的白板纸，涉嫌逃漏国家关税，有走私嫌疑。海关要求开箱查验，查验中关员将每一箱纸的外层捅破，虽然最后证明是牛皮卡纸，货物放行，但 3 个货柜耽搁了两夜的租箱费以及检查费、纸破坏费，共损失了约 2 万多港币。

（资料来源：张雪梅．报关实务．北京：对外经济贸易大学出版社，2007）

案例简析

本案的经验教训有两条：

（1）必须如实申报。报关人必须按照《海关法》、《报关单填制规范》的有关规定和要求，向海关如实申报。报关单的填报必须要真实，不得伪报、瞒报、虚报，否则可能构成走私行为或走私罪。本案中的第三次申报，由于单单载明的货物名称不一致，造成海关误以为企业涉嫌走私。

（2）申报必须做到两个相符。一是单单相符，即报关单与合同、发票、装箱单、提单以及随附单据相符；二是单货相符，即报关单中所填报货物的品名、规格、数量、价格等内容不能出现差错，更不能伪报、瞒报、虚报。本案中的第一次申报，由于货物为分批运输，报关单据、发票等未分别列出，导致单货不一致；本案中的第三次申报，由于报关单注明的商品名称为“牛皮卡纸”而载货清单注明的为“白板纸”造成单单不一致，不能顺利通关。

知识链接

一、申报

根据《海关法》规定，进口货物的申报是进口货物的收货人或者他们的代理人，在自运输工具申报进境之日起 14 天内，按海关规定的格式填写进口货物报关单，随附有关的货运、商业单据，同时提供批准货物进口的证件，向海关申报。

报关的主要单证有以下几种：

（1）进口货物报关单。一般填写一式两份，一份用于海关内部流转，一份交报关人用于进口付汇核销。报关单填报项目要准确、齐全、字迹清楚。报关单内各栏目，凡海关规定有统计代号的，以及税则号及税率一项，由报关员用红笔填写。如发现情况有误或其他情况需要变更填报内容的，应主动及时向海关递交更改单。

（2）随报关单交验的货运、商业单据。任何进口货物通过海关，都必须在向海关递交填好的报关单的同时，交验有关的货运和商业单据，接受海关审各种单证是否一致，并由海关审核后加盖印章，作为提取或发运货物的凭证。随报关单同时交验的货运和商业单据有：海运进口提货单；陆、空运运单；货物的发票（其份数比报关单少一份，需报关单位盖章）；货物的装箱单等。

（3）进口货物许可证。进口货物许可证制度，是对进口贸易进行管理的一种保护手段。我国采用这一制度对进口货物、物品实行全面管理。凡按国家规定应申领进口货物许可证，报关时都必须交验由对外贸易管理部门签发的进口货物许可证，并经海关查验合格无误后才能放行。

（4）商检证书。海关指示报关单位出具商检证书，一方面是监督法定检验商品是否已经接受法定的商检机构检验；另一方面是取得进口商品征免减税的依据。根据《中华人民共和国进出口商品检验法》以及《商检机构实施检验的进出口商品种类表》规定，凡列入《种类表》的法定检验的进口商品，均应在报关前向商品检验机构报检。报关时，对进口商品，海关凭商检机构签发的检验证书或在进口货物报关单上加盖的印章验收。

除上述单证外，对国家规定的其他进口管制货物，报关单位也必须向海关提交由国家主管部门签发的特定的进出口货物批准单证，海关查验合格无误后再予以放行。

二、接受查验与缴纳税费

（一）接受查验

对海关确定的查验货物，由隶属海关签发《查验通知书》，通知报关人准备查验。查验负责人操作查验子系统随机指定查验人员，打印《查验作业单》派单查验。查验结果正常且税费已核销的，转入放行环节办理放行手续。

进口货物，除海关总署特准查验的以外，都应接受海关查验。查验的目的是核对报关单证所报内容与实际到货是否相符，有无错报、漏报、瞒报、伪报等情况，审查货物的进口是否合法。

查验货物应在海关规定的时间和场所进行。如有特殊理由，应事先报经海关同意，海关可以派人员在规定的时间和场所以外查询。申请人应提供往返交通工具和住宿并支付费用。海关查验货物时，要求货物的收、发货人或其代理人必须在场，并按海关的要求负责货物的搬移、拆装箱和查验货物的包装等工作。海关认为必要时，可以径行开验、复验或者提取货样，货物保管人应当到现场作为见证人。

查验货物时，由于海关关员责任造成被查货物损坏的，海关应按规定赔偿当事人的直接经济损失。赔偿办法为：由海关关员如实填写《中华人民共和国海关查验货物、物品损坏报告书》一式两份，查验关员和当事人双方签字，各留一份。双方共同商定货物的受损程度或修理费用，以海关审定的完税价格为基数，确定赔偿金额。赔偿金额确定后，由海关填发《中华人民共和国海关损坏货物、物品赔偿通知单》，当事人自收到通知单之日起3个月内凭单领取赔款或将银行账号通知海关划拨，逾期海关不再赔偿。赔款一律用人民币支付。

（二）征收税费

报关人在收到海关发布的“现场交单”信息后，打印纸质《进出口货物报关单》、《进口货物价格申报单》，按规定备齐随附单证并签章后，到隶属海关接单审核/征收税费环节办理交单手续。海关关员接受报关员递交的纸质单证，各项要求审核无误后，打印、签发各类税费专用缴款书，纳税义务人缴纳各项税费。

三、进口货物的放行

海关对进口货物的报关，经过审核报关单据、查验实际货物，并依法办理了征收货物税费手续或减免税手续后，放行环节关员操作放行子系统（REL）放行货物，在提运单上加盖放行章、签名并批注日期，系统核销进口许可证、舱单等各项备案电子数据，赋予该票货物一个在中国境内的唯一放行编号，并将此编号通过网络传输至海关监管场所及卡口，此时，海关对进口货物的监管才算结束，货物的所有人或其代理人才能提取货物。另外，进口货物因各种原因需海关特殊处理的，可向海关申请担保放行。

【课堂讨论】

进口申报需要准备哪些单证?

【课堂练习】

查验环节有什么注意事项?

【案例分析】

国内A公司与国外B公司签订出口合同，规定合同在2009年7月底之前履行完毕。此后国内A公司组织生产，但由于生产过程中出现一些问题，该批出口货物直到2009年9月初才生产完毕。2009年9月15日，A公司以一般贸易方式向海关办理出口手续，将货物发运给国外B公司。由于A公司延期履行合同，B公司以此为由拒绝收货，A公司无奈，于2009年11月办理货物退运事宜。2009年11月15日，该批货物从原出境口岸复运入境，报关时，某海关对该批货物征收进口税款30万元。试问：海关对出口退运货物征收进口税款的行为是否合理?

【实训项目】

了解我国的进口货物许可证申请的手续。

工作任务三　缮制进口货物报关单

引例

某企业报关员小明于5月17日以EDI方式为企业进口的货物向海关申报，当日收到海关“不接受申报”的报文及不接受申报原因的通知，小明立即核对申报单证，查找原因，经过修改报关单内容后，他于19日再次以EDI方式申报，并在当日收到海关“接受申报”和“现场交单”通知。小明于20日到海关递交打印的纸质报关单和其他单证。请问：该批货物的申报日期是什么?

案例简析

以电子报关方式申报的，申报日期为海关计算机系统接受申报数据时记录的日期。电子数据报关经过海关计算机检查被退回的，视为海关不接受申报，进口货物收货人或其代理人应按照要求修改后重新申报，申报日期为海关接受重新申报的日期。在采用先电子数据报关单申报，后提交纸质报关单的方式下，海关以接受电子数据申报单申报的日期为准。因此本案的货物申报日期应为5月19日。

知识链接

进口货物的收货人应当向海关如实申报，交验进口许可证和有关单证。进口货物报关单就是向海关报告其进口货物情况，申请海关查验、放行货物的必要的法律文书。正确填制报关单是海关对报关企业和报关员的基本要求，也是报关员必须履行的义务。

一、进口货物报关单缮制的基本要求

报关人必须按照《中华人民共和国海关法》和《中华人民共和国进出口货物报关单填制规范》的有关规定，向海关如实申报。填报进口货物报关单的基本要求是：

（1）对已填报的项目，如有更改的，应在更改处加盖单位校对章。

（2）不同合同项下的进口货物，不能填报在同一份报关单上。

（3）同一批进口货物若采用不同的贸易方式，应填制不同的报关单。一般货物使用白色《进口货物报关单》；来料加工、补偿贸易专用浅绿色《进口货物报关单》；进料加工专用粉红色《进口货物报关单》。

（4）一份进口合同中若有多种不同商品，应分别填写报关单。

（5）一张报关单上一般不超过5项海关统计商品编号的货物。若已超过，则应另行填写报关单。

（6）电脑预录入的报关单，其内容必须与原始报关单完全一致。

二、进口货物报关单的内容及缮制说明

进口货物报关单的内容主要是根据海关监管、征税及统计等工作需要而设置的，主要包括以下数据项目：

预录入编号、海关编号、进口口岸、备案号、进口日期、申报日期、经营单位、运输方式、运输工具名称、提运单号、收货单位、贸易方式（监管方式）、征免性质、征税比例、许可证号、起运国（地区）、货运港、境内目的地、批准文号、成交方式、运费、保费、杂费、合同协议号、件数、包装种类、毛重、净重、集装箱号、随附单据、用途、标记唛码及备注、项号、商品编号、商品名称及规格型号、数量及单位、原产国（地区）、单价、总价、币制、征免、税费征收情况、录入员、录入单位、申报单位、填制日期、海关审单批注栏等。

下表为进口货物报关单实样：

样单14　进口货物报关单

预录入编号：　　　　　　　　　　　海关编号：

<table>
<tr><td colspan="2">进口口岸</td><td colspan="2">备案号</td><td>进口日期</td><td>申报日期</td></tr>
<tr><td colspan="2">经营单位</td><td colspan="2">运输方式</td><td>运输工具名称</td><td>提运单号</td></tr>
<tr><td colspan="2">收货单位</td><td colspan="2">贸易方式</td><td>征免性质</td><td>征税比例</td></tr>
<tr><td>许可证号</td><td colspan="3">起运国（地区）</td><td>装运港</td><td>境内目的地</td></tr>
<tr><td>批准文号</td><td colspan="2">成交方式</td><td>运费</td><td>保费</td><td>杂费</td></tr>
</table>

（续上表）

合同协议号	件数	包装种类	毛重（公斤）	净重（公斤）
集装箱号	随附单据			用途
标记唛码及备注				
项号　商品编号 单价　总价	商品名称、规格型号 币制　征免		数量及单位	原产国（地区）
税费征收情况				
录入员　录入单位	兹声明以上申报无误并承担法律责任			海关审单批注及放行日期（签章）
报关员			申报单位（签章）	审单　审价
单位 邮编　电话	地址 填制日期			征税　统计 查验　放行

三、进口货物报关单主要栏目的填制规范

1. 预录入编号

预录入报关单及EDI报关单的预录入编号由接受申报的海关决定编号规则，计算机自动打印。

2. 海关编号

海关编号是指海关接受申报时给予报关单的编号。一般来说，海关编号就是预录入编号，由计算机自动打印，不需填写。

3. 进口口岸

本栏目应根据货物实际进口的口岸海关选择填报《关区代码表》中相应的口岸海关名称及代码（四位码）。具体的填报要求如下：

（1）《关区代码表》中只有直属海关关别和代码的，可以填报直属海关名称和代码，如：在太原海关办理货物进出口报关手续，本栏目可以填报“太原海关”，代码0500；如果有隶属海关关别和代码，必须填报隶属海关关别和代码，如：在上海浦江海关办理货物进出口报关手续，本栏目不得填报“上海海关”，代码2200，必须填报“上海浦江海关”，代码2201。

（2）加工贸易货物，填报《加工贸易手册》限定或指定进出口岸的口岸海关名称及代码。限定或指定口岸与货物实际进出境口岸不符的，应向合同备案主管海关办理变更手续后填报。

4. 备案号

备案号是指经营进出口业务的企业在向海关办理加工贸易合同备案或征、减、免税审批备案等手续时，由海关给予《进料加工登记手册》《来料加工及中小型补偿贸易登记手册》《外商投资企业履行产品出口合同进口料件及加工出口成品登记手册》（以上均简称《登记手册》）、《进出口货物免税证明》（简称《征免税证明》）或其他有关备案审批文件的编号。备案号长度为12位，其中第一位是标记码。备案号的标记码必须与“贸易方式”、“征免性质”、“征免方式”及“用途”等栏目相协调。本栏目的填报要求如下：

（1）一份报关单只允许填报一个备案号。

（2）加工贸易合同项下使用《登记手册》的货物和凡涉及减免税备案审批的货物都得在报关单上分别填写《登记手册》编号和《征免税证明》编号，不得为空。

5. 进口日期

本栏目填报的日期必须与相应的运输工具进境日期一致。预录入报关单及EDI报关单均免于填报。无实际进出境的报关单填报办理申报手续的日期。本栏目为8位数，顺序为年（4位）、月（2位）、日（2位）。

6. 申报日期

预录入及EDI报关单填报向海关申报的日期。以电子报关方式申报的，申报日期为海关计算机系统接受申报数据时记录的日期。电子数据报关经过海关计算机检查被退回的，视为海关不接受申报，进口货物收货人或其代理人应按照要求修改后重新申报，申报日期为海关接受重新申报的日期。在采用先电子数据报关单申报，后提交纸质报关单的方式下，海关以接受电子数据申报单申报的日期为准。

7. 经营单位

经营单位代码为10位数字，是进出口企业向企业所在地主管海关办理注册登记手续时，由海关给企业设置的注册登记编码。经营单位栏应填报：经营单位中文名称+10位数代码，如：佳能公司4404140055。

经营单位代码的10位数字，第一至第四位数为进出口企业属地的行政区划代码。其中：第一、二位数表示省、自治区、直辖市。第三、四位数表示直辖市（地区、省直辖行政单位），包括省会城市和沿海开放城市（第三、四位用“90”表示未列名的省直辖行政单位）。第五位数为经济区划代码（“1”表示经济特区；“2”表示经济技术开发区和上海浦东新区、海南洋浦经济开发区；“3”表示高新技术产业开发区；“4”表示保税区；“5”表示出口加工区；“9”表示其他）。第六位数为进口企业经济类型代码（“1”表示有进出口经营权的国有企业；“2”表示表示中外合作企业；“3”表示中外合资企业；“4”表示外商独资企业；“5”表示有进出口经营权的集体企业；“8”表示有报关权而没有进出口经营权的企业，但此代码不能出现在报关单的经营单位栏；“9”表示其他，包括外国驻华企事业机构、外国驻华使领馆和临时有进出口经营权的企业）。第七至第十位数为顺序号。

8. 运输方式

本栏目应根据实际运输方式按海关规定的《运输方式代码表》选择填报相应的运输方式。进口转关运输货物，按载运货物抵达进境地的运输工具填报。

9. 运输工具名称

本栏目填报内容应与运输部门向海关申报的载货清单所列相应内容一致。一份报关单只允许填报一个运输工具名称。具体填报要求如下：

（1）一般贸易报关单：

江海运输填报：船舶呼号（来往港澳小型船舶为监管簿编号＋“/”＋航次号）。

汽车运输填报：该跨境运输车辆的国内行驶车牌号＋“/”＋进出境日期（8位数字，即年年年年月月日日，下同）。

铁路运输填报：车次（或车厢号）＋“/”＋进境日期。

航空运输填报：航班号＋进境日期＋“/”＋总运单号。

邮政运输填报：邮政包裹单号＋“/”＋进境日期。

其他运输填报：具体运输方式名称（如管道、畜驮等）。

（2）进口转关运输货物报关单：

江海运输进境货物：直接货物填报，“@”＋16位转关申报单预录入号（或13位载货清单号）；中转货物填报，进境英文船名（必须与提单、转关单填写完全一致）＋“/”＋“@”＋进境船舶航次。

航空运输进境货物：直转货物填报，“@”＋16位转关申报单预录入号；国际空运联程货物填报，8位分运单号，无分运单的为空。

铁路运输进境货物：直转货物填报，“@”＋16位转关申报单预录入号；中转货物填报，车厢编号＋“/”＋“@”＋8位进境日期（年年年年月月日日）。

公路及其他运输方式进境货物填报，“@”＋16位转关申报单预录入号（或13位载货清单号）。

10. 提运单号

本栏目填报的内容应与运输部门向海关申报的载货清单所列相应内容一致。具体填报要求如下：

（1）一般贸易报关单：

江海运输填报进口提单号；铁路运输填报运单号；航空运输填报分运单号，无分运单的填报总运单号；汽车运输、邮政运输免于填报；无实际进出境的，本栏目为空。

（2）进境转关运输货物报关单：

江海运输进境货物：填报海运正本提单号；进口提前报关为空。

航空运输进境货物：直转货物填报，11位总运单号＋“/”＋8位分运单号，无分运单号的填报11位总运单号；进口提前报关为空；国际空运联程货物填报，“@”＋总运单号。

铁路运输进境货物：填报铁路运单号；进口提前报关为空。

其他运输方式进境货物：本栏目为空。

以上各种运输方式进境货物，用公路运输转关的，填报车牌号。

11. 收货单位

本栏目应填报收货单位的中文名称或其海关注册编码。加工贸易报关单的收货单位应与《登记手册》的“货主单位”一致。

12. 贸易方式

一份报关单只允许填报一种贸易方式。本栏目填制应根据实际情况，并按海关规定的《贸易方式代码表》选择填报相应的贸易方式简称或代码。

13. 征免性质

一份报关单只允许填报一种征免性质。本栏目应按照海关核发的《征免税证明》中批注的征免税性质填报，或根据实际情况按海关规定的《征免性质代码表》选择填报相应的征免性质简称或代码。加工贸易报关单本栏目应按照海关核发的《登记手册》中批注的征免性质填报相应的征免性质简称或代码。

14. 征免比例

征免比例仅用于“非对口合同进料加工”贸易方式下（代码“0715”进口料、件的进口报关单），因此，本报关单的贸易方式代码只能是“0715”。征免比例栏的数字只能是“5”或“15”，填报海关规定的实际应征税比例，例如：5% 填报 5，15% 填报 15。

15. 许可证号/批准文号/合同协议号/随附单据

应申领进口许可证的货物，必须在此栏目填报许可证的编号，不得为空。一份报关单只允许填报一个许可证号。批准文号是指《进口付汇核销单》编号。合同协议号应填报进口货物合同（协议）的全部字头和号码。合同号长度限 20 位数字以内。随附单据是指随进口货物报关单一并向海关递交的单证或文件。填报进口货物需向海关申报的监管证件代码并把每种证件的编号填报在备注栏下部分。合同、发票、装箱单、许可证等必备的随附单证不在随附单据栏填报。

16. 起运国（地区）

起运国（地区）是指进口货物起始发出的国家（地区）。对发生运输中转的货物，如在中转地未发生任何商业性交易，则起运地不变；如在中转地发生商业性交易，则以中转地作为起运国（地区）填报。

本栏目应按海关规定的《国别（地区）代码表》选择填报相应的起运国（地区）或运抵国（地区）中文名称或代码。

17. 装运港

装运港是指进口货物在运抵我国关境前的最后一个境外装运港。“二程船”运输的进口货物以在运抵我国关境前的最后一个境外装货港为装运港。

18. 境内目的地

境内目的地是指进口货物在国内的消费、使用地或最终运抵地。境内目的地采用国内地区代码填写，要填报具体的最小的行政区域及区（县）。

19. 批准文号

本栏目用于填报《进口付汇核销单》编号。

20. 成交方式

本栏目应根据实际成交价格条款按海关规定的《成交方式代码表》选择填报相应的成交方式代码。无实际进境的，进口填报 CIF 价。

21. 运费

本栏目用于成交价格中不包含运费的进口货物，应填报该份报关单所含全部货物的国际运输费用。可按运费单价、总价或运费率三种方式之一填报，同时注明运费标记，并按海关规定的《货币代码表》选择填报相应的币种代码。运费标记“1”表示运费率，“2”表示每吨货物的运费单价，“3”表示运费总价。例如：5%的运费率填报为5/1；24美元的运费单价填报为502/24/2；7 000美元的运费总价填报为502/7 000/3。运保费合并计算的，运保费填报在本栏目。

22. 保费

本栏目用于成交价格中不包含保险费的进口货物，应填报该份报关单所含全部货物国际运输的保险费用。可按保险费总价或保险费率两种方式之一填报，同时注明保险费标记，并按海关规定的《货币代码表》选择填报相应的币种代码。保险费标记为“1”表示保险费率，“3”表示保险费总价。例如：0.3%的保险费率填报为0.3；10 000港元保险费总价填报为110/10 000/3。运保费合并计算的，运保费填报在运费栏目中。

23. 杂费

杂费指成交价格以外的、应计入完税价格或应从完税价格中扣除的费用，如手续费、佣金、回扣等。可按杂费总价或杂费率两种方式之一填报，同时注明杂费标记，并按海关规定的《货币代码表》选择填报相应的币种代码。杂费标记“1”表示杂费率，“3”表示杂费总价。例如：应计入完税价格的1.5%的杂费率填报为1.5；应计入完税价格的500英镑杂费总价填报为303/500/3。

应计入完税价格的杂费填报为正值或正率；需从完税加工中扣除的费用，应填报在进口报关单“杂费”栏中，并且将数值或费率填报为负值或负率。如交易过程中有1%的回扣率，则应在“杂费”栏填报“-1”。

24. 件数

本栏目应填报有外包装的进口货物的实际件数。

25. 包装种类

包装种类栏目填报的是进口货物的实际外包装（运输包装），而不是销售包装。本栏目应根据进口货物的实际外包装种类，按海关规定的《包装种类代码表》选择填报相应的包装种类代码。

26. 毛重/净重

毛重栏填报进口货物实际毛重（公斤），不足1公斤的填报为1。净重栏填报进口货物实际净重（公斤），不足1公斤的填报为1。

27. 数量

进口货物必须按海关法定计量单位填报，若成交计量单位与法定计量单位不一致，应按相应的比例进行转换。每一种进口商品均应填报第一计量单位，海关商品统计目录列明第二计量单位的，还必须填报该商品第二计量单位及数量。加工贸易、减免税等含备案数据的货物，申报的计量单位必须与备案数据中同项号下货物的计量单位一致，不相同时必须修改备案或转换一致后填报。

数量栏分三行填报：

(1) 法定第一计量单位及数量填报在本栏目第一行。

(2) 第二计量单位及数量填报在本栏目第二行。

（3）成交计量单位及数量，填报在商品名称、规格型号栏下方，即第三行。

28. 集装箱号

本栏目用于填报和打印集装箱编号及数量。填报配载的集装箱编号及个数，不足一箱的，四舍五入填报整数；非集装箱货物填报为“0”。例如：TBXU3605231 * 1（1）表示一个标准集装箱。

一份报关单对应多个集装箱时，集装箱号栏应按如下格式填报：其中一个集装箱号 * 集装箱个数（折合为标准集装箱个数），例如：TBXU3605231 * 2（3）表示两个集装箱，折合为三个标准集装箱，其中一个箱号为 TBXU3605231，其余集装箱编号打印在报关单备注栏或随附清单内。

29. 用途

进口货物填报用途，应根据进口货物的实际用途按海关规定的《用途代码表》选择填报相应的用途代码，如“以产顶进”填报“13”。

30. 标记唛码及备注

分列四行填报收货人代号，合同号、发票号等，目的地名称，件数号码。凡申报采用协定税率的商品，必须在本栏目填报原产地证明标记。

31. 项号

本栏目分两行填报及打印：第一行打印报关单中的商品排列序号；第二行专用于加工贸易等已备案的货物，填报和打印该项货物在《登记手册》中的项号。加工贸易合同项下进口货物，所填报项号用于核销对应项号下的料件或成品数量。

32. 商品编号

商品编号指海关规定的商品分类编码规则确定的进（出）口货物的商品编号。加工贸易《登记手册》中商品编号与实际商品编号不符的，应按实际商品编号填报。

33. 商品名称、规格及型号

本栏目填报内容包括品名、规格、成分、含量、等级等。本栏目分两行填报及打印：第一行打印进口货物规范的中文商品名称，如果发票中是非中文名称，则需翻译成规范的中文名称填报；第二行打印规格、型号，必要时可加注原文。

34. 原产国

原产国（地区）指进口货物的生产、开采或加工制造国家（地区）。本栏目应按海关规定的《国别（地区）代码表》选择填报相应的国家（地区）名称或代码。填报时应注意如下几点：

（1）国别（地区）名称应填写具体的国别（地区）名称，不能笼统地填报为区域性的名称，如“中东”、“中美洲”、“西印度群岛”、“阿拉伯国家”、“西非”、“欧盟”等，也不能填写城市或港口名称，如“伦敦”、“汉堡”、“纽约”等。

（2）殖民地、属地要作为一个单独的地区来填报，而不能填报它的宗主国名称。例如法属克里多尼亚不能填报成法国，西属加那利群岛不能填报成西班牙。

35. 单价/总价

单价栏应填报同一项号下进口货物实际成交的商品单位价格。无实际成交价格的，本栏目填报货值。总价栏应填报同一项号下进口货物实际成交商品的总价。无实际成交价格的，本栏目填报货值。

36. 币制

本栏目应根据实际成交情况按海关规定的《货物代码表》选择填报相应的货币名称或代码。

37. 征免

本栏目应按照海关核发的《征免税证明》或有关政策规定，对报关单所列每项商品选择填报海关规定的《征减免税方式代码表》中相应的征减免税方式。加工贸易报关单位应根据《登记手册》中备案的征免规定填报。

【课堂讨论】

缮制进口货物报关单有什么要求?

【课堂练习】

进口货物报关单包括哪些基本内容?

【案例分析】

1. 某研究所与广东省机器进出口公司签订合同订购一批日本松下公司生产的蒸汽喷雾美容仪器。该仪器于广东省机器进出口公司与日本松下公司签订合同后一个月，从日本运抵黄埔港。报关时，报关单的经营单位栏目应如何填写?

2. 汕头某合资企业委托广东省机械设备进出口公司与美国某公司签订进口工程机械合同，并委托汕头外运公司代理报关。在填制进口报关单时，经营单位栏目应如何填写?

【实训项目】

根据以下资料，填写进口货物报关单。

资料一：

广东东升医疗器械有限公司（经营代码 518994 × × × ×）在投资总额内，委托广东省机械进出口公司（经营单位代码：512091 × × × ×）进口设备一批，于2005年5月1日进口，次日由广东日华公司持“检验检疫货物通关单”（证件号码 A：53010104230018）和证明号为 Z51011A00388 的征免税证明（海关签注的征免性质为“鼓励项目”）及有关单据向佛山新港海关（关区代码 5189）代理报关。

资料二：

QI SUN HE ENTERPRISE CORP. LONDON

PACKING LIST

No. PK－AP0405　　　Date：Apr. 5，2005

For account and risk of Messrs

GUANGDONG DONGSHENG MEDICAL APPARATUS AND INSTRUMENTS

GUANGDONG CHINA PINGSHA VILLAGE, FOSHAN GUANGDONG, CHINA

Shipped by QI SUN HE LIMITED per ___________

Sailing on or about ___________ From LONDON TO GUANGZHOU FOSHAN

Vessel voyage No. MAYFLOWER. 0425

B/L No. : LD41025

Marks & Nos.	Description of Goods	Quantity	Net Weight (kg)	Gross Weight (kg)
D. S. M LONDON P/ NO. 1 – 5	医疗机械 NG – 501 CONTAINER NO YMLU 6688327 (40’) TAREWGT 5627 KG	5 SETS	23 426	26 385
	TOTAL：3PALLET	5 SETS	23 426kg	26 385kg

资料三：发票

QI SUN HE ENTERPRISE CORP. LONDON

INVOICE

No. IV – AP0405　　　　Date：Apr. 5，2005

For account and risk of Messrs

GUANGDONG DONGSHENG MEDICAL APARATUS AND INSTRUMENTS

GUANGDONG CHINA PINGSHA VILLAGE，FOSHAN，GUANGDONG，CHINA

广东东升医疗机械公司（广东佛山）

Shipped by QI SUN HE LIMITED per ___________

Contract No. LD 054 – 126

Marks & Nos.	Description of Goods	Quantity	Unit price (USD)	Amount (USD)
D. S. M LONDON P/NO. 1 – 5	医疗机械 NG – 501 MADE IN SWEDEN	5SETS	6079. 25 CIF FOSHAN	30 396. 25
	TOTAL：3PALLETS	5SETS		USD 30 396. 25
	SAY TOTAL THIRTY THOUSAND THREE HANDRED NINTY – SIX AND TWO – FIVE ONLY.			

1. 进口口岸：

A. 广州海关　　　　B. 佛山新港海关

C. 广州海关 5100　　　　D. 佛山新港海关 5189

2. 备案号:

A. Z51011A00388　　B. A53010104230018

C. YMLU6688327　　D. 不填

3. 进口日期:

A. 05.05.01　　B. 05.05.02

C. 2005.05.01　　D. 2005.5.2

4. 申报日期:

A. 05.05.02　　B. 2005.5.2

C. 2005.05.01　　D. 2005.05.02

5. 经营单位:

A. 518994××××　　B. 广东东升医疗器械公司

C. 广东东升医疗器械公司 518994××××　　D. 广东省机械进出口公司 512091××××

6. 运输方式:

A. 江海　　B. 2

C. 3　　D. 航空

7. 运输工具名称:

A. MAY FLOWER. 0425　　B. 0425

C. MAY FLOWER　　D. MAY FLOWER/0425

8. 提运单号:

A. LD41025　　B. Z510111A00388

C. 53010104230018　　D. PK－AP0405

9. 收货单位:

A. 518994××××

B. 广东东升医疗器械公司

C. 广东东升医疗器械公司 518994××××

D. 广东省机械进出口公司 512091××××

10. 贸易方式:

A. 鼓励项目　　B. 一般贸易　　C. 合资合作设备　　D. 外资设备物品

11. 征免性质:

A. 照章征税　　B. 鼓励项目　　C. 外资企业　　D. 自由资金

12. 起运国:

A. 伦敦　　B. 香港　　C. 英国　　D. 中国

13. 装运港:

A. 伦敦　　B. 香港　　C. 英国　　D. 中国

14. 境内目的地:

A. 广州　　B. 广东省　　C. 佛山　　D. 其他

15. 批准文号:

A. 此栏目为空　　B. CIF　　C. Z510111A00388　　D. 53010104230018

16. 成交方式：

A. FOB B. CIF C. 一般贸易 D. CFR

17. 运费：

A. 此栏为空 B. 000/0.3/1 C. 502/3 000/3 D. 3 000

18. 合同协议号：

A. IV－AP0405 B. LD41025 C. LD054－126 D. PK－AP0405

19. 件数：

A. 1 B. 3 C. 0 D. 5

20. 包装种类：

A. 裸装 B. 其他 C. 件 D. 托盘

21. 毛重：

A. 23 426 B. 26 385 C. 6 079.25 D. 30 396.25

22. 集装箱号：

A. YMLU 6688327/40/26385 B. YMLU6688327/20/5627

C. YMLU 6688327/40/5627 D. YMLU6688327

23. 随附单据：

A. A：53010104230018 B. Z：51011A00388

C. Y：××××× D. 此栏为空

24. 用途：

A. 其他内销 B. 企业自用 C. 加工返销 D. 外贸自营内销

25. 标记唛码及备注栏除了填报标记唛码外，还应填报：

A. A：53010104230018 B. Z：51011A00388

C. 委托广东省机械进出口公司进口 D. 不需填报

26. 原产国：

A. 英国 B. 瑞士 C. 伦敦 D. 瑞典

27. “征免”：

A. 全免 B. 减半征税 C. 照章征税 D. 减免50%

（资料来源：张慧如．进出口货物报关单填制规范与练习．北京：中国海关出版社，2005）

工作流程八　报检

引例

西安某进出口公司从美国进口一批化妆品，货物欲从天津新港入境，目的地为西安，试描述该公司应如何办理货物的进境报检手续？

案例简析

本案中的进口化妆品为法定检验货物，必须要经过标签审核，取得进出口化妆品标签审核证书或标签审核受理证明后方可报检。又由于通关地（天津）与目的地（西安）不属于同一辖区，须在口岸清关转异地进行检验检疫，所以可申请进境流向报检。即由西安某进出口公司首先持合同、发票、装箱单、提单、入境货物报检单等主要单证及进口前由国家质检总局签发的进口化妆品标签审核证书等在卸货口岸向口岸检验检疫机构（天津检验检疫局）报检，在此签发入境货物通关单，通关后只是由进境口岸检验检疫机构进行必要的检疫处理，货物调往目的地后再申请异地施检报检，即在规定的时间内，向目的地检验检疫机构（西安检验检疫局）申请进行检验检疫。

知识链接

一、进口商品检验的意义

进口报检是指进口商品的收货人或其代理，根据国家有关法律、行政法规的规定或业务需要，在规定的期限内向商检机构指定的检验机构申请办理进口检验或检疫。

我国进口商品检验检疫包括进口商品检验、入境动植物检疫以及国境检疫。根据我国现行《进出口商品检验法实施条例》的规定，列入法定检验范围的进口商品必须按规定由国家质量监督检验检疫总局或其指定的检验机构检验；对不属于法定检验的进口商品，检验机构可以抽样检验并实施监督管理。

法定检验的进口商品经检验检疫不符合法律、法规的强制性标准或者其他必须执行的检验检疫标准的，必须在检验检疫机构的监督下进行技术处理，经重新检验检疫合格后方可销售或者使用；不能进行技术处理或者技术处理后重新检验检疫仍不合格的，由检验检疫机构责令收货人退货或者销毁。经检验检疫机构检验检疫不合格，并已对外索赔的进口商品，不需要换货或者退货的，收货人应当保留一定数量的实物或者样品，需要对外提出换货或者退货的进口商品，必须妥善保管，在索赔结案前不得动用。

在货物买卖中，除另有约定之外，出口商交货后，进口商应有合理机会对货物进行检验，以确定货物是否符合合同规定。如果发现出口商所交货物与合同不符，进口商有权要求损害赔偿直至拒收货物并要求损害赔偿。因此，在进口商有一个合理的机会对货物加以检验之前，不能认为进口商已经接受了货物。但是如果进口商明确表示已经接受了货物，或在有合理的机会对货物进行检验以后进口商并未表示拒收货物，或进口商做出了与出口商的所有权相抵触的行为，就不能再拒收货物。但是货物与合同不符，进口商还是可以要求以其他的方式进行补救。因此，对进口商来说，在收到货物后，对货物进行检验是十分重要的。

二、进口商品的报检登记

进口商品分法定检验商品和非法定检验商品，法定检验进口商品是指列入《种类表》

及其他法律、法规规定必须经过商检机构或者国家商检局、商检机构指定的检验机构检验的进口商品。除此之外的进口商品为非法定检验商品。

这两类商品在办理报检手续上有所不同。法定检验商品在收到到货通知后，收货人或其代理人必须向口岸或到达站检验机构办理进口商品登记手续，然后按商检机构规定的地点和期限向到货地商检机构办理进口商品报检。非法定检验进口商品到货后，由收、用货部门直接办理进口通关手续。提货后，可按合同的约定自行检验，若发现问题需凭商检证书索赔的，应向所在地商检机构办理进口商品报检。

入境货物报检登记流程如下：

（1）填写《种类表》内进口商品登记申请表。

（2）提供进口货物到货通知单、进口货物报关单、合同、发票、提单/运单等单据。

（3）商检机构经审核、登记后，在报关单上加盖“已接受登记”印章并出具入境货物通关单。海关凭盖有商检机构“已接受登记”印章的报关单与入境货物通关单验放货物。经过验放的货物收、用货部门应按有关规定及时向商检机构办理进口商品报检。

三、填写入境货物报检单

按下列要求填写申请单上的相应栏目，未作说明的按实际情况填写或打对号。

（1）报检号：商检机构受理报检的编号，由受理报检人员填写。

（2）报检单位盖章：填写报检单位全称，并加盖公章或报检专用章。

（3）报检日期：填写报检当天的日期。

（4）发货人：合同中的卖方。

（5）收货人：合同中的买方。

（6）品名规格：按合同、发票所列品名规格填写，如品名太多，只填写主要品名即可。

（7）合同号：买卖双方签订的合同编号。

（8）发票号：所附国外发票编号。

（9）H. S. 编码：填写《商品分类及编码协调制度》中所列明该商品的 8 位编码。

（10）报检数量：填写申请检验的数量，并注明计量单位名称。

（11）报检重量：填写申请检验的重量，并注明净重/毛重及商品计重单位名称。

（12）商品总价值：按合同或国外发票列明的货值填写，并注明货币名称。

（13）运输工具及运输方式（海运、空运、陆运等）：如该批货物是海运、经转运港运载的，应将船名、装运港、转运港、卸货港及目的港填写清楚。

（14）进口日期：填写进口货物到货通知单所列进口日期。

（15）卸货日期：指完成卸货的日期。

（16）到厂日期：货物运至使用单位的日期。

（17）索赔有效期：按合同规定的索赔期填写。

（18）索赔有效期计算方法：是从合同规定的起始日即进口日期或卸毕日期（不含当天）起开始计算，到规定期限的最后一天止。如果截止日为国家法定假日，则应顺延。例如，索赔期为 3 个月，进口日期为 8 月 3 日，索赔有效期就到 11 月 3 日止；如果索赔有效期为90天，索赔有效期就到11月1日止，因在此期间，有的月份为31天，计算时应注意。

(19) 质保期：质量保证期，按合同规定日期填写。

(20) 包装情况：填写运输包装种类及包装情况是否完好。如有异状，则应按实际情况填写。

(21) 标记及号码：按实际到货运输包装上所列标记（唛头）填写，如无标记则应填写"N/M"。

(22) 申请说明：申请人如有特殊要求应在此栏中加以说明。

四、进口报检应提供的单据及资料

报检项目不同，所提供的单据及资料也各异，具体情况介绍如下：

(1) 品质、规格报检应提供下列单据：①贸易双方签订的合同；②国外发票；③提单或空运单等；④装箱单；⑤进口货物到货通知单；⑥国外质量证明；⑦使用说明书及有关标准与技术资料。

(2) 残损鉴定报检除提供(1)中的①、②、③、④、⑤外，海运货物还应加附理货公司出具的理货残损单、海事报告、大副签证或保函；铁路运输的货物应加附铁路部门出具的商务记录；航空运输的货物应加附空运部门出具的空运事故记录。

(3) 数量、重量鉴定报检除提供(1)中的①、②、③、④、⑤外，还应加附重量明细单或磅码单和理货清单。

(4) 货物经收、用货部门验收或其他单位检测的，应随附验收报告或检测结果以及重量明细单。

(5) 入境的动植物及其产品，还应提出输出国或地区官方的检疫证书；需办理进境审批手续的，还应提供《进境动植物检疫许可证》。

(6) 过境动植物及其产品报检时，应持货运提单和输出国或地区官方出具的检疫证书；运输动物处境时，还应提交国家检验检疫局签发的《动物过境许可证》。

(7) 报检入境运输工具的，还应提供相关检疫证书。

(8) 入境旅客、交通员工携带的伴侣动物，还应提供入境动物检疫证书及预防接种证明。

(9) 因科研等特殊需要，输入禁止进境物的，必须提供特许审批证明。

(10) 入境特殊物品应提供必要的批件或规定的文件。

五、报检要求

(1) 报检单位须在检验检疫机关办理注册登记后方可办理报检手续。

(2) 办理报检手续的人员必须是经检验检疫机关培训合格并领取了《报检员证》的报检员。

(3) 代理报检单位须按规定向出入境检验检疫机关办理注册登记后，其报检人员须经培训合格领取《代理报检员证》后，方可办理报检手续。代理报检单位办理报检时应出具委托人的委托报检书。

（4）报检人必须严格遵守有关法律和行政法规的规定，不得伪造、买卖、变造、涂改、盗用出入境检验检疫机关的证单、印章、标志、封识，一经发现按有关法律、法规予以处罚。

（5）一份报检单限填同一合同、同一发票、同一提单的同一批货物。

（6）报检资料的填打/填写应字体工整、字迹清楚，不得涂改。

六、进口商品报检的时间及地点

（一）报检时间的规定

（1）一般入境商品应在索赔有效期终止前不少于20天内报检。输入大宗农副产品（粮油、豆类）、木材，应在入境前7天报检。

（2）输入微生物、人体组织、生物制品、血液及其制品或种畜、禽及其精液、胚胎，入境前30天报检。

（3）输入其他动物，入境前15天报检。

（4）输入植物种子、种苗及其他繁殖材料，入境前7天报检。

（5）索赔期已近，来不及完成检验出证的，报检人必须预先向国外办理延长索赔期手续。

（二）报检地点的规定

（1）外贸合同或运输契约规定进口商品检验地点的，应在规定的地点所在商检机构报检。如合同规定凭卸货口岸商检机构出具的品质、重量检验证书作为计算价格、结算货款的，就应向卸货口岸商检机构报检。

（2）大宗散装商品、易腐变质商品，如粮食、原糖、化肥、化工原料、农产品等进口商品，必须向卸货口岸或到达站商检机构报检。

（3）在卸货时发现货物的外包装残损或短件的，必须向卸货口岸或到达站商检机构报检。

（4）由内地收货、用货的，货物在国内运输途中又不会发生变质、变量而包装又完好的进口商品可向收货、用货地商检机构报检。

（5）需结合安装调试进行报检的成套设备、机电仪产品及在口岸开件检验难以恢复包装的商品，应向到货地商检机构报检。

七、进口商品报检的注意事项

（1）对装船前已经过预检验、监造监制的进口法检商品到达口岸时，仍应按规定进行报检。以货到后商检机构的报检结果为最终结果，并对检验不合格的进口商品签发检验证书，按合同规定对外索赔。

（2）对列入《实施安全质量许可证制度的进口商品目录》内的进口商品按法定检验商品办理报检，并加附进口质量许可证复件或提供许可证编号。

目前我国对重要的进口商品实施进口安全质量许可证制度，实施进口安全质量许可证的商品目录由国家检验检疫部门公布。对实施进口安全质量许可证的商品，如果要进口，则必须向已经取得检验检疫部门颁发的安全质量许可证的工厂（或代理商）订购，而不能订购未获得我国进口安全质量许可证的产品。目前，已经实施进口安全质量许可证的有汽车、摩托车、摩托车发动机、电视机、显像管、冰箱、空调器、冰箱压缩机等商品。

（3）根据我国《进出境动植物检疫法》规定，凡进出口动物、动物产品、植物种子及其他繁殖材料的，必须事先提出申请，办理检疫审批手续。凡通过贸易、科技合作、交换、赠送、援助等方式输入的动植物、动植物产品，应当在合同或者协议中订明中国法定的检疫要求，并订明必须附有输出国家或者地区政府动植物检疫机关出具的检疫证书。进口商、货主或其代理人应当在动植物及其产品进境时持有输出国家或者地区的检疫证书、贸易合同等单证向进境口岸检验检疫机关报验，经检疫合格的，准予入境，海关凭口岸检验检疫机关签发的检疫证或者在报关单上加盖印章验放。经检疫不合格的，由检疫机关签发建议处理通知单并通知进口商、货主或其代理人，根据不同情况作不同处理，例如退回，捕杀并销毁尸体，销毁隔离观察，除害合格后进境等。

【课堂讨论】

1. 进口商品报检有什么要求？
2. 进口商品报检的时间地点有什么规定？
3. 进口商品报检的注意事项有哪些？

【课堂练习】

1. 熟悉进口报检的程序并尝试写出流程。
2. 了解报检单的填写。

【案例分析】

2007年的9月6日，A公司（买方）与B公司（卖方）签订了一份购买合同，合同规定：B公司（卖方）向A公司（买方）提供190 000个“220V，100W”的磨砂电灯泡，单价为0.12美元/个FOB中国香港，总价款为22 800美元；装运期为当年的11月20日之前，付款条件为装运后两天内以T/T付款，货物的品质、数量、重量以中国国家出入境检验检疫局或买方所出证明书为最后依据。

合同签订后，B公司（卖方）于11月17日通知A公司（买方），货已备妥，可随时装运。A公司（买方）于11月20日提货时由于远洋班轮船期已过，于是暂找一个仓库等候下一个船期。11月30日A公司（买方）电汇全部货款22 800美元给B公司（卖方）。

第二年的6月上旬，A公司（买方）验货时发现抽样货物有灯头发白生锈现象。对此，买卖双方进行了多次函电交涉，但没有结果。第三年的2月份，A公司（买方）申请广东商品进出口检验检疫局进行检验并出具检验证明，出具的检验证书称：该批货物的外观质量不符合国家的标准——《普通照明灯泡》的要求。A公司（买方）遂以广东省进出口检验检疫局的检验报告为依据向B公司（卖方）提出索赔。

分析：

本案例的焦点是能否以检验报告为依据向卖方索赔。那么A公司（买方）在提货一年以后能否凭借商检局出具的商检证书向卖方索赔呢？答案是不能的，原因是虽然合同中没有规定检验的时间，但买方应在“合理时间”内实施检验。而本案例中的买方在收到货物六个月之后才提出对品质的异议，又隔了八个月才请求商检机构检验，并在收到货物一年零两个月以后才提出货物不符标准的商检证书，没有在“合理时间”内实施检验和索赔，丧失了索赔的权利和机会。关于“合理时间”，《公约》第38条规定：买方必须在按实际情况可行的最短时间内检验货物或由他人检验货物。

因此，在国际货物买卖交接过程中，在货物运到检验地点后在合理时间内对货物进行检验并作出拒付或接受的决定对买方来说是不可忽视的。由于货物一经买方接受，卖方就不再对货物负有任何责任而有权利索取货款，所以买方在作出接受的决定之前，在合同约定的或合理时间内行使检验权是保证进出口商品质量、维护自身利益的必要环节。同时由于卖方只有在接到买方拒收通知后方有可能对交付做出矫正或采取其他必要的方式减少因交付不符约定而造成的损失，所以，买方还必须将交付不符合同的情形及时通知到卖方。如果买方不在合理时间内检验货物并不将货物不符合合同情况通知卖方，卖方有理由相信交付是符合约定的，也有理由相信货物不符合同是非卖方方面原因引起的，买方将丧失向卖方要求损害赔偿的权利。

本案例给我们的启示是：由于不同种类的货物对检验时间有不同的要求，采用不同的交货方式也会造成检验时间的差异，所以，为了避免争议，买卖双方应在合同中对检验时间和地点、检验机构和检验证书等内容作明确具体的约定。如果没有约定检验时间，买方在收到货物后一定要在实际可行的最短时间进行检验，以维护自身的权益。

【实训项目】

下面是某公司的进口单据的部分内容，请按报检单填制要求来填写如下的报检单。

BILL OF LADING

Shipper：JOJOP HEAVY INDUSTRIES COPR：
IXX，TAIPING RD，HONGKONG，CHINA

Consignee：××ELECTRONIC PRODUCTION CO.，LTD.
2/F2××，CHAOYANG，NORTH ROAD，×××

Ocean Vessel Voy. No.：HUANGHE 229

Port of Loading：HONGKONG

Port of Discharge：×××

B/L NO.：DKF－6

Mark & Number：

HTEP

SET74

MADE IN TAIWAN

CHINA

No. of Package：7 CTNE

Description of Goods：FLAT BAR SS－400

G. W.：1400KGS

Shipping date：Nov. 25，20××

COMMERCIAL INVOICE				
Invoice No.：20303463			Date：NOV. 13，20××	
MARKS & NOS.	DESCRIPTION OF GOOD	QUANTITY	UNIT PRICE	AMOUNT
HTEP 8ET74 MADE IN TAIWAN CHINA	FLAT BAR SS——400	2100 SET	CIF DALIAN USD 5. 00	USD 10 500. 00
Total amount (In Word)：SAY U. S. DOLLARS TEN THOUSAND FIVE HUNDRED ONLY.				

进口公司中文名字：××电子产品有限公司

企业海关注册编号：3506941136

H. S. CODE：72111900

预录入编号：028320742

中华人民共和国出入境检验检疫 入境货物报检单						
报检单位（加盖公章）：				★编 号：__________		
报检单位登记号：	联系人：		电话：	报检日期： 年 月 日		
收货人	（中文）			企业性质（"√"）	□合资□合作□外资	
	（外文）					
发 货 人	（中文）					
	（外文）					
货物名称（中/外文）	H. S. 编码	产地	数量/重量	货物总值	包装种类及数量	
运输工具名称号码						
运输工具名称号码				合同号		
贸易方式		贸易国别（地区）		信用证号		
到货日期		启运国家（地区）		许可证号/审批号		
卸货日期		启运口岸		入境口岸		

（续上表）

<table>
<tr><td>集装箱规格、数量及号码</td><td colspan="3"></td></tr>
<tr><td rowspan="2">合同、信用证订立的特殊条款以及其他要求</td><td rowspan="2"></td><td>货物存放地点</td><td></td></tr>
<tr><td>用途</td><td></td></tr>
<tr><td>随附单据（划“√”或补填）</td><td>标记及号码</td><td>★外商投资财产（划“√”）</td><td></td></tr>
<tr><td rowspan="4">□合同　□到货通知
□发票　□装箱单
□提/运单　□质保书
□兽医卫生证书
□理货清单
□植物检疫证书
□磅码单
□动物检疫证书
□验收报告
□卫生证书
□原产地证
□许可/审批文件</td><td rowspan="4"></td><td>★检验检疫费</td><td></td></tr>
<tr><td>总金额（人民币元）</td><td></td></tr>
<tr><td>计费人</td><td></td></tr>
<tr><td>收费人</td><td></td></tr>
<tr><td colspan="2" rowspan="3">报检人郑重声明：
1 本人被授权报检。
2 上列填写内容正确属实。
签名：</td><td colspan="2">领取证单</td></tr>
<tr><td>日期</td><td></td></tr>
<tr><td>签名</td><td></td></tr>
</table>

注：有“★”号栏由出入境检验检疫机关填写 ◆国家出入境检验检疫局制

工作流程九　接货

引例

我国某进出口公司与英国某公司以 FOB 价签订一进口合同，装运港为伦敦。合同签订后不久，英方通知我方货已备妥，要求我方按时派船接货。然而，在我方安排的船舶前往英港途中，突然爆发中东战争，苏伊士运河被封锁，禁止一切船舶通行，我方船舶只好改变航线，绕道好望角航行，增加航程近万公里，到达装运港时已过装运期。这时，国际上的汇率发生变化，合同中的计价货币英镑贬值，英方便以我方未按时派船接货为由，要求提高货物价格，并要求我方赔偿由于延期接货而产生的仓储费。对此，我方表示不能接受，双方遂发生争议。如你是我方派出的代表，将如何处理这个问题？

案例简析

中东战争是不可抗力，我方不负赔偿责任，因此不应赔偿由于延期接货而产生的仓储费。但是依据损益相抵原则，我方可以接受适当提高货物价格。

知识链接

国际货物买卖合同中，买方的基本义务是接货、付款。目前我国进口合同大都以 FOB 价格条件成交。买方的接货义务主要是按时派船接货，买方在履行合同义务的同时，应随时注意和卖方接洽，督促其按合同履行交货义务。

进口企业通常委托货运代理公司办理接货业务。可以在合同和信用证中指定接货代理，此时出口商在填写提单时，在被通知人栏内应填上被指定的货运代理公司的名称和地址。船只抵港后，船方按提单上的地址，将“准备卸货通知”（Notice of Readiness to Discharge）寄交接货代理。接货代理应负责现场监卸。

买方在接到货运代理公司舱位已安排妥当的通知后，应及时向发货人（卖方）发出派船通知，将船名、预计到达日期、拟装载的重量（数量）、到达的港口、船舶的国籍等以电报方式通知卖方，以便卖方做好准备。买方派船接货时一项重要的工作是必须做到在约定时限内派船，否则卖方可要求赔偿因船只延迟到达而造成的损失，甚至拒绝交货。

如派出船只因故未能到达或受载，应尽力在规定装运期内另派代替船只。如有困难应及时向对方提出，说明原因，要求展期并力争避免发生损失。

在整个派船接货的过程中要随时了解对方备货装运情况，力争船货衔接，以免耽误船期造成空舱损失。如万一发生，应及时向对方提出。对数量大或重要物资的进口，必要时可请我国驻外机构就近协助。

如对方尚未备妥货物要求延期，则根据具体情况酌情处理，但应明确对方应负担由此而产生的一切损失。需要注意的是，按照国际惯例，买方如同意延期交货，即是同意修改合同，倘若同意延期的同时未提出损害赔偿，就被视作弃权。

【课堂讨论】

1. 简述接货的流程。
2. 接货有什么注意事项？

【课堂练习】

分小组模拟进口贸易中的接货流程，通过买方和卖方的交易过程理解流程细节。

【案例分析】

某年 11 月，我国 F 省粮油进出口公司与巴西某公司签订了一份出口油籽的合同。合同中订明："FOB 厦门××元人民币/千克，支付方式：……"合同还规定："买方需于翌年2月份派船到厦门港接货，如果在此期间内不能派船接货，卖方同意保留28天，但仓储、利息、保险等费用皆由买方承担。"

3月1日，卖方在货物备妥后电告国外买方应尽快派船接货，但是，一直到3月28日，买方仍未派船接货。于是卖方向买方提出警告，声称将撤销合同并保留索赔权。买方在没有与卖方进行任何联系的情况下，直到翌年5月5日才将船只派到厦门港，这时卖方拒绝交货并提出损失赔偿，买方则以未订到船只为由拒绝赔偿损失，双方争议不能和解，卖方起诉到法院。

法院经取证调查，确认买方确实未按合同规定的时间派船接货，因此法院判决：卖方有权拒绝交货，并提出赔偿要求。后经双方协商，卖方交货，但由买方赔偿仓储、利息、保险等费用。

分析：

本案例涉及 FOB 价格术语下船货衔接的问题。按照 FOB 术语成交的合同属于装运合同，这类合同中卖方的一项基本义务是按照规定的时间和地点完成装运。然而，由于 FOB 条件下是由买方负责安排租船订舱，所以，就存在一个船货衔接问题，处理不当，自然会影响到合同的顺利执行。根据有关法律和惯例，如果买方未能按时派船，卖方有权拒绝交货，而且由此产生的各种损失均由买方负担，因此，在 FOB 术语下成交的合同，对于装运期和装运港要慎重规定，订约之后，对有关备货和派船事宜，双方要加强联系，密切配合，保证船货衔接。

在此案例中，我方作为卖方尽到了自己的责任。在装运期临近时，卖方电告催促买方派船接货，但买方仍没有及时派船接货。根据《联合国国际货物销售合同公约》的规定，卖方有解除合同之权利，并要求买方赔偿损失。

本案中我方公司据理力争，维护自身合法权益的做法是值得提倡的。后来从有利于交易的角度出发，我方公司未行使解除合同之权而继续履行合同义务也是适当的。如果行情发生了变化或其他原因使合同给我方带来损失时，我方当然可断然行使解除合同之权。

试问：

（1）上述案例分析中的争议在哪里？

（2）因买方延期派船来接货，期间若货物在仓库变质，卖方可否将该货发运给买方？为什么？

（3）若你是买方业务员，遇到租船接货问题，将如何解决？

工作流程十　进口付汇核销

引例

2000年3月，外汇局××市支局在对辖内1999年进口付汇核销单的使用情况进行检查时发现，某进出口公司提供的7份进口货物报关单可疑，经认真审核发现，该7份进口报关单均系伪造，属套汇行为，故下达行政处罚书，责令其重新进行核销并列入“由外汇局审核真实性的进口单位名单”，俗称“黑名单”。

案例简析

和贸易出口收汇核销一样，在贸易进口项下的所有付款都需要在外汇管理局的监管下进行进口付汇核销，以确保付汇的真实性。进口单位均应按照相关规定如实进行，如果违反相关规定，将会被列入“黑名单”。列入“黑名单”的单位将被暂停直接到银行办理售付汇手续的权利，需逐笔到外管局办理类别为“真实性审核”的备案。如果列入“黑名单”的单位继续不如实核销，最后其进出口权将很可能被取消。

知识链接

一、进口付汇核销制度

进口付汇核销制度就是采用贸易进口付汇核销单（代申报单）的形式，对每一笔通过指定银行向境外付汇的情况进行统计，到货后再逐笔核对注销的一种监管制度。进口单位通过银行购汇或从现汇账户支付等方式向境外支付有关进口商品的货款、预付款、尾款及转口贸易的货款等，包括以外汇贷款、外币现钞和捐赠外汇进口等，均应办理进口付汇核销手续。而进口单位办理的除贸易进口项下以外的付汇都无须办理进口付汇核销手续。

现行的进口付汇核销监管实施依据是由国家外汇管理局1997年1月28日颁布、1997年3月1日开始实施的《贸易进口付汇核销监管暂行办法》。

二、进口付汇核销业务流程

（一）进口付汇核销业务流程

第一步：进口单位经商务部或其授权单位批准或备案取得进出口权，并取得中国电子口岸IC卡；

第二步：进口单位持有关材料向注册所在地外汇局申请办理列入“对外付汇进口单位名录”；

第三步：外汇局审核无误后，为进口单位办理“对外付汇进口单位名录”手续；

第四步：进口单位付汇或开立信用证前，判断是否需到外汇局办理进口付汇备案手续。如需要，持有关材料到外汇局办理，领取进口付汇备案表；如不需要，进口单位持有关材料到外汇指定银行办理开证或购汇手续。

第五步：进口单位在有关货物报关后1个月内到外汇局办理进口核销报审手续。货到付款结算方式（包括T/T和信用证）的进口付汇，在银行实行自动核销处理，进口单位无需到外汇局办理核销报审手续。

（二）核销报审时所需单据

根据《进口付汇核销监管暂行办法》的规定，进口单位“应当在有关货物进口报关后1个月内向外汇局办理核销报审手续”。进口单位在办理到货报审手续时，须对应提供下列单据：

（1）进口付汇核销单（如核销单上的结算方式为“货到付款”，则报关单号栏不得为空）。

（2）进口付汇备案表（如核销单付汇原因为“正常付汇”，企业可不提供该单据）。

（3）进口货物报关单正本（如核销单上的结算方式为“货到付汇”，企业可不提供该单据）。

（4）进口付汇到货核销表（一式两份，均为打印件并加盖公司章）。

（5）结汇水单及收账通知单（如核销单付汇原因不为“境外工程使用物资”及“转口贸易”，企业可不提供该单据）。

（6）外汇局要求提供的其他凭证、文件。

上述单据的内容必须真实、完整、清晰、准确。

三、对外付汇进口单位名录

对属于经常项目的贸易项下的进口付汇来讲，一切拥有进出口权的境内机构要对境外支付进口货款，都必须先向国家外汇管理局申请加入“对外付汇进口单位名录”，只有在名录上的单位才能凭外汇管理局规定的有效单据直接到银行办理售付汇手续，不在名录上的单位的每一笔售付汇都要事先到国家外汇管理局办理类别为“不在名录”的备案，凭外管局出具的进口付汇备案表和其他有效商业单据和凭证到银行办理售付汇。

在名录上的单位在办理售付汇业务时要向银行提供真实的材料，并认真履行贸易进口付汇核销的义务，否则如被国家外汇管理局发现有利用假单证逃汇、套汇的现象，将被国家外汇管理局列入“由外汇局审核真实性的进口单位名单”，俗称“黑名单”，被列入“黑名单”的单位将被暂停直接到银行办理售付汇手续的权利，需逐笔到外管局办理类别为“真实性审核”的备案。如果“黑名单”上的单位继续不能保证贸易进口付汇的真实性，最终将被外管局终止其贸易项下的售付汇，把该单位从“对外付汇进口单位名录”上去除，甚至会同经贸部门取消其进出口权。

四、进口付汇备案手续

进口付汇备案是外汇管理局依据有关法规要求企业在办理规定监督范围内付汇或开立信用证前向外汇局核销部门登记，外汇局凭以跟踪核销的事前备案业务。

（一）须办理备案手续的付汇或开立信用证业务

（1）开立90天以上（不含90天）的远期信用证。

（2）信用证开立日期距最迟装运日期超过90天（不含90天）。

（3）办理90天以上（不含90天）承兑交单的承兑业务。

（4）提单签发日期距付汇日期超过90天（不含90天）的付汇交单业务。

(5) 付汇日期距预计到货日期超过 90 天的预付货款。

(6) 超过合同总额的 15% 且超过等值 10 万美元的预付货款。

(7) 报关单签发日期距付汇日期超过 90 天(不含 90 天)的货到汇款业务。

(8) 境外工程使用物资采购的付款、开证业务。

(9) 转口贸易的付款、开证业务。

(10) 不在名录内企业的付汇、开证业务。

(11) "受外汇局真实性审核进口单位名单" 内企业的付汇、开证业务。

(12) 经外汇局了解认为确系特殊情况,有必要重点跟踪的付汇业务。

企业在办理上述备案业务前,须对应报审已签发的预计到货日期在上月 1 日前的备案表的到货情况;否则,不予办理。

(二) 办理备案业务时须对应提供的单证

(1) 进口付汇备案申请函(申请函内容应包含申请备案原因及备案内容)。

(2) 进口合同正本及主要条款复印件。

(3) 开证申请书(如备案原因为"远期信用证",则该开证申请书上应有银行加盖的业务章)。

(4) 进口付汇通知单及复印件(如结算方式不为"托收",则企业可不提供该单据)。

(5) 电汇申请书(如结算方式不为"汇款",则企业可不提供该单据)。

(6) 进口货物报关单正本、复印件及 IC 卡(如备案原因不为"货到汇款"、"信用证展期",则企业可不提供该单据及 IC 卡)。

(7) 结汇水单/收账通知单或转口所得的信用证(如备案原因不为"境外工程使用物资"、"转口贸易",则企业可不提供该单据)。

(8) 预付款保函(如备案原因不为"90 天以上到货"、"超过 15% 且超过等值 10 万美元的预付货款",则企业可不提供该单据)。

(9) 进口付汇备案表。

(10) 特殊备案情况下,外汇局要求提供的其他凭证、文件。

上述单据的内容必须真实、完整、清晰、准确。

样单 15　进口付汇核销单

进口单位（盖章）	
联系人	电话
付汇金额	外汇来源
进口合同号	进口发票号
进口商品名称	进口批件名称及编号
应到货日期	付款方式
付汇日期（银行盖章）	
到货日期	到货金额
报关单编号	退汇
到货及付汇差额	差额原因
核销意见	
	年　　月　　日（银行盖章）

注：本核销单一式两联，不得涂改。

【课堂讨论】

进口付汇核销的必要性。

【课堂练习】

1. 什么是进口付汇核销？
2. 什么是进口付汇核销备案？
3. 简述进口付汇核销流程。

【案例分析】

我国某进口企业刚从印度进口了一批羊绒，支付方式为 D/P60 天。试问：该进口企业应该如何办理核销，需要准备什么单据？（已办理对外付汇进口单位名录）

工作流程十一　进口争议与索赔

引例

我国某公司以FOB条件从日本公司外购工艺品一批，货至后我方发现货损，并且查明货损确系包装不良所致。请问：该项损失应该向谁索赔？

案例简析

因为货损系包装不良所致，所以责任不在船公司而在卖方，我方应该向卖方提出索赔。

知识链接

一、进口索赔对象

进口商品常因品质、数量和包装等不符合合同的规定发生争议，根据造成损失原因的不同，进口索赔的对象主要有以下几方：

（1）卖方。如货物短装、包装不良、品质不符、交货延迟、单证不符等情况出现，买方可以向卖方提出索赔。

（2）船公司。如属短卸、误卸、漏卸、破损、水渍、串味等运输过程中货物出现的问题，买方可以找船方赔偿。

（3）保险公司。货物在保险单规定的保险责任范围和保险期限内的损失，保险公司必须负责赔偿。

（4）银行。因银行职员办事疏忽、不按信用证条件押汇，或遗失、误寄、错开、错改单证，导致合同某一方利益受损，买方可以找银行索赔。

（5）公证机构。公证不当或证明不实情况下，买方可向公证机构提出索赔。

二、索赔的方式

根据损失事故及责任判定，赔偿的方式有赔款、折价、调换、退货还款、延期付款、补交、补运、修复等。

三、进口索赔应注意的事项

（一）索赔证据

对外提出索赔需要提供证件，首先应该制定索赔清单，随附商检局签发的检验证书、发票、装箱单和提单副本。其次，对不同的索赔对象还要另附有关证件，向卖方索赔时，应在索赔证件中提出确切根据和理由，如系 FOB 或 CFR 合同，尚需随附保险单一份；向轮船公司索赔时，需另附由船长及港务局理货员签证的理货报告及船长签证的短卸或残损证明；向保险公司索赔时，需另附保险公司与买方的联合检验报告等。

（二）索赔金额

关于索赔金额，除受损商品的价格外，有关的费用也可提出，如商品检验费、装卸费、银行手续费、仓租和利息等，都可以包括在索赔金额内，至于包括哪几项，应根据具体情况确定。

（三）索赔期限

对外索赔必须在合同规定的索赔期限内提出，过期无效。如果商检工作可能需要更长的时间，可向对方要求延长索赔期限。

（四）关于卖方的理赔责任

进口货物发生了损失，如属卖方必须直接承担的责任，应直接向卖方要求赔偿，防止卖方制造借口来推卸理赔责任。

目前，我国的进口索赔工作，属于船方和保险公司责任的一般由货运代理外贸运输公司代办；属于卖方责任的则由进出口公司直接办理。为了做好索赔工作，要求进出口公司、外贸运输公司、订货部门和商检局等各有关单位密切协作，做到结果正确、证据属实、理由充分、赔偿责任明确，并要及时向有关责任方提出，以挽回进口货物所受到的损失。

【课堂讨论】

如果货到后买方发现货物外包装破裂，货物短少，此时买方应该向谁提出索赔？

【课堂练习】

1. 简述进口索赔中应注意的问题。
2. 在国际贸易中如何确定违约索赔的金额？

【案例分析】

国内某厂从国外进口一整套设备，目前其他设备均已到，只差其中小部分设备延期装运未能运到，致使工厂迟迟无法开工，因而发生生产损失、工资损失等。

试问：（1）我方应如何向国外制造商索赔？（2）可索赔哪些项目？（3）对方不赔时应如何处理？

【实训项目】

上网查找我国《合同法》中对于违约及索赔的规定。

参考文献

1. 安徽. 国际贸易实务教程. 北京：北京大学出版社，2005

2. 叶德万，陈原. 国际贸易实务（第二版）. 广州：华南理工大学出版社，2004

3. 张雪梅. 报关实务. 北京：对外经济贸易大学出版社，2007

4. 冷柏军. 国际贸易实务. 北京：对外经济贸易大学出版社，2006

5. 黎孝先. 国际贸易实务. 北京：中国人民大学出版社，2007

6. 余心之. 进出口贸易实务. 大连：东北财经大学出版社，2007

7. 邵作仁. 国际贸易实务. 大连：东北财经大学出版社，2007

8. 张向先. 国际贸易概论（第二版）. 北京：高等教育出版社，2004

9. 陈建华. 国际贸易实务（第二版）. 大连：大连理工大学出版社，2008

10. 叶德万，陈原. 国际贸易实务案例教程（第二版）. 广州：华南理工大学出版社，2006

11. 李秀华. 国际贸易实务实训与练习. 北京：对外经济贸易大学出版社，2006

12. 陈岩. 国际贸易实务. 北京：清华大学出版社，2008

13. 童宏祥. 新编国际贸易实务. 上海：华东理工大学出版社，2006

14. 严思忆. 国际贸易实务. 北京：对外经济贸易大学出版社，2004

15. 张亚芬，陈明. 国际贸易实务与案例教程. 北京：高等教育出版社，2006

16. 冯世崇. 国际贸易实务学习指导.（第二版）. 广州：华南理工大学出版社，2001

1